발로 쓴 新 人文紀行

-時年 八十又八 논문·논설문집-

백산자료원

改訂版

발로 쓴 新 人文紀行

-時年 八十又八 논문·논설문집-

초판 인쇄 : 2020년 9월 23일
초판 발행 : 2020년 9월 29일
改 订 版 : 2021년 6월 11일

지은이 | 윤 여 덕
디자인 | 손 영 섭
펴낸곳 | 백산자료원

등록 1991년 2월 11일(제2-1125호)
주소 | 서울특별시 중구 을지로 3가 334-1
전화 | 02) 2267-2090 010-5126-0300
팩스 | 02) 2267-7710
E-mail : gando2090@naver.com

값 27,000원
ISBN 978-89-6194-054-2 93910

표지: 사진
1997년 8월 백두산 첫 등정 때 백두산 天池 표지석 앞에 선 필자와 중국동포 가이드

윤여덕 先生의 글쓰기 勇氣에 박수를 보내며

내일 모래면 아흔인데도 평소 쓴 글을 모아 여섯 번째 책을 낸다하시니 그 용기가 보기가 좋습니다. 친구들 간에 나이 들어 하기 싫은 것을 꼽으라면 단연코 글쓰기를 들 수 있지요.

저 역시 자주 글을 쓰는 편이지만, 동기회보를 만들기 위해, 제 친구들에게 글 부탁하면 “이 나이에 웬 글이야? ”라고 반문하지요. 그러나 글쓰기는 우선 나이 들어 걸리기 쉬운 치매 예방에 제일 좋은 약이 되지요.

윤선생님은 등산과 답사여행을 즐겨하시어 평소 건강을 챙긴 덕도 있지만 여러 권 책을 낼 정도로 글쓰기를 했기에 육체적 정신적으로 매우 건강하시니 가능했을 것으로 봅니다. 더구나 글 내용 주제들도 상당히 시사적이고 전문적인 분야도 보이는 군요,

윤관의 동북9성 문제와 간도영유권 문제, 신한일어업협정 문제, 홍익인간 등 다양한 주제들도 윤여덕 선생님의 활동 분야가 그 만큼 넓혀진 결과물이라 여겨집니다.

인간은 삶의 시간이 한정되어 있지만 思考능력과 창조 능력은 무한대의 가능성을 가진 존재입니다. 지금까지는 언론인인 기자 생활도 경험하셨으니 윤선생님은 전문적인 시사성의 글쓰기는 전문가인 셈이지요.

더구나 평생토록 쓴 글도 제법 모아 두었으니, 윤선생님은 다른 사람이 갖지 못하는 “책 윤여덕” 이름을 지닌 자식을 여러 명 두었으니, 성공한 인생이라 봅니다. 윤여덕 선생님의 분신이지요.

다른 자식들은 100년 정도 살면서 윤성생님을 기억하시겠지만, 이 아들들은 적어도 만 년 이상 윤여덕 선생을 기억하고 자랑하고 다닐 것입니다. 얼마나 자랑스러운 자식입니까.

그러나 윤선생님께 유독 권하고 싶은 글쓰기가 있어요. '자신의 창조적 글쓰기', 즉 詩나 漢詩, 멋진 수필, 콩트 등에 도전해보시기를 권하면서, 윤여덕 선생님의 멋진 글쓰기를 이어오신 용기에 박수를 보내며, 추천사에 갈음합니다.

한국간도학회
회장 이일걸

목 차

間島領有權 분쟁과 그 收復운동의 展望

改訂版을 내면서

첫 판을 낸 지 1년도 채 안 돼 개정판을 내게 된 데는 두 가지 이유가 있다. 그 하나는 내용상의 문제고 다른 하나는 뒤늦게 발견된 編輯(편집) 체제상의 瑕疵(하자)를 가려내기 위한 작업의 일환이다. 즉 漢字의 露出(노출)이 좀 많은 편이어서 읽기 불편하다는 일부의 지적에 따라서 이를 대폭 줄이고 어려운 한자 또는 同音異字(동음이자)는 되도록 괄호 안 처리를 하여 읽기 편하게 고쳐 썼다.

내용면에서는 이 책 두 번째 주제인 『廣開土大王 陵碑文과 古漢文과의 關係 考察』 가운데 나오는 이 논문의 핵심 용어 屬民(속민)과 屬民(촉민)이 같은 漢字표기이면서 발음과 의미 品詞(품사)가 각각 다른 이유를 註釋(주석) 전용 漢字사전인 日本의 大漢和사전과 古漢文의 사용례를 담은 중국의 古典醫書(고전의서) 등을 활용하여 재론의 여지없이 論證(논증)하였는데도 불구하고 당시 이 논문을 심사한 학술지 측에서는 主題(주제)에 접근하는 방법과 듣도 보지도 못한 生硬(생경)한 용어(촉민을 말하는 듯)를 구사하였다는 등 이유를 들어 審査脫落(심사탈락)을 통고해왔다. 답답한 나머지 한문의 대가로 알려진 한 유명대학교수에게 自初至終(자초지종)을 설명들이고 해답을 구했다. 그랬더니 대뜸 한다는 소리가 "역사책에 그렇게(屬民 촉민)나오는 사례를 본 적이 있느냐."고 반문을 하면서 오히려 나의 質問(질문) 수준이 역사적인 상식에 미치지 못하는 듯한 冷笑的(냉소적)인 대답이 돌아와 홀로 냉가슴을 앓고 있던 참이었다.

그런데 최근 동양철학자 최일범 교수(성균관대 유학동양학부)의 논문『한국사상의 연원』에서 처음으로 屬民의 사용례를 발견하고 그 발음과 해석이 지금까지 필자가 穿鑿(천착)해온 그 것과 다르지 않다는 사실을 발견하고 다시 용기를 회복하게 되었다.

그는 중국 고전 『國語』와 『楚語(초어)』 가운데 나오는 昭王(소왕)과 觀射不(관사불)의 대화 내용을 인용하면서....(乃(命南正重司天以屬神) 命火正黎司地以屬民...하는 대목에서 '...火正(화정)에게 명하여 땅을 관리토록 하고 黎(여)에게는 民들을 모아(會) 질서 있게 다스리도록 하였다.'고 해석, 이 때 屬을 촉으로 읽고 품사는 동사가 된다고 해석하고 있다. 이것이 나의 陵碑文 주제 논문에서 사용한 명사로서의 屬民(촉민)과 일치하지는 안했으나 屬자가 속과 촉 두 가지 발음으로 읽히고 그 뜻과 품사가 각기 다르다는 사실을 밝힌 그의 해석은 나에게 百萬援軍이나 다름없는 힘이 되었다.

다음은 역시 陵碑文 6년 丙申條(조)의 王躬率水軍討利殘國의 討利(토리)를 討倭(토왜)로 읽고 "高句麗 水軍이 百濟와 倭를 征討(정토)하였다."고 한 柳承國교수(성균관대)의 해석이 보다 順理的(순리적)이고 역사사실과도 符合(부합)한다는 사실을 확인하고 그 동안 예외 없이 討伐이라고 해석하거나 무시전략으로 애매하게 얼버무리던 이 대목을 확실히 바로잡게 되었다. 이로써 앞서 나온 촉민(屬民)의 재발견으로 猥濫(외람)되나마 능 비문 解讀(해독)에 새로운 境地(경지)를 개척하게 되었다고 감히 自負(자부)하는 바이다. 自畵自讚(자화자찬)같지만 첫 번째 논설문인 『단군조선과 弘益人間』 논설문 또한 그동안 철학적인 뒷받침이 脆弱(취약)하다는 지적을 받아 온 홍익인간 이념이 周易 損益卦(손익괘)의 논리와 만나면서 相互交叉的(상호교차적)인 表裏(표리)관계, 즉 국가와 국민 간에 서로 주고받되 무게 중심을 국민에게 두는 가장 健全(건전)하고 합리적인 민주주의 논리를 개발하게 되었다. 세 번 째 주제인

『尹瓘九城의 位置에 대한 文獻(문헌) 再考察』에서는 현역 전략문제연구가인 윤일영 교수가 세종실록 지리지 상의 두만강 북 7백리 先春嶺과 公險鎭의 위치를 역사상 최초로 GPS 방식에 의해서 實地답사한 내용이 두 원로교수(金九鎭 方東仁)가 文獻考證(문헌고증)을 통해서 최초로 논증한 그것과 정확하게 일치하는 기적적인 성과를 올려 논문 特種(특종 scoop)을 했다면 좀 과한 표현일까. 그리고 네 번째 주제 『間島領有權분쟁과 그 수복운동의 전망』에서는 동 협약의 국제법적 무효를 넘어 현대 들어 未來의 領土 간도 수복운동을 單身(단신)으로 이끌고 있는 간도맨 제1호 이야기를 최초로 공개했으며 마지막 주제 『新韓日漁業協定과 IMF換亂과의 관계 고찰』에서는 獨島의 전략적 가치를 넘어 深海底(심해저) 자원의 寶庫(보고)로서의 천문학적인 실제적 가치를 발굴. 멀리는 한말 이후 가까이는 종전 이후 日本이 끊임없이 제기해 오는 독도 영유권 주장의 보다 깊은 底意(저의)를 확인하는 望外의 수확을 거두게 되었다.

이상으로 머리말을 마무리하면서 30여 년 전의 짧지만 충격적인 경험담을 하나 소개하고 넘어가려한다.

'일본 속의 한국문화 답사'길에 오사카(大阪) 외곽에 있는 한 교포(역사연구가 洪淳榮 홍순영)의 집을 방문했을 때의 일이다. 좁고 허름한 현관마루에서 예의바른 일본인 부인이 내온 茶 대접을 받고 있노라니 언 듯 낯 익은 학자의 이름이 씌어진 흰 봉투가 하나 책상 위에 놓여있는 것이 눈에 띠었다. 바로 당시 騎馬民族說(기마민족설)로 유명한 東京大 에가미나미오(江上波夫)교수의 손 편지였다. 일본인들은 남에게 보내는 편지는 꼭 手筆로 쓰는 습관이 몸에 배어 있어 같은 편지라도 친밀감을 더 느끼게 되는데 하도 신기하고 궁금해서 缺禮(결례)를 무릅쓰고 편지의 내용에 대해서 한 번 물어보았다.

그랬더니 洪씨 대답이 “최근 동호인들끼리 三國史記硏究會라는 학술모임을 하나 만들었는데 어떻게 알았는지 격려의 말과 함께 자신의 도움이 필요한 일이 있으면 언제든지 연락해 달라는 취지의 편지라는 것이다. 그러면서 일본에서는 연구 분야나 취지가 서로 같으면 在野고 講壇(강단)이고 가리지 않고 이처럼 자연스럽게 交流를 한다는 것이다. 이 말을 듣는 순간 한편 부럽기도 하거니와 또 다른 한편으로는 고개를 못 들 정도의 自愧感(자괴감)을 느꼈던 기억이 난다. 앞에서도 내 경우를 들어 잠시 소개한 것처럼 자신과 의견이 다르거나 자신이 모르는 새로운 역사사실에 대해서는 아예 거들떠보지도 않고 異端視(이단시)?하려드는 우리 학계의 다분히 權威主義的이고 自己中心的인 일종의 慣行(관행)아닌 관행이 불현 듯 머리에 떠올랐기 때문이다.

辛丑년 立春무렵 著者 尹汝德 삼가 쓰다.

<발로 쓴 新 人文紀行>개정판 출판에 부치는 글

나의 竹馬故友의 한사람인 德泉 尹汝德 선생이 최근 米壽(미수)를 맞이하여 <발로 쓴 新 人文紀行>이라는 기념문집을 출간 했다. 덕천 선생은 나와 중고등학교와 대학의 동기동창이다. 전공은 다르지만 우리 둘은 地緣(지연)과 學緣(학연)에 얽혀 친하게 지내고 있다. 책을 출판한지 1년도 채 안됐는데 개정판을 내기로 했으니 추천의 글을 써달라는 요청을 받고 이 글을 쓴다. 초판이 품절되어 재판을 내나 하고 기쁜 마음이 들었다. 그런데 나의 추측과는 달리 초판 책의 출판을 米壽생일날에 맞추느라 서둘다가 일부 논문 내용에 오류가 발견되고 주로 상고사부분의 기술에서 한자가 정확하지 않은 부분이 발견 되여 수정을 하고 바로잡기 위해서 다시 간행한다는 것이다. 나는 저자가 본인의 글에 대한 오류를 바로 잡기위해 간행한지 한해도 안 된 저서의 개정판을 간행한다는 말에 존경심을 느끼지 않을 수 없었다. 역시 양심이 살아있는 학자구나 하는 생각이 들었다. 언론인이나 학자들이나 자기 글의 오류를 지적받으면 欣快(흔쾌)히 받아드리고 시정하는 사람은 그리 흔치 않다. 역시 덕천선생은 우리 모두가 믿을 수 있는 정직하고 훌륭한 언론인 출신 학자임을 재확인 했다.

덕천 선생은 대학 졸업 후 바로 신문기자로 출발하여 언론계에서 4半世紀 동안의 젊음을 바쳤고 우리민족문화연구의 총본산인 한국정신문화연구원(현재의 한국학중앙연구원) 편수위원으로 10년여 국학연구와 역사자료를 편찬하는 업무를 맡아 우리의 전통문화를 발굴 소개하는데 봉사를 했다. 그리고 말년에는 여러 해를 사단법인 통일건국민족회 창립 임원으로 우리의 전통문화와 민족통일문제에 대한 연구를 수행하였다. 특히 그는 우리의 고대사연구와 홍익인간이념 연구에 많은 관심을 가지고 글을 쓰며 오늘에 이르렀다. 그리고 90을 눈앞에 둔 나이지만 自由寄稿家(자유기고가)로서 지금도 글 쓰는 일을 멈추지 않고 있다.

덕천 윤여덕 선생은 10여 년 전부터 언론계에서 기자로 있을 때 취재하여 쓴 글과 역사의 현장을 돌아보고 쓴 글이나 논설들을 정리하여 책으로 엮어 출판 해왔다. 출판 기념회도 가진바 있다. 그의 글은 색다른 특징을 가지고 있음을 自認하고 있다. 첫째로 기자시절에 사건기사를 많이 다룬 경험으로 글이 고도로 압축된 短文이라는 것이다. 또 현장을 꼭 자기 눈으로 확인하고 쓰는 根性(근성)을 가지고 있어 창작된 소설과는 달리 진실을 말하고 있다는 것이다.

그래서 그는 국내의 명산과 古刹(고찰)은 물론 우리 역사를 이끈 선구자들이 성장하고 학문을 닦은 유적들을 답사하는데 많은 시간을 割愛(할애)하고 국내뿐만 아니라 중국과 일본 등지에 산재해 있는 韓民族의 자취를 찾아 답사여행을 하면서 취재한 기록들을 모아 인생의 고비마다 책으로 엮어내기를 여러 차례 하였다. 한민족이 활동한 역사의 현장을 본인 눈으로 직접 확인하고 쓰는 기자의 근성을 아낌없이 발휘 한 것이다. 참으로 존경스럽고 그의 열정에 감탄 하지 않을 수 없다.

현직에 있을 때 주로 주말을 이용하여 전국의 명산 고산치고 안 가 본 데가 없이 종횡무진으로 누비고 다녔다는 덕천 윤여덕선생의 끈기에 부러움을 느끼지 않을 수 없다. 역사탐방을 위해 쏟은 그의 열정이 참으로 대단하다는 것을 다시금

확인하게 된다. 나는 2011년 6월1일 윤여덕 선생의 저서 <역사의 고향으로 떠난 사람들> 이란 책 출판기념회에 참석한 적이 있다. 그때 받은 초대장에 적힌 다음 구절을 소개하고 싶다.

“10년을 하루같이 우리 민족사 연구에 천착(穿鑿)해온 본회 부회장 덕천 윤여덕 선생이 이번에 펴낸 <역사의 고향으로 떠난 사람들> 이야기는 바로 그 생생한 증언록 입니다. 激動(격동)의 세월 속에 자칫 묻혀 버릴 뻔한 역사의 씨와 날을 가다듬어 사건기자의 날카로운 안목과 筆致(필치)로 복원해낸 핫 뉴스 입니다.” 당시의 초청인은 사단법인 통일건국민족회 최치영 권천문공동회장님 이셨다. 나는 그때의 초청장을 책과 함께 보관하고 있다. 이 초청장의 글귀는 아직도 유효하다고 생각된다.

이번에 개정판으로 출판되는 덕천 윤여덕 선생의 저서 <발로 쓴 新人文紀行>에 포함된 大主題(대주제)들을 보면 「단군조선과 弘益人間」, 「광개토대왕 陵碑文과 古漢文과의 관계고찰」 「尹瓘九城의 위치에 대한 문헌 재고찰」, 「間島領有權 분쟁과 그 수복운동의 전망」, 「韓日漁業協定과 IMF 換亂(환란)과의 관계 고찰」 등 5개이다. 각 대주제 안에는 여러 편의 小主題(소주제)들이 포함되어 있다. 이 책에 수록된 소주제의 글들은 일부 몇 편을 제외하고는 저자 덕천 윤여덕 선생이 발로 뛰며 탐구한 역사를 기록한 230여 편의 생생한 현장기록과 증언들이 담겨 있다. 우리의 고대사, 현대사, 정치외교, 경제, 교육, 문화 종교, 예술 등 여러 분야의 과거와 현재 그리고 미래를 이해하게 하는 좋은 책이다. 漢字露出(한자노출)이 좀 많은 편이어서 읽는데 시간이 다소 걸리지만 우리역사를 탐구하고 밝은 미래를 밝히는데 도움이 되는 증언들이다. 세계화의 물결 속에서 우리나라의 전통과

정신문화가 쇠퇴해가는 현대에 자라고 있는 우리 젊은이들에게 보약이 되었으면 한다. 특히 나는 교육계에서 평생을 보낸 사람으로써 우리나라의 교육이념인 홍익인간에 대한 관심을 많이 가지고 있다. 덕천 윤여덕 선생은 대학시절 백낙준 총장님의 채풀시간 訓話(훈화)를 듣고부터 홍익인간에 대한 탐구를 60여 년 전부터 해왔다고 말하고 있어 나는 더욱 감명을 받았다. 교육을 평생의 업으로 한 나보다도 더 덕천 선생이 훌륭한 교육자라는 생각이 들기도 한다. 우리교육의 심각한 문제는 哲學의 貧困에 있고 정치가 모든 것을 좌우하는 政治過剩(과잉)에 그 원인이 있다고 보기 때문이다. 덕천 윤여덕 선생의 애국심과 민족문화 창달을 위한 헌신에 경의를 표한다. 그리고 초판 머리말에서 언급한대로 아직 정리 안 된 기록들도 가능하면 일찍 책으로 엮어서 출판하기를 기대하면서 두서없는 글을 마친다.

愼克範, 현 한국교원대 명예교수(3,4대 총장, 광주대, 대전대 총장 역임)

檀君朝鮮(단군조선)과 弘益人間

1장 歷史의 현장에서 다시 돌아본 우리역사

1. 桓因(환인) 桓雄(환웅) 父子가 나눈 天上의 對話(대화)

"古記에 이르되 옛날에 환인의 아들 환웅이 있었는데 항상 天下에 뜻을 두고 人間 世上을 貪(탐)내거늘 아버지가 아들의 뜻을 헤아리고 저 높은 山 중의 하나인 太白山을 내려다보니 인간을 널리 이롭게 할 만하다 여기고 天符印(천부인) 3개를 주고 가서 다스리게 하였다. 환웅이 무리 3천을 이끌고 太白山 꼭대기 神檀樹(신단수) 아래 내려와서 神市(신시)를 베푸니 그가 곧 환웅天王이시다. 그는 風伯(풍백), 雨師(우사), 雲師(운사)를 거느리고 穀食(곡식), 壽命(수명), 疾病(질병), 善惡 등 인간의 360여 가지 일을 맡아서 다스리고 教化(교화)하였다."

> 古記云 昔有桓因(謂帝釋也) 庶子桓雄 數意天下 貪求人世 父知子意 下視三危太伯 可以弘益人間 乃授天符印三個 遣往理之 雄率徒三千 降於太伯山頂(太伯은 지금의 妙香山?) 神檀樹下 謂之神市 是謂桓雄天王也 將風伯雨師雲師云 而主穀主命主病主刑主善惡, 凡主人間三百六十餘事 在世理化

一然의 <三國遺事> 古朝鮮編에 나오는 이 구절은 환인 환웅 부자가 隔意(격의)없이 나눈 天上의 대화이자 (古)朝鮮이라는 한 고대국가의 탄생을 알리는 民族大敍事詩(민족대서사시)이다. 광대무변한 宇宙(우주), 즉 하늘의 啓示(계시)를 받아 이 땅에 막 내려온 天孫 환웅의 제일성은 '弘益人間 在世理化'였다. "홍익인간 이념에 입각하여 세상을 眞理(진리)로 다스리고 교화한다고 滿(만)天下에 건국의 벼리(綱領 강령)를 선언한 것이다.

고대사학자 李丙燾(이병도)는 그가 譯註(역주)한 <三國遺事>(修正版.1992 明文堂)의 序頭(서두)에서 단군조선 건국과 表裏(표리)관계에 있는 홍익인간은 건너뛰고 '阿斯達(아사달)은 Sunny spot '陽달, 즉 朝陽, 朝光의 땅(Morning land)을 뜻함이니 朝鮮의 原義일것이라 주석하고 歐美인들이 흔히 Morning calm이라고 譯稱(역칭)하는 것은 잘못된 번역이라고 지적하고 鮮은 평온하다는 calm의 뜻이 아니라 깜짝 놀랄 정도로 곱고 아름답다는 뜻의 fright가 된다고 용어의 해석에 力點(역점)을 두고 있음을 볼 수 있다.(李丙燾 韓國史 古代編 86~89쪽)

그리고 三危(위)는 3개의 높은 산이니 太伯은 그 중의 하나이며 天符印(천부인) 3개는 風伯 雨師 雲師 등 三神을 거느린다는 의미의 제왕의 권위를 상징하는 印綬(인수, 官印에 달린 끈)가 아닐까 생각된다고 하였다.

2. <三國遺事> 지어 단군조선의 영광 되찾는 계기로

경북 清道 雲門山(일명 虎踞山 호거산 1239m) 북쪽 기슭에 있는 운문사는 560년(신라 진평왕 21) 한 神僧(신승)이 得道(득도)하여 세운 절인데 圓光법사가 隋(수)나라 유학을 마치고 돌아와 중건하고 隋(수)나라에 구원병을 요청하는 저 유명한 乞兵

表(결병표)를 지은 곳이기도 하다. 그 후 雲門寺 북쪽 嘉瑟岬寺(가슬갑사)에서 貴山(沙梁部人사량부인)과 箒項(추항)에게 이른바 世俗五戒(세속오계)를 설함으로서 훗날 삼국통일의 주역이 된 花郎의 정신적인 토대를 이 때 이미 마련하고 있었다는 것이다.

그로부터 6백년이 흐른 高麗 후기 1277년(忠烈王 3)부터 1281년까지 一然스님은 왕명에 의해 이 절에 駐錫(주석, 고승이 절에 머무는 것을 말함)하면서 <三國遺事>의 草稿(초고)를 정리하기 시작하였다. <三國遺事>를 본격적으로 집필 간행한 곳은 이웃 경북 軍威 麟角寺(인각사)인데 雲門寺에 머물 때는 전날 圓光법사가 이 절에 머물면서 오르내리던 행동반경을 그대로 따라 답사하면서 집필 자료를 수집한 것으로 알려지고 있다.

<三國遺事> 圓光西學 편에 보면 당시의 정황이 자세히 묘사되어있다. 즉 "雲門寺에서 동쪽으로 9000보(步)를 가면 嘉瑟峴(가슬현)이 있고 北洞(동)에 절터가 있는데 이 터가 바로 가슬갑사가 있던 자리다.(圓光法師 入隋回, 寓止嘉瑟岬寺 今雲門寺東九千步 有加西峴 峴之北洞 有寺基是也)

당시 일연스님은 70 老軀(노구)를 무릅쓰고 이 산길 9천보, 지금 里數로 20리가 넘는 산길을 오가면서 圓光법사의 행적을 추적 취재하였다는 것이다. 시대적 召命의식이 없이는 엄두도 낼 수 없는 일을 그 나이(당시로서는 상당한 고령이라고 할 수 있는)에 해냈다는 말이다. 바야흐로 삼국의 爭覇(쟁패)가 절정으로 치닫고 있던 6세기 전반, 지리적으로나 군사적으로 3국 가운데 가장 偏僻(편벽)지고 弱勢(약세)에 몰려 있던 신라는 바로 이웃인 해상강국 百濟의 위협에 노출되어 戰戰兢兢

(전전긍긍)하고 있을 때 그 돌파구를 마련하기 위해 隋나라에 구원병을 청하는 表文을 지어 올려 나라의 위기를 구한 圓光法師와 40여년에 걸친 蒙古(몽고) 침략으로 疲弊(피폐)할 대로 피폐한 나라와 백성을 다시 일으켜 세우기 위해 그 옛날 조상들이 이룩한 영광의 역사를 기록한 <三國遺事>를 지어 再起의 용기를 불어넣어주고 다독여준 一然스님은 비록 600년의 時差(시차)를 두고 태어났으나 한 종교인으로서의 울을 넘어 나라사랑하는 마음이 지극한 護國(호국)의 본을 세웠던 것이다. 이처럼 종교를 초월하여 憂國衷情(우국충정)을 몸으로 실천한 승려들이 국란을 당할 때마다 緇衣(치의, 승복)를 軍飾(군포)로 갈아입고 창검을 들었던 호국불교의 전통이 이 때 이후 면면히 계승되어 내려오고 있다.

3. 대학 켐파스에서 처음 만난 弘益人間

불교淨化(정화) 바람을 타고 1990년대 초 比丘尼(女僧 여승)의 本刹로 변신한 천년 고찰 雲門寺를 현장 취재하는 과정에서 이 절에 얽힌 전기 두 스님 이야기를 듣고 바로 그 역사의 현장에서 다시 본 우리 역사의 原點回歸(원점회귀)를 試圖(시도)하게 되었다.

이 모두가 반만년 역사의 黎明期(여명기)에 韓민족의 正體性(정체성)을 밝힌 弘益人間 이념과 직간접적으로 連繫(연계)되어있는데 필자의 경우, 運 좋게도 일찍이 弘益人間 이념을 교육법(제1조)에 도입하는 데 주도적인 역할을 했던 교육계의 원로이자 내가 다니던 대학총장이기도 했던 白樂濬(백낙준)박사의 체플講說(강설)을 통해서 만나게 되고부터 평생의 話頭(화두)로 잡고 오늘에 이르고 있다. 대학을 졸업하고 한 단군단체에 몸담고 있을 당시 한국사의 원로학자이면서 植民사학의 代父로 사회적인 지탄을 받고 있던 斗溪 이병도박사를 만나게 된 것도 바로 이 때다. 공교롭게도 당시 仁川에 사시던 無號 崔泰永(1900~2005)선생에게 古代史 공부를 하러 다니던 필자가 일본유학 동기인 두 분 관계를 알게 되면서 이병도의 史觀(사관) 수정 설득작업을 부탁드리게 되었다. 거기에다 당시 단군단체(顯正會 현정회)를 사실상 이끌고 있던 이박사의 서울大(國史學科) 제자인 李喜秀씨가 앞장 서 곤경에 처한 스승을 구하기 위해 발 벗고 나선 끝에 朝鮮日報(1986. 10. 8日字)에 단군의 實在를 論證(논증)한 논설문(檀君은 神話 아닌 우리의 國祖)을 발표토록 주선함으로서 사회적인 비난여론을 다소나마 누그러뜨려 보려는 노력을 기울이게 되었다.

그럼에도 불구하고 특히 在野의 성토와 규탄공세는 여전하였다. 그 중에도 강경파들은 東崇동 李박사 자택 앞으로 몰려가 고함을 지르며 罵倒(매도)하는가 하면 심지어는 집안으로 투석을 하는 등 물리적인 공격을 가하는 데까지 이르게 되자 당시 이미 80고령의 李박사는 그 충격을 감당하지 못해 몸져눕고 말았다. 하루는 崔泰永선생을 모시고 병문안을 갔는데 李박사는 병석에 몸져누운 채로 “내가 죽기 전에 그 畵像石(화상석)을 꼭 한 번 보아야 할 터인데...”하면서 혼잣말처럼 되뇌는 말을 듣게 되었다. 처음에는 그 말이 무슨 뜻인지 몰라 어리둥절할 수밖에 없었는데 후에 알고 보니 중국 山東省 嘉祥縣(가상현)에 있는 武氏사당에서 전해 내려오고 있는 단군신화를 그림으로 새긴 石版畵(석판화), 즉 畵像石을 두고 하는 말이었다. 그리고 1년 후 李박사는 돌아가시고 나는 중국내 한국역사의 자취를 찾아 떠나는 답사여행 제1호를 武氏

사당으로 잡게 되었다.

4. 考古학 1세대 金載元이 처음 소개한 畵像石(화상석)

지금 생각해 보면 李박사가 생전에 그토록 보고 싶어 했던 화상석을 통해서 그가 평생토록 연구해온 이른바 文獻(문헌) 사학의 한계를 극복하는 하나의 轉機(전기)로 삼으려 했던 것은 아니었을까 내 나름으로 생각해본 적이 있다.

이 화상석을 처음으로 소개한 이는 李박사의 직제자이면서 해방 후 考古學 1세대로 불리는 金載元박사다. 광복직후부터 1970년까지 꼭 25년간 국립박물관장을 역임하는 기록을 세운 그가 1947년에 펴낸 <檀君神話의 新硏究> 가운데 한 편인 '武氏祠石室의 畵像石에 보이는 檀君神話' 편에서 화상석에 담긴 내용을 그 특유의 考古학적인 분석과 視覺(시각)으로 재해석하고 있다. 그러면서 그는 <三國遺事>에 기록된 단군 탄생설화의 8~9부까지 부합되는 내용이 화상석에 그려져 있다고 주장하고 있다. 그러나 그는 단군탄생설화의 類型(유형)이 우리 민족 고유의 것은 아니라는 전제하에서 논리를 전개하고 있다. 이는 즉 단군神話류의 탄생설화가 한국뿐만 아니라 중국을 비롯한 東北亞 일원에 널리 분포되어 있다는 말이다.

이 화상석에 관해서는 일찍이 淸朝 道光 2년(1829)에 馮晏海(풍안해)라는 학자가 펴낸 <金石索(색)>을 저본으로 하여 프랑스학자 에두아르 샤방(Edouard Chavanes)이 연구 소개한 것을 주로 참고하였는데 논문 着想(착상)에는 은사 헨제(Hentze carl) 교수의 조언에 힘입은바 컸음을 밝히고 있다. 아무튼 武氏祠堂 畵像石에 관한 한 金박사의 연구논문이 국내에서는 유일

최초이며 이후 반세기가 넘도록 이 논문을 단편적으로 인용한 예는 더러 있었는지 몰라도 본격적으로 연구했다는 말은 寡聞(과문)의 탓인지 아직 들어보지 못했다

5. 2천년 세월에 그으른 畵像石의 실체

武氏사당이 최초로 건립된 연대는 약 2천 년 전인 漢나라 建和 元년(147) 전후라고 한다. 후세에 河水가 범람하여 토사가 밀리는 바람에 한 때 흙속에 묻혔다가 청나라 乾隆(건융) 51년(1766) 黃易이라는 사람이 발굴하여 벽돌로 사당을 다시 세우고 내부 벽에 화상석 26매를 끼워 넣어 전해 내려왔는데 文化혁명 이후 國家文化財로 지정하여 일반에게도 공개하게 되었다는 것이다. 사당 두 번째 石室에서 예의 단군탄생설화 화상석을 발견, 먼저 사진을 찍고 논문에 나와 있는 순서에 따라서 그림을 확인하려하였으나 처음에는 半 밀폐실내공간이라 어두워서 잘 식별이 되지 않았는데 차츰 어둠에 눈이 익으면서 자세히 들여다보니 2000년 세월에 風化작용으로 그을고 마모되어 陽刻畵(양각화)의 모서리가 거의 평면으로 닳아 그림의 내용을 잘 식별할 수가 없었다. 그래서 마침 金박사의 논문에 첨부되어있던 낡은 石刻 그림과 하나하나 대조하여 찾아낸 그림 가운데서 환웅이 하늘에서 내려와 지상에 나라를 세우고 熊女와 결혼하여 단군을 낳는 장면 등 핵심적인 화상석 4매를 골라 현장 안내인에게 설명을 구했다. 그랬더니 그것은 武氏 집안의 장례식 장면을 새긴 것이라며 기대했던 것과는 거리가 먼 답변을 내어놓고 하늘의 구름무늬에 대해서는 亡者의 영혼이 승천하는 것을 상징하는 그림이라는 것이다. 잔뜩 기대했던 답변이 아니라 한

때 실망했었으나 앞서 말한바와 같이 단군설화류 神話는 거의 일반화되다시피 널리 분포되어있다는 金박사의 주장에서 그 의의를 찾는 것이 효과적이겠다는 생각을 하면서 다음 코너로 발길을 옮겼다.

6. 食人과 탄생의 兩 극단 사이에서

이번에는 다시 金박사의 논문으로 돌아가 8~9分 가량 부합된다고 그가 적시하고 있는 '父知子意 三危太伯 可以弘益人間 乃授天符印三個遣往理之' 라는 구절을 두고는 구름 위에서 地上을 내려다보고 있는 두 사람(사실은 신화 속의 神을 말한다)중 수염이 있는 男神이 아버지 환인이고 地上에서 천사 넷이서 맞붙들고 있는 3개의 圓形板이 天符印 3개, 그리고 제3석 첫째 칸에서 세 마리 龍이 끄는 수레를 타고 있는 神人이 아들 환웅이며 그 앞에서 백성들이 엎드려 환웅을 맞이하는 장면이 보이고 그 사람들이 모두 날개가 없는 것은 地上의 人間세계를 나타내는 것으로 본다는 것이다. 그리고 제3석 둘째 칸에는 風伯과 雨師 雲師가 主穀 主命 主病 主刑 主善惡하는 장면이 나오고 벼락을 맡은 雷部衆神(뇌부중신)들이 善惡을 판단하여 刑을 집행하는 장면이 실감 나게 새겨져 있다. 그리고 제3석 셋째 칸에 등장하는 異人奇獸(이인기수) 그림이 단군 탄생설화를 상징적으로 그리고 있는데 이 그림 역시 날개를 달고 있지 않은 地上의 존재들이다. 그림의 중심은 바른 쪽 두 怪獸(괴수 또는 怪人)의 모습인데 화면에 나타나는 모든 인물이 그곳을 향해 그곳에서 일어나고 있는 동작을 銳意(예의) 주시하고 있다. 두 괴인 중 바른 쪽이 생김새로 보아 범(虎)인 것 같고 왼쪽은 곰(熊)으로 보인다. 범이나 곰이라기보다는 虎人 또는 熊人이라는 표현이 오히려 더 어울릴 것 같은 모습이다.

그 중에 虎人이 조그만 아기(동물적으로 표현하면 새끼)를 왼손으로 쥐고 입 가까이 대고 있는 장면이 나오는데 馮晏海의 <金石索>에서는 이를 '方食其足 堯時有饕餮(도철, 惡獸라는 의미)食人之類'라고 사람을 먹는 食人의 형상으로 보고 있다. 마주 서 있는 熊人은 두상과 수족에 漢代 또는 그 전후의 무기인 弩(노 쇠뇌) 劍(검) 戈(과 창) 牟(모 투구) 盾(순 방패)을 잡고 춤을 추는 것 같은 자세를 취하고 있다.

아무튼 단군탄생설화에 나오는 一熊 一虎가 등장하는 이 장면을 두고 金박사는 아기를 먹는 것이 아니라 정반대로 입에서 아기를 끄집어내는 탄생의 의미로 해석하고 있다. <金石索>.에서 주장하는 方食其足이라는 해석은 잘못되었다는 것이다.

7. 忌三七日을 算出(산출)한 근거 蓂莢圖(명협도)도

그러나 <三國遺事>에서 사람의 몸을 얻은 것은 곰이고 단군 또한 熊女(웅녀)의 몸에서 태어난 것으로 되어있는데 범(虎)에게서 태어나는 화상석의 그림과는 맞지 않는다는 반론에 대해 汎(범)中華문화권 내에서는 호랑이든 곰이든 다 같은 祖獸(조수)신앙의 대상으로 看做(간주)하기 때문에 내용 중에 설령 差誤(차오)가 있다손 치더라도 그것은 1천 여 년 후에 쓴 <三國遺事>의 책임에 속하는 문제라는 것이다. 그리고 환웅(또는 熊女) 부족의 발원지로 알려진 시베리아 지방 샤만의 巫俗(무속)에서는 곰 숭배의식이 그 근간을 이루고 있다는 점도 <三國遺事>에 영향을 미쳤을 것으로 보고 있다.

또 <三國遺事>에서는 호랑이와 곰이 사람의 몸으로 태어나기 위해 동굴 속에서 쑥 한 다발과 마늘 20알을 먹는 試合(겨룸)을 벌였다고 했는데 이 둘을 합치면 21로 '忌 三·七(3×7=21)日과 정확히 맞아떨어진다. 즉 아이를 출산한 뒤 집 앞에다 禁(금)줄을 치고 세이레, 3.7일을 가리는(忌) 전래의 풍속과 합치된다는 말이다. 이 장면의 출처는 단군탄생설화를 그린 奇人괴수편이 들어있는 第3石 첫째 칸의 蓂莢圖(명협도)에서 찾을 수 있다. 蓂莢(명협)이란 堯임금 때 났었다는 풀이름에서 유래하는데 초하루에서 보름까지 하루에 한 잎 식 났다가 열 엿 세 째부터 그믐날까지 다시 하루에 한 잎 식 떨어졌다하여 달력 풀 또는 책력 풀로 불렸으며 고대에 年 月(30일 또는 29일)日을 산출하는 근거로 원용하였다는 것이다.

8. 與民同樂하는 弘益人間 구현의 현장

맨 마지막 제3석 아래로부터 둘째 칸 화상석은 <三國遺事>의 기록 그대로 단군 탄생 후 고조선 건국과 나라 살림살이를 경영하는 현장 모습을 類推(유추)해 볼 수 있는 대목이다. 馬上에 앉아 이 광경을 살펴보고 있는 貴人을 檀君王儉으로 볼 수 있고 벼 다발을 한 쪽 어깨에 메고 있는 사람, 짐승을 잡는 장면, 짐승의 네 다리를 묶어 목두로 매고 가는 사람들이 한데 어우러진 民生의 이모저모는 바로 弘益人間 在世理化하고 與民同樂(여민동락)하는 현장이 아니겠는가. 요하 상류 쪽에서 환웅부족이 가지고 내려온 先進문화를 그 아들 단군이 물려받아 再現하고 새 나라를 세운 것을 두고 새 하늘을 열었다는 의미의 開天이라고 부르는 것이다. 現代的인 의미로 다시 풀어본 開天, 開天節의 유래다.

앞에서 든 바 있는 朝鮮日報 揭載(게재) 논설문에서 李丙燾 박사는 天을 고대의 君長, 즉 君王과 같은 뜻으로 보고 開天은 곧 君長을 推戴(추대)하고 그를 중심으로 나라를 창설하는 것과 같은 뜻이라는 앞서 말한 開天의 뜻과 類似(유사)한 해석을 내어놓고 있다. 그래서 國祖단군이 최초로 나라를 세운 개국일을 開天節이라는 이름으로 기리는 이유도 바로 여기에 있다고 본다는 것이다.

2장 東北工程의 先行작업

1. 蚩尤陵(치우능)을 통해 본 東北工程

武氏사당 답사를 마치고 다시 濟南비행장 방향으로 가는 길에 일찍이 孔子가 邑宰(읍재, 邑의 수령)를 지냈다는 옛 中都(지금의 汶山) 근교에 있는 치우능을 찾아 참배하였다. 월드컵 축구 경기 때 거리 응원단의 로고가 붉은 악마 치우였다는 몇 년 전 기억을 떠올리며 찾은 치우능은 떼도 제대로 입히지 않아 지난여름 장맛비에 높이가 9m에 이른다는 封墳(봉분) 여기저기 파인 골이 점점 그 깊이를 더해가고 있었다. 그나마 아주 떠내려가지 않고 이 정도라도 유지보존이 된 것은 두 나라 간 국교가 트이면서 한국인의 발걸음이 점차 늘어나게 되자 관광자원으로서의 가치가 있겠다는 전망 하에 주변 여기 저기 급하게 서둘러서 환경정리를 한 흔적이 아직 그대로 선명하게 남아있었다.

蚩尤가 누구인가. 중국이 역사상 시조로 받들고 있는 黃帝

와는 종족 상으로 보나 그 세력판도가 판이하게 달라 서로 相容할 수 없는 仇敵(구적)관계로 전 후 10년에 걸쳐 73번 싸워 72번을 이겼으나 中原의 覇權(패권)을 가름하는 마지막 涿鹿(탁록)대전에서 指南車(지남차, 오늘날의 탱크)를 앞세우고 나온 黃帝(황제)에게 패배하여 사로잡힌 몸이 되었는데 黃帝는 그를 두려워한 나머지 그 시신을 일곱 토막 내어 그가 다시는 온전한 몸으로 살아 돌아오지 못하게 각각 나누어서 묻었다는 것이다. 그 중에 머리를 묻었다는 이 곳 치우능은 이를테면 首陵(수능)인 셈이다. 우리는 그의 묘를 치우릉이라고 높여 부르지만 현지 사람들 사이에서는 蚩尤塚(총), 즉 蚩尤 무덤으로 통했다. 이 무덤을 처음 발견한 1997년 당시만 해도 현지 사람들(물론 중국인이 그 主流일 테지만)은 蚩尤가 누구인지 어느 나라 사람인지조차 모를 만큼 관심 밖의 인물이었다고 한다.. 한국인으로서는 최초로 2000년 11월 4일 이 곳을 방문한 국문학자 陳泰夏 교수가 현장에서 蚩尤의 역사적 내력과 그 중요성을 즉석강연을 통해서 설명할 정도로 忘却(망각)지대에 묻혀 있던 전설적 인물이었다.

2. 換父易祖(환부역조)의 현장 琢鹿(탁록) 中華三祖堂

이 시기를 전후해서 치우능을 찾아 이곳에 오는 韓國人들의 발걸음이 잦아지자 뒤늦게 地方정부가 나서 2001년 10월 8일字로 陵 오른 쪽에 標識石(표지석)을 세우고 銘文(명문)까지 새겨 넣었다는 것이다. 당시 우리 일행을 안내한 董文華(동문화) 中都박물관장은 <漢書(한서)> 地理志(지리지)에 나와 있는 東平郡 壽張縣(수장현) 闞鄕城(감향성)이 곧 오늘날의 汶山(문산) 南旺鎭(남왕진)과 일치한다고 미리 준비해가지고 나온 현장 일원을 담은 闞城諸公塋墓之圖(감성제공형묘지도)를 펼쳐 보이면서 확인시켜주었다. 대대로 전해내려 오는 이 고장토박이로 南旺鎭 鎭長(진장 우리나라 面長에 해당)까지 맡고 있다는 그는 蚩尤陵 복원 동기에 대해서 "우리는 사실 그 분이 그렇게 훌륭한 분인 줄 몰랐는데 한국인들이 하도 찾으니까 불야불야 서둘러서 조성하게 된 것"이라며 "이제 이 정도라도 우리가 얼터리를 잡아놓았으니 나머지 조경사업은 한국인들이 알아서 도와 달라"고 아주 대놓고 손까지 내밀었다 .너희 조상이니 너희가 알아서 하라는 말이다.

이렇게 해서 급조하다시피 서둘러 세운 표지석에 "蚩尤는 黃帝 炎帝(염제)와 동시대 사람으로 部落首領(부락수령)이자 民族英雄(민족영웅)"이라고 蚩尤를 중국을 개창한 3시조 가운데 한 사람으로 끌어다 부치는, 글자 그대로 牽强附會(견강부회)하고 있는 첫 현장이다. 다시 말해서 중국의 일방통행 식 歷史造作劇의 첫 幕(막)은 이렇게 해서 열리게 되었다. 아비와 할애비까지 바꾸는 이른바 換父易祖(환부역조)의 廢倫的(폐륜적) 擧措駭妄(거조해망, 행동거지)이 시작된 것이다.

그런데 중국은 치우능이 있는 이 고장에서 어찌 보면 나이브(naive)하게 觀光(관광)개발이라는 非政治的 명분으로 역사 조작의 테잎을 끊었지만 사실은 그보다 훨씬 이전부터 이미 東北工程(동북공정)의 밑그림을 그리는 작업을 국가주도로 진행하고 있었다. 90년대 초 琢鹿(탁록)대전의 현장에 뿌리로 돌아간다는 歸根苑(귀근원)을 짓고 그 경내에 炎帝(염제) 神農(신농), 黃帝(황제) 軒轅(헌원)과 함께 蚩尤天王까지 모시는 中華三祖堂(중화삼조당) 건립을 추진하여 97년에 이미 완공을 본 상태였다. (拙著 爭點으로 푸는 歷史 이야기-蚩尤塚 復元은 上古史

編入 노린 象徵 造作?. 2006. 心學堂 58~60쪽)

3. 중국의 역사조작과 단군否認(부인)으로 희생된 古朝鮮

앞에서도 언급한 바와 같이 중국이 남의 조상을 자기 조상으로 바꿔치기 하면서까지 蚩尤를 모시려고 하는 이유는 환웅시대에 해당하는 東夷族의 수장으로서의 치우의 象徵性(상징성)을 그에게서 빼앗아가려는 음모에 다름 아니다. 그리 되면 그 아래 代에 해당하는 단군조선은 그 존립자체를 위협받게 되며 그 이후의 한국 古代史체계는 자연스럽게 중국 역사 속으로 편입되는 連動(연동)작용을 일으키게 된다는 그들만의 셈법을 그들은 이미 손으로 꼽고 있었던 것이다. 그렇지 않아도 단군조선은 일제 식민사학의 직격탄을 맞아 우리 주류사학계에서는 지금까지도 그 실재를 인정하지 않고 있는 터에 중국인들은 이 역사적 空白상태를 십분 활용하여 단군이 1109살까지 살았다는 <三國遺事>의 기록을 들이대면서 진즉부터 그 신빙성에 의문을 제기하고 있던 참이었다. 물론 이는 단군조선 全代에 걸친 이야기가 되겠지만 그 대수가 몇 개 대인지는 정확히 모른다. 일부 재야사서에서 40 몇 대 임금 이름까지 다 꿰고 있지만 신빙성이 떨어지는 誇大史觀的(과대사관적) 주장이라는 것을 알만 한 사람은 다 알고 있다. 안팎 사정이 이렇다보니 이래저래 한국고대사는 그 설자리가 점점 좁아들고 있는데 문제의 심각성은 그것이 단지 단군조선으로 끝나는 것이 아니라는데 있다. 앞서 蚩尤를 先占함으로서 한민족의 뿌리를 아예 뽑아버리려 했던 것처럼 단군조선을 해체하면 그 이후 夫餘 高句麗 渤海(발해)로 이어지는 한국고대사의 황금기 3000년이 통 채로 저들의 소위 多民族

통일국가론의 역사체계 속으로 자동 편입되어버리고 마는 것이다. 결과적으로 한국의 역사는 3국 시대부터 시작하게 된다는 말인데 그 마저도 고구려는 현재 중국의 영역 안에서, 즉 漢四郡의 하나인 玄免(현토)에서 일어난 중국의 지방정권이라는 전제하에서 독자적인 역사를 인정하지 않고 있는데 장수왕대에 수도를 평양으로 옮긴 것을 빌미로 대륙과 한반도에 걸치는 두 고구려 설을 들고 나오더니 이제는 그 전성기 영역이 南漢江(남한강) 상류에까지 미쳤다며 한강 이북까지도 그들의 지방정권인 고구려의 故土라고 주장하기에 이르렀다. 이는 북한에서 언제든지 일어날 蓋然性(개연성)이 있는 돌발사태에 대비하여 그 때 그들이 진입할 수 있는 역사적인 연결 고리를 미리 만들어놓겠다는 사전 布石(포석)이라는 것을 알만 한 사람은 누구나 다 알고 있는 꼼수 그 자체다.

3장 日本의 집요한 식민사학 扶植(부식)공작

1. 조선사편수회가 노린 식민사학의 眞面目(진명목)

1915년 전후해서 중국 대륙 도처에서 독립운동의 불길이 들불처럼 번지고 있을 당시 망명중인 민족 史家 朴殷植(은식)의 <韓國痛史(한국통사)>가 국내에서 널리 읽히고 있다는 사실을 접하고 이에 당황한 일제가 그 대비책으로 조직한 것이 朝鮮史編修會(조선사편수회)다. 同 편수회는 京都帝大(경도제대)교수 미우라(三浦周行 1871~1931)와 강사 이마니시(今西龍 1885~1931), 東京帝大(동경제대) 조교수 구로이타(黑板勝美 1874~1946) 등 3인을 촉탁으로 위촉하고 <朝鮮半島史(조선반도사)>(후의 朝鮮史 조선사) 편찬에 착수하게 되였다. 이들 세 사람 가운데 미우라와 구로이타는 공히 일본사 연구라는 공통점을 가지고 있는데 그 중에도 특히 편찬업무를 주관하는 구로이타는 20여 년간 동경제대에서 <大日本史料(사료)> 등을 편찬한 일본사의 大家(대가)로 알려져 있다. 이는 朝鮮史가 日本史의 태두리 안에서 서술되어야 한다는 것을 전제하고 있는 것으로 조선사 자체의 독자성을 인정하지 않겠다는 의미이기도 하다. 거기에다 편찬업무를 주관하는 간사인 이나바(稻葉岩吉)는 소위 他律性(타율성) 이론과 직결되는 滿鮮(만선)사관의 대표적 학자로 그의 연구논문 <滿鮮 不可分의 史的 考察(사적 고찰)>에서는 한국과 만주, 그리고 일본 중국을 포함하는 동아시아 전체의 역사 재구성 작업을 추진함으로서 아시아 制覇(제패)의 합리성과 정당성을 확보하기 위한 일방적인 試圖(시도)를 하기에 이르렀다. 이 같은 논리가 노리는 궁극의 목적은 中日전쟁과 한 걸음 더 나아가서는 태평양전쟁까지도 염두에 두고 짠 汎세계 전략의 일환인 셈인데 그 밑바탕에는 한국사의 자주성 결여로 인한 대륙사로의 환원이 요구되고 있다. (朝鮮史編修會 事業槪要(개요) 飜譯(번역)本 1986. 시인사 132쪽).

2. 昔有桓國(석유환국)을 桓因(환인)으로 몰래 고처

이마니시(今西龍)의 학위논문이기도 한<檀君考(단군고)>(1929)는 조선사의 기점인 단군 부인론의 嚆矢(효시)가 되었다. 이 논문에서 이마니시는 <三國遺事>(壬申本)에 나오는 昔有桓國을 昔有桓因으로 改竄(개찬, 은밀히 고침)하여 단군을 신화로 왜곡 조작한 장본인이기도 하다 이 논문을 쓰고 2년 후 이마니시는 죽게 되지만 그가 의도적으로 역사를 왜곡하여 韓민족에게 끼친 해독은 그로부터 1세기가 더 지난 지금까지도 한국인의 가슴에 씻을 수 없는 상처를 남기고 있다. 이 문제에 대해 六堂 崔南善은 三國遺事상의 檀君古記(단군고기)가 명확하게 전하고 있는 桓國은 곧 하늘을 의미한다고 말하고 이는 광범한 古기록을 간략하게 압축 요약해놓은 것이므로 그 片言隻字(편언척자)에도 중대한 의미가 내포되어있는데 古記 중에서 昔有桓國(환국)이라고 되어있던 것을 昔有桓因(환인)이라고 고친 이마니시類(류)의 妄筆(망필)을 認容(인용)한 것을 강하게 비판하고 있다. (壇君論 18. 1926. 5. 6일자 東亞日報. 朝鮮史編修會 第6次 會議錄).

한편 古代史學者 李丙燾(이병도 1896~1989)는 역시 東亞日報(1923. 10.1日字)에 기고한 '朝鮮史概講(개강)'이라는 글에서 "환인이 맞다는 講壇(강단)史學者들의 주장과 환국이 맞다는 재야사학자의 주장은 환인에 대한 기록과 환국의 기록에 대한 인식이 공존하고 있다는 일종의 절충론을 펴고 있다.

이 같은 日人들의 역사조작에 적극적인 역할을 했던 李丙燾에 대한 국민적 憎惡心(증오심)으로 그를 가리켜 賣國賊(매국적) 李完用의 친조카라고 흔히들 罵倒(매도)하기도 하는데 家系 상 정확히는 姪孫(질손, 형제의 손자, 즉 從孫 종손)으로 計寸(계촌)된다. 編修會 출범 당시의 官制를 보면 이완용이 中樞院(중추원) 부의장 자격으로 고문 위원회 고문에 추대되었던 점으로 미루어 이병도의 편수회 수서관 임명에도 영향력을 미쳤을 것으로 보고 있다.

그의 학문적 계보를 보면 일본 유학시절 그가 다닌 와세다(早稻田)대학 역사학과 교수가 쓰다(津田左右吉 1873~1961)였는데 그는 열렬한 紀記(日本書紀와 古事記를 말함)신봉론자이었으며 훗날 소위 皇國사관의 기반을 구축하는 데 앞장섰던 극우파 학자로 알려져 있다.

1925년 조선사편수회에 이마니시 직속의 수서관補(보)로 들어간 李丙燾는 城大(京城帝大 경성제대) 다닐 때부터 맺은 이마니시와의 깊은 인연으로 서로 호흡이 잘 맞아 조선사 35권을 완간하기까지 그가 일본인 교수로부터 배운 조작 왜곡된 한국사의 再編(재편) 작업에 참여하여 충실한 식민사학의 傳道師(전도사)가 된 것이다. 해방 후에는 이를 실증사학(實證史學)이라는 이름으로 再포장하여 직간접적으로 그에게서 배우거나 영향을 받은 동료와 후진들을 망라하여 역사학계의 주류를 형성하게 된다. 이를 일러 속칭 '斗溪학파' 또는 '이병도사단'이라고 부르기도 한다.

3. 三國遺事 상 魏書(위서)와 古記의 眞否 시비

단군조선에 대한 가장 오래된 기록은 一然의 <三國遺事>이다. 그러나 일제 식민사학자들과 그 뒤를 이은 소위 실증사학자들은 一然이 단군에 관해서 기록할 때 인용한 <魏書(위서)>와 <古記>가 현재 전하지 않는 것을 두고 단군조선을 부인하는 증거라고 주장했다. 魏書와 古記가 원래 없던 것을 一然이 창작해 낸 논리라는 것이다. 그러나 一然이 앞의 두 역사서를 인용하면서 그 연대의 차이에 대해 의문을 표시했다는 것은 그가 이 두 문헌자료를 보았기 때문에 일어날 수 있는 의문으로 창작했다는 논리는 성립될 수 없다고 보는 것이다. 즉 一然은 古記를 인용해 "王儉은 堯임금이 王位에 오른지 50년인 庚寅년 평양성에 도읍을 정하고 비로소 나라이름을 朝鮮이라 칭했다.."고 쓰면서도 그 기록의 신빙성에 대해서 의문을 표시하는 자신의 견해를 옆에다 주석으로 기록해 놓았다. 즉, 堯임금의 즉위 元年은 戊辰년이니 즉위 50년이면 丁巳년이지 庚寅년은 아니다. 아마 그것은 사실이 아닌 것 같다.(唐高卽位元年戊辰. 卽五十年丁巳, 非庚寅也. 疑其未實)"고.

여기에서 단군조선의 건국연대와 관련해서 3개의 編年(편년)이 나오게 되는 것을 알 수 있다. 바로 丁巳년과 庚寅년 戊辰년이다. 이들을 서기로 환산하면 丁巳년은 BC 2284년, 庚寅년은 2311년, 戊辰년은 2333년이 된다. 이처럼 一然이 古記의 기록에 의문을 표시했다는 것 자체가 바로 그가 魏書를 보았다는 강력한 증거라고 할 수 있을 것이다.(李德一 金炳基. 古朝鮮은 大陸의 支配者였다 2006. 歷史의 아침. 41～42 쪽).

4. 歷史 歪曲 造作의 産室, 東京帝大 史學會

李丙燾가 자신의 사관을 수정하는 논설문을 朝鮮日報에 발표하던 바로 그날(1986.10.9) 아침 제일 먼저 전화를 걸어 온 데가 東京帝大의 史學會였다고 한다. 지금은 이미 故人이 되었지만 당시 신문사 문화부장 徐熙乾(서희건)씨에 의하면 일본서 전화가 걸려온 직후 일본대사관으로부터 해당 논설문 복사본을 한 장 전송해달라고 요청 해 와 보내주었다고 한다. 우리는 아직도 그 악명 높은 식민사학의 餘毒(여독)을 풀지 못한 채 신음하고 있는데 가해자인 저들은 그 때나 지금이나 다름없이 그들이 심어놓은 식민사학자들의 동향에 대해서 민감하게 반응하고 있음을 알 수 있다. 다시 말해서 그들은 지금도 또 앞으로도 우리의 虛點(허점)이 노출되기만을 기다려 한국 사학계의 움직임을 銳意(예의) 주시하고 감시할 것이라는 말이다.

5. 이병도의 史觀修正(사관수정) 이끌어낸 최태영

앞에서 논한 바와 같이 李丙燾의 사관수정을 이끌어내는데 앞장섰던 無號 崔泰永은 같은 대학은 아니지만 그와 일본 유학 동기로 가까이 알고 지내는 사이였다. 원래 明治大에서 商法을 전공한 그는 해방 후 초대 서울大 法大학장을 역임하고 말년(77세)에 역사학으로 전공을 바꾼 좀 특이한 경력을 가지고 있다. 그는 전공을 바꾼 이유에 대해 어릴 적 고향인 황해도 九月山 자락 長連에서 노상 단군에 관한 이야기를 들으며 자랐고 할아버지로부터 배운 <童蒙先習(동몽선습)>(朴世茂 박세무 지음)을 통해서 '東方君長 檀君(단군)'으로 시작되는 조선上古 始原史와의 깊은 인연을 잊을 수 없어 사회에 진출해서는 李承晩정부 하에서 초대 考試위원으로 선임되었을 때 國史를 考試 필수로 채택할 만큼 단군과 고대사에 대한 깊은 애정을 가지고 있었다고 한다. 한국인은 무엇보다도 단군조선으로부터 면면히 이어져 내려오는 5천년 역사 속에서 자신의 正體性(정체성)을 찾아야한다는 굳은 신념을 가지고 있던 그가 6.25 때 鄭寅普(정인보)를 비롯하여 安在鴻(안재홍) 宋錫夏(송석하) 孫晉泰(손진태) 등 유수한 역사학자들이 대거 납북되고 李丙燾 申奭鎬 등 조선사편수회 출신 식민사학자들이 한국사학계의 주류로 등장하는 것을 보고 "나라도 나서서 이들에 의한 더 이상의 역사 왜곡을 허용해서는 안 되겠다."는 위기의식의 발로로 발 벗고 나서 먼저 인천 자신의 집에서 후진들에게 고대사 교육을 실시하는 일부터 시작했다. 이 때 필자도 인천을 오가면서 無號선생으로부터 역사교육을 받았다. 이런 인연으로 해서 하루는 그를 모시고 당시 병석에 계시던 이병도박사 병문안을 가게 되었는데 이 자리에서 이박사에게 그의 史觀 修正을 요구하면서 "식민사학자라는 汚名(오명)을 쓰고 죽을거냐 아니면 벗고 죽을거냐."고 單刀直入的으로 압박해 들어가자 "최선생 말대로 하겠다."는 대답을 이끌어내고 뒤이어서 동행했던 이박사의 제자 이희수씨가 단군의 실재를 확인하는 논설문의 骨格을 口述로 받아내는 데 성공했다. 이 때 이미 이박사는 집필능력을 상실했기 때문에 이 방법밖에는 달리 선택의 여지가 없었다. 이 구술 자료를 바탕으로 해서 이희수씨가 문장을 만들어 이를 최태영선생이 監修(감수)하고 필자가 再교정을 보아 신문사에 전달하는 역할을 마치 릴레이 경주를 하듯 一絲不亂(일사불란)하게 진행했었다. 이 때 신문사 창구가 바로 앞에서 소개한 문화부장 서희건씨였다.

6. <한국상고사입문> 내 사관수정 재확인작업도

崔泰永은 李丙燾의 사관수정작업을 추진하게 된 동기에 대해서 그의 <三國史記 上>(譯註本 역주본 乙酉文化社 1983)의 慕(모)本王조를 보면 同王 2년 봄에 장수를 보내 侵襲(침습)한 지역이 모두 北京 주변의 右北平(북경 동북 300리 豊潤縣), 漁陽(北京 東部 密雲縣 西南) 上谷(北京 北) 太原(지금과 같음) 등 中原 일원으로 되어있는 것을 보고 그도 실지로는 <三國史記>의 이 기록대로 대륙사관을 지지하고 있다는 믿음을 갖게 되었다는 것이다. 그리하여 최태영은 이병도의 사관수정 논설문을 신문에 발표한 후 이를 재확인하고 다지는 뜻에서 <한국상고사입문>(1989 고려원)을 李丙燾와 共著로 내게 된다. 말하자면 사관 轉向(전향)굳히기 작업의 일환이었던 셈이다. 그러나 이 당시 李丙燾는 와병 중이었기 때문에 책은 모두 최태영이 쓰고 책머리 말에서 "내용전체의 중요한 줄거리는 崔泰永 李丙燾 우리 두 사람의 것을 토대로 했지만 柳承國 尹乃鉉 金聖昊 등 세 사람의 원고에서 추리고 그밖에 신 구 여러 학자의 저서와 논문을 참고하였다." 고 적고 끝에다 崔泰永과 李丙燾 두 사람의 이름을 漢字로 자필 서명함으로서 그 신빙성을 재확인하는 周到綿密(주도면밀)함을 보여주고 있다.

7. 사학계 專斷(전단)한 '李丙燾 사단'의 실체

餘談(여담) 같은 이야기가 되겠지만 언젠가 崔泰永선생에게 李丙燾씨가 거센 사회적인 비판여론에도 불구하고 실증주의라는 이름의 사실상 식민사학을 버리지 못하는 이유가 무엇이냐고 물어본 적이 있다. 그러자 崔先生으로부터는 예상치 못했던 전혀 뜻밖의 대답이 돌아왔다. 그것은 "學問外的인 문제"라는 것이다. "대놓고 말하기는 좀 찜찜한 구석이 있기는 하지만 한마디로 요약하자면 旣得權(기득권) 지키기 차원이라고 보면 돼"하고는 더 이상의 설명은 해주지 않았다. 정치 경제계에서나 흔히 듣던 기득권이 순수를 지향하는 학문세계에서도 통용되고 있다는 사실을 그 때 나도 처음 알았다. 유추컨대 저작물의 판권이라든가 각 급 학교 교과서 집필권, 교수 추천권 같은 현실적인 利權을 두고 하는 말이 아니었을까 내 나름으로 생각해 보았다.

내친 김에 崔南善의 변절에 대해서도 물어보았다. 己未獨立宣言書의 起草者(기초자)로 조선사편수회에 참여해서도 고대사의 편찬 범위에 대해 민족 본위뿐만 아니라 地理本位, 文化本位로 다루는 방법도 강구하지 않으면 안 된다고 책임자인 이마니시와 맞서 가장 격렬하게 논쟁을 벌였던 그가 어째서 그렇게 허무하게 무너졌느냐고 묻자 "그것은 여자 때문"이라고 한마디로 잘라 말했다. 그가 기초한 독립선언서가 명문인데다 그 날카롭고 整然(정연)한 논리가 일제의 肝膽(간담)을 서늘케 한 것은 유명한 後日譚(담)으로 이미 널리 알려져 있거니와 그러기에 이용가치 또한 높을 것이라고 본 일제가 그를 懷柔(회유)하기 위해서 妙齡(묘령)의 일본여인을 들여보내 요즘말로 마타하리(Mata Hari)식 전향공작을 하였다는 것이다. 이렇게 崔南善이 변절한 것을 알게 된 鄭寅普가 그의 집 대문 앞으로 달려가 "崔南善이 죽었다.'고 어이어이 목청을 돋우어 哭(곡)을 하였다는 유명한 일화가 지금까지도 전해 내려오고 있다.

4장 北韓의 檀君觀(단군관)은 몇 개인가

1. '우리민족끼리'의 상징으로 조작한 檀君陵(단군능)

원래 목적을 위해서는 수단방법을 가리지 않는다는 공산주의의 투쟁사관 때문인지 몰라도 고고학적인 물증과 객관적인 論證(논증)이 필수적으로 요구되는 역사학 분야에서조차 북한은 한국사의 起點(기점)인 단군觀(관)을 상황 따라 수시로 바꾸는 바람에 종을 잡을 수가 없다. 6.70년대까지만 해도 단군神話(신화)에 대해 신화로서의 가치조차 인정하지 않고 한국을 향해 "마치 단군신화가 그대로 역사사실인 것처럼 인민들의 과학적 사고를 마비시키려 하고 있다."고 과학까지 들먹이면서 비난을 퍼붓던 그들이었다. 그러면서 이와 같은 단군관으로 "조선민족의 起源(기원)을 神秘(신비)화함으로서 우리 인민의 階級意識(계급의식)을 마비시키며 배타적인 민족주의 사상을 鼓吹(고취)하여 공산주의를 반대하는 수단으로 활용하려하고 있다."고 또다시 과학적 사고를 마치 독점이라도 한 것처럼 역사학을 정치 操作(조작)의 한 도구쯤으로 전락시키고 있다.

이 같은 신화의 부인은 역사상의 시대구분 문제와 직결되는 것으로 "우리나라(北)에서는 원시공동체사회에서 奴隷制(노예제)사회를 거치지 않고 곧바로 封建(봉건)사회로 넘어갔다."고 주장하고 있다.(1956년 조선통사 개정판) 이른바 노예제 缺如說(결여설)이다. 그 후 1963년에 나온 <조선역사>에서는 갑자기 앞서 제기했던 주장을 뒤엎고 단군사회를 원시공동체 말기에서 노예제사회 초기에 걸친 시대적 특징들을 잘 반영한 것이라고 건너뛰었다던 노예제 사회를 다시 살려 내는 등 학문이라는 이름으로 부르기조차 민망스러울 정도로 시변덕을 떨고 있다.

이러한 주장이 대외적으로 확인된 것은 1973년 7월 파리 東洋학자대회를 통해서였다. 이 때 리봉현이 발표한 논문에 따르면 사회발전 5단계 법칙에 따라 원시 공산사회, 노예제 사회, 봉건사회, 자본주의사회를 거치고 있다는 주장을 펴고 있다. 이어서 古조선의 성립시기를 서기전 8세기, 그 활동무대를 요하 중심지역, 사회발전단계는 노예소유제국가라는 결론을 도출해내고 있다. 단군신화조차 부인하던 초기 단계에서 긍정 쪽으로 한 걸음 식 步幅(보폭)을 옮겨 잡고 있는 것은 檀君陵(단군능)을 '우리민족끼리'의 상징으로 조작하기 위한 예비 작업으로서의 명분 쌓기 용이었던 것이다. 이 같은 수순에 따라 1977년 9월 사회과학원 역사연구소가 펴낸 <조선전사>에서는 단군신화를 문화유산으로 격상시키더니 1979년~1983년 사이에 나온 <조선전사>에서는 그것(단군조선)을 역사사실로 보지는 않는다 해도 古조선시대의 時代相(시대상)을 반영한 것이라는 평가를 내리고 있다. 이 책 2권 '古조선 건국과정을 통해 본 단군신화' 편에서는 먼저 단군신화에 대한 성격을 "幻想的(환상적)인 神에 대한 이야기"라고 규정하면서도 단군신화를 통해 역사의 悠久性(유구성)을 말하고 있다"고 미리 설정해놓은 목적지를 향해 한 걸음 식 앞으로 나아가고 있는 것을 알 수 있다.

2. <三國遺事>의 단군기사도 自家流로 재해석

<三國遺事> 古朝鮮편 단군기사 가운데 桓雄이 하늘에서 내려와 神市를 베풀었다는 神市는 원래 '신성한 나라'라는 지명인데 우두머리라는 뜻의 지위가 높은 관직을 가진 臣智(신지)라는 인물로 바꾸어놓았다. 그리고 단군이 평양성에 도읍하고 조선이라 일컬은 부분에서는 단군이 특정왕의 이름이 아니라 古조선족인 박달族의 임금이라는 뜻을 가진 일반명칭이라고 역사의 틀 자체를 自家流로 뜯어고치고 있다. 이 부분에서 단군을 일반명칭으로 부른다는 것은 단군의 在世, 즉 나이가 1109세라고 한 <三國遺事>의 기록이 허황되다는 비판에 대해서 역대 단군의 治世를 통틀어서 말한다는 南쪽 학계의 주장을 가리키는 것 같다. 그리고 단군의 도읍지 평양성에 西京이라는 주석을 단 것은 고구려 도읍지 평양과의 混沌(혼돈)을 일으킨 것이라고 지적, 지금의 평양이 아니라고

말하고 단군이 도읍을 白牙岡(백아강) 阿斯達(아사달) 藏唐京(장당경) 등지로 옮겨 다닌 부분에 대해서는 이 지역들이 古조선의 중심지였던 요하 하류 東쪽의 어느 지점으로 추정된다고 하였다. 이런 우여곡절 끝에 90년대에 들어오면서 북한의 역사 해석은 서서히 단군 浮刻(부각)의 前兆(전조)를 보이기 시작한다. 즉 1991년 판 <조선전사> 고대편에서는 단군신화를 "의심할 바 없이 古조선의 건국사실을 반영한 건국신화"라고 전제한 뒤 "그 건국연대를 서기전 24세기로 보겠는가의 여부는 아직 확실한 근거를 가지고 있지 못하다."며 " 그 해답은 장차 발굴 소개될 고고학적 성과에 기대를 걸 수밖에 없다."고 2년 뒤인 1993년 9월에 발굴되는 단군릉에 그 초점을 맞추어 이미 예정되어있는 뻔한 결론 쪽으로 서서히 몰아가고 있다.

3. 神話도 부인하던 단군을 實存인물로

아니나 다를까 그해 10월 12, 13 양일간 평양인민대회당에서는 '단군 및 고조선에 관한 학술대회'가 열려 무려 15편에 이르는 단군관계 논문이 쏟아져 나왔다. 모두가 단군의 실존으로 고고학적 물적 증거까지 꿰어 맞춘 논문들이었다. 한때는 荒唐無稽(황당무계)한 전설에 불과하다(田疇農 전주농 傳東明王陵 附近 壁畵무덤 1963)고 거들떠보지도 않던 단군릉이 어느 날 갑자기 고고학적 조명을 받기 시작하면서 단군의 실존을 考證(고증)하는 유골이 발견되었다고 선전하기에 이른 것이다. 電子常磁性共鳴法(전자상자성공명법)이라는 첨단적 연대측정법까지 동원하여 측정한 유골의 연대가 5.011년이며 무덤에서는 군왕의 권위를 상징하는 金銅(금동) 띠의 牌(패)쪽과

장방형의 靑銅棺(청동관)이 출토되었다는 등 삼척동자도 믿지 못할 새빨간 거짓말로 설레발을 떨었다. 이 같은 자료를 종합적으로 정리한 사회과학원 고고학연구소장 金喬敬(김교경)은 <檀君陵에서 나온 뼈에 대한 연대측정 결과에 대하여>라는 논문을 통해서 단군유골의 절대연대 측정결과를 지금으로부터 5011년 플러스(+) 마이너스(-) 267년 상대오차 5.4%라고 발표함으로써 지난 날 일제 관변사학자와 식민사학자들에 의해 부정되었던 단군이 數値(수치)상의 物證(물증)?까지 얻어 일시에 실존인물로 다시 태어나게 되었다. 그리하여 하루아침 사이에 반만년 역사가 복원된 것 같은 錯視(착시) 현상을 불러일으키기도 하였다.

4. 遼東에서 평양 중심으로 再구성된 단군조선

이에 附隨(부수)해서 제기되는 문제가 단군의 건국연대를 어떻게 설정하느냐 하는 것이다. 이에 대해 金日成종합대학 교수 玄明浩는 <古朝鮮의 성립과 首都(수도)문제에 대하여>라는 논문에서 '지금까지 통용되어온 연표상의 단군조선 건국연대 2333년 설은 그 자체가 애당초 설정할 때부터 실지 우리의 역사적 사실을 무시하고 제기한 것인 만큼 그 적용상의 착오 여하에 관계없이 오늘에 와서는 하등의 의의를 갖지 못한다.'고 말하고 단군유골에 의한 절대측정연대 5011년을 기준으로 건국연대를 재설정해야 한다고 주장하고 있다. 자신들이 일방적으로 측정한 단군유골측정연대가 마치 모든 연대의 기준이라도 되는 것처럼 모두 그에 따를 것을 강조하다 못해 압박하고 있는 형국이다.

그리고는 단군의 도읍지도 머나먼 요동지방이 아니라 당연히 단군릉이 자리 잡고 있는 평양에서 찾아야한다고 말하고 <三國史記> 高句麗本紀 東川王 21년(247)조에 나오는 '平壤者本仙人王儉之宅이라는 구절을 들어 이는 평양이 단군왕검의 옛 수도라는 뜻으로 해석할 수 있다고 주장하고 있다. 이리하여 광대한 중국대륙의 西北 遼東과 遼西 일대에서 고대 이래로 중국과 雌雄(자웅)을 겨루던 그 雄渾(웅혼)한 기상은 온데간 데 없고 식민사학자들이 주장하는 半島史觀(반도사관)으로 回歸(회귀)하는 역현상이 일어나게 되었다. 이런 경우를 두고 일부 재야사학자의 誇大史觀(과대사관)과 대비되는 縮小指向的(축소지향적)인 自己卑下(자기비하) 사관이라고 할 수 있을 것이다. 이 같은 퇴영적인 역사관에 대한 따가운 시선을 의식이라도 했는지 역사연구소장 姜仁淑은 <단군의 출생과 활동에 대하여>라는 글에서 '나라의 경제력을 키우고 文化를 발전시켜 國力을 강화한 단군은 주변종족들을 통합하면서 영토를 넓혀나갔다.'면서 '이 같은 적극적인 단군의 활동에 의해 평양일대에서 작은 나라로 출발한 고조선은 (오래지 않아)광대한 영토를 가진 국가로 성장하기 시작하였다.'고 그 영역을 마치 땅따먹기 식으로 늘였다 줄였다 제멋대로 조작하고 있다. 끝간 데 없이 廣闊(광활)하고 기름진 요동벌에서 번영을 누렸던 단군이래 夫餘 高句麗 渤海(발해)로 이어져 내려온 한국 고대사의 황금기 3천년 이후 중국세력에 밀려 東進(동진)을 거듭한 끝에 정확히는 한말, 1904년 淸日간도협약으로 鴨綠(압록) 豆滿(두만)강 線 한반도에 정착하게 된 것을 거꾸로 한반도에서 대륙으로 뻗어나갔다고 제멋대로 역사를 왜곡하고 있다.

5. 平壤은 大邑을 의미하는 보통명사?

한국고대사를 연구하려면 平壤(평양)의 위치부터 먼저 알아야 한다는 말이 있다. 중국의 紅山文化 유적발굴에 의해 단군조선이 요동과 遼西 사이를 흐르는 遼河 中下流지역(정확히는 大凌河유역)에서 發源하였다는 것은 고고학적으로도 이미 考證(고증)되었을 뿐만 아니라 역사교과서에 반영될 정도로 보편화되어있는 사실이다. 그런데 <三國遺事> 古조선편에서 그 수도가 平壤(지금의 西京)이라고 못박아놓는 바람에 앞뒤가 서로 어긋나는 논리적 모순을 일으켜 한국역사의 起點(기점)인 단군조선이 제 자리를 잡지 못하고 우왕좌왕 流動的(유동적)이라는 지적에서 벗어날 길이 없었던 것이다.

이 문제에 대해 역사지리학자 李炳銑은 "최근의 言語學 연구에 따르면 고대어에서 평양은 특정지역의 종교적 정치적 중심지로서의 大邑 또는 長城을 의미하는 보통명사의 성격을 띠고 있다."고 하였다. 이는 고대 중국 商(殷)나라의 지방행정제도에서 유래하는데 당시는 언어의 개념이 지금처럼 細分化(세분화)되어 있지 않았기 때문에 일반적으로 聚落(취락. 마을)은 邑 또는 小邑이라 하였고 일정한 지역의 중심지는 모두 大邑으로 통칭되었다는 것이다. 이렇게 볼 때 평양은 반드시 한 곳에만 있지 않았을 것이며 경우에 따라서는 都邑(도읍)이 이동함에 따라 平壤(평양)이라는 명칭도 함께 이동했을 것으로 보아야한다는 것이다. 그리고 平壤(평양)이 한국古代語였다면 그 명칭이 古朝鮮에서만 사용되지는 않았을 것이다. 따라서 지금의 평양이 고조선의 도읍지였다고 단정할 수는 없다는 것이다.

그리고 여기서 한 가지 유의 해두어야 것은 平壤을 기록한 중국문헌은 唐代 이후에만 나타나고 있다는 점이다. 古朝鮮과 衛滿(위만)조선 연구의 기본사료인 <史記>와 <漢書> 조선전에는 위만조선의 도읍이 王儉城(왕검성)이였다고 기록되어 있고 그 주석서인 <史記集解>와 <史記索隱)(색은)>에서는 고조선 또는 위만조선의 도읍지였을 것으로 추정되는 지명이 險瀆(험독)이라고 전하고 있다. 이로 미루어보아 고조선, 위만조선 시대에는 도읍에 대한 명칭으로 平壤보다는 王儉城(왕검성)이나 險瀆(험독)이 주로 사용되었을 것으로 보고 있다.(韓國古代史新論 尹乃鉉 1986 一志社 18쪽).

이 문제에 대해서 하나 附記(부기)해 둘 것은 일제가 식민지배할 당시 우리 역사의 축소왜곡을 공공연하게 자행했음은 이미 잘 알려진 사실이거니와 平壤(西京)說도 이 때 改竄(개찬)했을 것으로 보는 견해도 있다. 당시 수거해 간 <三國遺事> 원본가운데 하나가 일본 내각문고 對外秘(대외비) 코너에 수장되어 공개되지 않고 있다는 말이 있다.

6. 3百년 致祭 관리해온 그 단군릉 아니다

이 대목에서 하나 짚고 넘어가야 할 것은 우리나라 正史라고 하는 <三國史記>에 역사의 기점인 단군조선이 빠져있다는 비판을 그동안 받아왔는데 앞에서 든 東川王 21년 조로 인해서 <三國史記>도 우회적이나마. 단군조선의 실재를 인정하고 있다는 해석을 하기도 한다. 그리고 또 하나 확인하고 넘어가야 할 것은 지금 북한이 외화를 1억 달러나 들여 개축한 단군릉은. 江東郡 江東面 柒浦(칠포)里 大朴山 동남쪽 기슭에 있는 原 단군릉이 아니고 같은 郡 文興里(북한 행정구역에는 面 단위가 없음)로 일명 고인돌 유적지 야산 頂上(정상)이라고 한다. 다시 말해서 이 단군릉은 후술하게 될 原 단군릉이 아니라는 말이다. 일설에 의하면 원 단군릉에는 앞으로 김일성의 시신을 매장하기 위해 비워두었다는 설도 있다.

옛 문헌들이 비록 諺傳(언전) 俗傳 또는 古老相傳이라는 단서를 달아 전해오고 있으나 그 지명이나 위치는 변함없이 口傳되어오고 있는 그대로라는 것이다. 朝鮮王朝實錄 숙종 23년(1697) 壬午(7.14.)조에 江東의 檀君墓(단군묘)와 平壤의 東明王墓(동명왕묘)를 매년 수리할 것을 청했는데 이를 모두 승인하였다고 했으며 英祖 39년(1763) 戊辰(5.23.)조에 '단군과 여러 王의 무덤을 수리하라' 지시했다고 기록되어 있다.

正祖 10년(1786) 己酉조에서는 '승지 徐瀅修(서형수)의 제의에 의해 단군묘를 수리하고 묘를 지키는 戶(묘지기)를 두었다는 기록이 보인다. 그리고 江東의 단군묘와 평양의 東明王묘를 매해 수리할 것을 승인받은 서형수는 "臣이 江東縣(현)의 元으로 있을 때 고을의 서쪽 3리쯤 떨어진 곳에 410척의 둘레를 가진 묘가 있는 것을 보았는데 古老들은 그것을 가리켜 檀君墓라 이르고 있다고 서로 말로 전하여 왔으며 이 묘가 柳馨遠(유형원)의 <輿地志(여지지)>에도 올라 있음을 밝히고 있다. 이 기록이 <東國輿地勝覽(동국여지승람)>의 기록과도 일치하고 있어 江東에 있는 단군릉을 조정에서 직접 보수 관리해 왔다는 사실이 확인 된 것이다. (拙著 爭點으로 푸는 역사이야기 29~30쪽).

7. 日帝 암흑기를 밝힌 단군릉 修築(수축)운동의 횃불

나라 잃은 백성들의 恨(한)이 뼈에 사무치던 日帝치하에서 단군은 그 이름만으로도 암흑기를 밝혀주던 久遠(구원)의 불빛이었다. 민족지 東亞日報가 창간된 1920년, 그러니까 바로 그 전 해가 온 나라 안이 독립만세의 함성 속에 묻혔던 3.1 운동이 발발한 해다. 일제는 이 운동을 계기로 지금까지 강행해 오던 군부의 鐵拳(철권)통치를 완화하여 이른바 文化政治를 한다는 명목으로 한국인에게도 신문 잡지 등 언론 매체의 발행을 허용하게 되었는데 제1호로 나온 신문이 바로 東亞日報다. 民族資本(민족자본)으로 설립한 제1호 기업 京城紡織(경성방직)의 金演洙(김연수) 金性洙(김성수) 일가에 의해 창간된 이 신문이 창간기념으로 맨 먼저 내 건 사업이 檀君影幀(단군영정) 공모사업이었다. 그러나 應募作이 없어서 李象範(이상범)화백이 대신 그린 단군영정을 전국적으로 보급하여 열화와 같은 국민들의 호응을 불러일으켰는데 그 후 단군릉수축의 계기가 된 것은 1932년 5월 6일자 東亞日報 사회면에 보도된 吳基永의 江東발 '檀君奉審記(단군봉심기)' 시리스 제1탄이었다. '朝鮮(조선)의 시조 檀君墓修築(단군묘수축), 守護閣(수호각)을 建築(건축)하여 永久히 保全코자 檀君墓修築期成會(단군묘수축기성회)를 發起(발기)한다'는 題下(제하)의 이 기사에는. 陵 둘레의 담이 일부 허물어져 황폐화된 모습을 드러내고 있는 단군릉과 퇴락해가는 수호각 사진이 보는 이로 하여금 亡國의 恨이 맺힌 처절함으로 국민 저마다의 가슴을 저미게 만들었다. 이 기사를 본 당시 사장 宋鎭禹(송진우)는 "이 사업이 江東군민만의 사업이 아니라 거족적인 사업이 되어야한다." 고 먼저 사회부장 玄鎭健(단편 貧妻빈처의 작가)에게 현장취재를 명하여 檀君聖跡巡禮記(단군성적순례기)를 쓰기 시작했다. 전후 51회에 걸쳐 전국 방방곡곡의 단군유적 현장을 찾아 보도하면서 신문사와 江東기성회에 각각 성금접수 창구를 개설하고 단군陵域수축이라는 거대명분을 앞세워 이름 그대로 거족적인 모금운동을 전개해 나갔다 그 해(1934) 11월 11일 현재 모금 액수는 총 3000원(쌀 600가마 분), 여기에다 신문사 내부성금 500원을 합쳐 李殷相(가고파의 詩人) 특파기자가 영업국장과 함께 江東 현장을 찾아 전달하고 돌아왔다.

그러고도 계속된 모금 접수창구에는 식민치하 칠흑 같은 어둠속에서 몸으로 부대끼며 숨죽이고 살아가던 民草들의 哀歡(애환)이 서린 눈물겨운 모습들이 생생하게 보도되고 있었다.(졸저 爭點으로 푸는 역사이야기 26~27쪽).

5장 弘益人間과 帝王韻紀(제왕운기), 洪範九疇(홍범구주)

1. 제 祖上이 기술한 역사도 부인하는 중국

지금까지 단군조선의 생성 발전과정과 식민치하 단군릉 수축운동의 顚末(전말)에 대해서 나름 다각도로 분석하고 현장중심으로 취재해 보았다. 앞으로는 단군조선이 경영한 나라의 指標(지표)인 弘益人間에 대해서 살펴보기로 하겠다. 그런데 본론에 들어가기 앞서 하나 전제해둘 것은 弘益人間은 중국 고대王朝의 帝王學 교본이라고 하는 洪範처럼 定型化(정형화)되어 있지 않은 데다 有文史 이래 기록문화의 寶庫(보고)라고 하는 중국문헌에서 조차 그 이름을 찾을 수가 없다는 점이다. 그래서 이 글의 주제이기도 한 홍익인간을 역사적으로 고찰하는 데 적지 않은 어려움이 따랐다.

弘益人間이 <三國遺事>에서 단군조선의 建國理念(건국이념)

으로 기록되기 전후 3천7백여 년에 걸친 역사 속에서도 寡聞(과문)의 탓인지 몰라도 역시 같은 이름의 주제어는 존재하지 않는다. <三國遺事> 첫머리에 단 한 구절 茫茫大海(망망대해) 한 가운데 孤島(고도)처럼 떠 있는 弘益人間은 그래서 그 사상의 위대성에도 불구하고 그에 비례하여 연구와 보급 면에서 前人未踏의 荒蕪地(황무지)나 다름이 없다. 거기다가 소위 실증사학이라는 명분을 앞세우는 주류 사학계에서는 단군조선의 실재 자체를 부인하고 있으니 그와 표리관계에 있는 홍익인간은 비비고 들어갈 자리조차 없다. 그리고 唯物論(유물론)을 신봉하는 맑스주의자들과 외래 종교계에서는 주류 사학계의 단군부인론에 편승하여 단군조선이 虛構(허구)인데 하물며 홍익인간이 존재할 수 있느냐고 해방직후 美군정하의 조선교육심의회 시절부터 그 교육이념 도입까지도 극력 반대했었다.

이와는 대조적으로 緣(연)이 멀 것 같은 歐美(구미)선진국의 유명 지식인들은 오히려 홍익인간이 지향하는 그 인류 보편적 가치에 찬사를 보내고 있는데 같은 피를 나눈 그 할아버지의 후손들은 단지 정치적 利害와 종교적 견해가 다르다는 이유로 아득한 역사의 開創期(개창기), 처음 나라를 세울 때 천명한 건국이념을 부인함으로써 그 反射利益을 누리고 있는 중국은 손가락 하나 까딱하지 않고 우리의 시원사를 통째로 진상 받은 셈이 되었다. 不敢請而 固所願(불감청이고소원)이라고 그렇지 않아도 東北工程 추진에 방해가 된다고 눈에 가시처럼 여겨온 단군조선을 한국이 스스로 앞장서서 치워주는가 하면 그 정신적 뿌리까지도 송두리째 뽑아 버리는 自害행위를 저지르고도 자신의 잘못을 인정조차 하지 않으려는 沒

歷史的 의식 속에 스스로를 가두어놓고 있다. 남들은 없는 歷史도 우정 지어내어 보다 크고 영광된 역사로 꾸미고 만들어내는데 史書에 엄연히 기록되어있는 제나라의 역사와 고유한 전통사상까지도 부인하는 行態(행태)에 이르러서는 더 이상 무엇을 말하고 원망인들 하겠는가.

2. 史料수집하여 불태운 현대판 焚書坑儒(분서갱유)

그렇지 않아도 韓반도의 남과 북을 수륙으로 접하고 있는 日本과 中國 두 나라는 호시탐탐 침략의 기회만을 노리고 있는데다 우리가 대륙에 웅비한 찬란한 역사를 난도질하여 저희들 역사로 편입하거나 왜곡 축소하는 데 혈안이 되어있는 그들이 실제 침략해서는 맨 먼저 지난날의 영광된 역사기록이 담긴 史書류부터 약탈하거나 불태워 버리는 야만적 행위를 자행하는 그들이다. 게다가 더욱 통탄스러운 것은 以小事大(이소사대)로 나라를 경영하던 조선조 들어서는 속된 말로 스스로 알아서 긴다고 옛 조상들이 秘藏(비장) 해두었던 개인의 역사서까지 전국적으로 수거령을 내려 거두어들여서는 모두 불태워 버리는 徹天之愚(철천지우)를 범했던 것이다.

앞에서도 언급한 바와 같이 日帝는 식민지배 초기 조선사편수회라는 官邊(관변)기구를 만들어. 역사의 식민지화 작업을 강행하면서 삼국 이전의 고대사 3천년을 神話라는 이름으로 모두 걷어내고 조선조 말까지 글자 그대로 去頭截尾(거두절미)한 반 토막 역사를 만들어버렸다.

게다가 병합 직후부터 어용학자들을 동원하여 舊慣(구관)制度 조사라는 그럴듯한 명분을 내세워 식민통치에 필요한 기초자료를 수집하는 과정에서 한국문화의 底力과 역사인식의 폭이 의외로 깊고 넓다는 것을 발견하고 한국인들에게 민족의식을 고취시킬 수 있는 역사서의 독서까지 금지시켰다. 그리고 더 나아가서는 <朝鮮史>를 편찬하는 과정에서 일본인 학자와 관료들은 史料 수집의 중요성을 강조하면서 1923년 5월 전국 도지사 회의를 소집하여 '朝鮮史料 보존에 관한 협의회'를 만들어 전국적으로 각종 古記錄(고기록) 文書類(문서류)와 민간에 산재해 있던 史料의 수집을 독려하여 이 때 거두어들인 자료가 61종이라고 발표했었다. 그런데 해방 후 制憲의회가 확인한 자료에 의하면 그 수량이 무려 20여만 권에 이르렀다는 것이다. 이는 일제가 "학술적이고 공평한 조선사의 편찬과 사료의 湮滅(인멸)을 방지한다는 구실로 일반인의 사료 접촉을 막고 오직 식민사관을 주입하기 위해 만든 <朝鮮史>만을 읽게 하려는 사전에 치밀하게 계획된 愚民化(우민화)정책의 일환이었던 것이다. 그들이 한국을 강점함과 동시에 王室도서관 등 공공시설에 收藏(수장)되어있던 한국사와 관련이 있는 서적들을 모두 불살라 폐기했다든가 정통사서를 읽는 자에게 신체적 고통까지 가했다는 사실 등으로 미루어볼 때 그들의 反문화, 반역사적 行態(행태)는 현대판 焚書坑儒(분서갱유)를 방불케 하고 있다. (前記 朝鮮史編修會 事業概要 132. 135 쪽).

3. 단군조선의 正史 편입 계기 만든 帝王韻紀(제왕운기)

<三國遺事>와 10년 차이로 간행된 李承休의 <帝王韻紀>는 외세(元)침략 극복이라는 저술 동기가 같으면서도 서술체제는 확연히 다른 유교적 관점에서 쓴 詠史詩(영사시)로 始原의 역사를 長歌体(장가체)형식의 설화적 가사에 실어 노래한 民族敍事詩(서사시)이다. 유교국가인 조선에서는 승려가 지은

불교적인 색채가 짙은 역사서인 三國遺事 대신에 帝王韻紀가 노래한 단군조선을 한국사 체계 가운데 편입시키는 계기로 삼았다. <帝王韻紀>에서 비롯된 단군 紀元의 역사의식은 고려 말 개혁파 新進 士類(신진 사류)에 의해 계승되어 崇儒排佛(숭유배불)을 앞세우는 조선 개국과 함께 단군을 국조로써 致祭化(치제화)하는 데까지 이르게 되었다 .그 연장선상에서 <東國通鑑>을 비롯한 正史에 단군이 國祖(국조)임을 명시하고 우리 역사 첫머리에 기록한 이래 단군을 한국사의 起點(기점)으로 잡는 전통을 세우게 되었다. (한국민족문화대백과사전 20권 186쪽 帝王韻紀. 柳璟娥 유경아 집필).

<帝王韻紀> 前朝鮮記(전조선기)에 “처음에 누가 나라를 열었던고 釋帝孫子(석제손자) 그 이름은 檀君일세(初誰開國 啓風雲 釋帝之孫 名檀君).“라고 적고 尸羅(新羅의 옛 이름) 高禮(高句麗의 옛이름) 東北夫餘 南北沃沮 濊貊(예맥) 등 남북 각지에 산재한 나라들이 모두 단군의 후예로서 그 脈(맥)을 잇고 있음을 분명히 하고 있다.

그 서술체제는 비록 중국의 역사를 上권에서 다루고 우리 역사를 下권에 기술함으로서 일견 중국에 종속된 역사로 비치기도 하나 그 서술목적이 高麗朝의 宣揚(선양)에 있음을 밝히고 있을 뿐만 아니라 稱元法(칭원법)에 있어서도 上下권이 각각 踰年稱元法(유년칭원법), 卽位年稱元法(즉위년칭원법)을 사용하여 중국의 그것과 구별하여 사실대로 直敍(직서)하는 한국의 정통서술 방법을 채택하고 있다. 이에 대해 이승휴의 출생지인 三陟산업大 교수 車長燮은 이는 어디까지나 자국 역사의 獨自性을 강조하는 데 그 주안점이 있다고 그의 논문 <帝王韻紀에 나타난 李承休의 歷史觀(역사관)>에서 주장하고

있다.

그러나 上권 編末(편말)에서 이와는 상반되게 蒙古 帝王(몽고 제왕)의 日月 같은 聖德(성덕)을 기리고 있으며 또 本朝 編末(본조 편말)에서는 大元帝國(대원 제국)의 皇恩(황은) 속에서 누리게 된 國祚(국조, 국운을 말함)의 영원한 영광을 노래하고 있다. 이는 그가 이 책 서문에서 내 건 '去浮辭 取正理(虛誕허탄한 말을 버리고 이치에 맞는 말만 취함)와는 正面으로 背馳(배치)되는 대목이다. 뿐만 아니라 단군의 건국이념인 弘益人間은 본문이 아니고 前조선기 첫聯(련) "처음에 누가 나라를 열었던고 釋帝(석제) 손자 이름은 단군일세"의 주석 속에다 가까스로 끼워 넣은 반면에 중국의 帝王學(제왕학)으로 통하는 洪範九疇(홍범구주)는 本文에서 버젓이 다루고 있어 그의 역사 인식의 한계를 보여주고 있다.

그럼에도 불구하고 그가 여기서 말하는 正理란 패배자의 현실肯定(긍정) 내지는 타협의 산물이 아니었을까 고 이해하고 싶은 심정이다. 오랜 전란 속에서 적과 자신이라는 안팎의 두 적과 싸우면서 힘겹게 살다간 한 지식인의 실존적 苦惱(고뇌) 쯤으로 이해하고 넘어갈 수밖에 없다는 말이다. (拙著 爭點으로 푸는 역사 이야기 76~77. 128쪽).

4. 固有文化의 胎生的(태생적)한계 극복을 위한 試論(시론)

우리가 내세울 수 있는 유일하고 고유한 한국사상인 弘益人間 이념이 전기한 바와 같이 무시되거나 홀대를 받고 있는 것과는 대조적으로 중국의 전설적 초대왕조인 夏나라 禹王이 洛書(낙서)로부터 얻었다는 治水(치수)의 교본격인 洪範九疇(홍범구주)는 이승휴 뿐만 아니라 조선 중기의 대표적 유학자들이 즐겨 인용하고 帝王의 道를 說(설)하는 논거가 되고 있다. 韓민족의 문화를 집대성했다는 한국민족문화대백과사전(1989~1991 한국정신문화연구원 편찬)에서도 중국 상고대에 그 뿌리를 두고 있는 洪範九疇를 독립항목으로 자못 眞摯(진지)하게 다루고 있는 것을 보고 유교국가인 조선에서 기본적인 교과과정으로서의 四書三經(사서삼경)을 독립항목으로 다루는 것과는 또 다른 차원의 문제가 아닌가 하는 생각을 하게 된다. 중국 上古代의 전설적 帝王 禹가 지었다고 전해지나 후대에 와서 다시 고쳐 써서 전하는 사상으로 이를 아무런 濾過(여과) 과정도 거치지 않은 채 맞바로 백과사전에다 수록하게 되면 이 사전이 추구하는 韓민족의 독자적인 고유문화가 과연 무엇인가에 대해 의문을 갖지 않을 수 없기 때문이다. 여느 개인의 저작물과는 달리 국가가 주도하는 민족문화사업인데다 그것이 후손들에게 미칠 영향을 고려할 때 더더욱 고도의 객관성이 요구된다는 점에서 특단의 문제의식을 수반하지 않으면 안 된다고 보기 때문이다. 이렇게 말하면 중국문화의 절대적인 영향 하에서 성장 발전했다고 해도 과언이 아닌 한국문화에서 이 같은 중국적 要素를 빼고 나면 과연 남는 것이 무엇이냐고 다시 물을 것이다 어쩌면 이것이 우리 문화가 안고 있는 태생적 한계일 넌지도 모른다.

이와는 대조되는 이야기가 되겠지만 成均館(성균관)에서 춘추로 거행하는 釋奠(석전)儀式(의식)의 진행자인 典儀(전의) 한 분이 文化혁명 이후 중국에서 그 의식 절차에 대해 문의해 온 일이 있었다고 한다. 釋奠(석전)의 本山이라고 할 수 있는 孔子의 고향 曲阜(곡부)에서 그 原典(원전)이 없어서 한국에다 그것을 물어 왔다는 것이다. 말하자면 박힌 돌이 굴러온 돌에게 묻는 격이다.

이 같은 우리와 중국 간 일종의 문화 逆流(역류) 현상과는 달리 좁은 해협을 끼고 있는 一衣帶水의 나라 日本만 해도 중국이나 우리를 통해서 수입한 선진문화에 안주하거나 매몰되지 않고 그것을 자기나라 풍토에 알맞게 재창조하여 自己化하는 능력이 우리보다는 앞서 있다는 것을 솔직하게 인정하지 않을 수 없다. 이젠 우리도 그들의 長點(장점)을 본 떠서라도 배울 것은 배워야 하는데 우리는 도리어 그들에게 큰소리나 치고 虛張聲勢(허장성세)를 부리면서 앞으로 한 걸음도 나아가지 못하고 있다. 거기다가 문화발전의 牽引車(견인차) 역할을 하는 漢字(한자)교육까지 폐지하는 바람에 漢字문화권의 외톨이로 전락한지 오래인데 이대로 가다가는 머지않아 전 국민 半文盲化(반문맹화)가 눈앞의 현실이 되어 나타나지 않을까 우려된다.

5. 洪範九疇(홍범구주)의 精緻(정치)한 논리구조

앞 절에서 말한 대로 禹王의 治水 전설에서 유래한 洪範九疇는 그 후 周나라 武王이 箕子에게 善政의 방책을 물었을 때 교시해줌으로서 비로소 생명력을 얻게 된 사상으로 <書經> 周書 洪範(홍범)편에 처음 나온다. 마치 빈 틈 없이 짠 그물코처럼 치밀하고 정교하게 얽어 맞춘 그 논리구성에 우선 놀라고 중국민족의 저력이 생각보다 깊고 조직적이라는 것을 느끼게 하는 대목이기도 하다. 九疇(주)란 글자 그대로 아홉 가지 국가 經營(경영)의 範疇(범주)를 말하는 것인데 五行 五事 八政 五紀 皇極 三德 稽疑(계의) 庶徵(서징) 五福 六極이 그것이다.

첫째 帝王은 水火木金土로 循環(순환)하는 영원불변의 자연 법칙에 맞게 모든 事案(사안)에 대처할 것과 둘째로 五事에서는 外貌(외모), 말, 보는 것, 듣는 것 생각하는 것을 공손하고 조리 있게, 밝고 분명하고 智慧(지혜)롭게 할 것을 주문하고 있다. 셋째 八政에서는 糧食(양식)관리, 財政(재정)주관, 祭祀(제사)관리, 백성 교육, 범죄단속, 손님접대, 養兵(양병), 및 백성의 토지관리를 충실히 할 것을 주문하고 있다. 넷째 五紀에서는 해(歲)와 달(月) 날(日) 曆法(역법)의 계산방법을, 다섯째 皇極(황극)은 임금의 法度(법도)로 임금이 불편부당한 정치의 규범을 세워 五福을 백성들에게 베풀어주고 백성들이 할 일을 계획하고 실천하고, 백성들이 法度를 위배하였다 하더라도 커다란 허물이 없을 때는 王이 이들을 용납하고, 의지할 곳 없는 사람을 학대하지 말고 高邁(고매)한 인격자를 존경하고 재능이 있는 사람을 대우해주어야 한다. 王道는 자기쪽으로 치우치거나 기울어짐이 없고 위배됨이 없고 偏僻(편벽)되지 말아야 한다. 여섯째 三德에서는 평화스럽고 안락할 때는 正直을 중시하고 강하고 굴복하지 않을 때에는 剛克(강극)을 중시하며 和合(화합)할 때에는 柔克(유극)을 중시하여야 한다. 일곱째 稽疑(계의)에서는 卜筮(복서)라고 해서 占(점)치는 사람을 임명하여 비(雨) 갬(晴), 안개(霧), 맑음(澄), 흐린(曇) 뒤 맑음 貞卦 悔卦(회괘)에 관한 예보를 하도록 하고 세 사람의 卜筮人(복무인) 중에 두 사람의 占친 결과에 따르도록 해야 한다고 했다.

王에게 큰 의문이 생겼을 때는 먼저 자기 마음에 물어보고 귀족이나 관리에게 물어보고 백성들에게 물어보고 또한 복무인에게 물어보아야 한다. 그 결과 모두가 좋다고 한다면 그

것이 바로 유교가 지향하는 이상사회, 大同(대동)을 의미하는 것이다. 여덟 번째 庶徵에서는 비 맑음 따듯함(暖 난) 추움(寒 한) 바람(風 풍) 및 계절의 변화를 지칭하는 것이니 이 다섯 가지 날씨의 변화가 고르게 조화를 이루고 계절의 순환이 순조로우면 모든 곡식이 잘 여물고 善政(선정)이 이루어지며 백성들이 매우 활동적이고 나라가 평화로워질 것이다. 아홉째 五福과 六極, 즉 壽(壽命 수명), 福(복), 康寧(강녕), 攸好德(유호덕), 考終命(고종명)을 말하는 五福과 橫死(횡사), 夭折(요절), 질병, 근심, 빈곤, 惡함을 이르는 六極은 앞의 오복과 각기 서로 對稱(대칭)관계에 있는 인간과 그 삶의 屈曲(굴곡)진 면을 말하고 있는 것이다. (趙南國 洪範九疇 한국민족문화대백과사전 25卷 89쪽).

6. 洪範이 한국인의 主體思想일 수 없는 理由

우리나라에 儒學(유학)이 전래된 시기를 보통 고구려 小獸林王(소수림왕) 2년(372) 太學이 설립되기 이전으로 보고 있는데. 이 무렵 四書三經(사서삼경)을 비롯한 儒學經典(유학경전)과 함께 들어온 것으로 보이는 홍범구주가 당시 한국인의 主體意識(주체의식)을 형성하면서 면면이 이어져 내려왔다(趙南國 洪範九疇 韓國民族文化大百科事典 25卷 89~90쪽)고 본다고 유학자 趙南國은 말하고 있다.

그러나 홍범구주가 한국인의 主體의식을 형성 발전시켜왔다는 趙南國의 주장에는 동의할 수 없을 뿐 만 아니라 너무 앞서 갔거나 아니면 隔靴搔癢(격화소양,남의 다리 긁는)격의 성급한 속단은 아닌지 되묻지 않을 수 없다. 여기서는 논의의 대상에도 들지 않았지만 우리의 主體사상은 始終一貫(시종일관)弘益人間이며 弘益人間이어야 한다는 데 앞에서 말한 외래종교와 사상 신봉자 말고는 異議(이의)를 제기할 한국인은 아마 없을 것이다. 모른다거나 묻혀있다고 해서 그 가치, 즉 眞理 자체가 없어지거나 稀釋(희석)되는 것은 아니기 때문이다. 홍범구주는 稠密(조밀)하고 조리 있게 잘 짜여 진 사상으로 군왕의 法度를 비롯하여 사회 전 분야에 걸친 문제의식을 적절하게 표현하고 있기는 하나 고대 농업사회나 거의 동질적인 요소를 가진 유교를 신봉하는 조선사회를 경영하는 잣대는 될 수 있었을지언정 고도정보화시대를 넘어 우주화시대로 나아가고 있는, 특히 과학화시대의 지도이념으로는 한계가 있다고 보는 것이다. 반면에 弘益人間은 당시 나라 안에서 國尊이라는 당대 최고의 지성이자 高僧이 집필한 史書에 분명한 논거를 두고 있는 주체사상이라는 점에 주목해야 할 것이다. 그렇다고 주체사상이 흔히 범하기 쉬운 폐쇄적 民族주의에 갇히지 않고 무엇보다도 열린 사상이라는 점에서 세계인들과의 두터운 공감대를 형성하고 있다는 것은 곧 홍익인간의 인류보편적 가치를 의미하는 것이다. 그 중에도 특히 최근세 들어 우리 고유사상과는 文明史的으로 거리가 멀 것 같은 西歐의 유수한 知性들이 그 인류 보편적 가치를 높이 평가하고 있다는 점에서 홍익인간이 지향하는 궁극의 목적인 인류평화와 共存共榮의 先驅的(선구적)사상으로 거듭나게 되리라는 확신을 굳히게 된 것이다.

7. 李滉 李珥가 論據하여 진언한 洪範九疇

儒敎국가가 지향하고 있는 王道정치의 교본격인 洪範을 논거로 하여 나라 경영의 지표를 제시하고 있는 사례가 많은데 그 중에도 조선 중기의 대표적 유학자인 退溪(퇴계) 李滉(이황)과 栗谷(율곡) 李珥(이이)를 들 수 있을 것이다. 退溪가 중추부사 시절 經筵(경연)에 들어 進講(진강)할 때 바로 앞 절에서 인용한 洪範의 두 번째 조목인 五事를 들어 王道가 無偏(무편) 無黨(무당)할 때만이 蕩平(탕평)의 治世를 열 수 있고 그런 연후에야 皇極의 道, 즉 임금의 法度를 세울 수 있다고 말하고 있다 이것이 그 유명한 '戊辰經筵啓箚(무진경연계차)이고 이밖에 進聖學十圖箚(진성학십도차)와 天命圖說後敍(천명도설후서), 答金而精 등에서도 洪範(홍범)을 인용하여 진언하고 있으며 후진들의 교육에도 활용한 바 있다.

明宗 13년(1558) 李珥가 別試解(별시해)에 장원하였을 때의 試製(시제)이기도 한 天道策에서 홍범구주의 아홉 가지 全조목을 網羅(망라)하여 한 편의 답안으로 조리 있게 엮어내 주위를 놀라게 했다는 바로 그 製文을 두고 하는 말이다 그 대체적인 내용은 理氣論(이기론)에 입각하여 宇宙觀(우주관)을 설하고 유학의 본령을 들어 그 기본정신을 철학적으로 전개하여 이를 다시 현실문제로 까지 연결시키는 20대 젊은 천재의 놀라운 통찰력이 빛을 발 하는 순간이었다.

이밖에 같은 시기 李徽逸(이휘일) 李玄逸(이현일) 형제가 임진왜란 이후 흐트러진 민심을 수습하고 통치 질서의 재확립을 꾀하기 위해서 洪範에 관하여 연구 해설한 <洪範衍義(홍범연의)>가 있으며 英祖 때의 李敏坤(이민곤)은 洪範(홍범) 가운데 제5 皇極(황극) 편만을 더욱 상세히 해설하여 임금에게 올린 바 있다.

또 <尙書>의 洪範(홍범)을 풀이해놓은 저자와 연대 미상의 <洪範正宗(홍범정종)>이 있다. 필사본으로 된 이 책은 五行사상을 근간으로 한 陰陽書(음양서)로 원래 중국대륙에서 발원한 陰陽(음양)사상이 지리적으로 한반도와는 달라 그 的中率(적중률)이 떨어지기 때문에 우리나라 風水地理(풍수지리)에 맞게 조정하여 만든 圖讖書(도참서)의 한 종류이다.

1894년(高宗 31) 12월 甲午更張(갑오경장) 후에 출범한 金弘集 내각이 內政 개혁을 단행하면서 洪範十四條(홍범14조)를 제정 공포하여 홍범이 정치개혁의 교본으로도 등장하게 된다. 日帝의 조종에 의해서 세운 大韓帝國이 당시 淸의 영향력을 배제하기 위해서 자주독립국을 선언하면서 채택한 기본 강령이다. 비록 외세에 의해 추진된 개혁이기는 하나 정치제도 근대화의 단초를 열었다는 점에서 그 나름의 평가를 할 수 있을 것이다. 이는 종교나 사상이 다양화되지 못했던 유교국가라는 한계 속에서 이루어낸 결과물이라고도 할 수 있을 것이다.

6장 弘益人間의 길라잡이들

1. 生命 존중사상이 투철했던 東夷人의 어진 품성

고대사학가이자 사상가인 金得榥(김득황)은 '서양의 도덕사상은 認識的(인식적)인 경향이 매우 강한 반면 중국의 그것은 인식적인 것과 행위적인 것이 병존하고 있으며 우리의 그것에는 인식적인 내용은 별로 찾아볼 수 없고 실천적인 경향이 매우 강하다.'고 東西철학을 비교 평가한 바 있다. 즉 중국의 故事나 우리나라의 古記(고기록) 遺事 등을 보면 異民族(이민족)으로부터 도덕사상의 영향을 받기 이전부터 그 사회생활이나 경제생활 가운데서 높이 평가되고 자랑할 만한 도덕적 사실 또는 그 實踐訓(실천훈)을 많이 남기고 있는데 그것을 이론적으로 정립한 사상서는 찾아볼 수 없다는 것이다. (金得榥 韓國思想史 1958 南山堂 46쪽).

宗敎사상가 咸錫憲이 말한 것처럼 생각하는 힘이 모자라고 따라서 깊은 思索의 힘이 부족하여 詩(시) 없는 민족, 哲學(철학) 없는 국민, 宗敎(종교) 없는 民衆으로 전락했는지도 모른다.(咸錫憲 뜻으로 본 韓國歷史 第一出版社 1965. 112쪽). 咸錫憲의 否定的 진단에도 일리가 없진 않으나 필자 나름으로 생각컨데는 半島라는 地政學的 특성 때문에 워낙 많은, 그리고 잦은 外侵을 겪는 과정에서 우선 살아남기 위해 더욱 강렬해질 수밖에 없는 원초적인 生存本能으로 姑息的인 思考속에 스스로 갇히게 되고 그래서 呼吸(호흡)이 긴 思惟空間(사유공간)을 가질 수 없었던 데 그 원인이 있지 않았나 하는 생각을 하게 된다 비약적인 논리라고 지적당할는지 몰라도 弘益人間이 哲學的인 貧困을 노출시키고 있는 이유 역시 바로 이와 같은 胎生的 限界를 극복하지 못한데서 오는 어쩌면 자연적인 현상이라고도 할 수 있을 것이다.

그래서 중국 古典에 눈을 돌리게 되었고 그 가운데서 韓民族의 자취를 찾아 헤맨 끝에 적으나마 그 실마리를 찾게 된 것만도 예상 밖의 큰 수확이라고 하지 않을 수 없다. 이 글의 主題인 弘益人間 理念의 所自出(어디로부터 나온 根本)을 찾아 떠나는 작업은 그래서 다시 우리 歷史의 上古시대로 거슬러 올라가는 길고 긴 시간여행이 될 것이다.

거꾸로 말해서 그 끝자락에 韓 濊貊(예맥)系가 大宗을 이루는 우리의 먼 祖上 東夷人이 있다. 활을 맨 大人, 또는 仁의 뜻도 함께 가지고 있는 東夷는 어질고 살리기를 좋아한다(夷者 言仁而好生 萬物柢地而出)고 하였다. 이는 마치 萬物이 땅에서 나는 것과 같은 이치라는 말이다. 여기서 仁은 胛骨文(갑골문)에서 東方氣仁(동방기인)이라고 해서 東方人을 仁과 같은 뜻으로 이해한 데서 유래한다. 다시 말해서 東方은 五行上 靑色으로 배정되고 계절적으로는 봄, 자연현상으로는 木에 해당한다고 본 데서 유래하는 思想이라는 말이다 <後漢書> 東夷列傳에 나오는 말로 東洋史學者 金庠基가 그의 논문 <東夷와 淮夷(회이) 西戎(서융)에 對하여>에서 일찍이 주장한 바 있다. (中國正史朝鮮傳 譯註 115쪽 1987 國史編纂委員會).

2. 風流道 몸으로 실천한 勿稽子(물계자)와 百結

교육심리학자 尹泰林(당시 慶南大學長)은 仁而好生, 즉 '살리기를 좋아 한다'는 生(생명)의 哲學에 대해서 新羅시대 勿稽子(물계자)의 행적을 통해서 이렇게 설명하고 있다. "그는 일상생활 속에서 사우(調和 조화)와 터지지(融通透徹 융통투철 하고 自在함)를 주장하면서 언제 어디서나 時空을 가리지 않고 '살려지이다.'를 連誦(연송)하면서 기원하였다."는 것이다. 일생을 劍術(검술)의 연마와 거문고 시나위(鄕歌 향가)가락에 실어 悠悠自適(유유자적)하는 삶을 살았던 그는 당대의 樂聖(악성)으로 新羅人의 추앙을 받던 百結(백결)의 스승이기도 하다. 世俗(세속)에서는 百結이라는 이름이 백 겹의 헌겁을 기워 입고 다녔다고 해서 붙여진 이름이라고 하나 그 본 뜻은 박결, 즉 박(朴), 밝음을 나타내는 것이라고 한다. 그는 스승이 실천한 길을 그대로 따라 生의 哲學을 평생의 話頭(화두)로 잡고 놓지 않았으며 風流道(풍류도)로서 모든 일의 판단기준을 삼아 그 성격을 정의하기를 儒敎(유교)의 正大와도 다르고 佛敎의 圓妙之道(원묘지도), 道敎(도교)의 玄虛之道(현허지도)와도 다르다고 하였다. 그렇다고 儒佛仙(유불선) 3敎를 포함하거나 통합한 것도 아니라면서 이 세 가지 道를 內在的으로 겸유한 독특한 思想으로 풀이하고 있다. 風流道는 新羅가 전하는 고유의 가르침으로 花郞(화랑) 鸞郞(난랑)이 이를 받들어 수련한다는 것을 崔致遠(최치원)이 鸞郞碑序(난랑비서)를 지어 후세에 전한 것이다. 이 碑序(비서)에 의하면 화랑들에게 주는 가르침으로 說한 風流道(풍류도)가 三敎와는 그 기본정신에 있어서 상호 모순되거나 충돌하기 보다는 오히려 합치되는 面이 있다는 이른바 玄妙한 道를 가장 충실하고 的確(적확)하게 표현한 것이라고 할 수 있을 것이다. (윤태림 敎育理念에 미친 弘益人間精神 顯正 1977 10. 140~146쪽, 졸저 周易으로 본 弘益人間 20~21쪽).

3. 薰華草(훈화초)의 나라 東夷가 확인해준 韓民族의 뿌리

앞 절에서 인용한 문장 가운데 나오는 秖(지)字는 集韻(집운)에 수록된 말로 '禾始熟曰 秖'라고 하였다.(大漢和辭典 卷8 570쪽) 즉 벼가 익기 시작한다는 生命현상을 두고 하는 말로 그 앞의 (仁而)好生을 강조하기 위한 수식어로 사용한 것으로 보인다. 哲學的(철학적)인 含意(함의)가 무궁무진할 것 같은 好生이나 秖자 하나만 놓고 보아도 東夷人의 생명에 대한 敬畏心(경외심)이 얼마나 깊었던 가를 짐작할 수 있는 대목이다. 古代의 地理書인 <山海經>(東晋의 郭璞 撰) 海外東經(卷六)에 의하면 '君子國 사람들은 양보하기를 좋아하여 서로 다투지 않는다.'하고 그 나라에는 아침에 피었다가 저녁에 지는 薰華

草가 있다(其人好讓不爭... 有薰華草朝生夕死)'고 하여 오늘날 우리 國花인 無窮花, 즉 木槿花를 사랑한 東夷가 곧 韓民族의 뿌리임을 확인시켜주고 있다.

국내에서 가장 오래 된 기록으로는 신라 聖德王 35년(736) 崔致遠이 왕명을 받들어 작성한 唐나라에 보내는 國書 가운데 '槿花鄕(근화향. 無窮花 무궁화의 나라, 新羅를 가리킴)사람들은 겸양하고 정중하지만 楛矢國(고시국. 肅愼 숙신을 가리킴)사람들은 强暴(강포)함이 날로 더해 간다.'는 구절을 든다. 그 이듬해(惠恭王 1) 唐나라가 보낸 答書에도 '그 나라, 즉 新羅를 일컬어 槿花鄕이라고 하였다.'는 기록이 <舊唐書> 新羅傳에 전한다. 또 朝鮮 世宗 때의 文臣이자 書畵家(서화가) 姜希顔(호 人齋)의 園藝書(원예서)인 <養花小錄 양화소록>(1474)에서 '단군이 開國할 때 木槿花(목근화)가 비로소 나왔기 때문에 中國에서 우리나라를 일컬을 때 반듯이 槿域(근역, 무궁화의 나라)이라 한다고 적고 있다. 80년대 말 智異山(지리산) 등반을 마치고 하산 길에 들른 南原 山內 實相寺에서 普光殿(보광전)의 두 짝 門 窓살 마다 새겨진 木刻(목각) 무궁화 꽃무늬가 구름처럼 피어오르는 것을 볼 수 있었다. 新羅 興德王 3년(828)에 九山禪門(선문)의 하나로 세워진 이 절은 그 사이 兵火 등으로 여러 번 소실된 적이 있기 때문에 정확히 어느 때 이 목각 무궁화가 새겨졌는지 그 典據(전거)를 알 수 없었으나 당시 주지 설명에 따르면 고려 때부터 전해 내려오는 작자 미상의 작품이라는 것이다(졸저 歷史의 故鄕으로 떠난 사람들 491~492 쪽).

또한 <神異經>(漢 東方朔 撰, 晉 張華 注)>에 의하면 東夷, 즉 君子國 사람들은 '서로 犯하거나 헐뜯지 않고 위험에 처한 사람을 보면 죽음을 무릅쓰고 구하는 義俠心(의협심)이 강한 사람들이다.(不相犯 不相譽 不相毁 見人有患投死救之)라고 하였다. 다시 말해서 殺身成仁(살신성인)을 한다는 말이다. 지금까지 소개한 東夷사람들의 사고와 행동 어느 하나 (自利 자리) 利他的인 犧牲(희생)정신의 發露(발로)아닌 것이 없다.

4. 靑銅器說(청동기설) 고수하다 부메랑 맞은 단군조선

그러면 이 東夷 사람들은 과연 어디서 온 것일까 上古代의 역사를 상고해보면 東夷는 원래 중국 西北부 요하 상류 지역에서 살다가 東쪽으로 이동, 한 갈래는 東部 해안을 따라 남하하여 山東반도로 들어가고 다른 한 갈래는 다시 東進, 발해만을 따라서 遼東지방을 거처 韓半島로 들어가게 된 것이라고 한다. (金庠基 韓 濊 貊 移動考 史海 創刊號, 1948) 따라서 좁은 의미의 東夷는 山東반도로부터 淮水(회수) 유역에 거주하였던 嵎夷(우이) 淮夷(회이) 萊夷(래이) 등을 가리키며 넓은 의미에서 보면 渤海(발해)와 黃海를 둘러 싼 黃河 遼河(요하) 大同江 유역의 沖積地(충적지)에 馬蹄形(마제형. 말발굽모양)으로 분포되어 있던 종족을 말한다. (傅斯年 東北史綱 夷夏東西說-慶祝蔡元培先生65歲論文集 1935. 千寬宇譯, 韓國學報 14. 1979).

東夷族은 殷과 더불어 西方의 華夏族과 대립했었다 함은 앞에서 蚩尤와 함께 언급한 바 있거니와 古代 華夏族에 흡수 동화된 근간 종족이었을 뿐만 아니라 古朝鮮과 濊貊系(예맥계)가 주류를 이루는 東夷는 그 이전인 韓國 上古代, 즉 紅山文化를 일군 주역이기도 하다. 中國이 주장하는 소위 요하文明의 핵심인 紅山文化는 광의로 보면 요하 일대에서 발굴된 新石器문화 모두를 통틀어서 하는 말이다. 즉 小河西文化부터 시작

의 융성기를 이끈 周나라 문화를 일구는데 결정적으로 기여한 尊周主義者였다. 한 때 그가 나라에 道가 행해지지 않음을 슬퍼하여 뗏목을 타고 九夷에 가서 살고 싶다고 한 그곳이 바로 자신의 뿌리인 東夷였다. 程子가 말하기를 傷天下之 無賢君也(論語 公治長편)라 공자가 바다를 항해하겠다는 탄식은 천하에 어진 임금이 없음을 안타깝게 여긴 나머지 한 말이며 顔師古(안사고)는 이를 <漢書> 地理志에서 注하기를 '그 나라(九夷)에는 仁賢(인현)의 敎化가 있기 때문'이라고 하였다.(故孔子悼道不行 設浮於海 欲居九夷 有以也去)(졸저 周易으로 본 弘益人間 22쪽).

6. 蒙古斑點(몽고반점)으로 확인된 孔子의 출신 성분

2007년 가을 釋奠(석전)행사에 참석하기 위해 孔子가 태어난 옛 魯나라의 曲阜(곡부)를 찾은 국문학자 陳泰夏 일행은 이곳에 사는 孔子 후손들의 몸에서 한 결 같이 한국인의 몸에 난 것과 똑 같은 몽고반점을 발견하고 孔子가 東夷의 후예임을 인류학적으로 입증하였다고 한다. 엄격히 말해서 .東夷族인 孔子의 후손들 몸에서 발견된 신체적 특징이 훨씬 후대인 蒙古族의 그것과 같다고 하는 논리는 앞뒤가 맞지 않는다. 이에 대해 앞의 진태하가 東夷반점이라고 해야 맞다고 말하는 이유이다.

동양철학자 金忠烈(1931~2009 전 高麗大 교수)은 孔子가 殷나라의 孝(효) 사상과 祭祀(제사)문화를 因襲(인습)하고 心性(심성)을 뿌리로 하는 周나라의 道德(도덕)문화를 집대성하여 개창한 종교가 바로 儒敎(유교)문화의 본질이라고 그의 <中國哲學史(철학사)>에서 주장하고 있다. 여기서 宗敎(마루종 가르칠교)라고 한 것은 唯一神(유일신)을 신봉하는 서구 종교와는 달리 글자 그대로 마루 되는 가르침, 즉 祖上崇拜(조상숭배)를 으뜸가는 가르침으로 삼는다는 뜻을 가지고 있다.

山東省 일대는 옛 東夷의 故地였다는 연고 때문에 직간접으로 韓민족사와 연관이 있는 인물과 그 遺跡(유적)이 많이 분포되어 있다. 앞서 소개한 武氏祠堂의 畵像石, 蚩尤陵 말고도 涿鹿(탁록)大戰의 현장에 아직도 남아있다는 蚩尤泉과 土城壁(벽) 그리고 高句麗 後裔(후예) 李正己(이정기) 장군의 유물을 수장 전시하고 있는 기념관 등이 있다. 唐나라 때 山東 平盧(평노)에서 高句麗遺民(유민)의 아들로 태어난 李正己는 平盧절도사로 임명되어 산동반도 일대 15개 州를 맡아 법령을 정비하고 賦稅(부세)를 고르게 하는 등 善政을 베풀다가 일찍 병사(49세)하고 아들 納(납)에게 그 직위와 기반을 모두 물려주었다. 그러나 唐은 納의 절도사 지위 계승을 인정하지 않았다. 이에 納은 당나라와 전투를 벌인 끝에 승리하자 782년 11월 齊(제)라는 국호를 칭하고 왕위에 올라 독립을 선언했다. 이른바 淄靑(치청)王國의 탄생이다. 그러나 그도 35세의 나이로 일찍 죽고 그 아들 李師古 역시 14년 간 왕위에 있다가 일찍 죽는 등 내리 3대가 모두 단명하였다. 그 뒤 李師古의 이복동생 李師道가 그 뒤를 이어 당나라와 대결하여 한 때 乘勝長驅(승승장구)하였으나 內政의 문란으로 결국 新羅와 연합한 唐군에게 멸망당하여 4대 55년 만에 王國의 문을 닫게 되었다. (卞麟錫 변인석 집필 李正己 항목 한국민족문화대사전 18권 213쪽).

7장 東夷는 中原의 지배자였다

1. 단군신화는 웅녀족과 환웅족의 결합 象徵(상징)

앞에서 언급한 바와 같이 東夷人의 어질고 착한 성품이 그대로 반영된 玄妙之道(현묘지도), 즉 風流道(풍류도)는 오늘날 韓國人의 心性에 그대로 投影(투영)되어 弘益人間 정신의 원천을 이루었다. 다른 말로 이를 仙敎라고 한다. 그 후예인 殷族이 개발한 최초 最古의 문자 胛骨文은 한자의 원형으로서 이른바 有文史의 端初(단초)를 제공했을 뿐만 아니라 인류문명의 페라다임을 바꾸어놓았다. 그런데 바로 그 갑골문자에서 유래한 중국어의 語順(어순)이 지금 우리말의 그것과 다르다는 이유로 漢字를 개발한 것은 韓민족이 아니라고 古代사학자 尹乃鉉(윤내현)이 주장한 바 있다. 여기서 어순이라고 하는 것은 목적어를 동사 앞에다 두고 읽는 우리말과는 달리 목적어를 동사 뒤에다 놓고 읽는 英語式 語法(어법)을 두고 하는 말이다. 일반적으로 중국인들이 영어를 잘 驅使(구사)한다는 定評(정평)이 나 있는데 그것은 어순이 영어와 같기 때문이라는 것이다. 다 같이 漢字文化圈(한자문화권)에 속한 나라인데 어찌하여 중국인들에게만 이런 현상이 일어날 수 있을까 하고 그 다를 수밖에 없는 원인을 거슬러 올라가 보니 그 해답은 다소 엉뚱한 곳에 있으며 일반적인 역사상식과도 사뭇 동떨어진 현상이라는 것을 알게 되었다.

즉 그것은 인류문화사에서 서기전 5000~4000대 천년왕국으로 불리는 수시아나(지금의 이란高原)에서 출발하여 天山산맥을 넘어 中原(지금의 河南성 일원)으로 들어와 仰紹(앙소)문화(서기전 4512~2400)를 일으킨 세력의 영향을 받은 때문이라는 것이다. 이 세력을 일러 중국 문헌에서는 工共족이라고 부르는데 이 종족이 우리 시원사의 原點에 해당하는 桓雄족이라는 것이다. 이와 같은 주장은 <요하문명론(동북공정 너머)>(2007 소나무)의 저자인 禹實夏(항공대) 교수가 동료교수인 정형진의 <천년왕국 수시아나에서 온 桓雄, 韓民族의 血脈을 찾아서)>(2006)를 인용, 환웅족과 熊女족의 만남을 설명하는 과정에서 나온 말이다 즉 원래 수시아나에 본거지를 두고 있던 환웅족이 스메르 문명을 일으킨 에멜인들이 침략해 들어오자 이들을 피해 중국으로 들어온 것은 앞에서 설명한 그대로인데 이들이 들어올 때 기원이 가장 오래 된 서아시아의 彩陶(채도)문화(서기전 7000, 일명 甘肅 감숙채도문화)를 전해 중국 채도문화의 기원을 이루었다는 것이다. 중국에서는 이를 두고 채도문화의 西來설이라고 부른다.

紅山문화 晩期(서기전 3500~3000)이들이 다시 북상하여 만난 熊女족과 결합하여 일으킨 문명이 興隆窪(홍융와)문화라는 것이다. 단군신화의 포맬이 형성된 것도 바로 이 문화시기로 추정되고 있다. 결론적으로 말해서 이 절 서두에서 제기한 어순문제는 그 후 홍산문화 지역에서 남하하여 夏(華夏족의)를 정복하고 殷(은)을 세운 동이족이 갑골문자를 개발한 후 서역에서 들어온 공공족 즉 환웅족이 당시 그 출신지인 서아시아지역에서 사용해오던 어법을 인습하여 어순에 반영했을 것으로 볼 수도 있다는 것이다. 그러나 이는 상고대의 문명이동 經路(경로)와 관련되는 上古代의 문제이기 때문에 딱히 단정하기 어려운 가능성의 문제라는 것을 전제해둔다. (우실하 앞의 요하문명론 327~329쪽)

2. 갑골문은 과연 어떻게 만들어졌나?

일생을 國文學 연구에 바치고 눈을 감는 그 순간까지 한글專用(전용)으로 해서 漢字文化圈 내의 외톨이로 전락한 漢字

교육문제를 걱정했다는 陳泰夏(仁濟大교수, 全國漢字敎育推進總聯合會이사장)는 "文字의 명칭을 글이라고 하는 민족은 세계는 물론 漢字文化圈내에서도 우리가 유일하다. 殷나라 때 文字(胛骨文을 말함. 필자註)의 명칭으로 이미 契(글)이라는 字形이 있었고 또한 그 字音(뜻을 말하는 訓音 필자註)이 '글'이라면 그 文字를 만든 민족이 과연 누구일 것인가."? 라고 그는 반문하고 있다(陳泰夏 漢字는 東夷族이 만들었다. 2018. 明文堂 表題文 중에서).

그래서 그 경위를 거슬러 올라가 다시 찾아보기로 하였다. 이는 앞에서 말한바 있는 중국어의 어순문제에 대한 반론인 동시에 대답이라고도 할 수 있을 것이다.

3. 遊牧民 母系사회의 지배자 샤만과 卜骨

遊牧(유목)생활을 하던上古代 母系사회의 지배자는 샤아먼(shaman 呪術師 주술사)이었다. 지리나 기후에 관한 지식이 빈약했던 당시 한 치 앞을 내다 볼 수 없는 부족원의 불안감을 달래주고 동요를 막기 위해서 卜骨과 같은 미래 예측 수단이 필요했을 것이다. 그래서 卜骨은 그 운용자인 샤만의 권위를 상징하는 증표와도 같은 것이었다. 초기에는 주변에서 구하기 쉬운 동물의 肩胛骨(견갑골)이나 거북이 등가죽의 편편한 면을 불로 지저서 생기는 龜裂(균열)의 수나 방향에 따라서 미래를 예언하는 샤아먼이 司祭(사제)가 되어 앞으로 닥칠 일을 예측하고 그 안녕을 기원하는 祭天 행사를 거행한 뒤에는 춤과 노래로 娛神(오신)굿을 벌여 불안감을 해소시켜주고 행사 뒤에는 祭物(제물)을 나누어 먹으며 부족원의 단합을 다지면서 내일을 준비했던 것이다 夫餘(부여)의 迎鼓(영고) 고구려의 東盟

(동맹), 濊(예)의 舞天(무천) 등은 바로 그 연장선상에서 우리의 전통문화로 정착, 계승 발전되어 내려왔다고 보고 있다.

앞서 훙륭와文化 유적지에서 발굴되었다는 卜骨은 샤만이 부족을 지배하는 도구, 즉 수단으로 활용하였다는 것은 이미 말한 바 있거니와 이 부족들이 中原으로 내려와 農耕(농경)을 바탕으로 하는 정착생활을 하게 되면서 祭禮儀式(제례의식)도 定型化(정형화)되고 卜骨을 통해서 抽出(추출)한 최초의 표기수단으로서의 甲骨文字를 개발하여 인류문명의 黎明期(여명기)를 열게 된 것이다.

4. 漢字音이 우리 訓音과 같은 이유

이 시기를 전후해서 사용한 것으로 보이는 초기 漢字의 中國式 발음이 우리나라 말의 訓音과 일치한다. 그 대표적인 예로 東夷를 들 수 있는데 이를 中國音으로 '둥이'라고 하는데 이는 곧 사람이라는 뜻의 普通名詞(보통명사)로 쓰이는 말이다. 東夷를 한자 그대로 解字하면 활을 맨 大人이 된다. 당시에는 東夷人이 다른 종족에 비하여 수적으로도 우세하였을 뿐만 아니라 體軀(체구)도 크고 文化수준 또한 높았기 때문에 이들을 표준 인간으로 보고 이같이 부르게 되었을 것이라는 것이다 이 말이 우리 말 속에서는 검둥이 흰둥이 또는 바람둥이 할 때 역시 사람을 의미하는 말로 옛 그대로 남아 지금도 쓰고 있는 살아있는 生活語(생활어)이다.

句麗(구려)는 중국인들이 高句麗人을 부를 때 쓰는 일종의 蔑稱(멸칭)으로 '구리' 라고 발음한다. 구리의 본 뜻 역시 사람 또는 '무리'라는 뜻인데 여기에다 高字를 올려놓으면 高氏네 무리, 즉 高氏 血緣集團(혈연집단)을 가리키는 말이 된다.

그래서 고구려는 나라 이름이 없다고 말하기도 한다. 高氏들의 血緣집단만이 존재한다는 뜻이다. 그런데 '구리'라는 말은 그 語尾(어미)가 지금도 우리가 흔히 쓰는 말속에 '멍텅구리'라는 아둔한 사람의 대명사로 쓰고 있다.

중국 역사상의 시조인 黃帝의 이름이 軒轅(헌원)인데 이 말의 語源(어원) 역시 우리말에서 그 유래를 찾을 수 있다. 그가 태어난 마을 이름이 河南省 新鄭縣(신정현) '軒轅의 언덕(丘)'으로 원래 해가 뜰 때 제일 먼저 햇살이 비치는 밝은 언덕이라는 뜻이다. 이를 音韻學的(음운학적)으로 다시 풀어보면 軒(헌)字의 集韻(집운)이 허언절(虛言切)'인데 그 어미가 元(원) 또는 願(원)으로 끝나면서 發音記號 hsuan1 과 합치면 '훠-ㄴ한'이라는 형용사가 된다. 여기에다 轅(원) 또한 于元切(우원절)로 끝나고 발음기호 yu"an2을 다시 합치면 '워-ㄴ'하고 길게 발음하여 결과적으로 '훠-ㄴ한 언덕'이 되는 것이다. 이렇게 우리말의 자취가 옛 역사의 현장에 그대로 남아있다는 것은 지난날 東夷가 이 지역을 지배한 主流族이었다는 사실을 말해주고 있는 겻이다. 이 같은 言語現象(언어현상)에 대해서 '東夷 중에서도 主流族의 하나인 貊(맥)을 訓音으로 '밝' 또는 박'이라 읽고 發을 '발'로 읽어 같은 部族名에 대한 漢字異寫(한자이사)로 본 것은 알타이語族(어족)에 속하는 부족명 역시 알타이어로 불렸을 것으로 보고 그것을 중국인들이 다시 漢字를 音借(음차)하여 표기한 것이기 때문에 우리나라 漢字音이 대체로 중국 古音에 가깝거나 같다는 것을 그 전제로 하고 있다고 고대사학자 金廷鶴(김정학)은 그의 <中國文獻(문헌)에 나타난 東夷族>에서 말하고 있다.

다시 말해서 알타이語族의 言語구조상 공통점은 音韻 구조의 類似點(유사점)으로 해서 본래 語頭(어두)에 音이 없고 각 言語에 母音調和(모음조화)라는 音同化(음동화)현상이 나타나게 된다는 것이다.

8장 弘益人間 이념의 原形

1. 孟子의 華夷史觀(화이사관)이 빚은 歷史 歪曲(왜곡)

앞에서 東夷人의 어진 稟性(품성)과 이웃을 위해서는 자신의 몸을 돌보지 않는 殺身成仁(살신성인)의 利他的(이타적)인 행위를 통해서 弘益人間정신이 이미 부족 구성원 개개인의 意識(의식) 속에 깊이 뿌리내려 있었다는 사실을 중국의 史書를 통해서 확인할 수 있었다. 이번에는 이 정신이 昇華(승화)되어 국가적인 次元으로 歸納(귀납)된 역사의 현장으로 안내하고자 한다. 그런데 이는 역사서를 통해서가 아니고 四書(三經) 가운데 하나인 <孟子>를 그 논거로 먼저 제시하고 설명을 이어가게 될 것이다.

<孟子>의 告子章句 下에 이런 구절이 나온다.

하루는 周나라 사람 白圭가 "지금 시행되고 있는 稅法(세법)을 바꾸어 전체 收穫量(수확량)의 20分의 1을 취하고자 하는데 어떻게 생각하십니까?"라고 孟子에게 물었다. 그러자 孟子는 그 자리에서 "그대가 바꾸고자 하는 그 법은 오랑캐의 道이다."라고 규정하고 그 오랑캐를 貊(맥)이라고 꼭 집어서 말해주었다. 당시 周나라에서는 전체 수확량의 10분의 1을 租稅(조세)로 받고 있었는데 貊의 그것과 비교해서 2분의

1, 즉 두 배나 더 적게 받는 이유에 대해서 孟子는 “貊國(맥국)에서는 五穀(곡)이 나지 않고 기장(糯黍 나서-草地에서 自生하는 수수와 비슷한 穀類 곡류. 필자注) 만이 자라기 때문에 財源(재원)이 많이 들어가는 城廓(성곽)과 宮室(궁실)을 짓지 못할 뿐만 아니라 宗廟(종묘)와 祭祀(제사)의 禮(예) 또한 없고 諸侯(제후)들과 幣帛(폐백)을 교환하고 음식을 대접하는 일이 없으며 따라서 百官과 有司를 두지 않아도 되기 때문”(白圭曰 吾欲二十而取一何如 孟子曰子之道貊道也 ...曰夫貊五穀不生惟黍生之 無城廓宮室宗廟祭祀之禮 無諸侯幣帛饔飧(옹손) 無百官有司 故二十而取一而足也) 이라고 하였다. 그러나 孟子의 이 말은 한마디로 歪曲(왜곡)된 豫斷(예단)에 불과한 말이었다. 漢族(한족)의 전통적인 華夷觀(화이관)에 입각해서 貊은 오랑캐, 오랑캐는 野蠻(야만)이라는 그들만의 等式(등식)을 일반화하여 말한 데 지나지 않는다고 본 것이다. (成百曉 譯註 孟子集註 傳統文化硏究會 1993).

2. 야만이라고 비하한 貊은 선진문화의 나라

孟子가 야만이라고 비하한 貊은 “東夷의 主流族 가운데 하나로 韓民族의 조상이며 그 나라 이름은 夫餘로 比定된다.” 하고 그 위치는 <山海經> 海內西經에 의하면 “漢水(韓半島내의 漢水(江)가 아님)이북, 長城 北쪽 玄免(현토)에서 1천 여리 떨어진 곳”이라고 日本大漢和사전은 주석하고 있다. 또 <後漢書> 東夷列傳 夫餘조에 보면 ”夫餘가 자리한 곳은 東夷중에서도 가장 평탄하고 넓은 평야로 이루어졌으며 土質도 五穀이 자라기에 알맞다.“고 적고 있다. 그리고 木柵을 둥글게 두른 城(실제로는 木柵이 아니고 돌로 쌓은 石城이라고 함)을 쌓고 宮室과 창고와 監獄(감옥)이 있다.”고 하였다. 禮儀凡節(예의범절) 또한 有別(유별)하여 음식을 먹고 마시는 데는 俎豆(조두, 祭器의 일종)를 사용하며 회합을 가질 때는 拜爵(배작, 술잔을 앞에 놓고 서로 인사하는 禮), 洗爵(술잔을 씻는) 禮가 있고 출입 시에는 揖讓(읍양, 禮를 다 해 사양함)하는 禮가 있다고 하였다. "臘月(납월, 음력 12월)에 지내는 祭天 행사 때는 연일 백성들이 모여서 먹고 마시며 노래하고 춤추는 행사를 벌였는데 그 이름을 迎鼓(영고)라 한다."고 하였다. 일찍이 중고등학교 시절 國史시간에 배운 한국인이면 누구나 다 아는 바로 그 迎鼓다. (졸저 周易으로 본 弘益人間 42~44쪽).

먹고 입는 것이 넉넉해진 연후에라야만 비로소 예의를 차릴 줄 안다(衣食足民知禮儀)고 조세를 周나라의 절반밖에 받지 않았으니 貊, 즉 夫餘 백성들은 나라가 자기 몫을 덜어서 되돌려주는 이 같은 惠民으로 擊壤歌(격양가)를 부르며 평화롭고 예의바르게 弘益人間의 眞髓(진수)를 실제 몸으로 누리면서 살았을 것이라는 것이다.

轉禍爲福(전화위복)이라고 결과적으로는 孟子의 빗나간 華夷觀(화이관) 德(덕)에 우리는 우리 古代史의 眞面目을 다시 볼 수 있게 되었고 그 속에서 弘益人間의 原形을 발견하게 된 것이다. 가없이 넓은 요동벌 기름진 땅에서 이처럼 나라가 자신이 가진 이익을 덜어서 백성들에게 더 많이 나누어주고 보태줌으로서 누리게 된 경제적인 여유에 힘입어 굳이 말로 표현하지 않더라도 자연발생적으로 창출된 弘益人間문화가 中國을 비롯한 주변 나라들의 羨望(선망)의 대상이 되었던 것이다. 그러기에 중국의 史書들이 앞 다투어 이를 칭송하고 기록으로 남겨 후세에 길이 전하게 된 것이다.

3. 弘益人間과 表裏(표리)관계를 이루는 損益卦의 원리

단군조선의 건국이념인 弘益人間이 나라와 국민 사이에서 相互交叉的(상호교차적)으로 서로 주고받는 정신적 指向點(지향점)이라고 한다면 周易 損益卦(손익괘)의 논리는 이를 민생현장에서 구현하는 방법론, 즉 그 기준을 구체적으로 제시하는 척도라고 할 수 있을 것이다.

나에게 있어서 이 둘과의 만남은 어쩌면 운명적인 것이었는지도 모른다. 학구열이 왕성하던 대학시절 총장(白樂濬)의 체풀 講說(강설)을 통해서 직접 듣고 가슴에 새긴 話頭(화두)가 弘益人間이었고 그 정신을 선양하는 단군崇慕(숭모) 단체에 몸담고 있을 당시 그 정신을 생활 속에서 실천하고 국가발전에 기여하기 위해서 노력한 10수년의 경험을 통해서 내 나름으로 體得(체득)한 사상이 또한 홍익인간이다.

그 후 단군단체를 떠나서는 강원도 原州를 오가면서 東洋哲學 중에서도 中國古代哲學의 泰斗로 알려진 中天 金忠烈(1931~2009, 전 高麗大 교수)기념 哲學도서관(국내유일)에서 그의 논저를 涉獵(섭렵)하고 그가 천착한 損益卦(손익괘)의 論理와 敎訓을 되새기는 기회를 갖게 되었다. 그리고 그 이후 한 통일단체에서 만난 命理(명리)학자 崔鳳秀(최봉수, 본명 崔致榮 최치영 1928~2020) 또한 周易의 大家로 損益卦의 논리를 弘益人間과 表裏(표리)관계로 융합하여 하나의 개체, 즉 사상으로 이해한 최초의 학자였다. 그는 현실정치를 통해 이 사상을 실천하고 다시 現代民主主義와 연계하여 제도화하는 데까지 이르렀다. 한국은 물론 全 세계 정치사상 최초의 실험이었다.

命理學이라는 학문 자체가 周易을 그 기반으로 하고 있기 때문에 1차적으로 그는 직업적인 鑑命(감명)작업을 하면서도 다른 한 편으로는 周易을 응용하여 통일의 방법론을 제시하는 저서를 통해서 그 특유의 통일철학체계를 구축하는 등 통일 철학 연구에 前人未踏(전인미답)의 새로운 경지를 개척한 분이다.

6. 25의 최대 격전지였던「鐵(철)의 삼각지대」한 軸(축)인 강원도 金化에서 炸裂(작렬)하는 彈幕 속을 뚫고 단신 월남한 그는 언젠가 다시 돌아갈 고향을 그리면서 통일의 방법론 연구에 평생을 걸었던 집념의 化身이었다.

그는 통일로 가는 길을 보다 단축시키기 위한 방법론으로서의 통일철학을 다시 政治에 代入하여 制度化하는 단계로까지 발전시키게 되었다. 弘益人間과 損益卦 논리의 現實政治代入은 바로 그로부터 비롯된 前無後無(전무후무)한 새로운 政治思想의 실험이라고 할 수 있을 것이다. 이 부분은 이 편의 核心主題(핵심주제)이기 때문에 앞으로 詳述(상술)하게 되겠지만 그는 이 사상에 입각한 새로운 정치제도를 창안한 위에 그 실천까지도 염두에 두고 현실정치가 지향해 나갈 代案(대안)을 마련한 政治史的으로도 높이 평가받을 만한 업적을 남긴 命理학자였다. 이 대목에서 더러는 너무 誇張(과장)된 일방적 주장이 아니냐고 반문할는지 모르겠으나 이것이 秋毫(추호)의 거짓 없는 사실이라는 것을 앞으로 論證(논증)해 나가게 될 것이다.

4. 孔子가 설파한 국가 경영의 大道 風雷益 損益卦

바로 그 損益卦의 근원을 거슬러 올라가보면 거금 2천 여년 전 孔子가 易經을 짓고 한 때 자신이 구상하는 理想정치의 실현을 위해 제후국들을 순방하면서 說得遊行(설득유행)을 돌아다녔으나 뜻을 이루지 못하고 만년에는 周易에 心醉(심취)하여 竹簡(죽간)의 끈을 세 번이나 고쳐 맸다는 韋編三絶(위편삼절)의 故事(고사)를 남기기도 하였다. 그가 특히 깊은 관심을 가지고 탐구한 損益卦는 바로 易經 42卦인 風雷益(풍뢰익)에 나오는 卦象(괘상)을 두고 하는 말이다. 여기서 益은 卦名(괘명)으로 그 大義는 백성들에게 돌아가는 이익을 늘리고 또 늘린다는 것이다. 우레와 바람은 서로를 이익 되게 하는 자연 현상이다. 즉 바람이 심해지면 우레 소리가 커지고 우레 소리가 높아지면 이번에는 바람이 怒(노)하여 서로 도와 그 기세를 올린다고 하였다. 요즘말로 相乘(상승)작용에 의해 그 효과를 倍加하게 된다는 말이라고 할 수 있을 것이다. 이처럼 永遠不變(영원불변)의 자연원리를 그 바탕에다 깔고 否(비)의 上卦인 乾(三)의 한 陽(양)을 줄여 下卦인 坤(==)에 陽一을 더 한 것으로 上이 下에 財物(재물) 또는 惠澤(혜택)을 돌려주는 것을 의미한다. 이를 현실정치에 대입하면 혜택을 입은 국민은 그 代價로 국민의 기본의무(납세 병역 근로 교육)를 이행하는 服從(복종)으로서 되갚는다는 뜻이다. 쉽게 말해서 주고받는다는 give and take 논리다. 위에서 보면 이 또한 이익이 되기 때문에 益이라고 이름 한 것이다. 이와 반대로 損괘는 下를 줄여 上에 더하는 것으로 두 괘가 모두 그 바탕을 下에다 두고 그 卦名을 붙였음을 알 수 있다. 다시 말해서 그 무게 중심은 損上益下에 있다는 말이다. 좀 더 구체적으로 설명하면 上인 君 또는 국가가 자기가 가지고 있는 이익을 줄여서 下인 民에게 보태주는 것에 비유된다. 그리하면 民의 기쁨 한이 없는 民說无疆(민열무강)한 이상사회를 실현하게 된다는 말이다 같은 卦(괘)의 彖傳(단전)에 나오는 利涉(이섭)大川, 즉 "큰 江을 건넘에 이롭다."고 한 것은 益卦의 上卦인 巽(손)도, 下괘인 震(진)도 모두 나무의 象(상)으로, 震巽(진손)의 두 나무가 배와 櫓(노)를 의미하는 舟楫(주즙)의 관계로 서로 利를 얻고 있다는 뜻이다. 이 역시 국가와 국민의 관계를 배와 노의 관계로 비유하여 象徵化(상징화)하고 있는 것이다.

漢나라 때 劉安(유안)이 편찬한 <淮南子(회남자)> 人間訓(인간훈)에 나오는 孔子의 말을 바로 이해하기 위해서는 앞에서 든 자연원리를 먼저 습득해 둘 필요가 있다. 즉 '孔子가 易經을 읽을 때마다 損益卦에 이르면 언제나 탄식하며 "損益의 도리야말로 王者가 지켜야 할 바로다."(孔子讀易至損益 未嘗不괴然而嘆曰 益損者其王者之事與)라고 말하지 않을 때가 없었다."는 것이다. 이는 損益卦(손익괘)가 곧 治世의 大道임을 일찍이 깨닫고 그 실천을 위해서 諸侯(제후)들을 찾아 遊說行(유세행)을 하였으나 결국 실패하고 그 끝에 나온 일종의 自嘆(자탄)일 런지도 모른다.

이와 같은 孔子의 가르침에 영향을 받은 儒家(유가)에서는 文化창조행위 그 자체인 정치라는 人間 役事(역사)의 총체적 계획과 執行(집행), 그리고 조직과 機能(기능), 인간관계, 政治道義(정치도의)등에 이르기까지 그 가장 중요한 실천 德目으로 損益卦(손익괘)의 논리를 제시하고 있다. (朴一峰 譯著 周易 育文社 1997 362쪽).

9장 實學者가 본 損益卦와 평등의 원리

1. 위에 損失 없이 아래도 利益되는 道理는 없다

近代 實學(실학)의 鼻祖(비조)로 일컬어지는 星湖 李瀷(이익)은 損上益下의 원리를 들어 "上位층 사람들의 재산을 덜어서 下位층 사람들에게 보태주어야한다고 일찌이 聖人(공자를 말함)도 말했다."면서 이를 국가경제정책의 大綱(대강)으로 삼아야 한다고 주장하였다. 그러면서 漢나라 때 丞相(승상) 王介甫(왕개보 王安石)가 시행한 경제개혁이 실패한 원인에 대해서 일찌이 聖人도 말한 損上益下의 원리를 모른 데서 비롯된 결과라면서 周易을 익숙하게 읽지 못한 것이 못내 恨(한)스럽다 고 그의 短見(단견)을 꼬집고 있다. (星湖僿說 성호사설 제14권 人事門).

이익의 뒤를 이어 실학을 집대성한 茶山 丁若鏞(정약용)은 그의 본격적인 논문 <田論>을 통해서 이 문제를 자못 예리하게 論究(논구)하고 있다. 그는 損上益下라는 상징적 言語 대신 損富益貧(손부익빈)이라는 直說的인 用語를 구사하여 이 문제에 보다 密度(밀도)있게 접근하고 있다. 즉 田地 10頃(1百이랑, 畝무의 地籍지적을 말함)을 가진 부모가 이를 열 아들에게 고루 나누어주지 못하고 약삭빠른 두 아들이 2頃(경) 또는 3경식 평균보다 더 많이 차지하는 바람에 나머지 네 아들은 田地를 얻지 못해 길바닥으로 내몰려 굶어죽는 사태가 발생한다면 이들의 부모는 부모로서의 道理(도리)를 다 한 것인가라고 反問하고 나라 經營(경영)도 이와 다르지 않다면서 이런 모순을 해결하기 위해서는 산업을 골고루 일으켜 다 같이 잘

살도록 해야 참다운 君主요 牧民官(목민관)이 된다고 말하고 있다. 그렇게 하지 못하면 앞에서 말한 부모와 같이 그 책임을 저버리는 행위가 된다고 한 것이다.

2. 理論과 實際의 乖理(괴리)를 한탄한 茶山

文武 貴臣들과 閭巷(여항)의 富人들 가운데는 1호당 곡식을 수천石 식 거두어들이는 자가 있는데 그 田地를 계산해 보면 1백結(결) 이하는 안 될 것이니 이는 바로 990인의 生命을 해쳐서 1인을 살찌게 하는 것이나 다름이 없다. 그러므로 이런 富益富 貧益貧(부익부 빈익빈)의 不條理(부조리) 현상을 해소하고 다 같이 잘 살기 위해서는 오직 부자의 것을 덜어다가 가난한 사람에게 보태주는 損富益貧(손부익빈) 이외에는 다른 代案(대안)이 없다고 말하고 있다.

그의 田論은 여기서 그치지 아니하고 역대로 시행해온 田制를 일일이 그 장단점을 들어 당시의 제도와 비교 검토하고 있다. 일정한 넓이의 토지를 井자와 같이 9등분하여 9명이 공동작업으로 농사를 지은 뒤 收穫(수확)은 國家 소유인 中央의 한 뙤기만 제외하고 각기 공동으로 분배하는 殷과 周代의 井田제도를 비롯하여 田地와 人口를 정확하게 계산하여 고르게 나누는 均田제도, 田地를 매매하는 데 한계를 두는 限田제도 등이 모두 당시의 실정에는 맞지 않는다고 보고 농사를 짓는 사람에게만 田地를 경작토록 하는 閭田(여전)制, 즉 耕者有田(경자유전)제를 시행할 것을 주장하고 있다. 이 제도는 하루하루 작업을 할 때마다 閭長(여장)이 그 시간과 日數를 일일이 기록하여 두었다가 추수 때 糧穀(양곡)을 나눌 때는 公家(中央과 地方政府)에 내는 租稅와 閭長의 報酬(보수)를 제한 뒤 나머지를 가지고 작업 日數에 따라서 양곡을 지급받게 된다. 公家에 내는 조세의 稅率(세율)은 앞에서 나온 貊道(맥도)의 예에 따라 20分의 1로 책정한다 하더라도 현실적으로는 남의 土地를 빼앗아 兼倂(겸병)하는 私家(사가)에 바치는 稅가 10분의 5가 되기 때문에 公家는 大貊(대맥), 私家는 大桀(대걸)이 되어 나라는 나라대로 가난하여 支撑(지탱)하기 어렵고 百姓은 또 그들대로 연간 糧道(양도)조차 대기 어려운 가난에 쪼들리게 된다고 茶山은 한탄하고 있다.

3. 茶山의 土地改革論이 추구하는 平等사상

비록 현실과의 괴리에서 벗어날 수 없는 시대적 한계가 있음에도 불구하고 <田論>에는 백성들을 하나같이 골고루 잘 살게 한다는 平等사상이 貫流하고 있음을 알 수 있다. 弘益人間이 딛고 선 기본이념으로서의 平等에 대해 穿鑿(천착)하고 고민하는 茶山의 집념에 가까운 강한 意志를 읽을 수 있는 대목이다. 사회경제학자 愼鏞夏(신용하)는 그의 <茶山 丁若鏞의 閭田制 土地改革思想>에서 茶山의 閭田制 토지개혁론은 첫째 强豪(土豪)의 土地 겸병과 地主제도의 폐해를 제거하고 百姓들의 재산을 均齊(균제)케 하는 문제의식을 바탕에 깔고 전개한 이론이다. 다시 말해서 茶山은 당시의 후진적 농업경제사회의 암적 존재였던 地主 제도의 폐해를 극복하고 사회경제적 均等(균등)의 기반 위에서 農業生産性(농업생산성)을 증대시키려는 의지를 다지는 가운데 茶山의 일관된 平等의식이 凝縮(응축)되어 있다고 말하고 있다. 茶山이 제기한 損富益貧(손부익빈)정신이야말로 아득한 上古代로부터 緣脈(연맥)되어 내려온 韓民族의 永遠한 주제 弘益人間 理念 구현의 大

道임을 다시 확인시켜주고 있다.

4. 東學의 人乃天은 東洋 최초의 人權宣言

朝鮮朝末 東學을 일으킨 水雲 崔濟愚(최제우)는 일찍이 濡佛仙(유불선) 3교를 아우르는 風流道(또는 玄妙之道)를 창도한 그의 直代 조상인 孤雲 崔致遠의 生命존중사상을 이어받아 동양에서는 최초의 人權선언으로 불리는 人乃天 사상을 선포하였다. 이는 저 유명한 "사람이 곧 하늘이니 사람 섬기기를 하늘과 같이 하라(人乃天 事人如天)"는 哲學的이고 宗教的인 진리를 함축한 위대한 선언이었다. 平等의 원천이라고 할 수 있는 生命존중사상이야말로 앞에서도 언급한 바와 같이 단군조선의 건국이념인 弘益人間 정신의 근간을 이루는 韓民族 고유의 정신적 뿌리이자 주체적 사상의 원천이라고 할 수 있을 것이다. 韓末 전라도 古阜땅에서 봉기한 東學農民軍이 3개월여 만에 全羅 左 右道를 席捲(석권)하고 각 지역마다 설치한 농민 자치기구인 執綱所(집강소)를 통해서 추진한 弊政(폐정)改革(案)에서 奴婢(노비)의 해방과 七賤(천)의 대우개선, 그리고 男女平等을 전제로 女性 尊重(존중)을 요구하고 있다. 이는 실로 美國 南北戰爭의 도화선이 되었던 奴隷(노예)해방보다도 오히려 앞서는 世界史的인 人權宣言으로 불리고 있다. 男女平等은 일찍이 東學 교주 최제우가 실천으로 示範(시범)을 보인 두 가지 사례, 즉 그의 불우했던 修道(수도)시절 再娶(재취)부인이 들어와 홀로 가정을 이끌어간 데 대한 고마움과 그가 得道(득도)한 뒤 노비의 딸을 양녀로 입적시켜 스스로 앞장서서 身分의 벽을 허물고 率先垂範(솔선수범)한 것을 두고 하는 말이다

東學농민군이 斥倭 斥洋의 旗幟(기치)를 높이 들고 漢陽(한양)을 향해 北上 중 公州 牛今峙(우금치)전투에서 최신무기(신식 기관총)를 앞세운 日軍에게 전멸 당하게 되는데 이 悲運(비운)의 현장을 두고 역시 외세의 개입으로 나라의 命運(명운)을 재촉하던 스페인 內戰의 慘狀(참상)과 오버랩되면서 이를 소재로 한 추억의 名畵 케리 쿠퍼 주연 「누구를 위하여 종을 울리나」의 人民戰線 게릴라가 벌이는 전투장면이 함께 떠올랐다. 이 당시 獨·伊 樞軸國(추축국)의 지원을 받은 프랑코軍과의 對決은 2次大戰으로까지 그 모-드가 이어지는데 東學농민군 토벌을 구실로 대규모 병력을 파병한 日本은 당초 의도했던 계획 그대로 淸國과 전쟁을 벌인 끝에 승리함으로서 韓國 침략의 機先(기선)을 장악하게 된다.(國民主權直接民主政治改憲 請願書- 國民主權直接民主主義 槪要. 46쪽). 그러나 이번에는 만주대륙 지배의 爭覇(쟁패)를 놓고 러시아와 피할 수 없는 일전을 벌이게 되는 對決構圖(대결구도)가 스페인 내전의 그것과 흡사하게 전개되고 있다.

5. 현대 民主主義의 平等은 擬制的(의제적) 평등이다

우리가 지금 누리고 있는 西歐의 平等개념이 露呈(노정)시키고 있는 문제점은 그것이 지나치게 직선적이고 평면적이라는 데 있다. 벌써 오래 전부터 사회 각 분야에서 불거지고 있는 葛藤(갈등) 요인이 대부분 본래의 우리 정서와는 동떨어진 西歐的 平等의 誤用(오용) 내지는 과용에서 비롯되고 있다는 것이다. 거기에다 理念的인 색깔을 입힌 敎育平等이라든가 分配의 正義를 내세우는 經濟的 평등이 그 대표적인 사례가 될 것이다. 自由民主主義 사회가 보장하고 있는 평등은 기회의 평등이지 결과의 평등이 아닌데도 불구하고 당장 눈앞의 可視的 성과를 노리고 平等파리를 하는 政治人의 포퓰리즘(인기영합주의)에 眩惑(현혹)되어 그들이 파놓은 거짓 平等의 함정 속으로 스스로 기어들어가면서도 그것이 함정인 줄도 모른다는 사실이다. 엄밀하게 말하면 西歐 民主主義가 傳家의 寶刀처럼 휘두르고 있는 平等은 평등이 아니다. 同等이라야 맞다. (拙著 爭點으로 푸는 歷史 이야기 137~138쪽).

일반적으로 平等의 概念은 '差別 없이 均平하다. 즉 平均하고 同等하다는 뜻이다. 이는 원래 人間이 태어나면서부터 평등하다는 自然法사상을 그 배경으로 하여 市民계급이 封建的(봉건적) 身分 차별 철폐를 요구함으로서 확립된 개념이다. 이것이 다시 民主主義 사회에서 法의 적용이나 立法 상 인종, 信條(신조), 性別(성별), 家門(가문), 사회적 身分 등에 구애받지 않는다는 平等사상으로 발전한 것이다. 이를 다시 요약하면 特權(특권)의 철폐와 기회의 均等(균등)을 요구하는 사회 倫理(윤리)上의 根本觀念(관념)이라고 할 수 있을 것이다. 그러나 이 개념의 근본적인 결함은 平面的이고 算術的(산술적)인 低次元的(저차원적) 平等에 매몰되어 垂直的(수직적)인 差等의 平等을 보지 못하고 있다는 데 있다. 여기서 差等의 平等이라고 하면 일견 앞뒤가 서로 모순되고 相衝(상충)되는 것 같지만 눈을 조금만 더 크게 뜨고 보면 그게 아니라는 것을 금방 알게 될 것이다. (拙著 爭點으로 푸는 歷史 이야기 138~139쪽).

6. 不平等을 不平等하게 대우하는 것이 平等이다

원래 宇宙의 萬有는 差等(차등)으로 성립된 것이다. 低次的(저차적)으로 近視(근시)하는 것을 異(이)로 본다면 高次的(고차적)으로 遠視(원시)하는 것을 同으로 본다는 것이다. 差違(차위)가 있는 등급을 差等(차등)이라고 하는데 이렇게 형성된 立體(입체)에는 반드시 차등이 있게 마련이라는 것을 말하는 것이다. 보다 구체적으로 말해서 하늘과 땅의 높고 낮음을 일러 差라 하고 水陸의 平面을 同이라고 할 때 差는 縱的(종적)으로 서로 다른 것이고 同은 橫的(횡적)으로 서로 같음을 나타낸다는 말이다. 이 原理를 東洋사상의 禮(예)에다 代入하면 禮別尊卑(예별존비)하니 禮는 차별하는 것이고 等之以禮(등지이례)하니 禮는 또한 平等하게 만드는 것이다. 가령 父子有親(부자유친) 할 때 父子는 높고 낮음이 엄연하지만 親(친)을 매개로하여 平等하게 된다는 말이다. 이는 앞에서 말한 대로 縱的(종적)인 差異(차이)가 있으나 橫的(횡적)인 같음(同)도 함께 하고 있음을 말하는 것이다. 결과적으로 不平等을 不平等하게 대우하는 것이 곧 平等이라는 일견 앞뒤가 서로 모순되는 것 같지만 사실은 진리에 부합되는 등식이 성립된다는 것을 알 수 있다. 이와는 반대로 西歐의 平等觀(관)으로 보면 不平等한 것도 平等하게 대우하는 것이 平等이 되지만 사실은 그것이 不平等이라는 것이다. 그것은 법률상으로만 平等한 擬制的(의제적) 平等이기 때문이다. 실례로 역시 西歐에서 발원한 명목상 民主主義의 한 형태인 共産主義를 신봉하는 北韓에서 그 가장 강력한 무기인 平等을 구현한다고 저의 아버지를 아버지동무, 시어머니를 시어머니동무라고 불러 한 때 世間의 웃음거리가 되었던 일을 우리는 기억하고 있다. (爭點으로 푸는 歷史이야기 139~140쪽).

10장 損上益下와 損下益上은 함께 가는 관계

1. 政府와 國民은 城과 城池의 관계와 같다

東洋철학자 金忠烈은 내가 아는 한 損益卦의 論理를 앞에서 말한 바와 같이 <易經>上의 해석을 넘어 현대적인 言語로 재해석한 최초의 학자다 그는 그의 <損益卦의 論理와 敎訓>(周易硏究 第2集 1998)에서 易에 있어서 변화 生成되는 모든 것은 하나의 整體(정체), 즉 한 몸속에서 일어나는 현상임을 그 전제로 하고 있다고 말한다. 그래서 그 增減(증감)현상은 自體(자체) 내에서의 이동일 뿐이라는 것이다. 다시 말해서 어디에 무엇이 생겨났다고 하면 전체 속 어딘가에 그 만큼의 없어짐이 있어야만 한다는 말이다. 損卦를 예로 들면 아래(內)는 연못(泰, 澤)이고 위(外)는 산(艮, 山) 의 形相(형상)을 지니고 있다. 그렇다면 위의 山은 어떻게 이루어졌나? 앞에서 말한 理致를 그대로 적용하면 평지에서 흙을 파내 쌓아올린 것이 山이고 그 파낸 자리는 못(澤)이 된다. 그래서 泰괘 上六爻를 城復于隍(성복우황. 城터 앞뒤의 흙을 파내 높이 쌓아올려서 城이 되고 그 아래는 못이 됨을 말함)이라고 하는 것이다.

이렇게 앞 뒤 흙을 파서 가운데에 쌓아 올리면 가운데는 城(성)이 되고 앞뒤는 塹壕(참호) 또는 도랑, 연못이 된다. 만약 가운데 城을 더 높이 쌓고자 한다면 결국 城 밑의 참호를 더 깊이 파야만 하는데 그 정도가 지나치게 되면 城은 무너지고 만다. 이는 한 국가가 정부를 세우고 유지하는 원리를 상징적으로 보여준 것이다. 즉 下乾(건)의 九三爻(효)를 파내어 上坤(곤) 上六爻에 올려놓음으로서 아래 乾은 兌(태)가 되고 위의 坤은 艮(간)이 되는 것과 같은 이치이다.

정부란 마치 損卦가 兌下艮上으로 이루어진 것처럼 국민을 기반으로 하는 것임으로 그 국민의 物心을 덜어다가 세운 것이다. 이는 城이 자기 바탕인 밑의 흙을 파 올려서 이루어진 것이기 때문에 그 높이를 점점 더 높이 쌓아올리게 되면 그 바탕은 그에 비례해서 점점 빈약해진다는 것을 말하는 것이다 이를 국가를 경영하는 정치에 비유하면 국민들로부터 세금을 많이 거두어들이면 정부는 부자가 되지만 국민은 가난하게 된다는 것을 말하는 것이다. 그래서 정부의 바탕인 국민이 빈약해지면 政府도 따라서 위태롭게 된다는 말이다.

2. 國民은 稅金 節用하는 政府를 믿고 따른다

그래서 한 政府의 健全性(건전성)은 그 자체의 富에 있는 것이 아니라 그 바탕인 국민의 富에 의존한다고 할 수 있다. 일찍이 孔子가 "백성이 풍족하면 人君(국가 또는 정부)이 부족할 理 없고, 반대로 백성이 가난하면 국가도 가난할 수밖에 없다."고 한 바로 그 이치를 두고 하는 말이다. 그러나 국가는 이러한 원칙론만으로 그 존재의 진정한 의미와 필요한 기능을 발휘할 수는 없다. 국가는 언제든지 외침과 흉년 등 不意의 災難(재난)에 대비하여 백성들의 재물을 덜어서 국고를 확보해 놓지 않을 수 없다. 損卦(손괘)에서도 이의 필요성을 인정하여 정부가 백성들에게 信義(신의)를 지키면서 상황의 변화에 따라서 적절하게 損下益上의 緩急(완급)과 그 정도를 조절해 나갈 것을 주문하고 있다.

損卦의 卦辭(괘사)는 바로 이러한 損下의 자세를 말하고 있는 것으로 이를 다시 意譯(의역)하면 “한 國家가 존립하려면 損下 행위는 불가피하다. 다만 이러한 국가의 정책은 백성들의 믿음과 호응을 얻어야만 성공할 수 있고 正道로 시행할 때만이 병폐 없이 지속될 수 있음을 말하는 것이다. 그리고 백성으로부터 징수한 세금은 마치 祭物(제물)을 아껴서 쓰고도 祭儀(제의)는 엄숙하게 치르는 것처럼 그 효과를 倍加(배가)할 수 있도록 최선을 다 해 절약하면서 요긴하게 써야한다고 주문하고 있다. 국가가 백성들로부터 거둔 세금을 이렇게 값지게 아껴 쓴다면 孟子가 말한 바와 같이 ”백성은 수고로워도 원망하지 않을 것이요 生道로써 백성을 죽이는 일이 있다 해도 백성은 그 죽인 자를 원망하지 않을 것“이라고 하였다. 이와 같이 백성이 국가를 신뢰하게 되면 외세의 침범으로 위기에 처한 국가가 動員令(동원령)을 내리게 되면 백성들은 모든 사사로움을 뒤로 한 채 국난의 현장으로 달려가 목숨을 아깝게 여기지 않고 外敵과 맞서 싸우게 된다는 것이다. 이처럼 이 卦辭(괘사)는 손해를 입으면서도 그것을 손해로 보지 않고 손해보다 몇 갑절 더 귀중한 報償(보상)으로서의 安全, 즉 益을 가져다준다는 믿음을 갖게 된다는 말이다.

3. 損下(손하)로 늘린 國力 다시 惠民(혜민)으로 돌려야

泰(태)괘를 바탕으로 하는 損卦(손괘)의 진행은 泰괘가 顚倒(전도)된 否卦(비괘)에 이르게 된다. 즉 否괘는 坤下乾上(곤하건상, 땅이 아래로 내려가고 하늘이 위로 올라감)의 형상을 이루어 하늘은 더욱 높아져 기세를 부리고 땅은 더욱 낮아져 유약한 상태에 이르게 된다. 그리하여 하늘과 땅, 위와 아래, 強者(강자)와 弱者(약자), 君子와 小人이 서로 반대 방향으로 달려가 相互관계가 단절되는 상태가 되는 것이다. 이를 정치에 비유하자면 백성들로부터 거두어들인 세금으로 富强(부강)해진 정부가 오히려 권위주의에 빠져 백성을 업신여기고 자신의 권력을 유지하고 행사하는 데만 주력하게 되면 백성들을 더욱 塗炭(도탄)에 빠트리게 된다는 것을 의미하는 것이다. 이렇게 해서 국민의 신뢰를 잃게 되면 결국 정부는 머지않아 그 權威(권위)를 지탱할 수 없어 서서히 몰락의 길로 접어들게 된다는 것이다. 이처럼 양 극단으로 갈려 국민과 국가 간에 서로 교류가 끊어지게 되면 否卦(비괘)가 어려움에 빠지는 원인이 된다. 그러므로 益卦(익괘)는 이러한 否卦(비괘)를 변형시켜 上下의 交流, 즉 모든 存在 사이를 원활하게 소통시켜야 하며 정치에서도 마찬가지로 정부는 損下로 저축한 益上의 국력을 損上益下의 惠民으로 다시 되돌려주어야 함을 말하는 것이다. 즉 上과 下의 순환을 원활하게 해야 한다는 말이다.

그리하여 益괘는 否괘의 九六爻와 六四爻를 자리바꿈하여 震下巽上(진하손상) 형상을 갖추게 된다. 이 때 본래 유약했던 陰卦(음괘) 坤(곤)은 陽卦(양괘) 震(진)으로 바뀌어 백성들은 활기를 되찾게 되고 剛强(강강)했던 陽괘 乾은 陰괘 損(손)으로 바뀌어 국가와 통치자는 유순해져서 백성의 소리에 귀를 기울이게 된다는 것이다. 이렇게 되면 정부는 백성들의 福利(복리)를 증진하기 위해 惠民(혜민)정치로 돌아가게 됨을 말하는 것이다. 따라서 국가는 국민들로부터 거둬들인 財貨(재화)를 단순히 쌓아놓는 저축창고의 역할에 그쳐서는 안 되고 이를 활용하여 文化를 창조하는 생산적인 역할을 수행하는 리더십을 발휘해야 함을 말하는 것이다. 즉 이 재화를 다른 次元으로 가치를 더욱 創出(창출)하고 그 效能(효능)을 극대화함으로서 백성들이 보다 나은 새로운 삶을 營爲(영위)할 수 있도록 노력해야 한다는 말이기도 하다.

자연도 땅의 氣運(기운)이 상승하여 하늘에 구름이 만들어졌다고 해서 그 구름 그대로를 내려 보내지 않고 마치 어머니가 음식물을 먹고 만들어진 젖을 자식에게 먹이듯 비로 바꾸어서 大地를 적셔주는 것과 같은 이치이다. 옛 사람들은 이것을 일러 龍(용)이 造化(조화)를 부리는 것이라고 하였다. 즉 君王을 龍에 비유하여 龍床(용상)이니 龍袍(용포)니 하는 호칭으로 不可侵(불가침)의 神聖性(신성성)을 부여하는 것도 이와 같은 이치 때문이다. 시대적인 한계와 體制(체제)上 차이가 있음에도 불구하고 나라경영의 理致(이치)는 이와 크게 다르지 않다. 이처럼 백성의 손해를 기반으로 하여 이루어진 국가의 이익이 여러 가지 형태의 文化로 재창조된 然後에 다시 백성들에게로 되돌려지는 것이 진정한 의미의 損上益下 정신이라고 할 수 있을 것이다.

4. 過剩(과잉) 惠民은 오히려 毒이 될 수 있다

易은 시간을 타고 흐르는 변화의 哲學(철학)이다. 시간의 변화는 모든 존재가 生을 영위하는 과정에서 가장 근본적으로 대처해야 할 宿命的(숙명적) 前提(전제)라는 점에서 現世間의 삶을 포기하지 않는 한 生命이 살아가는데 있어서 완전한 自由를 향유하거나 기대할 수는 없다. 특히 정치행위에 있어서 이러한 時間 변화에 適中(적중)하지 못하고 어긋났을 때는 오히려 역효과를 가져 올 수 있기 때문에 損행위에서 時間 변화를 중시하듯이 益행위에서도 그 때 그때의 정확한 상황

판단이 요구된다. 益이라고 해서 마냥 주기만 한다고 되는 것이 아니기 때문이다. 요즘 말로 過剩福祉(과잉복지)는 그 本旨(본지)와는 달리 오히려 역효과를 가져올 수도 있기 때문이다. 예를 들어 無償福祉(무상복지)를 남발하게 되면 공짜 심리를 조장하여 국민들을 懶怠(나태)하게 만들고 赦免(사면)을 남발하게 되면 때로는 오히려 범죄를 조장하는 원인이 될 수도 있다는 것을 말 하는 것이다. 비유해서 말하면 장마철인데도 논에 물을 대는 것과 같은 中庸(중용)을 잃은 행위가 또 다른 병폐를 불러오게 된다는 의미이기도 하다.

5. 물질적 이익보다는 도덕적 敎化 우선해야

대체적으로 彖辭(단사)에서는 특히 倫理 道德的(윤리 도덕적)인 면을 강조하는 데 力點(역점)을 두게 되는데 이는 儒敎政治(유교정치)의 본질이 德治(덕치)에 있기 때문이기도 하거니와 국가가 국민을 위해 베푸는 이익 가운데 가장 근본적인 것은 물질보다는 정신적인 가치, 즉 道德的 敎化(도덕적 교화)가 우선되어야 한다는 것을 말하는 것이다.

益괘를 보면 위에는 바람을 상징하는 巽(손)괘, 아래는 우레를 상징하는 震(진)괘로 각기 구성되어 있다. 이 괘가 보여주려는 것은 위에서 風敎(풍교)를 통해 백성을 선도하면 백성들은 마치 바람이 풀 위로 불고 지나가면 바람 부는 방향으로 모두 들어 눕게 되듯이 敎化된다는 뜻을 함축하고 있다. 이른바 風敎의 뜻을 風靡(풍미)라는 自然현상을 빌어 상징적으로 표현하고 있는 것이다.

11장 自然의 法則과 人間事의 兩面性

1. 致中和(치중화)의 자세로 中庸(중용)을 잡아라.

앞에서 인용한 바 있는 金忠烈의 「損益卦의 理論과 敎訓」에 의하면 "世上일은 모두 兩面性을 지닌다. 흥망성쇠와 盈虛消息(영허소식)에 담겨있는 敎訓(교훈)처럼 오르막이 있으면 내리막이 있게 마련"이라고 마치 達觀(달관)한 道人(도인)처럼 그는 담담한 語調(어조)로 世事를 觀照(관조)하고 있다. 즉 周易은 이 兩面을 미리 알아서 오르막일 때 驕慢(교만)하지 말고 미리미리 내리막에 대비하고 내리막이라고 해서 절망하지 말고 희망적인 내일을 기약하라"고 가르치고 있다는 것이다. 세상 일이 어느 하나 一面性으로 그어진 직선적인 永遠(영원)은 없다고 전제하고 그 대표적인 교훈을 泰, 否卦(비괘)가 잘 보여주고 있다고 말했다. 일반적으로 泰卦(태괘)는 順運(순운)이라고 해서 吉한 것으로만 알고 있지만 그것도 前半(전반)부만이 순운일 뿐 後半(후반)부에 가면 쌓아올린 城(성)이 무너져 내려 도랑을 매우는 것처럼 逆運(역운)으로 바뀌게 된다는 것이다. 반대로 否괘는 역운으로만 알고 있지만 그것도 전반부만이 역운일 뿐 후반부에 가면 다시 순운으로 돌아온다.(休否大人吉 九十五爻 또는 傾否(경비) 先否後喜 上九爻)는 循環(순환)의 논리가 그 正答(정답)이라고 하였다. 다시 말해서 泰 否(비)괘는 모두 半順半逆(반순반역)의 兩面性을 가진 것이지 전부 順하거나 逆順(역순)은 아니라는 것이다. 그러므로 泰를 만났다고 기뻐만 할 일도 아니고 否를 만났다고 해서 비관만 할 일도 아니라는 것이다. 人生之事 塞翁之馬(새옹지마)란 이런 경우를 두고 하는 말이니 중용을 잃지 말고 致中和의 자세로 시간의 변화에 맞게 人生의 균형을 잡아가는 보다 지혜로운 삶을 영위해야 한다고 그는 권하고 있다.

2. 義理와 氣槪(기개)로 충만한 두 철학자의 愚問賢答(우문현답)

餘談(여담)같은 이야기가 되겠지만 義理(의리)와 기개가 남달랐다는 金忠烈은 그로 인한 많은 일화를 남기고 있다. 고려大 재직시절의 한 제자가 회고 한 바에 의하면 그는 우리가 지금 넘을 수 없는 높은 山으로 인식하고 있는 중국에 대해 특히 直截(직절) 단호하게 응대하는 것으로 소문이 나 있었다고 한다. 1993년 여름이었다고 한다. 中國철학 연구의 권위로 일찍이 시진핑(習近平)이 "中國 傳統(전통)文化의 계승과 보존에 많은 공헌을 했다"고 칭찬을 했다는 탕이제(湯一介 1927~2014) 北京大 교수가 서울 방문길에 金교수를 만나고 싶다는 뜻을 전해왔다고 한다. 신문사의 주선으로 어렵사리 金교수를 만난 湯은 첫마디부터 "왜 다른 학자(중국관련)들은 모두 앞 다투어 中國을 방문하는데 그대만은 초청도 거절하고 中國학자들을 만나주지도 않는가."고 항의조로 물었다고 한다. 그러자 김충열은 그 자리서 이렇게 대답했다고 한다. "나는 한국전쟁에서 직접 싸운 戰士 출신이다. 그 때 우리는 압록강까지 쳐 올라가 이제 통일이 다 되었다고 믿었는데 난데없이 中共軍이, 그것도 宣戰布告(선전포고)도 없이 鼠兒(서아 쥐새끼)처럼 몰래 쳐내려오는 바람에 虛事(허사)가 되어 아까운 피만 흘리고 그 댓가를 아직 받지도 못했다. 그 피의 帳簿(장부)는 지금 비록 國交가 트였다고 하지만 아직 정산되지 않았다."고 오히려 中國이 30여 년 전의 빚, 즉 피의 댓가를 지불하지 않고 있다고 逆攻(역공)을 폈다는 것이다. 그리고 中國을 방문하지 않는 또 다른 이유는 16년 동안이나 中華民國(臺灣 대만)에 유학하면서. 장학금과 연구비를 받아 큰 은혜를 입었는데 아직도 敵對(적대)관계를 모두 청산하지 못하고 있는 中國에 의리上 은혜를 입은 옛 친구와 나라를 저버리고 선뜻 가고 싶은 생각을 할 수 없었다고 그 심경을 털어놓았다. 그렇지 않아도 작년에 臺北(타이페이)을 방문 했을 때 한 친구가 中國에 갔다 왔느냐고 묻기에 "中華民國과의 義理(의리)를 생각해서 아직 안 갔다."고 대답했더니 그 친구 말이 '아니다 이제 그렇게 생각할 필요 없다. 우리도 다녀왔는데 네가 간들 어떻겠느냐.'고 해서 의리문제는 한결 가벼워졌다고 말했다. 그러나 그 뒤 그가 中國에 갔다 왔는지 안 갔는지는 아직 확인하지 못했다.

3. 巨大 中國의 벽 앞에만 서면 왜소해진다.?

韓國과 中國을 대표하는 두 철학자의 걸림 없는 대화를 통해서 우리가 지금 다시 새겨들어야 할 대목은 의식했던 안했던 간에 以小事大(이소사대)하던 지난 시대의 어두운 그림자가 아직 모두 걷히지 않은 채 서로의 마음 속에 그대로 침전되어 있다는 사실이다 기억하고 싶지 않은 이 같은 사실을 꿰뚫어 보고 있는 金교수는 "中國 사람들은 스스로 大國人을 자처하면서 우리를 小邦人(소방인)이라고 경시하는 습관이 있다."고 불편한 心機(심기)를 있는 그대로 드러내 보이고 있다. 20년 전이면 韓國이 5천년 역사 이래 유일하게 中國을 낮추어보았다는 '단군이래의 번영'을 누리고 있던 바로 그 시절이다. 그런

시절에도 중국 碩學(석학)이라는 사람의 인식이 이러했으니 지금은 지식인이고 외교관이고 정치인이고 간에 더 이상 물어볼 것도 없이 그들 특유의 驕慢(교만)에 빠져 우리를 내려다보고 있다는 것이다. 그러면서 지금 中國 사람을 만나 金교수처럼 말하고 행동하다가는 거대한 風車를 향해 돌진하는 돈키호테로 몰리기 십상이라고 했다. 그러면서 더 큰 문제는 돈키호테로 몰릴지언정 할 말은 하는 金교수 같은 지식인을 더 이상 만날 수가 없다는 데 있다고 우려 섞인 自嘆(자탄)을 토로하고 있었다. (李翰雨 이한우. 金忠烈교수의 一喝갈, 조선일보 29304호).

4. 한 몸 속에서 교차공존하는 循環(순환)의 理致(이치)'

다시 본론으로 돌아와 損(손)'하게 되면 보통 피해를 본다는 先入觀(선입관)에 사로잡히기 쉬운데 세상사의 양면성과 순환의 이치를 놓고 보면 손실, 손해, 損減(손감) 등 부정적인 이미지와 농경시대의 稼穡(가색, 곡식농사) 積蓄(적축, 貯蓄 저축과 같은 뜻) 등 긍정적 이미지와는 안팎으로 함께 가는 同伴者的(동반자적) 관계임을 알 수 있다. 4계절에 겨울이 있는 것처럼 人生에도 겨울이라는 沈潛期(침잠기)가 있게 마련이어서 예측하지 못한 否塞(비색)한 運(운)을 만날 때가 있다. 그러나 하늘은 참으로 신묘하게도 이러한 負面(부면)을 감당할 수 있도록 正面(平常時 평상시)일 때 여유분을 마련할 기회를 준다. 넘치는 量(량)은 분명히 여유분이다. 이 여유분을 損卦(손괘)의 공식 그대로 다른 虛(허 빈곳)에 채워두었다가 그 그릇이 빌 때 다시 채워주는 것이 益괘의 작용이요 교훈이다. 天道(천도)라는 整體(정체)에서 내려다보면 이 여유분이란 분명히 다른 어느 부분의 부족분일 것이니 그 부족한 곳을 찾아서 둘 사이의 균형을 맞추어주는 것이 인생살이의 지혜인 동시에 정치적으로 보면 그 기본적인 要諦(요체)라고 할 수 있을 것이다.

이 양면성은 사람의 일생에도 그대로 적용이 된다. 佛法(불법)에서는 이를 生老病死(생노병사)라 말한다. 늘 청춘에 머무는 것이 아니고 반듯이 늙고 병들게 마련이다. 易에서는 이에 미리 대비토록 젊어서 자식을 낳아 기르고 힘써 일하여 재산을 모아 간직하도록 가르치고 있다 이 損(손)은 負面(부면)일 때 겪게 마련인 虛(허)와 難(난)을 채우고 극복할 수 있도록 하는, 즉 益을 가져올 수 있게 대비하는 것이다. 일찍이 老子가 남는 여유분을 덜어서 부족하고 虛(허)한 부분을 채워주는 것은 天道(천도)의 자연뿐이라고 말했지만 儒家(유가)에서도 易(역)의 이치를 옳게 터득하고 실천하여 天道의 자연을 본받기만 하면 인간도 남는 것을 덜어서 부족한 부분을 채워 人生 전체의 균형을 스스로 잡아갈 수 있다고 그는 말하고 있다. (金忠烈 損益卦의 論理와 敎訓 周易硏究 第2輯 1998. 24~30 쪽. 周易으로 본 弘益人間 92~94쪽).

12장 現代 民主主義 序說

1. 점령군에 의해 移植(이식)된 인스탄트 民主主義

여기서 말하는 현대 民主主義란 곧 西歐(서구)民主主義를 이른다. 다시 말해서 이는 日帝가 大韓帝國의 國權(국권)을 찬탈하고 식민지배한지 36년 만에 제2차 세계대전에서 패망한 일본군을 무장해제하기 위해 진주한 美軍을 통해서 일방적으로 받아들인 제도이다. 미군과 소련군이 38선을 경계로 각각 南北을 분할 점령하여 北에는 소련식 社會主義, 南에는 서구 民主主義, 좀 더 엄격하게 말하면 美國式 민주주의를 도입하여 통치하게 되었다는 말이다. 이름 그대로 作戰上 점령지역에 진주한 미군에 의해서 어느 날 갑자기 받아들이게 된 民主主義에 대해 우리는 아무런 예비지식도 사전준비도 없었기 때문에 그 장단점을 헤아리고 較量(교량)할 여유는 더더욱 없었다. 이렇게 濾過(여과)과정을 거칠 겨를조차 없이 직수입된 民主主義는 한 말로 移植(이식)되었다는 표현 그대로 처음에는 낯설고 어색했지만 일제의 暴壓(폭압)과 수탈로부터 벗어난 解放感(해방감)과 뜨거운 환호 속에서 이내 묻혀버리고 말았다. 거기에다 처음으로 맛보게 된 自由의 바람에 醉(취)해 民主主義는 오래지 않아 익숙?해졌을 뿐만 아니라 다시없는 축복으로 바뀌어갔다. 그리하여 民主主義는 이즘(思想體系)이기에 앞서 하나의 神話로 자리매김 되었다. 다른 말로 표현하면 盲信(맹신)에 가까운 굳은 信念(신념)으로 자리잡게 되었다는 뜻이다.

그러나 그로부터 70여년이 흐른 지금 그 神話(신화)는 차츰 빛이 바래지고 그 決算書(결산서)는 赤字투성이로 얼룩져가고 있다. 그 원인을 추적, 분석해 보면 우리 자신의 준비부족과 맹목에 가까운 외래사상에 대한 選好(선호)의식의 영향도 컸으리라고 본다.

그러나 좀 더 깊이 들여다보면 그 원인은 아이러니칼하게도 民主主義 그 자체의 本質(본질) 속에 이미 胎生的(태생적)으로 胚胎(배태)되어 있었던 것이다. 우리가 항용 民主主義라고 하는 democracy의 어원인 democratia(그리스어)를 놓고 다시 풀어보면 大衆 또는 人民을 의미하는 demos와 권력을 의미하는 cratia를 결합하여 만든 용어인데 '人民의 권력에 의한 政治形態(정치형태)' 쯤으로 해석할 수 있을 것이다. 투표로 승패를 가리는 선거에 있어서 이는 多衆지배 또는 다수의 지배를 의미하는 이른바 majority rule(多數決 다수결의 原則)이다. 그래서 당시 아리스토텔레스(Aristotele)같은 哲人은 democracy를 愚衆政治(우중정치)라고 해서 한 수 낮추어 부르고 '調和(조화)와 均衡(균형)을 갖춘 진정한 의미의 民主主義를 polity, 즉 '穩健(온건)한 民主政治'라고 해서 democracy와 구별하여 불렀던 것이다.

이와 같이 우리가 말하는 민주주의, 즉 democracy는 質的(질적)인 面보다는 數量的(수량적)인 多寡(다과)에 의해서 권력의 向背(향배)가 결정되기 때문에 多數(다수) 획득을 위한 과열경쟁 과정에서 발생하기 마련인 갖가지 부작용이 도리어 民主主義의 本領(본령)을 훼손할 뿐만 아니라 존립 그 자체를 위협하는 主客顚倒(주객전도) 현상이 일어날 수도 있다는 것을 2천 년 전에 Aristotele는 이미 看破(간파)했던 것이다. 실로 놀라운 洞察力(통찰력)이 아닐 수 없다.

2. 現代民主主義의 胎生的(태생적) 한계 극복하려면

정당 간, 후보자 간에 맞붙어 경쟁하는 선거전에서는 오로지 다수표만을 의식한 나마지 모략선전과 金力 公權力(공권력)의 동원, 甘言利說(감언이설)과 善心公約(선심공약)이 난무하는 포퓰리즘(인기영합주의)의 경연장으로 化해버리고 만다. 전쟁을 방불케 하는 이런 과열경쟁 끝에 비록 승패는 가려진다해도 승자와 패자 간에 한 번 패인 감정의 골은 오히려 더 깊어지고 雪辱(설욕)을 다짐하는 패자와 이에 맞서 방어수단을 더욱 강화하는 승자 간에 치열을 極(극)한 암투를 되풀이할 수밖에 없는 것이 우리가 누리고 있는 이른바 民主主義의 실체이다. 거기에다 현대 민주주의가 태생적으로 안고 있는 盲點(맹점) 또한 아직은 未決(미결)의 章(장)으로 남아 있다. 그 첫째가 제도의 복잡성으로 인하여 민주주의의 본령이라고 할 수 있는 국민의 意思를 국정에 반영하는 통로가 막혀 제각각 유리되어있다는 것이고 둘째로는 국민의 의사가 소수의 정당 대표에 의해서 좌지우지되고 있다는 것이다. 그리고 국회가 일단 구성되고 나면 국민의 의사로도 그들의 逸脫(일탈)행위를 감시하는 데 한계가 있다는 것 네째로는 어떻게 하면 전문지식을 필요로 하는 職能(직능)대표를 통해서 사회 각 분야의 의사를 골고루 반영할 수 있겠는가 다섯째 경제적 均等(균등) 실현을 위한 새로운 형태의 不偏不黨(불편부당)한 경제전문지식을 반영할 수 있는가 끝으로 行政의 能率 提高(능률제고)와 부처간 이해관계 조정을 위한 委員會 제도의 도입 등이 아직 이루어지지 않고 있다 지금까지 직능대표제나 委員會 제도 등이 일부 시도된 적이 있으나 형식적인 요건 갖추기 식 무늬만의 制度(제도)실험에 그치고 말았다.

3. 옛 '마을문화' 되살려 이웃과의 단절 극복해야

이 같은 문제점들은 비록 多寡(다과)의 차이는 있을지언정 이른바 民主主義를 채택하고 있는 나라들에서는 선·후진국 할 것 없이 공통적으로 나타나는 현상이기는 하다. 선진국 대열의 선두를 자처하는 美國에서는 70여 년 전인 2차 대전 직후만 해도 市民들이 身分에 구애받지 않고 여러 자원봉사 단체에 참여하여 그 안에서 자연스럽게 民主主義를 학습할 수 있는 기회를 가질 수 있었다고 한다. 그러나 오늘날에 와서는 그럴 기회도 대폭 줄어든 데다 民主主義의 실천과정에 대한 능동적인 시민 참여기회 또한 줄어들게 되었다는 것이다. 이 같은 미국 시민생활의 변화에 대해서 政治학자 데다 스캇치폴은 民主主義의 쇠퇴 또는 終焉(종언)이라고까지 매우 비관적인 진단을 내리고 있다.

이처럼 변화한 미국을 떠나 韓國에 정착한 한 미국인 교수(엠마누엘 페스트라이쉬. 경희대)는 자신이 거주하는 아파트 주민들의 이웃과 단절된 생활 페턴에 놀랐다면서 그들은 民主主義 학습 기회를 스스로 포기하고 있다고 말하고 있다 그들은 자신들의 共同利益을 위한 공동체의식도, 시민 간의 談論(civic discussion)도 없다면서 이 같은 基底(기저)로부터의 民主的 학습과정이 없는데 어떻게 보다 上位 단계에서의 民主主義를 기대할 수 있겠는가고 반문하고 있다. 民主主義의 학습기회가 전보다 많이 줄어들었다는 미국의 경우와는 달리 그것이 우리에게는 아예 하나도 없다고 그는 우려 섞인 진단을 하고 있었다.

그러면서 한국의 전통사회에서 오히려 주민들끼리 '마을'이라는 공동체를 중심으로 서로 소통하는 기회가 훨씬 더 많았다면서 앞으로 진정한 민주사회 건설을 원한다면 우리가 까맣게 잊고 있는 전통문화를 되살려야 한다고까지 충고하고 있다. 조금 더 구체적으로 말해서 參與的(참여적) 민주주의(participatory democracy)를 활성화하고 제도화하려면 우리가 살고 있는 지역사회, 그 안에서의 일상생활에서부터 시작해야한다고 그는 말하고 있는 것이다.

4. 전통사회의 美風良俗 鄕約(향약)과 두레

조선조 최초의 가사인 賞春曲(상춘곡)을 지은 不憂軒(불우헌) 丁克仁은 일찍이 이곳 大山(지금의 全北 泰仁)太守를 지낸 신라말의 대학자 崔致遠이 즐겼다는 流觴曲水(유상곡수 흐르는 물위에 술잔을 띠워 잔이 당도하면 즉흥시를 짓는 놀이)의 風流를 이어받아 이 지역 특유의 선비文化를 꽃피운 歌人이자 사회계몽운동의 선구자이기도 하였다. 조선 전기 世祖의 왕위 簒奪(찬탈)에 환멸을 느낀 나머지 벼슬을 버리고 낙향한 丁克仁은 鄕約契(향약계)라는 주민 자치조직을 만들어 중앙 정치무대에서 미처 이루지 못한 유교가 지향하는 이상향 大同社會 건설의 꿈을 이루고자 하였다. 이는 역사상 최초로 실시한 향촌自治운동으로 中宗 때 趙光祖가 이루고자 했던 王道정치에도 영향을 미칠 정도로 당시로서는 개혁성향이 강한 사회개혁운동이었다고 한다. 현대 민주주의와 비교해도 손색이 없을 만큼 民本的인 색채가 짙었던 지금으로 말하면 아래로부터의 사회개혁을 先導(선도)하는 모델이 되었다고 한다. 그가 泰仁지방에서 처음으로 실시한 향약은 오래지 않아 전 군으로 확산되어 이 지방 특유의 아름다운 향토 愛護(애호)운동의 전통을 계승 발전시켜 왔다는 것이다.

5. 향약과 두레는 농촌 발전 이끈 두 수레바퀴

"경사스럽고 기쁜 일은 축복해주고 슬프고 궂은일은 반듯이 서로 돕고 위로한다."는 相扶相助(상부상조) 정신으로 뭉쳐 朋友(붕우)간의 우정을 최고의 德目(덕목)으로 정하고 이웃 간에 사랑과 誠實(성실) 그리고 信義(신의)를 지킬 바 최고의 강령으로 채택하고 있다. 自生的으로 발전한 농어촌지역의 대표적인 마을 협동조직인 두레와 함께 이른바 양반계급, 즉 士類(사류)들의 自治협동조직인 향약계가 이 고장 발전을 이끄는 두 바퀴 수레 역할을 하게 되었다. 이렇게 丁克仁에 의해 처음으로 도입된 향약계는 그 뒤 임진왜란 때 전라관찰사를 지낸 李洸의 남산동 白髮會(백발회)로 이어졌고 그의 손자 李植(식)(한문 4대가 澤堂 李植과는 同名異人)이 조부의 遺志(유지)를 이어 백발계를 다시 모아 學風을 바로잡고 향약의 실천을 위해 노력한 것으로 알려져 있다. 그 후 한동안 그 기능이 약화되었었으나 1862년(哲宗13) 이 지방 유지들이 뜻을 모아 백발회가 있었던 자리에다 慕賢齋(모현재)를 세우고 洞契(동계)를 다시 조직하면서 향약의 실천과 학문의 勸奬(권장)이라는 그 본래의 기능을 되살리게 되었다는 것이다.

두레는 중남부 지역 논농사지대에서 한 마을의 성인 남자들이 협력하여 농사를 짓거나 부녀자들이 서로 협력하여 길쌈을 하던 공동노동조직으로 농촌에서 뿐만 아니라 공동漁撈(어로)가 필수적인 어촌의 경우 역시 공동노동의 일상화가 이루어졌던 것이다. 당시의 주력산업이라고 할 수 있는 논농사를 경작하는 원동력 구실을 했던 두레는 농어촌에서 행해지는 모든 노동을 총망라(總網羅)하고 있었다. 그리하여 여러 사람이 모여서 함께 일한다는 뜻을 가진 두레를 語頭(어두)로 하는 派生語(파생어)가 부지기수로 많고 다양하다. (한배달 1995. 12월 겨울호 170쪽 李錫茂 이석무)

6. 향약과 두레 그리고 동학농민운동

향약과 두레로 상징되는 이 지방 고유의 전통이 이어져 내려온 지 30여년 후가 되겠지만 그렇다면 이 두 농촌개혁운동과 같은 군 내 古阜 땅에서 일어난 동학농민운동과의 관계는 과연 어떻게 이해되고 있는가 하는 점에 관심이 쏠리지 않을 수 없다 아직 이 문제에 대한 전문적인 연구가 있었는지 여부를 확인할 길은 없다. 다만 그 역사적 사실이 진행되었던 현장을 중심으로 당시의 상황을 복원(復元)해 보고자 한다.

제폭구민(除暴救民 권력의 폭압으로부터 人民을 구출함) 보국안민(輔國安民 나라 일을 돕고 백성을 편안하게 함)의 기치(旗幟)를 내걸고 전봉준(全琫準)을 그 머리로 하여 봉기한(1894년) 동학농민군은 봉기한지 불과 4개월 여 만에 전라 좌우도 53개 州邑을 석권(席捲)하고 점령지역마다 그 관아(官衙) 내에다 동학의 포교(布敎)단위의 하나인 집강(執綱)이라는 이름을 딴 행정기구(집강소)를 설치, 그 지방의 행정과 치안을 담당하는 지금으로 말하면 농민자치위원회 격인 민정(民政)기관을 통해서 사실상 지방행정을 관장(管掌)하고 있었다.

집강소에서는 그 수장인 집강 밑에 서기(書記 총무) 성찰(省察 치안) 집사(執事 재무) 동몽(童蒙 교육)등의 부서를 두고 행정사무를 분담하고 있었는데 동학농민군이 발표한 포고문을 통해서 중앙정부에 요구한 폐정(弊政)개혁(안)도 동시에 시행하는 등 막강한 권력으로 개혁을 추진하는 前衛(전위)역할을 하였다 그 첫 목표는 농민운동의 도화선(導火線)이 되었던 古阜군수 조병갑(趙秉甲) 류(類)의 탐관오리(貪官汚吏) 숙청과 양반토호(兩班土豪)들의 탐학 징치(懲治) 척결(剔抉)을 들고 있다. 그리고 동학농민군의 참정권 요구, 토지개혁과 재분배, 노비해방과 칠반천인(七般賤人)이라는 이름의 소위 칠천(七賤)에 대한 대우개선과 남녀평등의 전제 조건이라고 할 수 있는 여성

존중 등을 들고 있다 이는 곧 “사람이 하늘이니 사람 섬기기를 하늘과 같이 하라”는 동학 창교(創敎 1860)의 근본이념인 人乃天 가운데서 모든 신분 차별의 철폐를 주장하고 있어 실로 미국의 노예 해방(1868)보다도 8년이나 앞서있는 세계사적인 선언이라고 할 수 있을 것이다. 동학농민군이 선포한 창의문(倡義文) 그대로 “팔로(八路)가 동심(同心)하고 백성들이 뜻을 모아” 쟁취한 이를테면 해방구(解放區)에서 바로 그 백성들에 의해서 다스려진 때 묻지 않은 직접민주주의의 원형을 찾아볼 수 있다. 그럼에도 불구하고 앞에서 말한 전통적인 농촌 개혁운동과의 직접적인 관련성은 발견되지 않고 있다. 다만 우연의 일치인지는 모르겠으나 동학 농민운동의 주도자인 전봉준이 젊어서 한 때 바로 이곳 태안에서 마을 아이들을 모아 글을 가르친 훈장 전력(前歷)이 있는 것으로 보아 당시 그 지방에서 성행했던 향약을 접할 수 있는 기회가 있었을 것이라고 추측할 수 있으며 또한 농민운동의 2인자였던 金開男 역시 같은 태안 출신이라는 사실로 미루어볼 때 이들이 전기 두 농촌 개혁운동의 직접적 또는 정신적인 영향을 받았을 수도 있다는 개연성(蓋然性)은 충분하다고 할 수 있을 것이다. (졸저 周易으로 본 弘益人間 110~111쪽).

13장 弘益人間 理念의 발전과 그 制度化

1. 弘益人間 이념을 최초로 제도화한 趙素昂(조소앙)

弘益人間 이념을 제도적으로 처음 정착시킨 것은 大韓民國 임시정부에서다. 1942년 11월 28일 임시정부가 建國강령을

채택할 당시 그 總綱(총강) 제1장 2항에서 건국정신을 다음과 같이 闡明(천명)하고 있다. 즉 "우리나라의 건국정신은 三均主義(삼균주의)에 역사적 근거를 두었으니 先民이 命名(명명)한 바 首尾均平位(수미균평위)하면 保太平(보태평)하리라. 다시 말해서 이는 사회 각층 각 계급의 智力(지력)과 權力(권력)과 富力(부력)의 향유를 均平(균평)하게 하며, 국가를 진홍하며 太平을 保有(보유)하게 함이니 弘益人間 理化世界(이화세계)하자는 우리 민족이 지킬 바 최고 公理(공리)이다."라고 선언하기에 이른다. 이 때 理化世界는 三國遺事의 原文 在世理化(재세이화)와 같은 뜻으로 '神이 世上에 살면서 다스림(政治)과 가르침(敎化)을 베푼다.' 또는 '人間이 神의 뜻에 따라 眞理로 이끌어간다.'라는 뜻으로도 해석된다.

이 같은 건국강령의 바탕 위에 임시정부의 뼈대를 세운 이론가 趙素昂은 自由와 世界平和를 추구하는 三均主義로서 弘益人間 理念(이념)을 보다 구체화시키고 있다. 民族 抗日期(민족항일기)에 이 나라의 正統性(정통성)을 지켜온 임시정부가 해방을 맞이하여 환국하였으나 불행이도 당시는 美軍政(미군정)하이였고 임시정부 또한 개인자격 귀국이었기 때문에 弘益人間 이념을 건국정신으로 정립하고 수용할 기회를 잡을 수가 없었다.

그러나 그의 뜻은 1945년 11월 23일 美軍政(미군정) 산하 조선교육심의회 제4차 회의에서 백락준의 제청에 의해서 敎育理念(교육이념)으로 채택됨으로서 결실을 보게 되었다. 그 요지는 "弘益人間의 건국이념에 基(기)하여 人格이 완전하고 愛國(애국)정신이 透徹(투철)한 民主국가의 公民을 양성함을 교육의 근본이념으로 한다."는 것이었다. 이어서 정부 수립 후인 1949년 12월 31일 법률 제86조로 교육법을 개정할 때 그 제1조에서 "弘益人間의 이념 아래 모든 국민으로 하여금 人格을 완성하고 自主的 생활능력을 가진 公民으로서의 자질을 具有케 하여 民主국가 발전에 봉사하며 인류공영의 이상 실현에 기여하게 함을 목적으로 한다."고 당당하게 선언하고 있다. 이 때가 弘益人間 이념이 제도적인 面에서 크게 浮刻(부각)되었을 뿐만 아니라 가장 돋보였던 정부 수립 이후의 절정기라고 할 수 있을 것이다.

2. 교육법에서도 2조로 밀려난 弘益人間

한편 1968년 12월 5일 선포된 국민교육헌장에서 "悠久(유구)한 역사의 黎明(여명)에 이 江山에 터를 잡았던 우리 조상들은 弘益人間 정신으로 萬民이 共榮하는 삶의 터전을 닦았으며 착하고 깨끗하고 부지런한 성품의 밝은 세계를 갈구했던 한겨레의 理想(이상)은 우리 민족정신의 원천을 이루었다."고 도도하게 써내려간 철학자 朴鍾鴻(박종홍)의 不朽(불후)의 名文을 마주하게 된다. 그러나 얼마 뒤 정권이 바뀌면서 홍익인간이 들어간 이 구절이 '조상의 빛난 얼을 오늘에 되살려'로 바뀌면서 홍익인간이라는 구절을 아예 통째로 들어내버리고 말았다. 기껏해야 5년짜리 單任(단임)정권이 半萬年 悠久(유구)한 민족정신을 송두리째 도려내는 稀代(희대)의 역사적 코미디가 연출된 것이다.

3. 홍익인간을 主體사상의 위협으로 봐?

그러면 北韓에서는 弘益人間을 어떻게 다루고 있는지 한번 알아보기로 하자. 1956년에 나온 <조선통사>, 1963년에 나온 <조선력사>, 1979년 판 <조선전사>, 1990년 교육과정

등에서 각각 단군조선을 언급하고 있으나 弘益人間에 대한 설명은 吝嗇(인색)하기 짝이 없다. 弘益人間이라는 말을 처음으로 언급한 <三國遺事>를 인용은 하면서도 弘益人間이라는 말을 직접 쓰지 않고 "人間들에게 커다란 이익을 줌 직함으로"라고 빙빙 돌려서 뜻풀이 하는 식 버전(version)으로 다루고 있다. 그러고 나서 단군과 大倧敎(대종교)와의 관계를 논한 최태진은 그의 <단군과 대종교>에서 "단군이 백성들에게 크나큰 이익을 주기 위하여 人間살이의 360여 가지 일을 주관하면서 政治와 敎化를 베풀었다."고 설명하면서 "弘益人間이란 한마디로 모든 사람에게 이익이 골고루 돌아가야 한다는 뜻을 담은 말이라고 해설하고 있다. 이어서 弘益人間 이념에는 유교의 忠孝사상이나 仁愛사상, 互惠互助(호혜호조) 사상, 人道主義 사상과 平和애호사상이 담겨 있다."고 이름 있는 사상이란 사상은 모두 다 동원하고 있으나 한 마디로 意味(의미)부여를 할 수 없는 단순한 사상의 나열, 그 이상도 이하도 아니다. 이런 非正常的인 그들의 홍익인간觀(관)은 이를 곧이곧대로 가르칠 경우 김일성이 내세운 이른바 주체사상의 권위에 위협이 될 수 있다고 보고 미리 예방선을 치는 것이 아니냐는 의혹을 불러오기도 하였다.

이처럼 南北이 모두 급조하다시피 지어낸 자신들의 일회용 인스턴트 統治哲學(통치철학)을 앞세우다보니 그 安逸(안일)하고 姑息的(고식적)인 발상으로 해서 정작 국민통합의 지표가 되어야 할 홍익인간 이념은 실종되어버리고 만 것이다.

4. 弘益人間은 共生共榮하는 공동체 윤리

이와 같이 헌법은 고사하고 교육법에서 조차 뒤로 밀려난

弘益人間 이념을 한 통일단체(사단법인 統一建國民族會)가 전개한 헌법 개정운동의 결실로 起草(기초)한 헌법 前文에 도입함으로서 실로 오랜 民族의 숙원을 이루는 계기를 마련하게 되었다. 지금까지 9차에 걸쳐 헌법 개정이 이루어졌으나 헌법 정신의 上限을 하나같이 3.1운동 정신에다 두고 있던 것을 半萬年 역사 그대로 弘益人間 이념으로까지 끌어올려 비로소 제 자리를 잡게 됨으로서 헌정史上 초유의 새로운 紀元을 긋게 되었다. 이 개헌안은 그 前文 서두에서

> "유구한 역사와 전통에 빛나는 우리 大韓民國은 韓民族의 開天사상인 弘益人間 이념과 3.1운동으로 건립된 大韓民國임시정부의 法統과 不義에 항거한 4. 19 民主理念을 계승하고...."

라고 선언함으로써 비로소 5천년 역사와 그 軌(궤)를 함께하는 紀元을 회복하게 된 것이다.

그러면 이 절 서두에서 맨 처음 백락준의 제안에 의해 敎育理念으로 채택된 弘益人間 이념의 참 뜻은 과연 무엇인가. 우리에게 가장 익숙한 弘益人間 풀이는 "널리 人間世上을 利롭게 한다."는 逐字式(축자식) 해석이 그 大宗을 이룬다. 그러나 백락준은 이를 좀 더 구체적으로 敷衍(부연)해서 말하기를 "더 이상 넓고 더 이상 클 수 없는 最大限의 利益"이라고 정의하고 이를 다시 "maximum service to humanity" 또는 " the greatest service for the benefit of humanity"로 英譯하고 있다. 이 때의 人間은 단지 개체로서의 인간을 넘어 '사람 사는 世上', 즉 사회공동체라는 의미로 읽는 것이 바른 해석이 될 수 있을 것이다. 작게는 이웃이지만 크게는 인류공동

체로까지 확대한 이익이니까 이익 중에서도 가장 큰 이익이라고 한 것이다. 여기서 人間世上이라고 한 그 세상은 우리가 사는 神聖(신성)한 고장, 즉 疆域(강역)이 함축하고 있는 聖域意識(성역의식)이 表出된 空間 개념으로 이해하지 않으면 안 될 것이다. 이를 다시 한 단계 높은 次元에서 收斂(수렴)하여 해석하면 弘益人間은 人格尊嚴, 人本爲民사상이라고 할 수 있으며 정치적으로는 治者와 被治者, 個人과 國家가 하나되어 敬天崇祖(경천숭조)하는 天人合一사상이라고 할 수 있을 것이다. 결론삼아 이를 현대적인 개념으로 다시 정리하면 共生共榮하는, 즉 더불어 사는 공동체 윤리라고 할 수 있을 것이다.

5. 主流는 敬遠視(경원시)하고 在野는 과대포장?

弘益사상을 연구하는 학자는 수없이 많다. 그러나 극소 수를 제외한 대부분의 학자들이 소위 역사학계의 主流에서 소외된 在野에 집중되어있다고 하여도 과언이 아니다. 이른바 강단사학자들은 단군의 實存 자체를 부인하기 때문에 그와 表裏(표리)관계에 있는 건국이념, 즉 弘益人間은 진즉부터 그들의 관심권에서 밀려나 논의의 대상에도 끼지 못했으며 오히려 그에 접근하는 것 자체를 忌避(기피)하거나 경원시하는 경향이 보다 자연스럽게 느껴질 정도가 되었다. 사정이 이렇다보니 법률제도상으로는 말할 것도 없고 공공기록물에서도 그 位相이 萎縮(위축)되거나 심지어는 金石으로 새긴 碑文(비문)에서조차 削黜(삭출 깎아서 버림)당하는 수난을 겪게 되었다.

그래서 마치 無主公山처럼 버려지다시피 眞空(진공)상태가 되어버린 그 자리에 在野학자들이 밀고 들어와 자리를 잡게 되었다. 그러나 체계적인 연구에서 뒤질 수밖에 없는 이들이 자신들의 헨디캡을 카버하기? 위해서 식민사학 극복이라는 大義(대의)만 앞세우다보니 역사학연구에 있어서 금물인 주관적인 偏向性(편향성)에서 벗어나지 못한 채 硬直(경직)되어가고 있는 경향 또한 숨길 수 없는 현실이다. 그리하여 弘益人間이라는 大주제를 앞세워 自家流의 일방적 논리에 매몰되거나 衒學的(현학적 pedantic) 修辭(수사)를 동원한 我田引水格(아전인수격) 자가도취에 이르기까지 편의주의적 역사 談論(담론)은 끝없이 확대 재생산되고 있다. 심지어 일부 在野 학자들은 단군을 교조로 받드는 한 신흥 민족종교의 경전을 맞바로 역사와 결부시키면서 정치이념으로서의 弘益人間사상을 설명하는가 하면 아직 검증되지 않은, 僞書(위서) 논란으로부터 자유롭지 못한 在野史書를 正統史書의 반열에 올려놓고 역사를 마치 독점이라도 한 것처럼 誇示(과시)하기도 한다.

6. 肉化되지 못한 채 漂流(표류)하는 弘益人間

앞에서 본 바와 같이 이런 學問外的인 요인이 복합적으로 얽혀있는데다 역사적으로는 아득한 上古代로부터 오늘날의 개천절로 비유되는 10월 祭天행사를 통해 수천 년간 우리 민족의 정신세계를 지배해왔고 문헌상으로는 <三國遺事> 이후 7백년 넘게 늘 우리와 함께 했던 弘益人間 정신이건만 아직 敎育현장에서 조차 뿌리를 내리지 못한 채 정권이 바뀔 때마다 그 位相이 흔들리고 再조정의 免疫(면역) 과정을 거쳐야만 하는 악순환을 되풀이하고 있다. 이와 같이 국민 통합의 지표 구실을 해야 할 지도이념이 제자리를 잡지 못하고 표류하다보니 우리들의 삶 속에서 생활화되지 못한 체 겉돌고 있는 것은 오히려 당연하다 할 것이다.

그리하여 우리사회는 이처럼 흔들리는 전통적 固有사상의 虛點(허점)을 노리고 침투한 外來 종교와 사상의 溫床(온상)으로 화해 가고 있다. 그런데 그것이 마치 인류 普遍(보편)의 진리라도 되는 것처럼 우리의 정신세계를 휘젔고 다닌 것이 어제 오늘의 일이 아닌데다 우리의 고질적 병폐 가운데 하나인 外來사상에 대한 묻지 마 식 선호의식까지 겹쳐 弘益人間사상은 이래저래 그 설자리마자 위협받고 있는 안타까운 실정이다.

7. 日本 國民統合의 觸媒劑(촉매재)된 退溪(퇴계)의 敬思想

이와는 대조적으로 退溪(퇴계) 李滉(황)의 敬(경)사상이 日本에서 꽃을 피우고 國力을 강화하는 정신적 동력으로 작용했다는 놀라운 사실을 아는 사람은 아직 그리 많지 않다. 이는 불과 120여 년 전에 있었던 실제상황인데도 불구하고 우리 국민 누구 하나 이런 문제에 대해 관심을 두는 것을 아직 보지 못했다.

敬사상의 핵심은 한마디로 主一不二다. 정신을 하나에만 집중하는 것을 말하는데 이를 현대적인 言語로 再해석하면 "도덕적 정진을 통하여 自我를 人間다운 인간으로 실현하려는 自律的(자율적) 정신"임과 동시에 건전한 윤리적 인간사회를 건설하는데 근본적으로 요구되는 共同體 意識(공동체의식)"이라고 정의할 수 있을 것이다. 明治維新(명치유신) 초기 日本은 이 사상을 수입하여 제정한 소위 敎育勅語(교육칙어), 우리式으로 말하면 敎育憲章(헌장)을 제정하여 國民을 敎化하고 결집시키는 國民統合의 觸媒劑(촉매제)로 활용했다는 것이다. 이후 이 정신의 철저한 교육을 통해서 이웃을 배려하는 높은 市民의식을 기르고 이를 바탕으로 공동체 정신을 배양하여 國力을 강화하는 轉機(전기)를 마련하게 되었다는 것이다. 그런데 아이러니칼하게도 古代이래로 대륙의

先進文物(선진문물)을 우리를 통해서 받아들인 일본은 이를 활용하여 國力을 강화한 후에는 예외 없이 우리를 침략하곤 했는데 이와 똑같은 페턴(pattern)으로 日本은 敬사상을 활용, 강화한 國力으로 軍國主義化(군국주의화)하여서는 일차적으로 그 傳授者(전수자)인 우리나라를 침략하여 식민지배하는 背恩忘德(배은망덕)을 저지르고도 反省은커녕 자신들의 입장을 합리화 하는 데만 급급하고 있다. 이처럼 자기중심적인 국가이익 추구에 능한 일본과 같은 나라를 통해서 우리가 다시 배워야할 것은 국제관계에 있어서 道德的인 配慮(배려)를 기대하는 安易한 思考는 야 한다는 것이다. 그리고 日本처럼 침략근성이 유달리 강한 나라를 극복하기 위해서는 우리도 그들처럼 忍苦鍛鍊(인고단련)하는 특단의 노력과 學習(학습)과정을 통해서 體化시킨 시민의식을 바탕으로 하는 공동체정신으로 國民統合을 기필코 이루어내야만 한다는 말이다. 그러지 못하면 저들을 따라잡지 못할 뿐만 아니라 저들의 만만한 침략의 標的(표적)으로 전락하게 된다는 것을 깨달았을 때는 이미 한 발 늦은 때임을 알아야한다는 것이다. 우리는 진즉부터 이 같은 노력을 게을리 하였을 뿐만 아니라 오히려 敵前分裂(적전분렬)로 국력을 분산 소모하는 自充手를 두는 바람에 그 반대급부로 나라를 잃고 저들의 발아래 노예생활을 했던 쓰라린 경험을 결코 잊어서는 안 된다는 말이다.

8. "弘益人間은 21世紀 주도할 세계적 지도사상"

우리가 우리의 固有思想인 弘益人間을 이처럼 소홀하게 대하는 것과는 대조적으로 오히려 歐美(구미) 선진국의 知性들은 그 眞價를 진즉에 알아보고 다투어 찬탄사를 쏟아내고 있다. 일찍이 <역사의 연구 Study of history>라는 世界的 名著(명저)를 남긴 英

國의 역사학자 아놀드 조셉 토인비(Toynbee. Arnold Joseph)는 "21世紀 世界가 하나 되어 돌아가는 날이 온다면 그 中心은 東北亞가 될 것이라고 믿는다."고 전제하고 " 그 핵심사상은 한국의 弘益人間이 되어야 한다고 확신한다."고 말한 바 있다. 그는 인류 역사상에 生成消滅(소멸)한 諸(제)文明의 發展 崩壞(붕괴) 과정을 비교 연구하고 文明형성의 一般法則(일반법칙)을 체계화한 학자로서 弘益人間의 眞價를 진즉에 꿰뚫어보고 내린 평가라는 점에서 그 의미가 남다르다.

그리고 2차 세계대전 후 全世界를 風靡(풍미)한 소설 <25時>의 작가인 루마니아의 콘스탄트 버질게오르규(Gheorgh.COnstantiu Virgil)는 "韓民族이 낳은 弘益人間 사상은 21세기를 주도할 세계적 지도사상"이라고 높이 평가하였다. 그는 1948년 망명지 프랑스에서 쓴 <25時>를 통해서 현대 西유럽 諸(제)국가의 實相(실상)을 25時라고 하는 상징적인 言語를 빌어 隱喩(은유)하고 그 劃(획)一主義와 기계文明에 의한 인간의 위기를 경고하고 있다. 그리고 그는 弘益人間을 들어 당시 유럽에서 유행한 오리엔탈리즘, 즉 東洋文明回歸(회귀)에의 原點(원점)으로 삼고자 하였다.

한편 최근 들어 미국인 대학교수(경희대)엠마누엘 페스트라이쉬는 그가 펴낸 <韓國人만 모르는 다른 大韓民國>이라는 역설적인 주제의 저서를 통해서 "弘益人間 정신은 인종이나 民族 종교를 차별하지 않는 보편적 性格(성격)의 개념으로서 다른 나라로 확장시킬 수 있는 무한한 잠재력을 가지고 있다."면서 (다분히 自己中心的인 면이 강한 서구사상)과는 그 格(격)이 비교할 수 없을 정도로 다르다고 말하고 있다.

9. 최소한의 定型化된 定義가 필요한 弘益人間

그럼에도 불구하고 이미 보편화 된 서구식 合理主義와 분석적 사고에 익숙한 시각으로 바라 볼 때 弘益人間이 지나치게 抽象的(추상적)이고 包括的(포괄적)이어서 敎育이념으로 내세우기가 부적합하다는 일부 주장과 함께 神話에서 유래한 사상이기 때문에 虛構的(허구적)이라는 이유로 역시 적합하지 않다는 지적을 받기도 한다. 그렇다고 해방 이후 70여 년 동안 제기되어온 이 같은 논란을 마냥 외면할 수만도 없는 것은 그 다양한 해석으로 인하여 惹起(야기)되는 혼란도 이려니와 우선 이 사상의 1차적인 수혜자라고 할 수 있는 국민 누구나가 이해하고 동의할 수 있는 최소한의 定型化(정형화)된 정의 또한 필요하다고 보기 때문이다.(拙著 周易으로 본 弘益人間. 13쪽).

그래서 앞서 上古代를 살았던 韓民族의 先人들이 지녔던 自利利他的(자리이타적)인 어질고 착한 성품을 들어 이것이 바로 弘益人間의 연원이 되었다고 설명한 바 있는데 앞으로는 이 같은 한국인의 정신적 생활 자세를 제도적으로 收斂(수렴)하고 이를 국가발전의 動力으로 활용하기 위한 국민통합 시스템으로서의 정치제도, 國民主權直接民主政治(국민주권직접민주정치)에 대해서 논하고자 한다.

14장 國民主權直接民主政治의 黎明(여명)

1. 直接民主主義에 대한 오해와 眞實(진실)

흔히 直接民主主義라고 하면 2천 년 전 그리스 아테네의 아클로폴리스 언덕의 市民集會(시민집회)에서 대표자를 뽑고 국정을 논의하던 廣場(광장)民主主義를 연상하기 쉽다. 그러나 이는 人口가 적고 영토 空間 또한 좁은 도시국가에서나 시행 가능한 제도이다. 인구가 폭증하고 영토도 상대적으로 廣域化(광역화)되어가는 현대국가에서는 우선 物理的(물리적)으로 시행하기가 매우 어려운 제도이다.

지구상에서 유일하게 직접민주정치를 시행하고 있다고 하는 스위스에서도 자기나라 정치체제를 代議(대의)民主主義를 매개로 하는 직접민주주의라고 해서 자신들도 準(준)直接民主主義(semidirect democracy)라는 이름으로 부른다. 즉 반절의 직접민주정치를 하고 있다는 말이다. 다시 말해서 그들은 '아래에서 위로 올라가는, 무게 중심을 아래에다 두고 있는 政體(정체), 즉 地方分權과 市民 참여가 極(극)大化된 分權, 참여정치를 하고 있다는 말이기도 하다(안성호 分權과 參與-스위스의 敎訓 교훈. 다운샘 2005 17쪽).

그러나 스위스에는 란츠게마인데라고 해서 주민들이 직접 참여하는 집회에서 國政(국정, 정확히는 州政)을 논의하는 直接民主主義의 原形(원형)이 아직 그대로 남아 있긴 하다. 매년 한번식 열리는 켄톤 차원의 州政(주정)을 논의하는 이 행사에서는 3부의 주요 공직자를 직접 선출하고 주민 發案(발안)에 의해 司法權(사법권)을 제외한 광범위한 立法權(입법권)을 행사하게 된다. 그러나 현재 이 제도는 26개 켄톤 가운데서 글라루스, 압펜젤내곽 등 2개州만이 유지하고 있는데 그나마 1개州는 이름만 걸어놓고 시행은 하지 않고 있다. 마지막 남은 글라루스 켄톤의 경우도 란츠게마인데의 정치적 의미 보다는 외국 관광객들에게 보여주기 위한 관광자원으로서의 비중이 보다 더 크다고 한다. 이른바 컨벤숀(convention)효과를 노리고 여는 행사라는 뜻이다. (拙著 周易으로 본 弘益人間 139쪽).

란츠게마인데의 오랜 전통에 따라서 이 州를 비롯한 다른 州정부에서도 선거를 비롯한 모든 國政이 국민의 직접투표에 의해 결정되는데 특히 財政(재정) 지출문제에 있어서는 일정액 이상은 반듯이 주민투표에 의해 결정하도록 의무화되어있다는 것이다. 2018 동계올림픽 개최지를 결정을 할 때도 당초 1차 후보지로 선정되었던 스위스 베른이 예의 주민투표를 실시한 결과 개최비용이 너무 많이 들어 市 재정으로는 감당하기 어렵다는 이유로 부결, 개최권을 반납하자 2次 후보지였던 우리나라 平昌이 대신 개최지로 낙점되었던 것은 익히 아는 사실이다.

2. 韓國 直接民主主義의 뿌리, 和白(화백)

아테네의 아클로폴리스 광장에서 直接民主主義가 꽃을 피우고 있을 무렵을 전후해서 지구의 반대 쪽 新羅(신라)에는 和白제도가 출현하여 한국적 直接民主主義의 싹을 틔우고 있었다. 그 始原은 部族국가 시대 부족장회의에 그 뿌리를 두고 있는데 이것이 신라에서는 和白, 백제에서는 政事巖(정사암, 귀족들이 정치를 논의하고 재상을 뽑던 제도), 고구려에서는 大對盧(대대로 一名 吐捽 토졸, 귀족회의에서 선출하던 제1위 官等 관등)제도로 나타난 것이다.

和白은 신라 건국 초기 부족연맹 시대로 까지 거슬러 올라가는데 朴 昔 金 3씨족 출신 귀족들이 모여 국가의 중대사를 논의하고 집행하는 정치행사로서의 政事堂(정사당)이 바로 그 先行 제도이다. 昔氏 王 시대에 이르러 증대된 정치적 需要

(수요)에 부응하여 전보다 확대된 정치조직으로서의 南堂을 두었었는데. 그 후 5세기 무렵 和白제도는 金氏 王을 중심으로 하는 麻立干(마립간) 시대에 시행했던 귀족들의 合意정치를 일컫는다. 다시 말해서 이는 최고위급 관직인 大等들의 會議體(회의체)를 제도화한 것인데 全員合意 만장일치 의결방식을 채택하고 있어 오늘날의 다수결원칙을 넘어 直接民主主義가 이 때 싹을 틔웠다고 보는 것이다.

<新唐書> 신라전에 의하면 "國政(국정) 상 중요한 사안은 반듯이 여러 사람이 모여 의론을 하되 논의과정에서 한사람이라도 異論(이론)을 제기하게 되면 그 사안은 논의를 중지한다.(事必嗔衆議 號和白 一人異則罷)"라고 기록하고 있으며 <隋書(수서)> 신라전에는 "국정의 주요문제는 여러 신하들이 모여서 상세하게 협의하여 결정한다.(其有大事 卽聚群臣 詳議完之)"라고 하여 和白회의가 채택했다는 全員一致制(전원일치제) 의결방식을 뒷받침해주고 있다. 따라서 이는 우리나라 部族국가시대의 氏族제도 遺制(유제)라는 시간적인 한계가 있음에도 불구하고 한국적 民主主義의 뿌리임을 확인시켜주는 중요한 단서가 되고 있다. (洪淳昶 집필 和白. 한국민족문화대백과사전 25卷 227~228쪽).

3. 國民主權直接民主政治를 채택하게 된 契機(계기)

지금까지 有文史 이래 韓民族이 걸어온 자취를 통해서 그 어질고 착한 성품과 위에서 아래를 배려하고 아래는 위, 즉 국가를 위해 보답하는 損益卦의 原理 그대로 나라와 백성이 함께 누린 유족한 사회가 바로 弘益人間 정신을 熟成(숙성) 발효시키는 온상이었음을 주로 중국의 고대 史書를 통해서 문헌적인 고찰을 하여 보았다. 앞으로는 弘益人間이 품고 있는 損益卦(손익괘)의 논리가 국민주권직접민주정치와 어떻게 융합되고 相互交叉的(상호교차적)으로 相乘(상승)작용을 일으키게 되는가를 밝히고 아직은 未完(미완)의 章(장)에 머물러 있는 民主主義를 완성, 未來 世代에게 물려 줄 새로운 정치체제로서의 국민주권직접민주정치에 대하여 논하게 될 것이다.

우리가 지금 누리고 있는 民主主義는 앞에서도 말한바와 같이 解放 空間에서 미국으로부터 직수입한 이른바 西歐(서구) 民主主義, 보다 정확히는 美國式 民主主義이다. 그 연원은 미국 16代 대통령 아브라함 링컨(Abraham Lincoln 1809~65)이 南北전쟁 희생자들을 추모하는 연설, 일명 게티스버그 연설(Getisburg adress)을 통해서 천명한 民主主義의 3대 원칙에 그 근거를 두고 있다. 즉 of the peaple(人民의), for the peaple(人民을 위한), by the peaple(人民에 의한)이 그 핵심을 이루고 있다. 民主主義의 正鵠(정곡)을 찔렀다고 해서 이 세 가지 원칙을 일러 民主主義의 黃金律(황금율)이라고도 부른다. 그러나 이 세 원칙 가운데 마지막, 즉 直接民主政治를 말하는 by the peaple은 그 發源地(발원지)인 미국에서도 아직 실현을 보지 못하고 보여주기 식으로 걸어만 놓고 있는 실정이다. 그 이유는 정당이 人民을 대신하여 시행하는 정당정치, 즉 간접민주정치를 하고 있기 때문이다.

4. 韓國 民主主義의 源泉, 憲法 제1條 2項

形式(형식) 논리적으로 말하면 代議政治(대의정치)도 民主主義임에는 틀림이 없고 다른 代案(안)이 없는 한 지금 우리가 받아들이고 있는 현대 民主主義를 믿고 따르는 것이 최선의 선택이 될는지도 모른다. 代議기관의 구성원, 즉 국회의원이 국민의 의사를 대변하고 있다고 보기 때문이다. 그러나 문제는 그들이 진정으로 국민을 위해 봉사하기 보다는 자신들의 개인적 이익이나 소속 정당의 이익을 국가이익보다 우선시하는 이른바 集團(집단)이기주의에 보다 충실하고 봉사한다는데 있다. 겉으로만, 입으로만 국민의 대변자를 자처하면서 실제로는 개인의 이익과 직결되어있는 소속정당의 이익을 위해 충성을 다 하고 있다는 말이다. 이 같은 현실정치의 이중적 乖離(괴리)현상에서 탈피하여 名實相符(명실상부)한 민주정치 실현을 위한 유일 대안으로 제시된 정치제도가 바로 본 편의 주제인 국민주권직접민주정치이다. 이 제도는 '대한민국의 主權은 國民에게 있고 모든 權力은 國民으로부터 나온다.'고 이른바 主權在民(주권재민) 權力由民(권력유민)을 규정하고 있는 헌법 제1조 2항에 그 법적 근거를 두고 明文(명문) 그대로 진정한 민주정치를 실천하자는 데 그 참뜻이 있다 할 것이다 이 제도를 시행하려면 우선 그 시행을 擔保(담보)할 수 있는 合法的 조직체계와 기구를 설치해야 하는데 현행 우리 헌법은 이를 외면하고 제8조에 가서 去頭截尾(거두절미)하고 政黨(정당) 조항을 (슬그머니) 끼워 넣어 정당으로 하여금 국민의 권리를 代行하게 함으로써 국민의 고유한 권리를 가로채 버린 것이다. 한마디로 이는 돌이킬 수 없는 民主主義의 否定이며 自家撞着的(자가당착적)인 逸脫(일탈)행위라고 하지 않을 수 없다. 이 같은 모순을 바로잡고 탈선한 民主主義를 제자리로 돌려놓기 위한 일종의 自救的(자구적)인 노력의 일환으로 統一建國民族會(통일건국민족회)라는 한 민간단체가 1997년 6월 17일 개인자격으로는 憲政(헌정)史上 최초로 國民主權直

接民主政治改憲案(국민주권직접민주정치개헌안)을 국회에 제출하게 된 것이다(사진)

5. 우리나라 정당정치의 虛構性(허구성)과 그 한계

民主主義의 原理와 原則을 확고히 규정하고 있는 전기한 헌법 조항(1조 2항)은 우리 헌법의 근본 규범이라고 할 수 있다. 따라서 이 규정은 헌법 각 조항의 해석 기준이 되며 헌법 개정의 한계를 설정하는 마지노線(선)이다. 통상적으로 헌법의 다른 규정을 구속하는 근본규범으로서의 효력 외에도 국가의 통치조직이 국민에 의해서 형성되고 國民의 自由平等을 보장할 민주주의적 政治機構(기구)를 통해서 그 權力이 行使될 것을 요구하고 있다. 다시 말해서 國民主權은 憲法上 최고의 權力으로서 헌법을 제정 내지 개정할 수 있고 국민투표를 통해서 國家 정치의 향방을 최종적으로 결정하고 통치권도 감독하는 권한을 가지고 있다.(金哲洙 憲法學槪論 10版-3. 國民主權主義의 法的 性格 1998. 130쪽).

민주헌법의 불청객이라고 할 수 있는 정당조항을 보면 첫째로 정당의 설립은 자유이며 복수정당도 보장한다고 규정하고 있는데 정당을 만들어 지역구까지 운영하려면 당시만 해도 天文學的(천문학적)인 정치자금이 들어가게 되어있다. 지금은 사정이 좀 달라졌다고는 하나 이 자금을 조달하기 위해서 대기업에 손을 벌리게 되고 정치인은 이를 그에 상응하는 利權으로 되갚는 不法 去來가 政經癒着(정경유착)이라는 腐敗構造(부패구조)를 낳는 빌미가 되어왔다. 이리하여 권력과 돈이 맞물려 돌아가는 정치판은 돈이 아니면 정치를 할 수 없는 黃金만능주의의 경연장으로 화해버리고 만다. 실제로 필자가 한 대기업이 운영하는 신문사에 근무하고 있을 때다. 이따금 신문사 앞이 교통경찰의 警笛(경적) 소리로 소란스러워 내려다 보면 정권의 한 實勢(실세)가 대기업 총수를 만나러 오는 행차라는 것이다. 방문 목적은 정치자금을 타러 오는 것 아니겠느냐고 주위에서 수군대는 소리를 직접 들을 수 있었다. 40여 년 전 당시만 해도 이런 일종의 관행에 대해서 국민들도 상당히 寬大했던 것으로 기억하고 있다.

물론 지금 前시대적인 이 같은 行態(행태)가 사라졌다고는 하지만 그 대신 無償福祉(무상복지)라는 이름의 포퓰리즘을 남발하고 지역개발이라는 이름의 대형토목공사를 일으켜 票心(표심)을 공략하는 새로운 형태의 金權(금권)공세로 國家財政(재정)을 좀먹는 공공연한 血稅(혈세) 도둑이 그 자리를 대신 차지하고 있다. 거기에다 내 편 챙기기라는 이름의 陣營(진영) 논리에 매몰되어 두 쪽으로 갈라져 피터지게 싸우는 분열과 相剋(상극)의 磁場(자장) 한 복판에서 나라는 안팎으로 멍들고 民主主義는 그 존립기반 마저 위협받고 있는 실정이다.

6. 權力정당 止揚(지양), 政策정당으로 다시 태어나야

둘째로 정당은 民主主義的이어야 한다고 했다. 그런데 특히 우리나라 정당의 경우, 당수 1인 체제에 당비 징수율이 고작 2%, 당원 수 또한 전체 유권자 대비 6%(270만)에 불과한 非民主, 非大衆的 私黨(사당)으로 전락한지 이미 오래 되었다. 이런 집단이 어떻게 전체 국민의 의사를 대변할 수 있겠느냐는 것이다. (이상은 1997年 당시의 統計자료에 의거함).

셋째로 정당은 법률로서 국가의 보호를 받으며 그 운영자금까지도 국가가 보조할 수 있다는 조항이 있는데 이는 헌법

제10조(國民의 平等과 행복추구권), 11條(특수계층 不容의 原則)와 정면으로 背馳(배치)되는 명백한 헌법위반이다. 黨(당)내 民主化의 가늠자라고 할 수 있는 당비 징수율이 50%가 넘는 독일에서도 1995년 정당에 대한 국고지원이 違憲(위헌)판결을 받은 마당에 하물며 우리나라와 같은 낙후된 정당체제하에서 國民主權을 앞세워 이득을 챙기는 그런 정당에게 국민의 血稅(혈세)까지 갖다 바쳐야 되겠느냐는 것이다.

마지막으로 정당의 목적이나 활동이 民主的 기본질서에 위배될 때는 헌법재판소에 그 해산을 提訴(제소)할 수 있다고 규정하고 있다. 그러나 자신을 대통령으로 추대하고 선출한 정당이 아무리 함량미달이라 할지라도 자신의 존립기반인 집권당의 해산을 제기할 수 있겠느냐는 것이다. 한마디로 보여주기 식 법조문에 불과하다는 지적을 받는 이유이다. (졸고. 國民主權直接民主主義 序說-積善價値評價制를 중심으로. 統一建國의 座標學術大討論會 1998 11. 46~47쪽).

지금까지 우리나라 정당정치의 어제와 오늘의 실상에 대해서 살펴보았거니와 그렇다고 그 부정적 요소를 빌미로 정당자체를 부정하는 것은 물론 아니다. 두되 지금과 같은 無所不爲(무소불위)의 권력정당으로서가 아니고 오로지 政策開發(정책개발)에 당력을 집중하는 명실상부한 정책정당으로 다시 태어나라는 말이다.

지구상에서 유일하게 直接民主主義를 채택하고 있는 스위스에도 정당은 있다. 그러나 政策 개발을 위한 機能政黨(기능정당)으로 그 역할을 한정시키고 있다는 점에서 우리와는 확연하게 구별된다. 게다가 그 나라 국회의원의 업무환경은 우리나라 보다 훨씬 더 열악하다. 보좌관이 단 한 명도 없이 의원자신이 의회 立法조사국 자료를 활용하여 정책을 연구 개발하는 철저한 1인 체제를 고수하고 있다. 세비도 우리나라 의원의 3분의 2 정도밖에 안 되는 수준이지만 의원들의 입법실적은 유럽 어느 나라보다도 높다고 한다. 국민의 대표자로서의 투철한 使命感(사명감)과 국민의 이익을 위해 헌신한다는 글자 그대로 몸에 벤 奉仕(봉사)정신이 투철한 결과이다. 이에 비해 우리나라는 의원 한명에게 분야별로 총 9명으로 구성되는 메머드급 보좌진이 딸려 있다. 이런 선택받은 여건을 10分 활용하여 國益 증진에 기여할 수 있는 정책을 연구 개발하는 것은 너무도 당연한 國民主權 代行者(대행자)로서의 義務(의무)이자 責任(책임)이 아니겠는가.

15장 積善價値評價制(적선가차평가제)와 國民主權直接民主

1. 공직후보 검증방식을 組織化(조직화), 科學化(과학화)

국민주권직접민주정치(이후 국민주권민주정치)와 積善價値評價制(적선가치평가제)는 相互依存的(상호의존적)이고 不可分의 表裏(표리)관계에 있다. 두 개념은 서로 영향을 주고받을 뿐만 아니라 前者는 後者의 도움으로 그 발전과 뿌리내리기를 하고 있다는 말이다. 이 제도는 앞서 同名의 改憲안을 제출한 최치영의 학위논문 題名(제명)을 그대로 따서 부친 이름이다. 적선가치평가제란 글자 그대로 善한 행동과 그로 인해 성취한 업적에 대해서 社會的인 檢證(검증)을 받는 것을 의미한다. 지금도 국회의원을 비롯한 각종 선출직 또는 공직 후보에 대한 검증작업을 하지 않는 것은 아니지만 업무능력보다는 개인의 사생활 위주의 주로 언론을 통한 濾過(여과)과정을 거치게 되는데 이마저 親與(친여) 親野(친야)로 갈라져있어 진영논리의 영향을 받지 않을 수 없는 구조다. 게다가 최종적으로는 최고권력자의 意中까지 헤아려야 하기 때문에 검증 자체의 의미가 크게 稀釋(희석)될 수밖에 없고 이래저래 검증의 객관성을 확보하기가 생각보다 그리 쉽지 않다는 盲點(맹점)이 있다.

국회의원만 해도 전국적으로 280개 선거구를 하나같이 균형잡힌 검증을 하기란 현실적으로 어려운 문제이기 때문에 이런 난점들을 취합, 분석한 끝에 검증방법을 보다 公正하게 조직화하고 과학화하여 만든 제도가 바로 적선가치평가제를 적용한 國民主權民主政治이다. 다시 말해서 이는 史上 최초로 인간의 가치를 정치에 도입하고 그 과학화의 방법을 제시한 정치史上 최초의 실험이라고 할 수 있을 것이다. 이처럼 엄격한 여건 하에서 不正腐敗(부패)가 기생할 소지를 미리 遮斷(차단)하는 것은 물론이고 政經癒着(정경유착)이라는 구시대의 유물 또한 발 부칠 여지를 사전에 제거하게 된다는 것이다.

2. 共同體에 환원하는 寄與度(기여도) 計量化(계량화)

검증의 척도가 되는 적선가치평가제는 자기에게 負荷(부하, 지워진)된 의무와 책임을 다하고도 남는 剩餘(잉여)가치를 국가와 사회에 환원하는 각 분야에서의 寄與度(기여도)를 숫자로 환산하여 합산한 수치의 多寡(다과)에 의해서 공직후보자의 適格(적격) 여부를 판단하는 제도이다. 이는 弘益人間과 損益괘의 관계가 바로 국가사회와 개인과의 상호交叉관계를 설정하는 척도구실을 하는 것과 같은 이치를 적용한 정치제도이다. 즉

國民이 國家에 봉사(寄與)하면, 損下益上(국민이 자신의 재물이나 능력을 나라에 보태주는 것을 말함)하면 국가는 반대로 損上益下로 그에 상응하는 代價, 즉 현실적인 이익을 국민에게 다시 돌려준다는 말이다. 이 둘의 관계는 相互 의존적이고 交叉的이지만 先後를 따진다면 나라를 다스리는 근본은 損上益下의 原理(원리)에 있다고 할 수 있을 것이다.

여기서 국민 각자에게 지워진 책임이라고 하는 것은 국민이면 누구나 다 감당하고 履行(이행)해야 할 책임이 있는 基本義務(기본의무)를 말하는 것이다. 국민의 대표자나 공직자가 되고자 하는 사람이 이 기본적인 의무를 완수하고도 남는 잉여가치, 즉 餘力(여력)을 국가와 사회에 되돌려주는 것을 기여도라고 말하고 후보자에 대한 評點(평점)은 그 다과에 의해서 等位(등위)가 결정되고 當落(당락)에도 영향을 미치게 된다는 말이다. 평점은 검증 항목마다 사전에 배정한 점수에 따라서 採點한 결과를 합산한 총점을 두고 하는 말이다.

기본의무란 국민이면 누구나 다 이행할 의무가 있는 납세 병역 근로 교육 등 국민의 4대 의무를 말하는 것이다. 이 4대 의무의 이행 여부는 모든 적선가치의 최우선 순위에 랭크되며 아무리 능력이 뛰어나고 식견이 높다하더라도 이 기본의무를 이행하지 않거나 소홀히 했을 경우에는 평점 자체를 기대 할 수 없을 뿐만 아니라 이런 인사에게는 불명예의 딱지가 前科(전과)기록처럼 항상 따라 다니기 때문에 公職(공직)의 후보자로 추천을 받기는 어렵다.

4대 의무 중 납세의 경우 그 액수의 다과보다는 擔稅(담세)의 성실도를 우선적으로 보며 병역은 그 역종의 難易度(난이도)를, 근로의 의무는 근면한 노동을, 교육은 국가사회에의 공헌 못지않게 正直性(정직성)과 淸廉度(청념도)를 보다 중시한다는 데 평가의 傍點(방점)이 찍혀 있다 다시 말해서 그 人性을 중시한다는 말이다.

3. 人間가치를 政治에 도입한 세계 최초의 실험

이는 곧 道德性(도덕성)과 倫理的(윤리적)인 가치를 정치에 도입 적용하는 것을 말하는 것으로 세계 정치사上 일찍이 그 類例(유례)가 없는 최초의 정치 실험이라고 할 수 있을 것이다. 이와 같이 국민의 4대 기본의무를 이행하고 난 바탕위에서 사회 각 분야 별로 성취한 기여도를 검증하고 그 결과를 후보자의 자질을 평가하는데 적용하고 평점에 加算(가산)하거나 반대로 減算(감산)하는 척도로 이용하게 된다. 가치교육의 핵심을 이루는 正直性과 淸廉性(청렴성)은 모든 분야에서 공통적으로 요구되는 기본적인 덕목으로서 자질 평가의 전제가 된다고 할 수 있다.

분야별 검증 대상으로는 産學(산학)협동의 상징이라고 할 수 있는 職能別(직능별)개발 연구를 들 수 있는데 이는 각자가 종사하는 직업 현장에서 성취하는 개별적인 연구실적을 말하는 것이다. 이어서 경제 산업분야에서 이룬 업적, 복지사회 구현을 위한 시설건립과 그 경영을 통한 불우이웃 돕기, 그리고 育英(육영)사업과 사회 公共시설의 건설 등을 들 수 있을 것이다.

리더십의 필수 요건이라고 할 수 있는 위기 대처능력은 假想(가상)이 아닌 실제로 주변에서 일어날 수 있는 천재지변 또는 환경 災害(재해)를 통해서 발휘되고 증명되는 능력을 말한다. 불우 이웃을 돕는 능동적인 각종 善行(선행)도 이 능력에 포함되는 것으로 볼 수 있다. 국제적으로는 관변 또는 民間 외교활동을 통한 國威(국위) 선양, 국민교육과 人材(인재) 양성, 言論文化(언론문화)의 暢達(창달), 良書의 출판 등으로 國民啓蒙(계몽)과 文化생활에 기여한 공적, 國力의 바로미터라고 할 수 있는 과학기술의 연구 개발과 藝體能(예체능)을 통한 國民情緒(정서) 醇化(순화)와 국위선양 등이 先次的(선차적)인 평가의 대상이 될 수 있을 것이다. 또한 민족항일기 일제에 항거하여 투쟁한 독립유공자와 그 후손, 그리고 不義에 항거한 犧牲(희생)정신도 후손들이 본받아야 할 師表(사표)로서 높이 평가받아야할 것이다.

이상은 대외적으로 성취한 개인의 모범적인 활동에 대한 평가를 꼽아본 것인데 다음은 對內的(대내적)인 행위까지도 검증의 잣대를 들이대고 따져 보기로 한다. 다시 말해서 가정과 私生活(사생활) 분야까지도 검증의 대상으로 삼는다는 것인데 예를 들면 가족들 간의 和睦(화목)을 우선순위에 둔다든가 부모에 대한 효성, 부부간의 琴瑟(금슬), 자녀들과의 圓滿度(원만도), 마지막으로는 후보자 자신의 건강度까지도 중요한 실사의 대상으로 삼는다는 것이다. (졸고 國民主權直接民主主義 序說 48~50쪽).

4. 헌법 제1조의 실천기구로서의 國民主權民主會

國民主權民主會는 國民主權民主政治의 法的(법적) 근거인 헌법 제1조 2항의 실천기구로서 모든 국민이 主權(주권)을 확인하고 행사할 수 있는 上向式(상향식) 조직체계상의 最上位(최상위) 헌법기관이다. 글자 그대로 民主政治를 실천하는 최고위 기구로서 주권자인 국민이 주인으로 참여하는 정치의 中心體

(중심체)이며 헌법 제1조가 명시한 主權在民(주권재민)에 의해 창출되는 모든 권력의 출처이다. 主權 보유자가 가지는 이 권력은 國權(국권)을 행사하는 최고기관으로서 대통령을 비롯하여 헌법재판소, 국회, 행정부, 사법부 위에 설치된 최고의 권력기구이다. 主權보유자로서의 국민은 국가를 구성하는 기본요건으로서의 기능을 보유함으로서 헌법을 제정 내지는 개정할 수 있는 권력과 국민의 정치적 意思 및 여론의 主體로서 國政(국정)을 감시 비판하는 기능으로서의 권력도 갖게 된다. 이것이 곧 국민주권민주회의 총체적 권력이다.

지금까지 대통령 한사람 중심으로 이루어졌던 국가 경영을 국민주권민주정치에서는 主權者(주권자)인 국민의 總意的(총의적) 조직체인 國民主權民主會가 代行(대행) 하게 된다는 말이다.. 다시 말해서 종래에는 대통령과 여당에게만 국가 경영의 책임을 지워왔으나 國民主權民主政治에서는 주권자인 국민 전체가 직접 책임을 지는 시스템으로 바뀌기 때문에 이 제도의 시행으로 이루어내게 될 國民統合(국민통합)에 의해서 국가의 位相(위상) 또한 크게 향상되고 이에 連動해서 무한경쟁시대의 國益(국익)을 증대시키는 데 기여하게 되리라는 것이다.

5. 잃어버린 이웃 되찾는 것이 國民統合의 지름길

이번에는 국민주권민주회의 최하위 조직인 기초민주회로 돌아가 그 역할과 사명을 살펴보기로 하자. 국민들이 저마다 자신의 거주지에서 정치적 의사와 권리를 대리로 행사할 수 있는 (대리)대표를 선출하여 구성하는 조직체가 바로 基礎(기초)民主會(줄여서 基民會 기민회)인데 이는 人口 또는 가구를 기준으로 15~20 가구를 한 단위로 묶거나 인구 70~100명을 한 단위로 묶어 그 중에서 대리 대표 3명 식을 선출하여 구성하는 次上位(차상위) 민주기구인 統民會(통민회)로 진출시킨다. 이들로 구성하는 통민회에서는 다시 同수의 面 및 洞(동) 대표를 선출하고 이들이 郡(군) 區(구)민주회를 구성하게 된다. 이 민주회에서 다시 동수의 대리대표를 선출하고 이들이 市(시)・道(도)민주회를 구성하게 되는데 최종적으로 市・道 대표 중에서 中央의 국민주권민주회 위원을 선출하여 국민주권민주회를 구성하게 된다. 이와 같이 밑바닥서부터 국민이 직접 선출한 대리 대표를 통해서 상향식으로 선출해 올라가는 피리미트식 조직체계를 세우고 각기 그 안에서 國民主權을 행사하게 되는 것이다. 이와 같이 최하위 단위인 기민회서부터 수렴한 정치적 의사와 여론을 전달해 올라가는 一絲不亂(일사불란)한 政治體系(정치체계)가 정립될 때 이름 그대로의 국민주권民主政治를 구현하는 체널이 열리게 되는 것이다.

이상으로 열거한 각급 民主會 가운데에서도 直接民主主義의 기초를 다지는 基民會는 주로 貧富(빈부) 또는 世代 隔差(격차) 등을 이유로 그동안 疏遠(소원)했던 이웃을 되찾고 國民통합의 礎石(초석)을 놓는 역할을 하게 될 것이다.

6. 동내 여론 수렴하여 말단 행정의 고충도 덜고

다음으로 統民會는 가장 가까운 거리에 인접해 있는 지역자치단위로서 연락, 동원, 모임이 신속하고 용이하기 때문에 일차적으로 지역사회문제와 정치적 의견 등 國政에 관한 중요한 意思를 타진하거나 여론을 그 때 그때 수렴하는 기능을 발휘하게 될 것이다 그리고 法 이전에 父母 또는 어린이를 학대하는 등의 倫理 道德的인 탈선행위나 頹廢風潮(퇴폐풍조)를 바로잡고 선도하는 역할까지도 부여받고 행사하게 될 것이다. 面 및 동민회의 임무 역시 말단행정에서 야기되는 제반 마찰을 완화하고 조절하는데 협력하게 될 것이며 교통과 거리청소 등 생활질서와 환경 정리, 가정 내에서의 윤리 도덕문제 등을 솔선수범하고 선도적 역할을 하게 되며 이를 다시 지역발전을 위한 데이터로 활용하는 문제 등에 보다 적극적으로 참여하게 될 것이다.

현재 市 郡과 區는 국회의원 선거구로 되어있기 때문에 각 시 군 구 民主會는 그에 상응하는 업무를 수행하게 되는데 일차적으로 해당 지역에 국회의원 후보로 등록한 예비후보들의 신상명세를 파악하고 평가제도의 규정에 따른 검증업무를 수행하게 될 것이다. 이 때 市 郡 區 民主會는 중앙의 國民主權民主會 직속 적선가치평가위원회와 공동으로 선출직 후보자의 실사 검증 작업을 주도하게 된다.

7. 市·道 民主會, 지역 간 마찰과 갈등 조정役으로

또 市 郡 區民主會 대표들은 그들 중 3명(남자 2명 여자 1명)을 광역市道 겸 中央의 국민주권민주회 대표로 선출하고, 추천하게 된다. 國民主權民主會 중앙 대표가 맡는 업무는 최종적으로 國家的인 次元에서 이루어지는 國政에 관한 업무이기 때문에 그 구성원의 자질 또한 우수하고 유능해야함은 물론이고 그 업무의 중대성에 비추어 기민회 대표 선출 때부터 출신 가정과 人格, 學力, 能力 등을 고루 갖춘 명실상부한 실력자를 추천하는 것이 바람직하다.

市 郡·區 民主會 대표 가운데서 광역市·道 民主會에 보낼 대표를 선출하게 되는데 예를 들어 한 道와 광역市가 15개 郡과

區일 경우, 3명 식 선출하게 되면(3×15=45) 45명의 대표로 道 및 市民主會를 구성하게 된다. 道와 市의 행정구역은 광역市道에 해당하는데 이를 전국적으로 취합한 숫자의 대표로 국민주권민주회를 구성하게 되는 것이다.

시 도민주회에서는 정치적으로 해결해야 할 문제가 많이 발생하게 될 것이다. 주로 지역 간 利己主義(이기주의)로 인해 일어나는 마찰과 갈등을 조정하고 緩和(완화)하는 임무를 수행하게 되는데 그 중에도 최근 들어 자주 논란되고 있는 환경문제는 경계가 없는 전국적인 문제로 확산되기 쉽기 때문에 타 시 도와의 협력이 필수적으로 요구된다. 이와 같은 전제하에서 균형적인 지역발전과 효율적인 國土의 관리 개발 등 지역단위의 특성을 최대한으로 살리는 데 民主的인 영향력을 행사하는 지혜를 발휘해야 할 것이다.

최종적으로 中央의 國民主權民主會는 대통령후보 推薦權(추천권)을 가지며 대법원장 선출권과 헌법 개정권도 동시에 가진다. 단 헌법개정권은 민주회가 독점하지 않고 국회재적의원의 과반수, 또는 대통령의 발의에 의해서도 제기할 수 있는 길이 열려 있다. (國民主權直接民主政治 改憲請願書 國民主權直接民主主義 概要 개요.41~54쪽)

맺는 말

다시는 外侵을 허락하지 않는 위대한 나라를 꿈꾼다.

國民主權民主會는 本 개정헌법에 의해서 보장된 主權者의 자리이자 헌법상 최고의 主權기구이다. 이는 지금까지 정당이라는 派黨的(파당적) 利益집단에게 의탁해온 나라의 경영을 국민전체가 본래의 자기 살림을 자신이 직접 책임지고 경영하게 된다는 것을 의미한다. 다시 말해서 국민 전체가 主權의식을 가지고 나라의 주인으로서의 책임과 의무를 다하는 국가경영을 하게 된다는 말이다.

따라서 國民主權民主政治가 지향하는 政治的 목적은 간접정당정치를 청산하고 直接民主政治에 의해서 民主主義의 완성을 기하는 데 있다. 이와 같은 대전제하에서 統治(통치)의 주체가 개체인 대통령으로부터 國民전체에게로 移讓(이양)되고, 政治의 주체 또한 정당으로부터 주권자를 中心에다 놓는 민주기구로 옮겨놓는 데 있다.

돌이켜 보면 인류의 歷史는 政治가 人間을 괴롭혀온 폭력과 억압으로 얼룩진 汚辱(오욕)의 역사였다. 이 낯부끄러운 역사를 청산하고자 하는 것은 人間的 良心의 發露(발로)이며 전체 國民의 엄숙한 命令이다. 바로 이 肅然(숙연)한 자리에서 國益의 증진과 人類平和(인류평화)를 담보할 수 있는 새로운 政治文化를 唱導(창도)하여 전체 國民의 이름으로 대망의 國民統合(국민통합)을 이뤄냄으로서 이제 다시는 外侵(외침)을 허락하지 않는 偉大(위대)한 나라, 부끄럽지 않은 역사를 후손들에게 물려주기를 期約하면서 이 글을 모두 마치고자 한다.

陵碑文과 古漢文과의 關係 考察

尹 汝 德[1)]

차

머릿말

1600년 전 古代漢文(이하 古漢文)으로 씨여 진 廣開土大王 陵碑文(以下 陵碑文 능비문)은 東北亞는 물론 全 世界的으로도 그 類例(유례)를 찾기 어려울 정도로 尨大(방대)하고 당시의 東北亞 정세를 손금 보듯 寫實的(사실적)으로 기록한 살아있는 歷史敎科書이다. 장구한 세월을 두고 生成 발전한 歷史는 물론 漢文이라는 文字의 발달사도 함께 볼 수 있는 人類의 보물이자 文化遺産이다.

그런데 불행이도 이 陵碑文이 발견되기는 불과 130여 년 전 신흥 제국주의 日本이 한반도를 발판으로 대륙 침략의 野慾(야욕)을 한창 불태우고 있을 때였고 中國은 또 그들대로 陵碑(文)의 碑身(비신)이 현재 自國의 領土(영토) 안에 세워져 있다는 위치상 利點(이점)을 빌미로 그 해석을 自國의 利益(이익)과 결부시켜 일방적으로 歪曲(왜곡)하는 行態(행태)를 노골화하고 있다.

---

1) 전 한국정신문화연구원 편수위원

거기에다 日本은 이른바 '辛卯年 기사'를 自國의 군대가 바다를 건너와 新羅와 百濟를 服屬(복속) 시킨 것처럼 왜곡하여 高句麗 長壽王이 父王의 업적을 기리기 위해 세운 陵碑(文)을 마치 자기 나라의 업적을 기려 세운 비석이라도 되는 것처럼 얼치기 주인 행세를 하는가 하면 地理的으로 가깝기 때문에 고대 이래로 각종 文物을 우리를 통해 傳授(전수)하여 그들의 古代國家 형성에 결정적인 영향을 미친 한반도 남쪽 伽倻(가야. 南海岸 金海 주변)지방에 任那日本府(임나일본부)가 있었다는 소위 南(朝)鮮經營論(남조선경영론)을 들고 나오는 등 자신들이 조작한 古代 歷史에 假託(가탁)하여 한반도침략의 정당성을 확보하기 위해 갖은 교활한 手法을 다 동원하여 도전해오고 있다.

한편 中國은 陵碑文이 발견된 초기 拓本(탁본)을 뜨는 과정에서부터 廣開土大王이 征服(정복)전쟁을 통해서 확장한 고구려의 영토에 관한 비문 글씨마다 일일이 따라가면서 모두 刀斧(도부,칼과 도끼)로 쪼아내 마치 刓缺(완결 나무, 돌, 쇠붙이 등에 새긴 글자가 닳아 없어진 빈칸)된 것처럼 처리하여 알아볼 수 없게끔 만들어버렸다. 그 중에도 능비문 17년(丁未)조는 原 탁본에는 불과 다섯 글자 '沙溝城(사구성) 婁城(누성)'이라는 地名이 남아 있을 뿐인데 나머지 빈칸, 즉 완결로 되어 있는 부분을 모두 자기나라에 유리한 文字로 변조하여 채워 넣는 反文化, 反 歷史的인 행태를 아무 거리낌 없이 자행하는 등 그들이 기회 있을 때마다 賤視(천시)하고 卑下(비하)하던 오랑캐만도 못한 蠻行(만행)을 서슴지 않고 있다.

이에 대해 在日史家 李進熙는 그의 <廣開土王 陵碑文の研究>(1972)에서 자신이 제시한 陵碑文 탁본 4종과 釋文(해석문)

12종 가운데 오직 中國의 榮禧(영희)本과 金毓黻(김육불)本만 이 廣開土王의 작전지역을 예시하고 있는데 그것은 모두 對(대) 百濟, 對 倭(왜) 작전으로만 채워져 있을 뿐만 아니라 그 중에도 문제의 17年 條는 단 한자도 완결된 글자가 없이 마치 비문을 새로 쓴 것처럼 완벽하게 만들어놓았다고 주장하고 있다. 이는 더 이상 물어볼 것도 없이 완결된 空白 個所(개소), 즉 빈칸마다 자국에 유리한 적당한 文句를 조작하여 집어넣었다고 밖에는 달리 설명할 길이 없는 역사조작의 완결판 그 자체다. 그 연장선上에서 東北工程이라는 歷史覇權(패권)主義를 강행하여 현재 自國 영토 내에서 生成消滅(소멸)한 모든 歷史를 自國의 역사에 편입시키는 누가 보아도 뻔한 거짓말로 싹쓸이 歷史 捏造劇(날조극)을 벌이고 있다.

學問이라는 이름을 빌어 歷史를 왜곡조작하고 이를 國家利己主義의 도구로 활용하는 전형적인 사례라고 할 수 있을 것이다 최소한의 염치도 부끄러움도 모르는 이들 강대국의 민낯을 상대로 하여 學問的인 良心을 가지고 正面 대응하는 우리 자신이 오히려 愚昧(우매)스러운 모습으로 비칠 뿐이다.

古代史家 千寬宇는 그의 <灤河(난하) 下流의 朝鮮 中國 東方州郡의 置廢(치폐)와 관련하여>(1977)에서 廣開土王의 遼河線(요하선) 진출, 즉 對 後燕(후연) 작전은 <資治通鑑(자치통감)>과 <三國史記> 기록 그대로 고구려군이 後燕 수도인 朝陽 인근까지 진출하여 그 防禦要衝(방어요충)인 宿軍城(숙군성)을 점령했다는 것만으로도 그 목적을 이미 달성했다고 보고 있으며 고구려 멸망 때(AD 688)까지 이 작전을 통해서 확보한 新城(신성) 南蘇城(남소성) 木低城(목저성) 등이 唐將(당장)

李勣(이적)의 高麗諸城(고려제성) 명단 속에 들어있었다는 사실이 17年 條(조)를 對 後燕(후연) 작전으로 볼 수 있는 또 다른 결정적 증거라고 말했다.

이렇게 해서 중국의 弄奸(농간)으로 하마터면 묻혀버릴 뻔했던 광개토대왕의 업적 가운데 가장 큰 遼河線(요하선) 진출의 역사를 되찾게 되었다.

이 같은 中 日 兩 강대국의 意圖的이고 合目的的인 歷史 竊取(절취) 행위에 일일이 대응하는 것은 그 자체가 오히려 저들의 意圖된 논리에 말려드는 결과를 초래하게 될 뿐이라는 自省과 함께 저들의 僞裝(위장)된 논리를 외면 또는 무시하는 선에서 새로운 代案을 摸索(모색)하던 끝에 고구려 長壽王 당시를 전후해서 사용했을 것으로 추정되는 古漢文을 매개로 하여 지금까지와는 전혀 다른 접근방법으로 釋文 작업을 시도하게 되었다. 이 방법을 驅使(구사)하게 된 결정적 힌트는 高句麗 이전 上古代로부터 韓民族이 사용해온 語音(訓音훈음)이 中國 古漢文의 그것과 같거나 類似(유사)하다는 데서 얻게 되었다 예를 들면 우리 民族의 始原史를 연 東夷를 中國語로 '둥이.'라고 하는데 原來 '사람'이라는 보통명사로 쓰이다가 이 말이 다시 轉化(전화)하여 '흰둥이' '검둥이' 등 지금까지도 우리가 쓰고 있는 말 가운데 韻(운)과 訓(훈)의 관계로 남아 있다.

筆者가 시도하고 있는 새로운 陵碑文 해석도 바로 그 연장선上에 있다. 陵碑文 20년 조 東夫餘往討 기사 앞부분'...東夫餘舊時鄒牟王屬民中叛不貢王躬率往討.(東夫餘는 원래 옛적부터 鄒牟王(始祖 東明王을 말함)의 屬民이었는데 도중에 배반하여 朝貢(조공)을 하지 않았기 때문에 大王이 친히 군사를 거느리고 와서 토벌하고 돌아갔다)의 屬民을 그 중심에다 놓고 해독을 시도한 것이다. 즉 이 때 屬民의 屬자는 속이 아닌 '촉'으로 읽고 그 뜻도 國境(국경)지대 據點(거점)지역(餘城여성과 같은)에 거주하는 民이라는 결론에 이르게 된 것이다. 이는 거점 지배형태를 띠고 있던 古代 領土觀(영토관)이 반영된 産物(산물)로 본다는 의미이다. 이 때 屬民(촉민)은 위의 기사에서 보는 바와 같이 촉민이 이행해야 할 의무 사항인 朝貢(조공)을 들이지 안했기 때문에 이를 膺懲(응징)하기 위해 大王이 친히 군사를 거느리고 왔다는 것이다. 그러나 이곳 촉민들은 大王의 선성을 이미 듣고 있던 터라 토벌군을 대대적으로 환영하고 그 동안 중단했던 조공을 다시 바치기로 약속하자 大王은 소기의 목적을 달성하고 회군한 것으로 되어있다.

辛卯年 기사에 나오는 '百濟新羅舊時屬民...' 亦是 東夫餘往討와 같은 맥락으로 씌어진 단어, 즉 屬民(촉민)인데 대부분의 학자들은 新羅와 百濟라는 國名이 나오니까 나라 전체를 屬國이라 보고 屬民은 당연히 屬國의 民이 된다고 속단함으로서 이는 역사 사실과도 맞지 않는다고 反論을 제기하는 등 실체도 없는 스스로 지어낸 假想(가상)의 언어, 즉 명사로서의 屬民(속민)이 존재한다고 논난을 일으키는 넌센스극을 다 연출하고 있다.

그런데 屬民(속민)이라는 명사는 처음부터 존재하지도 않는다. 국어사전이나 옥편을 펼쳐보아도 屬國은 있지만 명사로서의 屬民(속민)은 그 자체가 없다, 一家 3대에 걸쳐서 만들었다는 漢字 註釋(주석)사전인 日本의 大漢和辭典(編者의 이름을 딴 일명 모로바시 諸橋(澈次 辭典이라고도 함)에 수록되어있는 屬자의 첫 번째 발음은 '촉'이고 두 번째 발음이 '속'인데 '民을 모으다.'는 意味를 가진 名詞+他動詞'로 구성된 복합어다.

일반적으로 연상하기 쉬운 名詞가 아니라는 말이다.

그래서 국어사전에도 나오지 않는 것이다. 지금 우리가 무의식적으로 쓰고 있는 '속민'은 '촉민'의 잘못된 表記인데 대부분 그것이 잘못된 發音, 잘못된 해석, 表記라는 사실을 모르고 아무 의식 없이 慣性(관성)的으로 쓰고 있는 것이다. 여기에는 主流 학자고 在野 학자고 간에 예외가 없다. 아무리 권위 있는 漢文의 大家라도 배우지 않고 가르치지 않은 古代漢文을 알 수는 없을 것이기 때문이다. 최근세 들어 가장 뛰어나다는 漢文의 1인자 소리를 듣는 鄭寅普 조차도 陵碑文 해석에서 이 대목은 거론조차 하지 않고 있다.

필자 역시 상기와 같은 漢字(屬民 촉민)의 해석방법을 中國醫師 출신의 한 在中同胞로부터 전해 듣고 능 비문 해석에 처음으로 적용하게 된 것인데 이는 그가 醫大(의대)재학시절 필수 履修(이수)과정의 하나인 古漢文 講讀(강독)을 통해서 터득한 노하우라고 한다.

漢字의 발달과정을 살펴보면 시대를 거슬러 멀리 올라갈수록 漢字의 개체 수가 적기 때문에 한 글자를 가지고 여러 가지 뜻을 나타냈으며 때로는 글자의 형태, 즉 象形(상형)을 풀어서 의미를 구하는 解字方式(해자방식)의 해석도 함께 쓰고 있다. 예를 들면 辛卯年 기사에 나오는 '由來(朝貢)'이라는 말은 일반적으로 '事物의 연유하여 온 바', 즉 來歷(내력)으로 사전에서는 해석하고 있는데 由의 象形을 풀어서 밭 가운데로 난 길을 지나, 보리 麥과도 通하는 來자는 보리를 가지고 와서 朝貢하였다는 뜻이 문장 속에 내포되어있는 것으로 본다는 것이다. 보리로 조공품을 바쳤다는 것이 현재적인 視覺(시각)으로 보면 一見 터무니없어 보이지만 1600년 전 당시의

社會經濟的(사회경제적) 수준을 감안한다면 오히려 사실에 가장 가까운 해석이라고 할 수 있다는 것이다.

이밖에도 각 年條 기사 마다 해석上 논란의 여지가 많이 있지만 그 중에도 永樂 1년 辛卯년 기사와 20년 東夫餘 往討 기사의 핵심이라고 할 수 있는 屬民(촉민)을 능비문 해석의 마스터키로 본다는 것이다.本 主題(주제) 논문은 몽골의 징기스칸 보다도 7百여년이나 앞서 스스로 騎馬軍團(기마군단)을 이끌고 大大的인 정복전쟁을 벌여 東北亞의 지도를 바꿔놓은 한국 歷史上 不世出의 英雄 廣開土大王의 燦然(찬연)한 업적과 함께 1600년 전 당시 據點(거점) 지배 형태의 領土觀(영토관)에 입각한 그의 屬民(촉민)정책을 중심으로 전개하게 될 것이다.

1장 古漢文이란 무엇인가

1. 東夷族과 古 漢文

古漢文上에서 漢字의 古音이 바로 우리말의 원형이기도 하다는 사실이 중국어 發音(발음) 가운데 지금도 그대로 남아 生活語(생활어)로 쓰이고 있다는 사실에 의해서 증명이 되고 있다. 앞에서도 예시한 바와 같이 東夷를 古 漢字音, 즉 중국음으로 '둥이'라고 읽는데 이 말은 中國말로 곧 사람이라는 뜻이다. 글자 그대로 놓고 보면 활을 맨 大人이라는 뜻인데 당시 中國의 主流族이었던 東夷人의 모습이 이와 같았기 때문에 이를 '사람'이라는 보통명사로도 불렀을 것이라는 것이다.[2] 그 연장선上에서 '둥이'는 얼굴이 검거나 희다고 해서 검둥이 흰둥이'로 지금까지도 우리 말 속에 그대로 남아있으며 바람 잘 피우는 남자를 바람둥이'라고 하는 것도 같은 類型(유형)에 속하는 말이다.

中國 사람들이 그들의 歷史的 시조로 받들고 있는 黃帝의 이름이 軒轅(헌원)인데 우리 말 한자음이 바로 '헌원이다. '軒轅은 그가 태어난 河南省 新鄭縣(신정현)에 있는 마을의 언덕 이름이기도 한데 '우리 말로 해가 뜰 무렵 훤하게 비치는 햇빛을 받아 제일 먼저 밝아오는 언덕'이라는 뜻이다.

發音의 구조를 보면 軒(헌)의 集韻(집운)이 虛言切로 원(元) 또는 원(願)으로 끝나면서 發音기호 hsuan1과 결합하면 '훤'으로 읽을 수 있다. 여기에다 于元切로 끝나는 원(轅)의 발음기호 yuan2(u 우무라우트)를 合치면 '원'을 길게 發音하여 우리 말 '훠...ㄴ' 하게 (밝아오는 언덕)으로 軒轅이라는 이름의 由來가 밝혀지게 된다.

이런 현상은 당시 이 地方(河南 河北 山東半島)을 지배하고 있던 東夷族이 華夏族(漢族)에게 흡수 同化된 이후에도 그들이 부르던 人名 地名 등이 아직도 그대로 남아 있는 증거라고 할 수 있다. 이런 言語 현상으로 미루어 볼 때 漢字의 祖型(조형)이라고 하는 甲骨文字가 東夷族이 세운 殷나라 사람들에 의해 처음으로 만들어졌다는 사실까지 더 해서 이후 韓民族과 漢字와의 관계는 不可分 不可缺의 밀접한 관계로 발전하였음을 알 수 있다.

東洋철학자 金鼎卨(일명 金凡父)은 그의 <風流精神>(1986. 정

---

2) 金廷鶴의 논문 '東夷' 중 貉 毫 發 편에서 인용

음사)에서 漢字의 창시자로 알려진 蒼詰(창힐)의 原音이 ‘씽키’라고 해서 東方人을 의미한다고 하였으며 中國人은 그를 ‘東方邊陲(동방변수. 변두리) 사람이라고 부른다 하였다. 즉 東夷人이라는 뜻이다.

2.중국의 林語堂도‘한자는 한국인의 조상이 만들었다.’

이른바 漢字의 東夷 창제설을 두고 현대 들어서는 건국초기 訪韓한바 있는 中國의 저명한 평론가이자 작가 林語堂이 한글 전용논자인 초대 문교부장관 安浩相에게 “漢字는 당신네 祖上(동이족)이 만들었다”고 했다는 유명한 이야기가 전해오고 있다. 그리고 대만의 세계적 言語學者 李敬齋 역시 漢字는 東夷族이 창제한 文字라는 지론을 가지고 있었는데 臺灣 국립사범대학에 유학한 陳泰夏(仁濟大 교수)는 직접 그에게 배우고 돌아와 國漢文 倂用敎育에 平生을 바치고 운명하기 전 <漢字는 우리의 祖上 東夷族이 만들었다>(明文堂 2019)는 遺作(유작)을 남길 정도로 한자倂用교육에 집념을 불태운 학자였다.

그런데 奇異(기이)하게도 고구려 19代 王 廣開土大王 陵碑文 그 어디에도 ‘高句麗’라는 國名은 찾아볼 수가 없다. 이런 현상을 두고 中醫(중의)출신 역사연구가 尹德源은 앞 章에서 제기한 바 있는 漢字의 古音上으로는 애초부터 高句麗라는 國名 자체가 존재하지 않는다고 말하고 있다. 中國의 史書들이 그들 文字의 古音(사실은 우리 古漢文의 訓音)으로 高句麗를 보통 ‘구리(句麗)라고 부르는데 이 말 역시 ’사람‘ 또는 ’무리‘를 뜻하는 우리말이다. 여기에다 高자를 앞에 놓으면 ’高씨

네 사람들' 또는 무리가 되는데 中國人들은 보통 高字를 빼고 '구리'라고 만 부른다는 것이다. 이는 中國人들이 高句麗人을 두려워한 나머지 蔑稱(멸칭)으로 이같이 불렀다는 것인데 이 말이 '멍텅구리'라는 우리말의 어미로 지금까지 남아있다. 이 같은 언어 현상에 대해 언어학자 李基文은 吏讀(이두)式 漢字 초기 형태로 볼 수 있다고 말하고 있다. 그는 그의 <高句麗의 言語와 그 特徵(특징)>[3]이라는 논문에서 <三國史記> 卷 37 地理志上의 高句麗 地名들을 분석하면서 "優先原則(우선원칙)에 있어서 高句麗에서도 新羅에서와 같이 漢字의 音을 빌어 그들의 말을 적는 방법과 그 새김, 즉 訓音을 빌어서 적는 방법을 아울러 사용한 것으로 보인다."고 말하고 있다. 이로 미루어 볼 때 능비문에도 이와 같은 방법으로 高句麗人들이 자기의 뜻을 표현한 구리(句麗)류의 古漢文이 섞여있을 것으로 볼 수 있다는 것이다.

3. 文字 發達史로 본 漢字

漢字가 만들어지기 前 그 원형이라고 하는 甲骨文을 보면 전체 字數가 4천여 字에 불과하다. 이것이 說文解字에서 9천 353字로 늘어나고 다시 陳彭年(진팽년) 등이 편찬한 廣韻(광운)에서는 2만 6천 여字, 淸나라 때 康熙字典(강희자전 張玉書 등 편찬)에서 4만7천여 字로 오늘 날 사용하는 漢字를 모두 수록하고 있다. 이 통계에서 보는 바와 같이 시대를 거슬러 古代로 올라갈수록 글자 수가 줄어드는데 그렇다고 그 수에 비례해서 그 시대 사람들이 표현하고자 했던 개념자체가

3) 高句麗의 言語와 그 特徵(李基文 백산학보 제4호 1968)

따라서 줄어든 것은 아니었다. 그 이유는 글자 수가 不足한 만큼 그들은 한 글자를 가지고 여러 가지 뜻을 나타내거나 辛卯年 기사에서 본 바와 같이 글자를 풀어서 쓰는 解字 方式으로 不足한 부분, 즉 의미를 보충하는 지혜를 발휘했기 때문이다. 그리고 漢字는 한글이나 英語처럼 일정한 형식을 갖춘 語彙(어휘)가 하나의 품사로 고정되어있는 것이 아니고 문장에 따라서 彈力的(탄력적)으로 변화 응용할 수 있는 屬性(속성)[4]을 가진 文字이기 때문에 그 文理를 터득하기 위해서는 그만큼 古文을 많이 읽고 응용하는 실전능력을 축적하여야 된다는 것을 말해준다.(漢文이란 무엇인가 金都練 劉英姬 1997. 57쪽. 99쪽).

역사적으로 볼 때 우리나라에 漢字가 처음으로 전래되기는 西紀前 3世紀 경 衛滿朝鮮(위만조선) 시기와 漢四郡 설치로 발생한 韓民族의 이동이 그 계기가 되었을 것으로 보고 있다. 漢文이 본격적으로 통용된 것은 三國시대부터인데 高句麗에서는 초기의 역사서 <留記> 100권을 편찬하였다는 사실이 이를 입증해주고 있다. 그 후 <留記>는 600년(영양왕 11) 太學박사 李文眞에 의해서 <新集> 5권으로 개수되었다(李道學 집필 韓國民族文化大百科事典 제16권 留記)

기원 전후 시기에는 유학사상이 高句麗에 전래되었으며 西紀 372년에는 中央에 太學을 세우고 王族이나 貴族 자제들에게 儒家 經典을 주요 내용으로 하는 교육을 실시하였다. 국가가 관리하는 官學인 太學과 대비되는 私學기관으로서의 扃堂(경당)에서는 平民 자제들에게도 經典과 弓術을 교습하는 文武 兼全 교육을 실시하였다. 같은 시기(小獸(수)林王 5年. 375)

4) 조선족 역사연구가 尹德源의 한배달 강의노트 중에서 인용

불교도 前秦으로부터 고구려에 전파되었다. 이와 같이 先進문화의 유입으로 고구려의 문화는 더욱 융성하게 발전하였으며 이후 이를 바탕으로 書寫文과 金石文 등에 그 자취를 남기게 되었다. 西紀 414년 長壽王은 바로 이와 같은 문화발전의 전환기에 父王의 勳績(훈적)을 기리고 후세에 이를 길이 전하기 위해 廣開土王碑를 세우게 되었던 것이다.

지금까지 古代 漢文의 발달사와 함께 능비문을 구성하고 있는 三國 공통으로 통용되던 고구려式 古漢文의 특징과 그 형태 등 주로 外的인 요소를 중심으로 알아보았다. 앞으로는 이런 요소들을 바탕으로 하여 本 논문의 주제인 고구려式 古漢文과의 관계가 어떻게 설정되고 또 적용되고 있는가를 실제 陵碑文 上의 最大 爭點인 辛卯년 기사부터 그 文脈을 逐字式으로 따라가면서 '現場 解讀(해독)'을 시도해보고자 한다.

여기서 고구려式 古漢文이라고 하는 것은 三國이 공통으로 사용한 漢文字를 편의상 그렇게 부른 것이며 거기에는 吏讀(이두)的인 要素와 고구려만의 別體字(별체자) 吏讀 그 자체를 말하는 借字(차자) 표기에 이르기까지 다양한 형태의 표기 방법을 모두 포괄하고 있다. 특히 필자의 陵碑文 解讀에 결정적 端緖(단서)를 제공한 屬(촉 또는 속)字 같은 경우는 中國 古漢語 事典과 註釋(주석) 중심으로 편찬한 日本 大漢和辭典[5]에서 音韻學的으로 분석 입증하고 그 用例까지 들어 再확인 해주고 있다. 이는 中國 史書類를 통해서 얻은 결론으로 특히 前記 大漢和 註釋(주석)사전의 경우, 그 전거가 명확하고 音韻의 과학적인 분석으로 객관성과 신뢰도를 한층 높여주고

5) 大漢和辭典 4권 997쪽 集韻(丁度 司馬光 撰)

있음을 부기해두고자 한다.

2장 이른바 通說의 由來와 背景

1. 辛卯年 기사로 點火된 韓中日 攻防 130년

廣開土大王 陵碑文 해석을 둘러싸고 韓 中 日 3國 간에 벌어진 歷史 논쟁은 정확히 말해서 西紀 1883년, 日本 陸軍參謀本部 소속 사코가게노부(酒勾景信) 砲兵中尉가 中國 集安 현지에서 탁본한 陵碑文을 가지고 들어오면서부터 시작되었다. 이 때 들여온 雙鉤加墨本(쌍구가묵본)[6]이라는 탁본이 유일한 해독 텍스트로 활용되었다. 그 역사가 올해로 꼭 130년이 된다는 말이다. 그동안 3국학자들이 이를 底本(저본)으로 하여 발표한 연구 논문만도 2백 여 편에 이르고 있다

이렇게 碑文 탁본을 제일 먼저 입수한 육군참모본부는 그 뒤 5년 동안 비밀리에 비문 해독 작업을 진행한 끝에 海軍省 소속의 아오에슈(靑江秀)가 발표한 <東夫餘永樂大王陵碑銘之解>가 최초의 논문으로 기록되고 있다. 그러나 거의 같은 시기(1889년)에 간행된 陵碑文 연구 특집호인 참모본부 기관지 <會余錄> 제5에 발표된 요코이다다나오(横井忠直)의 해석문 <高句麗古碑考>가 먼저 발표된 아오에의 그것을 제치고 陵碑文 해독의 텍스트로 학자들 간에 인식되면서 이 논문을 더 많이 인용하는 경향을 띠게 되었다. 참모본부가 陵碑文 해독을 주도했다고 보는 첫째 이유가 바로 여기에 있다. 陵碑文 해독에서 韓 日간에 제일 먼저 부딪치게 되는 쟁점이 바로 저 유명한 辛卯年 記事이다. 요코이는 이를

百殘新羅舊時屬民 由來朝貢 而 倭以 辛卯年來渡海破 百殘ㅁㅁ斤羅(요코이는 新의 한 변인 斤으로 읽고 新羅로 解讀) 以爲臣民
으로 읽고

'百濟와 新羅는 예부터 고구려의 屬民으로서 朝貢을 바쳐왔다. 그런데 倭가 辛卯年에 바다를 건너와 百濟와(다음의 두 빈칸을 任那로 봄) 新羅를 破하고 그들을 臣民으로 삼았다.' 라고 해석하고 있다.

그리고 辛卯年(永樂 元年. 391)의 年代에 대해서는 紀記(古事紀 日本書紀를 가리킴)와 韓國 中國의 문헌을 들어 晉의 咸和 6년(西紀 331) 또는 太元 16년(서기 391)으로 比定하고 있다. 紀記에 관해서는 요코이에 比해 아오에가 상대적으로 合理的인 해석을 하고 있는 데 反해 요코이는 역사 사실의 객관적 규명보다는 碑文 上의 모든 年代와 그 역사를 그들의 역사서, 즉 紀記(기기)에다 꿰어 맞추는 방법으로 牽强附會(견강부회)하고 있는 것이다.

예를 들면 辛卯年에 日本軍(倭)이 渡海(도해)한 것은 한국과 중국 史書에는 나오지 않고 있는데 <日本書紀>에는 쥬아이(仲哀)天皇 9년 庚辰에 소위 징구(神功)皇后가 바다를 건너가 三韓征伐(삼한정벌)을 한 기록이 있다면서 倭의 渡海 근거로 제시하는 등 일방통행 식 주장을 하고 있다. 僞作(위작)논란에 휩싸여 있는 紀記를 전거로 하는 역사를 가지고 定說이라고 주장하고 있는데 그 年代가 原文에 있는 辛卯年 보다도 자그마치 191년이나 앞선다.

문헌을 아무리 상고하여보아도 陵碑文 上의 年代를 가늠할 길이 없자 요코이는 "内外의 史家들이 혹여 그 논거를 失傳한 것은 아닌지 모르겠다."며 年代의 前後에 대해서는 이제 더 이상의 의심은 지울(削除 삭제)수밖에 없다고 소경 개천 나무라듯 일방적 주장을 始終(시종) 꺾지 않고 있다.

실지 상황판 地圖를 그리듯이 古代 東北亞 정세를 一目瞭然(일목요연)하게 寫實的으로 기록한 陵碑文 上의 年代를 고무 줄 당기듯이 늘였다 줄였다 제멋대로 弄斷(농단)하고 있는 것이다. 이는 東北亞를 넘어 世界的으로도 일찍이 그 유래가 없는 광개토대왕의 영웅적인 정복활동을 기록한 陵碑文에다 역사적인 한 고리를 걸고 朝鮮침략을 정당화 하려는 음흉한 저의로 밖에는 달리 설명할 길이 없다.

2. 軍-學 共同戰線 형성으로 침략의 발판 구축

明治維新(명치유신)을 계기로 國力을 크게 강화한 日本은 1895년 淸日전쟁에서 승리하여 朝鮮에서의 지배적 優越權(우월권)을 확보했으나 또 다른 도전자 러시아와 이번에는 滿洲覇權(패권)을 놓고 격돌하게 된다. 이 때 日本이 朝鮮 지배를 執拗(집요)하게 추구한 궁극의 목적은 韓반도라는 橋頭堡(교두보)를 발판으로 맞바로 滿洲 대륙을 침략하려는 예비적인 전략의 일환이었던 것이다. 결국 피할 수 없는 一戰, 러 日 전쟁은 이렇게 해서 그 戰端(전단)의 불길을 당기게 되었다.

바로 이 때 高句麗 古都 集安에서 廣開土大王 陵碑文이 구세주?처럼 나타난 것이다. 이것이 그들에게는 곧 朝鮮 侵略의 正當性을 확보할 수 있는 역사적인 근거가 되었다는 말이다. 이런 특수한 배경을 가지고 태어난 陵碑文 해독의 敎本격인 이른바 通說은 그래서 학설이기 이전에 조선침략의 방향을 설정하는 일종의 指針書(지침서)와도 같은 것이었다.

그들이 正統史書라고 떠받들고 있는 <日本書紀>에 기록되어있는 ' 任那日本府' 즉 '南(朝)鮮經營論'이 그동안 我田引水격인 일방적 주장으로 힘을 받지 못하고 있다가 때마침 바로 그 선조가 남긴 기록, 그것도 영구불변의 金石文에 의해서 역사적 고증까지 얻은 셈이 되었으니 그들이 快哉(쾌재)를 부르는 것도 무리가 아니었다. 아무튼 이와 같은 陵碑文의 自己中心的 해독으로 해서 일본의 조선침략과 대륙진출은 더욱 탄력을 받게 되었다.

때를 같이하여 日本 學界에서는 紀記 不信論이 강하게 擡頭(대두)되어 오치아이나오스미(落合直澄) 아베히로구라(阿部弘藏) 나가미치요(那珂通世) 등 일부 학자들이 <日本書紀>의 紀年은 신뢰할 수 없다면서 紀記야말로 年代 上 일대 錯亂(착란)을 일으키는 요인이 되고 있다고 極右派(극우파)를 겨냥해 직격탄을 날렸다.[6)]

이 같은 주장에 대해 記紀를 중시하는 소위 皇國史觀(황국사관)계열에서는. 곧바로 이를 '國體變亂(국체변란)'이라고 규정하고 日本人 특유의 國粹主義的(국수주의적) 集團心理(집단심리)를 자극하고 나섰다.

이를 대표하는 학자 시라도리(白鳥庫吉)는 "이 비문이 중요한 이유는 朝鮮의 남부에 집중적으로 몰려있는 新羅 百濟 任那 등 세 나라 國民이 日本의 臣民이었다고 분명하게 기록하고 있기 때문이다. 이는 역사상 대단히 가치가 있는 것으로 바로 이 대목 비문으로 해서 日本이 朝鮮의 南部를 확실히

6) 韓史論帝國紀年私案 1888. 10, 落合直澄)

지배했다는 사실을 알게 되었다."고[7] 일방적인 역사 捏造劇(날조극)을 공공연하게 떠벌이고 나섰다.

이어서 그는 "이번 戰爭(러일전쟁)에서 기필코 露國(러시아)을 이겨야만 한다. 만약 이 전쟁에서 진다면 금후의 國勢(세)에 지대한 영향을 미치게 된다는 것은 옛 역사가 이미 증명한 바 있다."고 이른바 통설이 노리는 조선침략의 목적을 거리낌 없이 內外에다 불어대고 있다. 日本軍部와 歷史學界가 提携(제휴)하는 이른바 軍-學 共同戰線 형성에 힘을 실어준 시라도리가[8] 이번에는 好太王碑의 日本 반출 음모까지도 거침없이 털어놓았다.

당시 陵碑(능비) 반출의 軍部 책임자였던 오시가미(押上森藏 퇴역 陸軍中將)의 실토로 밝혀진 그 實相에 의하면 碑石의 규모가 워낙 커서 당시의 기술로는 감당하기 어려운데다 만약 강행할 경우, 碑面(비면) 손상의 위험이 있다는 판단과 무엇보다 集安縣 知事 吳光國 등의 강력한 반대 압력이 奏效(주효)하여 중단할 수밖에 없었다고 한다.[9]

오시가미의 이 같은 실토가 있을 당시 在日 史家 李進熙는 그의 <廣開土大王陵碑の硏究>에서 "日本 軍國主義者들이 陵碑文에 손을 대 改削(개삭. 곤치고 지움)하였을 뿐만 아니라 碑를 일본으로 반출하려고까지 하였다."고[10] 폭로함으로서 일본학계를 발칵 뒤집어놓았다.

이어서 李進熙는 "이후 주로 日人 學者들에 의해 이루어진 陵碑文 연구는 학자에 따라서 지엽적인 문제에서 다소의 차

---

7) 滿洲地名談附 好太王の 碑文に就いで (中央公論 20-8 白鳥庫吉)
8) 滿洲民族 過去 東洋時代報 1-32 白鳥庫吉全集 第9卷
9) 歷史地理 32-5 (大正 7년 11월 彙報)
10) 이진희의 책 廣開土大王 碑文の硏究(1972) 169 쪽에서 인용

이를 보이고 있으나 倭가 百濟 新羅를 臣民으로 삼아 한반도 南部에 그들의 세력을 구축하였다는(任那日本府 같은) 主旨(주지)에 대해서는 약속이라도 한 것처럼 의견의 일치를 보여주고 있다."면서 이는 아직도 日本 역사학계가 이른바 '通說'의 연장선상에 머물러 있다는 것을 雄辯(웅변)하고 있는 것이라면서 陵碑文을 조선 南部의 지배를 입증하는 가장 확실한 金石文 자료로 看做(간주)하고 있다고 그의 위 책 序文에서 비판하고 있다.[11]

이어서 그는 이른바 皇國史觀 청산의 계기라고 할 수 있는 1945년 패전 이후에도 日本 학자들의 비문 해석은 전과 조금도 달라진 게 없으며 1880년 이래 130년간 이어온 碑文 연구는 내용상 단 한 치의 진전도 없이 同語反覆(동어반복)만 되풀이하고 있다고 비판했다.

3. 鄭寅普의 高句麗 主語說 제기와 그 배경

앞 장에서도 본 바와 같이 日本이 주장하는 소위 通說이라고 하는 것은 學問的인 측면에서 볼 때 맞대응할만한 가치조차 없는 침략을 정당화하기 위한 意圖된 일방적 주장에 불과하다. 보다 정확히 말해서 침략 전단계의 歷史的인 고리 찾기, 즉 口實에 지나지 않는다고 보는 것이다.

이처럼 主客이 顚倒(전도)된 여건 하에서 陵碑의 주인이자 상속자이기도 한 한국에서는 鄭寅普가 유일하게 당시 植民治下라는 극한상황을 무릅쓰고 辛卯年 기사에서 日本 通說을 正面으로 뒤집는 高句麗 主語說을 제기하고 나섰다. 1935년

---

11) 앞의 序文 중에서 인용

新年 벽두 민족지 東亞日報에 <五千年間 朝鮮의 얼>이라는 역사 기획물을 연재하기 시작했는데 이듬해 8월 4일부터 제2권 1장 '高句麗 覇業(패업)과 永樂大王' 편을 시작한지 16일째 되던 그 달 26일 베를린 마라돈에서 우승한 孫基禎(손기정) 선수의 日章旗 말소 사건이 터지는 바람에 신문이 정간되면서 연재도 따라서 중단되었다.[12)]

이런 최악의 여건 속에서 그러나 그는 집필을 계속하여 쟁점부분인 辛卯年 기사와 그 이후의 全文을 마자 해독하였다. 그리고 光復된 지 5년 만에 6.25가 일어나 그가 拉北(납북)되면서 그의 陵碑文 연구는 단절의 위기를 맞게 되었다. 그러나 불행중다행으로 그의 제자 閔泳珪(민영규)가 스승의 연구를 이어받아 1955년 11월 庸齋(용재) 白樂濬博士還甲記念論叢(백락준박사환갑기념논총)에 스승의 논문 <廣開土境平安好太王陵碑文釋略(석략)>을 수록하면서 어렵사리 빛을 보게 되었다.

그리고 白樂濬 또한 그 후 1년 여 만에 돌아가자 그의 서거추념호를 내면서 閔泳珪는 <鄭澹園(담원)廣開土平安好太王陵碑文釋略校錄竝書(교록병서)>라는 논문을 발표하였다.[13)]

鄭寅普의 <...陵碑文 釋略>'에서는. '日本 학자들이 '倭가 바다를 건너와서 百濟 新羅를 정복하고 倭의 臣民으로 삼았

---

12) 孫基禎 선수의 일장기 말소 사건으로 신문 연재가 중단되었으나 그는 붓을 꺾지 않고 집필을 계속하여 최대 爭點인 신묘년 기사까지 완성된 원고를 遺稿로 남겼는데 6.25 직후인 55년 제자 민영규에 의해 다시 빛을 보게 된 것이다. 연재가 중단되었던 '高句麗霸業과 永樂大王'을 포함한 연재물은 그 후 〈朝鮮史 硏究〉로 改題, 澹園 鄭寅普全集 제6책 3. 4 권에 전문 수록되었다

13) 정인보의 遺稿가 제자 민영규에 의해 다시 햇빛을 보기까지는 일제 때 이후 고인과의 情理가 남달랐던 당시 연세대 총장 白樂濬 박사의 지도와 후원이 결정적 작용을 하였다. 그리고 1년 3개월 만에 백 박사도 돌아감에 그의 逝去 추념호를 내면서 이번에는 민영규가 스승의 학문을 계승하고 보완하는 〈鄭澹園廣開土境平安好太王陵碑文釋略校錄竝書〉라는 논문을 발표하였다.

다(而倭以辛卯年來渡海破百濟ㅁㅁㅁ羅以爲臣民)고 한 구절을 倭가 아닌 高句麗가 渡海波하였다.'고 당시로서는 파격적인 해석을 내놓아 내외학계에 큰 파문을 불러 일으켰다.

그는 辛卯年 記事를 다음과 같이 여섯 단락

1. 百殘新羅 舊時屬民 由來朝貢
2. 而倭以辛卯年來
3. 渡海破
4. 百殘ㅁㅁㅁ羅
5. 以爲臣民
6. 以六年丙申 討利殘國

으로 나누고

1.百濟와 新羅는 예부터 高句麗의 屬民으로서 朝貢을 바쳐왔다
2. 倭(왜)가 辛卯年에 高句麗 영향권인 신라와 백제에 來侵해 왔다.
3. 이에 高句麗가 바다를 건너 가 倭를 (攻)破하였다
4. (3개의 缺落字(결락자)를 聯侵新(연침신으로 채우고) 百濟가 倭와 연합하여 新羅에 침입하여 왔다.

로 해독하고.

5. 百濟는 원래 高句麗의 臣民이었기 때문에
6. 永樂 6年 丙申에 百濟를 討伐(토벌)하였다.

고 6年 조와 연결시키면서 단락 5를 百濟 征伐의 이유로 제

시하고 있다.

이를 다시 정리하면

> 百濟와 新羅는 원래 高句麗의 屬民으로서 高句麗에 朝貢하였다.
> 그런데 왜가 신묘년에 고구려에 침입하니
> 고구려가 바다를 건너가 왜를 攻破하였다.
> 이 때 백제가 왜와 연합하여 신라에 침입함으로
> 원래 백제는 고구려의 臣民이었기 때문에
> 광개토왕이 6년 丙申에 친히 수군을 이끌고 가 백제를 토벌하였다.

로 해석하고 있다. 그러나 마지막 단락인 討利殘國의 討利를 討伐로 해석 한 데 대해 민영규는 "한정된 碑面에 비문을 새기는 일이라 討면 討, 伐이면 伐 한 글자로도 征伐이라는 뜻을 충분이 나타낼 수 있기 때문에 굳이 두 자를 겹쳐서 쓸 필요가 없다."고 말하고 있다. 한편 동양철학자 柳承國(성균관대)은 旣往(기왕)에 이 구절 討利殘國의 利자를 伐자로 보고 討伐로 해석한 데 대해 능비문 발굴 후 최초의 탁본으로 알려진 北京大 소장의 李龍精(이용정)탁본과 周雲臺탁본 그리고 1994년 7월 광개토대왕비 현지답사를 통해서 직접 그 부분을 살펴본 결과, 탁본 상으로 명료하게 보이는 왼편의 人변은 伐이 아니고 倭로 읽는 것이 시각적으로나 문장의 흐름으로 보나 역사적 사실에 비추어 볼 때 가장 順理的(순리적)인 해석이라고 보고 있다. 민영규가 字句를 정리하여 기초를 깔고 유승국이 그 바탕 위에서 앞으로 한 걸음 더 나아간 해석을 내놓음으로서 일종의 콤비플레이로 이 구절의 해석을 原位置

시켜 놓았다.(한국사상의 연원과 역사적 전망 儒教文化硏究所 2008. 162쪽)

4. 鄭寅普 이후의 陵碑文 연구

鄭寅普 說의 직접적인 영향을 받은 학자가 北韓의 朴時亨과 金錫亨이다 이들 학설의 골격은 鄭寅普 설과 별반 다를게 없으나 부분적으로 예를 들면 朴時亨의 경우 3개 결락자를 '招倭侵'으로 바꾸어 '百濟가 倭를 끌어들여 新羅를 침략하고...'라고 풀이하고 있다. 그러나 그는 '聯侵新'도 쓸 수 있다하고 그것이 근본적인 차이가 아닌 단지 뉴앙스의 차이임을 밝히고 있다.

그러나 金錫亨은 百濟의 요청에 의해 동원된 倭가 辛卯年에 高句麗에 침입하자 倭의 배후 세력인 百濟를 '渡海破하였다고 공격 대상을 倭가 아닌 百濟로 바꾸고 '以爲臣民'의 대상은 百濟가 아닌 新羅로 바꾸어 해석하고 있다.[14]

鄭寅普 설이 나온 지 훨씬 후의 일이지만 기왕에 在日 史家 李進熙가 제기한 碑文 變造說을 가장 먼저 부정함으로서 通說의 신봉자로만 알려졌던 日人 학자 후루다(古田武彦 北九州大교수)가 朴時亨과 金錫亨의 陵碑文 해석을 중심으로 하여 辛卯年 기사에서 渡海破의 主語는 倭로 볼 수 없고 당연히 高句麗가 되어야 한다고 日人 학자로서는 보기 드물게 일견 自害性 해석을 내놓아 주위를 놀라게 하였다. 즉 辛卯年 기사 중 渡, 破, 爲 등 동사는 모두 永樂 6년(396)조의 王躬率水軍討利殘國을 받고 있다는 것이다. 그렇지 않으면 무엇보다

14) 廣開土大王陵碑文に あらわれた 古代朝日關係史 金錫亨 1969 東京 勁草書房)

도 당연히 年代順 勳績史(훈적사)이어야 할 능비문이 영락 5년-영락1년-영락 6년으로 錯亂倒置(착란도치)되어 일반적으로 비문이 갖추어야 할 기본마저 저버리는 착오를 범하게 된다는 것이다. 즉 영락 5년 조에서 대 裨麗(비려)작전을 언급하고 있는데 그 바로 다음 단락에서 영락1년(辛卯)에 고구려가 倭를 破했다고 한 것을 두고 하는 말이다.

이어서 후루다는 비문상의 臣民은 고구려 好太王의 臣民일 수밖에 없다고 단정하면서 이는 自明한 도리임에도 불구하고 '日本이 마치 자신들이 세운 비석이라도 되는 것처럼 倭가 臣民으로 삼았다고 했다는 것이다. 여기까지만 놓고 보면 우리가 하고 싶은 말을 대변하는 이 사람이 日本 학자가 맞나 싶을 정도로 통설을 강력하게 비판하고 있다. 뒤에 가서 그 연유를 상세히 말하게 되겠지만 그러나 후루다의 變身은 여기까지이다.[15]

鄭寅普說을 가장 조리 있게 비판한 것으로 알려진 鄭杜熙는 앞에서 지적된 문제점들은 그가 문장의 분석을 통해 밝히고자 했던 최대의 관심을 渡海破의 주어에다 두었기 때문에 상대적으로 辛卯年 기사 전체의 성격을 규정하는 데는 다소 소홀하지 않았나 하는 느낌이 든다고 했다. 그러면서 辛卯年 기사를

15) 일인학자 古田武彥의 古代は 輝いて いた (1985 朝日新聞社)를 보면 "일본고대사를 보는 눈이 근본적으로 잘못되었다."고 자기나라 역사를 聲討하고 있다. 첫째로 戰前의 皇國史觀은 일본의 天皇을 세계적 절대적 중심으로 보고 고대를 神聖化 神秘化한 것이라 하고 戰後 사관 역시 戰前에 태어난 津田左右吉 史學, 즉 造作사관을 근본으로 하고 있다면서 紀記 상의 신화나 설화 등은 거의 후대의 조작 내지는 가짜라고 말하고 있다.

a) 百殘 新羅 舊時屬民 由來朝貢 而倭以辛卯年來 渡海破
b) 百殘ㅁㅁㅁ羅 以爲臣民 以六年丙申 王躬率...

의 두 단락으로 나누어

a) 百濟 新羅는 廣開土王 이전부터 高句麗의 屬民으로 朝貢해 왔으나
倭는 영락 元年, 즉 辛卯年에야 비로소 高句麗가 渡海破함으로서 그 위엄에 복속시켰다.

고 해석하고

b) 百濟가 新羅를 침공하여 그 臣民으로 삼았다.

고 풀었는데 이는 영락 6년 百濟 정벌의 원인을 제공하는 前置文(전치문)이라고 하였다.

그리고 b) 단락이 영락 6년 百濟 정벌의 이유가 된다는 것은 비문에 나오는 9개의 전투가 모두 年條로부터 시작되고 있는 데 반해 6년의 경우만 예외적으로 "以'자로 시작되고 있다는 것은 바로 앞의 문장과 연결되어 있다는 것을 뜻하는 것으로 보고 있다.

鄭杜熙는 鄭寅普가 倭의 辛卯年 내침으로 본 而倭以辛卯年來를 辛卯年 以來로 파악하고 있다.[16] 그러나 渡海破하여 高句麗의 위엄에 복속시켰다는 것은 强度만 좀 다를 뿐 渡海破하였다는 倭와의 적대행위는 다름이 없기 때문에 자신이 비

16) 廣開土王 陵碑文 辛卯年 記事의 再檢討 鄭杜熙 歷史學報 제 82호)

판한 鄭寅普의 倒置(도치)된 훈적사 年代順의 오류를 자신도 은연중에 범하고 있다는 비판을 받고 있다.

鄭寅普 이후 여러 후진 학자들의 비판 중에서는 비교적 균형이 잡혔다는 평을 듣고 있는 千寬宇는 논란 많은 '而倭以辛卯年來渡海破百殘ㅁㅁㅁ羅以爲臣民'에 대해서는 '來渡海破를 그대로 인정하는 한 자신으로서는 合理的인 해석을 할 수 없다면서 碑文이 조작되었을 가능성을 전제로 하여 破를 故로 바꾼다면 이를 '倭 而辛卯年來 渡海 故百殘 [將] [侵]혹은 [欲] [取] 新羅以爲臣民'으로 읽고 '百濟가 끌어들인 倭가 辛卯년 이래로 바다를 건너 百濟로 들어와 이와 연합한 百濟가 新羅를 침공하여 臣民으로 삼으려고 하였다'로[17]해석할 수 있다고 말하고 있다. 기왕에 대부분의 학자들이 이 부분을 '百濟가 新羅를 침공하여 臣民으로 삼았다'고 단정적으로 해석한 것과는 달리 '臣民으로 삼으려 하였다.'고 하여 미수에 그친 百濟의 意中을 廣開土王이 미리 알아차리고 6년 丙申에 百濟를 정벌하게 되었다고 百濟 정벌의 이유와도 동시에 연계시키고 있다.

그리고 徐榮洙는 辛卯年 기사에 대해 영락 6년에서 17년에 걸친 정복활동, 이른바 廣開土王의 南進 정책을 집약하여 서술한 기사인 동시에 6년, 8년 조 기사의 導論的(도론적) 성격도 띠고 있다고 말했다. 그는 이를

a 1. 百殘新羅舊時屬民由[未] 朝貢
2. 而倭以辛卯年來渡海

17) 廣開土王 碑文 再論 (千寬宇 全海宗博士華甲記念論叢 1979) 517쪽

로 읽고

百濟와 新羅는 옛 부터 高句麗의 屬民이었는데도 아직 朝貢을 바치지 않고 倭는 辛卯年부터 大王의 勢力圈에 함부로 건너오기 시작하였다.

고 前置文으로 제시한 뒤

b) 1) (王)破百殘倭
2) (降 또는 服) 新羅以爲臣民을

그러므로 大王은 (그에게 한 盟誓(맹서)를 어긴) 百濟王과 그 동조자인 倭를 攻破하고 臣民으로 삼았다.

고 해석한 뒤 그 정복 결과를 主文(6년조)으로 배치하고 있다. 즉

以六年丙申王躬率水軍討利殘國

이에 大王은 영락 6년 친히 水軍을 거느리고 와서 百濟를 정벌했다고 해석했다.19)

5. 李進熙의 비문 變造說 폭로와 그 이후

李進熙는 日本육군참모본부가 陵碑文을 조작 변조한 것은 일반적으로 알려진 것보다 훨씬 더 조직적이고 치밀한 계획 아래 이루어졌다고 말하고 있다. 즉 참모본부는 사코가 능비문을 가지고 들어오기 이전부터 朝日관계사를 연구하고 1882

년에는 이미 韓半島 南해안 일대의 역사자료를 수집하여 <任那考(임나고)>라는 단행본을 낼 정도로 연구실적을 축적하고 있었다는 것이다. 물론 이는 일반학자들이 朝鮮史를 본격적으로 연구하기 이전의 일이다. 그리고 이는 그들이 당면과제로 설정한 朝鮮침략을 정당화(또는 合理化)하기 위해서 古代 때 倭에 의해 자행된 여러 가지 형태의 침략과 도발에 대해서 깊은 관심을 기울이고 있었음을 알 수 있다. 그래서 능비문을 그들의 이 같은 企圖를 실현하는 데 일차적인 역사자료로 간주하고 내심 快哉(쾌재)를 부르며 碑文 조작을 위해 碑面에 石灰 塗布(도포)라는 反文化的 범죄행위까지도 서슴지 않았다고 주장하고 있다.[18][20]

李進熙의 이 같은 주장에 대해 辛卯年기사에서 고구려 主語說을 강력하게 제기했던 후루다는 사코가 맨 처음 가지고 온 비문을 일본참모본부가 해독했다는 증거는 없으며 변조되었다는 雙勾加墨本[19] 역시 사코가 改竄(개찬. 글 句節을 몰래 고침)한 것이 아니고 현지人이 가지고 있던 것을 '협박'하여 입수하게 된 것이라고 앞서 주장했던 자신의 견해, 즉 高句麗 主語說의 원인을 스스로 부정하는 自家撞着的(자가당착적)인 주장을 하고 있다 그러면서 후루다는 "만약 不利한 부분을 개찬하려고 했다면 日本이 참패한 영락 14年조 '倭寇大潰(왜구대궤)' 같은 구절을 왜 바꾸지 않았겠느냐'고 앞서 이진희가 제기한 비문변조설을 강력하게 부정함으로서 마침내 그의 본색을 드러내고 만 것이다.

---

18) 辛卯年 가사의 變相과 原狀(徐榮洙 廣開土大王 碑文研究 100년 고구려연구 1996) 417 쪽

19) 廣開土王 碑文の謎 (廣開土王 陵碑文の研究(一) 廣開土王と七支刀 李進熙, 吉川弘文館社 1972) 26 쪽

그가 앞서 제기했던 高句麗 主語說을 적용하여 해석한 辛卯年 기사를 보면

> 百殘 (百濟)과 新羅는 원래부터 (高句麗의) 屬民이었다.
> 그래서 從來부터 朝貢을 해왔다
> (그러나) 倭가 辛卯年(391)에 (百濟와 新羅의 땅)으로 몰려들어 왔다.
> (그래서 好太王)은 바다를 건너가 百殘을 破하고 또(東海上에서 倭를 破한 뒤)
> (高句麗는) 新羅를 臣民으로 삼았다.

고 鄭寅普나 朴時亨 金錫亨 등의 주장보다도 오히려 한 발 앞서가는 釋文을 내어놓고 있다. 마치 七色鳥처럼 변화무쌍한 그의 과거 履歷(이력)을 살펴보면 戰前 소위 皇國史觀의 비판론자이었을 뿐 만 아니라 '戰後史觀' 역시 조작된 사관에 지나지 않는다고 비판하면서 紀記 또한 후세인에 의해 조작되었다고 강력한 不信論을 제기하기도 했다. 이런 그가 앞서 본 바와 같이 단 하나 倭의 半島 내 領域說의 존재에 대해서 만은 기를 쓰고 그 合理化를 앞장서서 주장하고 있다.

草綠은 同色이라고 이번에는 中國학자 王健群이 李進熙의 碑文 變造說을 정면으로 부정하면서 마치 强大國 간에 서로 약속이라도 한 것처럼 거들고 나섰다. 李進熙의 변조설이 발표된 지 12년만인 1984년의 일이다.

王健群은 碑文을 조사한 결과 석회를 발라 보강한 글자는 4, 5개에 불과하며 李進熙가 변조되었다고 확신하고 있는 辛卯年 기사 중 來渡海라는 글자는 석회가 剝落(박락. 벗겨지고 떨어져나감)된 그 자리에 지금도 그대로 남아 판독할 수 있다

면서 결코 비문은 변조된 것이 아니라고 日本측 주장을 대변이라도 하듯 앞장서서 부정하고 나섰다. 그는 또 1981년에 拓出(탁출)했다는 周雲臺本을 공개하면서 거기에도 來渡海라는 세 글자가 분명하게 나타나 있다고 주장하기도 했다. 그리고 碑面에 馬糞(마분)을 발라 불로 태우고 다시 石灰를 발라 글자를 보강한 사람은 현장 拓出工(탁출공)이며 그들은 陵碑文 拓本을 떠서 이를 팔아 생계를 꾸려가고 있는 初天富 初均德 父子라고 일본 측을 변호하기도 했다.[20)]

위에서 본 바와 같이 日本 中國학자가 陵碑文 변조설을 앞다투어 부정하고 있는 것과는 대조적으로. 국내 학계에서는 오히려 이(변조설)에 자극받아 저마다 自家流의 해독문을 내놓음으로서 陵碑文 연구의 百花齊放 시대를 열게 되었다. 그 중에서도 李亨九의 <廣開土大王陵碑 新研究> [21)].는 제일 먼저 나온 說로 알려져 있다. 그는 臺灣(대만)中央연구원 所藏(소장)의 傅斯年(부사년) 拓本을 저본으로 하여 辛卯年 記事를

> 百殘 新羅舊時屬民 由來朝貢而（後）以辛卯年來（不貢因）破百殘（倭寇）
> 新羅以爲臣民

으로 읽고 倭자는 원래 後字였던 것을 변조한 것으로 보고 있으며 來渡海 세 글자 또한 변조되었다고 보고 이를 不貢因으로 고처 읽었다. 그리고 破百殘 다음의 두 缺落字는 倭寇로 보강하여

---

20) 廣開土王碑文 중 倭의 實體(王健群 작 徐日範 옮김 廣開土好太王碑 研究 100년 高句麗 研究 2 1996 高句麗研究會)
21) 廣開土大王陵碑 新研究(李亨九 1986 동화출판공사)

百殘(濟)과 新羅는 예로부터 高句麗의 屬民으로서 朝貢을 바쳐 왔는데
그 후 辛卯年부터 朝貢을 하지 않음으로 (大王은) 百殘(濟) (倭寇) 新羅를 破하여 臣民으로 삼았다.

라고 해석하고 있다.

金炳基의 <사라진 碑文을 찾아서>(2005)는 넓은 의미에서 李進熙의 변조설 제기 이후 여러 說 가운데 하나로 볼 수 있는데 해석 방법에 있어서 상당히 독특한 접근을 하고 있다. 倭가 조공한 나라를 高句麗가 아닌 百濟와 新羅로 바꾸었는데 倭의 조공을 처음으로 언급한 점에서 종래의 여러 說과 대조를 이룬다. 그리고 屬民과 臣民의 성격상 차이를 통해서 大王의 정복 활동 방향까지도 가늠할 수 있다고 언급, 陵碑文 해석에 새로운 비젼을 제공했다는 평가를 받고 있다.[22] 그도 역시 李進熙가 변조되었다고 지목한 渡海破 자리에 入貢于를 대체하여 넣음으로서

百殘新羅舊時屬民 由來朝貢而倭以辛卯年來, {入貢于}破百殘ㅁㅁ新羅, 以爲臣民

으로 句마다 끊어서 읽고

百濟와 新羅는 예부터 (高句麗의) 屬民이었다. 그래서 줄곧 朝貢

22) 사라진 비문을 찾아서(김병기 1500년만의 침묵을 깨다, 기존해석의 문제점 2005 학고재) 189 쪽

해왔다. 그런데 倭가 辛卯年 以來로 百濟와 ㅁㅁ와 新羅에 대해서도 朝貢을 들이기 시작함으로서 高句麗는 倭도 臣民으로 삼았다.

고 해석하고 있다. 언 듯 보아서는 倭의 朝貢이 2중으로 이루어진 데 대한 이유가 분명치 않으나 아마도 倭가 百濟 新羅에 조공한 것이 그 上國인 高句麗에 대해서는 당연히 이루어졌다는 것을 은연중에 말하는 것이 아닌가 보여진다.

그리고 그는 屬民의 뜻을 高句麗와 뿌리가 같은 종족으로서 조공을 하는 나라라고 族誼(족의)에 의해서 서로 不可分의 관계로 맺어져 있는 나라라는 것을 암시하고 있다. 그 해석이 본래의 의미, 즉 屬民(촉민)에는 이르지 못했으나 처음으로 屬民문제를 제기했다는 점에 그 의의가 있다 할 것이다.

3장 陵碑文 解釋의 새로운 地平을 열다

1. 20년 庚戌 조 東夫餘 往討가 결정적 계기 만들어

지금까지 이 논문의 바탕을 이루고 있는 1600년 전 古漢文의 性格과 그 發達史 그리고 우리와 가장 깊은 관계가 있는 辛卯年 기사를 중심으로 한 陵碑文 연구 약사를 一瞥(일별)해 보았다.

지금부터는 古漢文 사용의 實例를 加減 없이 그대로 담고 있는 大王의 東夫餘 往討 기사를 중심으로 분석하고 이에서 추출된 비문 해독 방법이 여타 條文(조문)기사에 어떤 영향을 미치고 어떻게 적용되고 있는가를 살펴보고자 한다.

먼저 往討 기사 본문을

二十年庚戌東夫餘舊時郒牟王屬民中叛不貢王躬率王討軍到余城
以餘城國駭ㅁㅁㅁㅁㅁㅁㅁㅁㅁ王恩普覆於是施還又其慕化隨官來者
味仇婁鴨盧卑斯麻鴨盧馱社婁鴨盧肅斯舍鴨盧ㅁㅁㅁ鴨盧

로 읽고

20년 庚戌, 東夫餘는 原來 鄒牟王의 屬民이었는데 도중에 背反하여 조공을 하지 않았다. 이에 大王이 친히 군사를 거느리고 餘城에 당도하자 온 나라 百姓들이 크게 놀라 (大王의 軍隊를 稱頌(칭송)하고 환영하여 맞이하였다 그리고 종전과 같이 朝貢을 약속함으로서- (9개의 결락자) 大王의 恩惠가 온 나라에 뒤덮였다. 이로서 大王은 征討를 모두 마치고 돌아갔다. 그리고 이 때에 大王을 흠모하는 味溝婁鴨盧, 卑斯麻鴨盧, 타社婁鴨盧 肅斯舍鴨盧, ㅁㅁㅁ 鴨盧 등이 高句麗 官員을 따라 나섰다.

로 해석할 수 있을 것이다.

이 기사의 핵심은 屬民(촉민)에 대한 해석부터 그 실마리를 풀어가게 된다. 먼저 본문에도 나와 있는 바와 같이 餘城(여성)지역의 人民, 즉 촉민들이 중도에 배반하여 고구려에 조공을 들이지 않았다면 당연히 征討(정토)의 대상이 될 뿐 만 아니라 알단 征討(정토)를 당하게 되면 촉민은 곧바로 전쟁포로, 즉 奴隷(노예)의 신분으로 강등 당하게 되어있다. 이런 慣行(관행)을 익히 알고 있는 餘城지역의 촉민들은 大王의 征討軍(정토군)에 대항하는 대신 오히려 열렬히 환영함으로서 복속의 뜻을 표하고 그동안 중단했던 조공을 다시 바치기로 서약하자 이를 받아들임으로서 大王의 王恩이 온 나라 구석구

석까지 미치게 되었다는 것이다. 그래서 餘城의 民들은 촉민의 지위를 유지할 수 있게 되었으며 領土도 보존하고 노예身分으로의 강등도 면하게 되었다는 것이다

지금까지 일반적으로 인식되기는 東夫餘가 高句麗의 屬國(속국)이기 때문에. 屬民은 그 屬國의 民으로 해석하는 것이 당연하다고 여겨 왔다. 그러나 20년 조의 主題는 東夫餘 往討라고 되어있지만 내용으로 들어가면 餘城이라는 東夫餘 국경지역의 한 據點(거점)으로 되어있다는 것을 알 수 있다. 東夫餘는 高句麗의 영향권(天下秩序) 안에 들어있으나 한 據點(거점) 만을 직접 지배하는 古代 領土觀이 반영된 産物(산물)이라고 할 수 있을 것이다. 그렇다면 餘城國駭라는 國은 무엇을 의미하느냐고 의문을 제기할 수 있을 것이다. 여기서 國은 내고장 또는 고향이라는 뜻도 동시에 가지고 있다는 것을 알 수 있다. 日本에서 오구니(國)라고 하면 곧 내 고장, 즉 고향을 뜻하는 것과 같은 脈絡(맥락)으로 씨어진 말이다.

이 같은 사실을 확인하고 싶다면 당장 국어사전을 한 번 펼쳐보면 된다. 屬國은 있지만 명사로서의 屬民(속민)은 없다. 의미상으로 촉민(屬民)이 있을 뿐이다. 영락 元年 辛卯年 기사에서도 맨 먼저 마주치게 되는 단어가 屬民의 屬자인데 日本大漢和辭典에 수록되어있는 屬자의 발음은 半切音으로 朱欲밑에 chu를 달고 沃을 다시 半切하여 '촉'으로 읽을 것을 지시하고 있다. 說文 주석에 의하면 屬, 連也[从]尾蜀聲이라고 하여 屬(촉)은 連 또는 連續(연속)이라는 뜻이고 촉(蜀)이라고 발음한다고 되어있다.[23]

23) 大漢和辭典 諸橋轍次 著 大修館書店) 卷4 173쪽 集韻 (丁度 司馬光 撰)

그 두 번째 發音이 비로소 우리에게 익숙한 '속'이다. 殊玉을 半切하여 '속'인데 그 밑에 발음기호 shu를 달고 沃을 다시 半切하여 '속'으로 읽으라고 지시하고 있다. 그런데 '촉'이라는 발음은 언제부터인가 증발되어버리고 '속'으로만 읽기 시작하여 지금은 아예 그렇게 굳어져버렸다, 예의 일본 大漢和辭典이 주석한 전거로서 周禮와 疏에 의하면 屬民(속민)은 사람들을 모으다는 뜻으로 읽히는 名詞+他動詞로 구성된 複合語이다. 名詞가 아니라는 말이다.24)

이 문제에 대해 최일범(성균관대 교수)은 그의 논문 <한국사상의 연원>에서 인용한 楚語의 한 구절인 昭王과 觀射不의 대화 내용 중 '...命火正黎司地以屬民.'하는 대목을 '火正과 黎에게 명하여 땅을 관장하고 民들을 모아(會) 질서 있게 다스리도록 하였다.'로 해석하고 이 때 屬은 동사의 역할을 한다는 해답을 내어놓고 있다. 앞서 주석 專用(전용) 日本漢和사전상 屬자의 두 번째 발음인 속을 적용한 속민(屬民) 사용례이다. (이 부분에서 최일범은 촉민으로 읽고 품사를 동사라고 주장하고 있다)

2. 陵碑文 解讀의 마스터 키 屬民(촉민)

촉(屬)의 첫 번째 뜻은 連接이라고 해서 울타리가 이어지듯 連續不絶로 길게 뻗혀 있는 국경선을 의미한다. 그 전거로 史記蒙恬傳(몽념전)의 起臨兆屬地萬里(臨兆에서 始作하여 (遼東까지) 이어지는 萬里長城), 즉 국경을 나타내는 말로 쓰이고 있다 여기서 屬地는 屬土와 같은 뜻으로 國家에 부속된 土

24) 위와 같은 책 卷4 175 쪽 下段에서 인용.

地, 즉 統治權이 미치는 領域을 말한다.

촉민(屬民)이란 東夫餘 往討 기사에서 확인한 바와 같이 바로 그 언저리, 國境을 맞대고 있는 相對地域의 한 거점에 사는 民을 일컫는 말임을 알 수 있다. 그 두 번째 뜻이 跟着(근착)이다. 가까이 따른다는 意味다. 項王渡淮騎能屬(촉)者百餘人耳(史記 項羽本紀)를 그 전거로 들 수 있다. '項羽가 淮水를 건넜을 때는 그를 따르는 騎兵이 百餘人에 불과했다.'는 것이다. 이를 또 <左氏傳>(哀編 11)에서는 不屬(촉)者非楚人也, 즉 '따르지 않는 자는 楚나라 사람이 아니다.'라고 그 전거를 대기도 한다.

東夫餘 往討 기사 말미에 餘城 지역의 유력자로 보이는 여러 鴨盧들이 大王을 흠모하여 高句麗 官員들을 따라 나섰다는 跟着(근착)의 실례가 기록되어있다.[25]

이 같은 촉 자, 즉 屬民(촉민)의 뜻을 가장 잘 구사하고 있는 東夫餘 往討 기사로 다시 돌아와 해석해보면 東夫餘 국경지역 한 據點(餘城)에 사는 屬民(촉민)들은 형식적으로는 각기 그 나라(東夫餘)에 소속되어 있는 民이지만 실질적으로는 高句麗에 조공을 바치고 그 代價로 安全을 보장받는 관계로 묶여 있다는 말이다. 그러나 東夫餘라는 나라는 존속되고 있다는 의미도 함께 하고 있다. 당시 東夫餘와 高句麗의 관계는 기울어져가는 老 帝國과 全盛期에 접어든 新興 帝國 고구려 간의 爭霸(쟁패)가 아직은 채 끝나지 않은 拮抗期(길항기. 서로 버티고 있는 긴장관계)가 지속되고 있는 시기였기 때문에 고구려가 단순히 힘만 가지고 밀어 붙일 그런 성질의 상대는 아

25) 위와 같은 책 175쪽에서 下段에서 인용

니었다는 것을 말해준다. 東夫餘는 그 이후 長壽王 代를 거쳐 近 100년 뒤인 그 아들 文咨王 3년에 와서 비로소 고구려에 병합되었다.

申瀅植은 이 문제에 대해 '古代 國家체제가 완성되기 이전의 領域(frontier)이란 開拓地와 未개척지와의 경계지역이기 때문에 近代的 의미의 國境(border)과는 다르다'면서 '따라서 國境線이 명확하게 정해진 것이 아니고 대체로 城 중심으로 統治權이 행사되었다'[26]고 말한 것과 相通하는 개념이다.

다음에는 屬民(촉민)의 성격에 대해서 한 번 알아보기로 하자. 첫째로 자신들을 지배하고 있는 국가에 대해 조공의 義務를 지고 있다. 이 의무만 이행하게 되면 촉민(屬民)의 지위를 유지할 수 있을 뿐만 아니라 외부로부터의 공격을 방어하여 安全을 .보장받게 되어있다. 그러나 조공의 의무를 이행하지 않고 무단히 도발할 경우에는 武力을 행사하여 이를 진압하고 그 땅을 점령통치하게 된다. 그리고 그 지역에 사는 屬民(촉민)들은 모두 포로가 된다. 古代 사회에서 포로는 곧 노예를 의미한다. 즉 촉민(屬民)이 노예 身分으로 전락하게 된다는 말이다..이 때 부르는 명칭이 臣民이다. 日帝 때 자주 듣던 皇國臣民과 혼동이 되는데 그 원 뜻은 노예다. 근대적 의미로 재해석하면 노예처럼 忠誠스럽게 복종하는 백성이라고 할 수 있을 것이다.

<禮記> 少儀編(소의편)에 보면 臣卽左之卑也라고 해서 남자의 卑稱(비칭, 낮추어 부름))이라고 하였는데 그 주석에서 '臣謂囚俘(수부)라고 하였다. 즉 포로라는 뜻이다. 원래 臣자의

---

26) 高句麗의 成長과 그 領域(申瀅植 韓國史의 전개과정과 領土 韓國史論 34 국사편찬위원회 2002)

본 뜻이 使, 즉 노예를 가리키는 말인데 民 한 字만으로도 被支配계급이 되기 때문에 臣民이라고 하면 古代 社會에서는 곧바로 노예를 지칭하는 말로 통했다고 볼 수 있다. 臣民이란 강제 노동으로 馬 소처럼 혹사당하는 노예 신분으로 그 수를 헤아릴 때도 生口라는 짐승의 단위를 쓰게 된다.

그리고 촉민(屬民) 하게 되면 그 지역 民 전체를 가리키는 말로 이해하기 쉬운데 古代의 노예제 사회에서는 앞에서도 말한 바와 같이 노예란 짐승과 같은 존재로 경제의 主體가 될 수 없을 뿐만 아니라 따라서 擔稅(담세) 능력도 없기 때문에 이들을 관리하고 경제적인 부담을 대신 지는 노예주가 民의 역할까지도 맡게 되어있다.

東夫餘 往討와는 상반되는 예로 6년(396) 丙申에 大王이 친히 水陸군을 거느리고 百濟를 征討(정토 討利殘國)할 때 殘不服義敢出百殘王威嚇怒渡阿利水遣刺迫城使圍城而殘主困逼獻.... 跪王自誓從今以後永爲奴客, 즉 '百殘(百濟)이 불복하였을 뿐 아니라 감히 공격을 가해오자 이에 怒한 대왕이 阿利水를 건너 여러 城을 공격하고 이어서 都城을 포위하였다. 이에 困逼(곤핍 困乏 또는 困憊곤비와 같은 의미로 괴롭고 힘겹다)해진 殘主(阿莘王)가 서둘러 朝貢品을 바치면서 무릎 꿇어 항복하고 앞으로 영원히 奴客(臣民)이 되겠노라고 盟誓(맹서)'하였다. 이에 大王은 殘主를 너그러이 용서하고 58개城과 7百 村을 얻은 위에 많은 전리품과 함께, 王弟와 10人의 대신을 人質로 잡고 도성으로 개선하였다.

그러나 百濟는 이 맹서를 지키지 아니하고 영락 9년(399) 己亥 百殘違誓與倭和通....其國境潰破城池...10年 庚子 敎遣步

騎 5萬, 즉 '百濟가 前日의 맹서를 어기고 倭와 화통하고 倭를 앞세워 新羅國境을 침범하였다는 新羅 使臣의 구원 요청을 받게 되었다. 이에 대왕은 步騎 5만을 파견하여 百濟와 伽倻 倭의 연합군을(洛東江 전투에서)大破함으로써 對 百濟戰을 승리로 마무리하였다.

權五燁은 그의 <廣開土王 碑文의 世界>에서 "東夫餘 征討를 통해서 또 하나 확인할 수 있는 것은 征討의 목적이 반드시 領土의 확장에 있는 것이 아니고 高句麗가 주재하는 天下의 原狀, 즉 질서를 유지하는 것이 본래의 목적이라는 것을 말해주는 것이라고 했다.[27] 이에 대해 金容滿은 그의 <廣開土大王의 偉大한 길>에서 "그렇다면 어째서 百濟 征討(6년條 기사를 말함)시에는 百濟의 영토를 점령했느냐"고 대왕의 領土정책에 일관성이 없다는 반론을 제기하고 있다.[28]

앞 절에서 말한 바와 같이 大王이 百濟王(阿莘王)의 조공과 항복을 받고 개선하면서 기왕에 점령한 漢江 유역의 百濟城들을 돌려주지 않고 그대로 점령한 것을 두고 하는 말이다. 그러나 이는 東夫餘 征討 때의 餘城과 같이 據點(거점) 지배하는 형식의 영토가 아닐 뿐만 아니라 계속적으로 도전해온 百濟 본국을 상대로 벌인 전면전이라는 점과 앞으로 朝貢을 바치고 복속할 것을 약속한 餘城이라는 일개 거점지역 民(屬民 촉민)에 대한 대응과는 근본적으로 다르다는 것을 말해주는 것이다. 이런 오해를 불러일으키게 된 것은 예의 촉민(屬民)에 대한 이해가 부족했거나 아예 없었던 데 그 원인이 있다는 것을 알 수 있을 것이다.

27) 廣開土王 碑文의 世界(權五燁 2007 제이앤씨) 357쪽
28) 광개토대왕의 위대한 길(김용만 2011 우리역사문화연구소 워스덤하우스)

지금까지 古 漢文을 매개로 하는 陵碑文 해독의 새로운 방법과 그 實用例에 대해서 20年 條 東夫餘 往討 기사를 중심으로 분석해보았다. 그러나 이 같은 해독의 원리는 비단 20년 條에만 해당하는 것이 아니고 陵碑文 全 條에 걸쳐 통용되는 원리라는 것을 전제로 하여 130년 간 논쟁을 계속하고 있는 영락 元年 辛卯年 기사부터 다시 풀어 보고자 한다.

3. 古漢文의 實用例 陵碑文 全 條에 걸쳐 適用된다.

우선 그 앞 절

百殘新羅舊時屬民　由來朝貢而 倭以辛卯年來渡海

의 첫머리에 나오는 百殘新羅舊時屬民의 문장체제부터가 20年조의 東夫餘 舊時屬民과 글자 한 자 안 틀리고 똑 같다 그렇다면 이 대목의 屬民 역시 屬民(촉민)이어야 한다는 것은 두 말할 나위조차 없는 일이다. 百濟와 新羅라는 나라 이름이 앞에 나오니까 이 두 나라는 고구려의 屬國이고 그 百姓은 屬民(속민)이 아니겠느냐고 추론할 수 있을 것이다. 그러나 앞에서도 말 했다시피 屬國이라는 명사는 있어도 屬民(속민)이라는 명사는 그 자체가 존재하지 않는다. 이런 사실을 우정 외면하고 대부분의 연구자들이 단지 편의상 그렇게 불러온 것이 자신들도 모르는 사이에 固着化(고착화)되어 그렇게 보일 뿐 實相과는 거리가 멀다는 것을 알 수 있을 것이다. 언뜻 보아서는 '屬國(속국)의 屬民(속민)'으로 연결하면 順理的(순리적)인 해석이 될 것 같지만 사전에도 없는 말을 어떻게 엄밀한 論證을 요하는 논문에다 쓸 수 있다는 말인가. 알고 보면 극히 상식적이고 平易(평이)한 문제인데도 불구하고 그것이 잘못 낸 길이라는 것을 모르고 길들여진 惰性(타성) 그대로 생각 없이 그냥 걷고 있는 것과 다름이 없다.

그런데 정작 陵碑文에는 屬國이라는 말도 나오지 않는다. 屬民이 있으니까 屬國은 당연히 있을 것이라 豫斷(예단)하고 해석하고 있을 뿐이다. 이 같은 言語상의 錯綜(착종)현상을 의식하지 못하고 '당시 百濟는 高句麗와 대등한 세력을 가진 강국인데 屬國이란 말도 안 된다.'고 本文에도 없는 屬國논쟁까지 벌이는 넌센스극이 다 벌어지고 있다. 앞 절에서 말한 北韓 학자 朴時亨의 백제 강국론을 두고 하는 말이다. 애초부터 架空(가공)의 논리인데 거기다가 한 수 더 떠서 실체도 없는 상대를 공격하는 것과 다름이 없다. 다시 말하거니와 辛卯年 條에 나오는 屬民도 20年 條의 그것과 똑 같은 脈絡(맥락)으로 풀어야만 올바른 해석을 얻을 수 있다. 촉민(屬民)으로 말이다 그러면 이번에는 大王이 百濟와 新羅라는 나라를 공격하여 속민(屬民)으로 삼은 것이 아니냐고 사전에도 없는 속민을 들어 다시 反論하려고 할 것이다.

그러나 20年 條에서 大王이 공격대상으로 삼은 것은 東夫餘 국경지대에 있는 餘城이라는 한 지역 거점이었다. 그럼에도 陵碑文 상에서는 '東夫餘 往討'라고 했지 '餘城 往討'라고는 하지 않았다. 百濟 新羅라는 나라이름이 앞에 나온 것 역시 東夫餘 往討와 같은 서술체제로 두 나라 이름을 앞 세웠던 것이다. 餘城처럼 구체적인 地名이 明示되지는 않았지만 高句麗와의 국경지대 어느 한 지역 거점의 民, 즉 屬民(촉민)을 의미하는 것은 20년 條와 조금도 다름이 없다.

그 다음 절이 由來朝貢而 倭以辛卯年來渡海다. 앞에서도 설명한 바와 같이 由來의 사전적 의미는 '事物에 緣由(연유)하여온 바 내력'쯤으로 이해하는 것이 보통인데 여기서는 '밭을 經由(경유)하여 조공품(보리)을 가지고 왔다.'는 내용이 직접 표현되지는 않았지만 그 속에 내포되어 있다고 보는 것이다. 이런 해석을 두고 原來가 象形文字인 漢字 由의 字劃(자획)을 밭田자에서 한 꼭지가 나온 열 十 자로 풀어서 그 의미를 求하는 이른바 解字法이라고 한다. 由來라는 두 글자에 함축되어있는 이 같은 다양한 意味가 뒤에 오는 문장과 그 內容을 지배하고 있음을 알 수 있다. 즉

밭가운대로 나 있는 (十자)길을 지나

로 해석하고 來자는

보리 (또는 밀)를 朝貢하러 온다.

는 두 가지 意味를 한 글자. 즉 由와 來가 품고 있다고 보는 것이다. 來자는 고대에는 보리를 뜻하는 字로도 통했는데 <周頌(송)思文>에 나오는 '貽(이)我來牟(나에게 밀과 보리를 보내왔다)'를 그 전거로 들 수 있을 것이다.

앞에서 漢文의 發達史를 논할 때 말한 것처럼 글자 數가 적었던 古代에는 이와 같이 글자 하나로 동시에 여러 가지 뜻을 나타내는 복합어를 즐겨 썼던 것으로 보인다.

그리고 朝貢品이 겨우 밀 보리 정도밖에 안되느냐고 그 초라함을 지적할 수도 있을 것이다. 보통 조공하면 수레에 가

득 실은 금은보화를 연상하기 쉬운데 이는 영화 속에서나 볼 수 있는 朝貢品을 假想(가상)해서 일 것이다. 屬民(속민) 들이 바치는 朝貢은 정기적으로 거둬들이는 일종의 租稅(조세)와 같은 성격을 띠고 있기 때문에 고대에는 화폐 代用품이었던 곡물로 대신했다는 것을 알 수 있다. 그래서 일명 租貢品(글자 그대로 租稅로 바친다는 뜻)이라고도 부르는 것이다.

이것은 쌀이 생산되기 전 밀 보리가 주곡이었을 때 예기이고 水稻作(수도작)을 처음 시작한 新羅 眞興王代 이후 近代까지도 쌀은 회폐 代用으로 사용되었으며 그래서 稅穀(세곡)하게 되면 租稅로 거두어들이는 벼를 그 기준으로 정해 國家財政(재정)의 기본으로 삼았던 것이다. 조공품에 대한 上記와 같은 오해와 진실은 1600년 전 社會經濟적 수준을 現在的인 視覺(시각)으로 보는데서 오는 일종의 錯視(착시)현상이라고도 할 수 있을 것이다.

辛卯年 기사 중에서도 日本과 가장 민감하게 다투는 쟁점 가운데 하나인 而倭以辛卯年來渡海의 핵심은 而자와 以자로 모아진다. 지금까지 而에 대해서는 별 의미를 두지 않고 倭에 종속되는 어조사쯤으로 해석하는 것이 일반적이었는데 여기서는 일차적으로 앞뒤의 문장을 同格병렬관계로 연결하는 접속사 구실을 하고 있다 ‘그리고,’ ’또는‘ ‘와’가 된다는 말이다. <呂氏春秋> 用民篇에 나오는 種麥而得麥 種稷而得稷, 즉 보리를 심으면 보리를 얻고 피를 심으면 피를 얻는다.‘가 이를 잘 설명해주고 있다. 다시 말해서 百殘新羅舊時屬民 由來朝貢과 而倭以辛卯年來渡海가 同格으로 연결되어 있다는 말이다.

그리고 倭 다음에 오는 以가 바로 앞 절의 朝貢을 받고 있다. 일반적으로 以자는 '...으로써' 또는 '.을 가지고'라는 접속사의 기능을 가지고 있으나 動詞(동사)로서 '..을 하다(爲)'의 뜻도 동시에 가지고 있다. 여기서는 구체적으로 '朝貢을 하다 '가 될 것이다.

<韓非子>의 難用篇에 보면' 以子之矛 陷子之盾 何如? 즉 '네가 너의 창을 가지고 너의 방패를 뚫을 수 있겠는가'라고 하여 爲 자의 뜻도 동시에 나타내는 用 자로 해석하기도 한다. (古漢語常用字字典 주석 중에서).

> 而倭以辛卯年來渡海를 앞 문장과 연결하여 다시 해석하면
>
> 그리고 倭는 辛卯年 以來로 바다를 건너와 高句麗에 (보리를) 朝貢하였다

가 된다. 이 때 辛卯年 以來로 라는 時制는 영락 5년 裨麗(비려) 征討까지가 될 것이고 그 이후로는 조공을 하지 않았다는 뜻도 함께 포함되어있다.

앞 문장에서 그 以後로가 破百殘 ㅁㅁㅁ羅以爲臣民으로 연결되는데 세 缺落字, 즉 빈칸을 鄭寅普가 인용한 聯(또는 連)侵新으로 채우고

> 그 後로 高句麗는 百濟가 倭와 聯合하여 新羅에 侵入, 臣民으로 삼으려는 凶計를 미리 感知하고, 즉 알아차리고. 이를 분쇄하기 爲하여)

라고 百濟 征討의 名分으로 제시한 뒤 이어지는 以六年丙

申王躬率水軍討利(倭)殘國을

> 6年 丙申에 大王이 친히 水軍을 거느리고 와서 百濟와 왜를 征討하고 (그 땅을 攻取하였다).

로 해석, 百濟 공격의 정당성을 확보하게 된다.

이로서 辛卯年 기사와 직간접으로 연계되어있는 전후 기사를 모두 풀어보았다.

4. 倭의 實體에 대한 考察

陵碑文 가운데 倭가 언급된 곳이 前後 8차례에 이르는데 그 중에도 辛卯年 기사에 등장하는 倭와 三國과의 관계에 대한 논쟁은 碑文 첫 도입 이후 130년이 지난 현재까지 서로 한 치도 물러서지 않은 채 팽팽한 平行선을 달리고 있다.

이렇게 지루하게 지속되고 있는 韓日 兩國 간의 歷史논쟁에 대해 결론부터 말한다면 이 爭點(쟁점)은 풀리지 않는 게 오히려 당연하고 그것이 正答이라고 말하기도 한다. 즉 양측이 모두 合意(또는 首肯)하는 정답이란 애초에 있을 수 없을 뿐만 아니라 기대할 수도 없다는 말이다. 그 이유는 문제를 대하는 시각 자체가 서로 다른데 어떻게 두 나라를 동시에 만족시킬 수 있는 답을 얻을 수 있겠느냐는 것이다.

古代 이래로 日本(倭)은 一衣帶水(일의대수)의 이웃인 韓半島와 그 주변 바다를 노략질의 대상으로 삼아왔으며 中近世 이후로는 그 勢(세)를 더욱 강화하여 時도 때도 없이 跋扈(발호)하는 海賊질로 寧日이 없더니 朝鮮 中期 宣祖말에는 그 勢를 조직화하여 壬辰 丁酉 7년 전쟁을 일으킨 끝에 이 땅을 蹂躪

(유린)하고 無辜(무고)한 蒼生(창생)들을 魚肉으로 삼아 참혹한 고통을 안겨주었다.

그리고 最近世 들어서는 이 땅을 근 40년 동안이나 强占하고 植民地化하여 백성들을 노예처럼 부리고 학대하였다. 한 치의 거짓을 허용치 않는 이런 歷史的 사실까지도 그들은 인정하지 않고 오히려 과거를 美化하거나 合理化하는 데 급급하고 있다. 일찍이 '國際 관계에는 道德的 요소가 없다.'고 그 非情함을 말했던 明治維新期의 사상가 후꾸자와유기치(福澤諭吉)의 말처럼 자국 중심의 國家利益을 위해서는 수단과 方法을 가라지 않는 그들의 칼끝이 언제 어디로 향할지 가늠할 수조차 없는 不可測(불가측) 無防備(무방비)지대에서 우리는 언제나 전전긍긍하고 있다. 언제 어디서나 우리의 虛點(허점)만을 노리고 있는 그들은 그 凶暴(흉포)한 침략의 本性을 결코 버리지 않을 것이라는 것도 우리는 잘 알고 있다. 과거의 두 나라 역사가 그것을 말해주고 있다. 이런 그들에게 碑文 해석에 있어서 순수한 學問的인 접근을 기대한다는 것은 緣木求魚(연목구어)나 다름이 없다. 그들의 目的은 오로지 學問의 이름으로 위장한 침략의 正當化에 있다는 것을 지난날의 역사를 통해서 우리는 잘 일고 있기 때문이다.

그 한 예로 日人學者 우에다 마사아끼(上田正昭 大阪女大)는 <日韓古代史의 謎(なぞ 수수깨끼 1992)> 심포지움에서 행한 <倭의 使用例>라는 主題(제) 발표에서 "韓은 帶方의 南, 東西는 바다로서 限界를 짓고 南은 倭와 接해 있다.(韓帶方以南以海爲限 其瀆盧國 與倭接界)고 한 <三國志>(晉나라 陳壽 撰찬) 기사를 예로 들어 "韓과 倭가 陸續(육속)되어있는 것처럼 되어 있다고 했는데 이를 海 字의 탈락으로 볼 수 있을까" 고 반문하면서 原文 그대로 읽으면 "韓의 東西는 바다지만 南쪽은 倭와 접해있다."는 것이다. 다시 말해서 이는 南海岸 일대에 倭의 領域이 존재하고 있었다는 것을 말하고 있는 것이라고 슬그머니 찍어다 부친 것이다. 與倭接界에서 당연히 들어갔어야 할 海 字가 빠졌다는 韓國 측 주장에 대한 反論이다 古代나 지금이나 당시 倭의 영역이라고 하는 對馬島와 韓半島 南海岸(巨濟島) 사이에 바다가 있다는 地理的 진실에 대해서는 눈을 감은 채 마치 육속된 倭의 영역이 존재한 것처럼 글꼬리를 잡고 늘어진 것이다.

淸나라 학자 丁謙(겸)은 <三國志> 韓傳 弁辰 條 註解(주해)에서 '...此島(거제도를 이름)與日本之對馬島東西相距不遠 故曰接界'라고 하였다. 즉 두 섬 사이가 가깝기 때문에 接界라는 말을 쓴 것이라고 말하고 있다. 이를 역으로 말하면 육속된 지역에서는 이런 표현을 쓸 수 없다고 말한 것이다. 동시에 앞서 우에다의 주장도 허구라는 것을 확인시켜주고 있다.
짐작컨대 丁謙은 국경을 의미하는 接境(접경)을 念頭(염두)에 두고 이같이 말한 것 일 것이다.

우에다는 계속해서 <魏志> 韓傳 弁辰 조 鐵(철) 생산 기사에 나오는 "韓 濊 倭가 서로 다투어 鐵을 캐고 있다(國 出鐵 韓 濊 倭 皆從取之)."고 한 대목을 뚝 떼어가지고 여기 나오는 倭는 韓 濊와 接하고 있는 倭일 것이라고 역시 半島 內 倭의 領域說을 다시 꺼내들고 나섰다. 뭐 눈에는 뭐만 보인다고 그들의 관심사는 하나에서 열까지 오로지 半島 內 倭 領域의 存在에 집중되어있다는 것을 이는 말해주고 있다.

계속해서 우에다는 <三國史記>와 <三國遺事>에 의하면 倭軍이 新羅의 王都(金城, 지금 慶州)에서 퇴각할 당시 지나는 길에 獨山이라는 山이 있었다고 했는데 이 山이 慶州에서 大邱로 가는 도중의 富山 西쪽에 있는 山으로 이 方向으로 倭가 도주했다는 것은 日本 列島나 對馬島만으로는 倭의 本據(본거)를 설명할 수 없다며 이 역시 倭의 半島 내 領域說을 뒷받침하는 직접적인 증거라고 주장하고 있다. 이는 實聖尼師今 4년(405) 4월 倭兵이 쳐들어와 慶州 東쪽 明活城을 공격하였으나 이기지 못하고 퇴각함에 王이 친히 騎兵(기병)을 이끌고 獨山(迎日郡 神光面) 남쪽에서 邀擊(요격)하여 두 번 싸워 破(파)하고 3백여급을 殺獲(살획)하였다는 바로 그 獨山이다.

이에 대해 在中學者 朴鎭奭(延邊大)은 당시의 戰況(전황)을 상세하게 분석한 결과 우에다가 주장하는 半島 내 倭 領域說의 결정적 증거라고 하는 獨山의 위치가 그가 주장한 것과는 판이하게 다르다고 말했다. 그리고 .元老사학자 李丙燾가 역주한 <三國史記> 原文을 들어 獨山의 위치가 우에다가 짚은 것과는 正反對 方向인 慶北 迎日郡 神光面이라고 다시 확인해주고 있다29). 이곳은 迎日이라는 이름 그대로 동해안의 해맞이 호미 곶(串)을 말한다. 한국지도상의 토끼꼬리에 해당하는 바로 그 지역으로 古代 以來로 倭가 日本 列島 西海岸에서 바다를 건너 韓半島로 들어오는 길목이자 왜구의 침략 루트로 이용되어왔던 그 지점이다. 그 위로 동해안을 따라 올라가면 慶州의 東쪽 끝자락에 있는 感恩寺(址)와 함께 "海龍이 되어 倭의 침략을 물리치겠다."는 悲願(비원)을 세우고 죽은 후 바다에 묻혔다는 文武王(新羅 30代王)의 유명한 大王岩이 있는 곳이다. 이 같은 기사로 미루어 볼 때 동해안 일대에

29) 호태왕비와 고대 조일 관계 연구((박진석 1993 백산자료원)

서 당시 왜구의 노략질이 얼마나 자심했던가를 알 수 있다.

앞에서도 인용한 바 있는 日人학자 후루다는 그의 <好太王碑 史料批判(사료비판)>을 통해 영락 9년(399)조에서 百濟와 연합한 倭가 新羅 국경지대에 때로 몰려와 城池(성지)를 破하고 난동을 부리자 新羅 使臣이 平壤(양)으로 달려가 때마침 순시 중이던 大王에게 구원을 요청한 말(而新羅遣使,白王云,滿其國境潰破城池...) 가운데 '倭人滿其國境'이라고 한 其國境의 其가 倭와의 국경을 의미하는 것이 아니겠느냐고 半島 내 倭領域說의 확증을 잡았다고 큰소리를 쳤다. 新羅 國境에 倭가 侵入했다면 그 반대편에 倭의 영역이 存在하는 것은 당연하다는 투로 말이다.

이 같은 주장에 대해 在中학자 朴鎭錫은 이 문장의 其는 新羅 사신 自身의 나라, 즉 新羅를 가리키는 1人稱인데 이를 倭라는 3人稱 代名詞로 바꿔치기하는 것은 文法上의 基本조차 무시하는 해석이라고 후루다의 無知(무지)함을 들어 一擊(격)에 그의 주장을 無力化시킨 바 있다. 한 마디로 누가 봐도 뻔 한 理致(이치)를 가지고 걸핏하면 말꼬리를 잡아 半島 내의 倭 영역설을 들고 나오는 후루다는 사실상 韓半島 南海岸 倭地說의 첫 주장자이기도 하다 그는 <三國志> 韓傳의 기사 가운데 마지막 구절인 從郡之倭...渡其北岸狗耶韓國에 대하여 狗耶(구야)韓國은 伽倻(가야)韓國과 같은 나라라면서 '倭地에 속하는 것 같다'고 마치 그렇게 感이 잡힌다는 식으로 표현하는가 하면 其北岸의 其는 倭를 가리키는 것 같다고 예의 倭地說을 들고 나왔다.. 新羅를 가리키는 앞 절 其國境의 其가 왜라고 주장한 것과는 반대로 이번에는 왜지(對馬島)에서 바라본 북쪽 (남)해안, 즉 其北岸의 其(狗耶韓國)가 倭의 일부분이라고 하는 마치 말 작란 같은 선부른 論理를 또다시 들고 나온 것이다.

이에 대해 朴鎭錫은 '狗耶韓國이, 其北岸, 즉 倭의 北岸에 있다고 한 것은 하나의 地理的 개념에 불과한 것으로 그에 대한 政治的 소속을 의미하는 것은 아니라고 또다시 반박하고 있다.30)

그리고 그는 이어서 <三國志> 韓傳에는 弁辰韓 내에 24개 小國이 있는데 각기 명칭을 모두 열거하고 있다며 그 中 弁辰狗耶國이라는 小國이 곧 狗耶韓國에 해당한다는 것은 다툼의 여지가 없는 사실이라고 말하고 있다. 따라서 西紀 3~5世紀 경 韓半島 內에 倭地가 존재했다고 한 것은 근거가 稀薄(희박, 저자는 이를 缺乏 결핍이라고 표현함)할뿐만 아니라 歷史的 事實과도 부합하지 않는다고 反論하고 있다.

5. 伽倻와 倭의 鍛冶(단야)기술 隔差(격차)

對馬島 태생인 女流 考古學者 에이류(永留久惠)는 그의 <古代史の鍵(かぎ 열쇠)-對馬>(東京 大和書房 1985)에서 먼저 新羅實聖王 7년(408)조를 들어 狗耶라는 것은 伽倻를 말하는 것으로 洛東江 河口의 金海邊(변)으로 보고 있다. 對馬 北西의 對岸(대안)에 해당하는 지역인데 對馬와의 交流가 가장 활발했던 곳으로 지목하고 있다. 그는 <魏志> 韓傳 弁辰 조에 나오는 '國 出鐵 韓濊倭皆從取之'와 '其瀆盧國與倭接界'라는 구절을 들어 倭가 그 지역에 살고 있는 것 같다는 說도 있다고 婉曲(완곡)한 표현으로 그 가능성에 대해서 말하고 있다. 그리고는 日本 학자로는 드물게 당시 韓國, 즉 伽倻와 倭와의 鐵 鍛冶

30) 위와 같은 박진석의 책에서

(단야, 金屬을 鍛鍊 단련 즉, 두드려 강하게 만듦)기술의 격차에 대해서 구체적으로 솔직하게 언급하고 있다. 그는 자신이 말하고자 하는 취지를 요약해서 "靑銅器文化의 말기 무렵 廣形銅鉾(동모 槍)나 彌生(やょい)式 토기를 對馬島로 가지고 들어온 倭는 이 때 이미 철기시대로 진입한 한국에서도 그 용도가 폐기된 청동기를 수집하여 대마도를 중계지로 무역을 했다." 고 古代文化 交流의 단면을 가감 없이 밝혀내고 있다[31]. 뿐만 아니라 한국에서 새로 개발한 철기 수입에도 그들(倭)이 직접 개입하고 있었다는 것은 北九州 지역의 彌生 후기 유적에서 船載(舶來 はくらい, 즉 外製品을 말함) 銅器(동기)와 함께 철기도 出土되고 있다는 사실로 미루어 증명이 되고 있다고 말했다.

그런데 주목해야 할 것은 출토된 철기는 劍 矛 刀 钃(촉 호미) 斧(부 도끼) 鎌(겸 낫) 등 旣製品(기제품)이 大宗을 이루고 가공하기 전 中間材로서의 정철(鋌鐵 쇳덩어리)은 보이지 않는다는 것이다 이 말은 당시 철공업 선진국이었던 가야가 그 精製(정제 鍛冶 단야) 기술을 倭에 유출시키지 않기 위해 부가가치가 높은 中間 원료인 정철을 왜에는 수출하지 않았다는 추론이 가능한 대목이다.

에에류는 계속해서 이 무렵 전후해서 가야系의 陶質(도질) 土器(金海式 土器)도 함께 출토되었다는 것은 앞에서 말한 두 나라 간의 기술격차에서 오는 산업 발달사와 그 軌(궤)를 함께 하고 있다고 할 수 있다고 했다. 이 말을 뒤집어서 말하면 당시 공업 후진국이었던 倭가 대부분의 日本학자들 주장과 같이 한반도 남해안에 그들의 영역을 가지고 있었다는 논

31) 古代史の鍵 對馬(對馬古代史論集 1985 東京 大和書房) 上代 對馬と韓土の交渉史 編

리는 결코 성립될 수 없다는 말이기도 하다. 따라서 임나일본부니 남선경영론이니 하는 것은 터무니없는 誇大妄想症(과대망상증)환자의 잠꼬대나 다름없는 발상이라고 할 수 있다는 것이다. 비유하자면 이는 청동기문화라는 小銃(소총)을 가지고 철기문화라는 대포와는 맞겨룰 상대가 될 수 없다는 것을 말하고 있는 것이다.

이 같은 倭와의 力學 관계에 대해서 千寬宇는 그의 <廣開土王 陵碑文 再論> '倭의 意味'에서 이렇게 말하고 있다. '陵碑文 上의 倭軍(왜군)은 영락 9년(399) 己亥 條에 洛東江 方面 新羅 국경에 처음으로 나타나 14년(404) 甲辰에 帶方界(대방계)인 황해도 方面 전투에서 高句麗에게 壞滅(괴멸)당함으로서 한반도 上에서의 그 활동기간은 전후 6년에 걸쳤다고 전제하고 '영락 元年 辛卯의 倭는 倭使 혹은 정규 전투원이 아닌 소규모의 병력, 예컨대 倭使의 호위병력 수준으로 본다.'면서 어디까지나 主가 아니고 百濟에 종속된 병력이라고 주장했다.

그리고 對 高句麗戰에 동원된 倭兵은 高句麗 新羅가 연합하여 펼친 일대 공세로 위기에 몰린 百濟가 倭에 원병을 요청함으로서 보내온 명목상의 병력이지 대규모 派兵이 아니라는 점을 다시 환기시키면서 그 이유로 百濟에 파병한 倭는 北九州의 親百濟 倭라는 점을 들고 있다. 日本 畿內(기내)의 倭가 北九州의 倭를 정복한 것이 527~8년 이와이(いわい磐井)의 亂(日本書紀 繼體紀 21, 22年)인데 아직 西部 日本의 통합도 이루지 못한 畿內(기내) 倭가 百濟에 원병을 보냈다고는 생각되지 않는다는 것이다.

따라서 陵碑文에 나타난 현존 對倭관계 기사만 놓고 보면 고구려군이 倭軍만을 상대로 싸운 것처럼 되어있으나 고구려軍과 싸운 兵力은 어디까지나 百濟를 主로 하고 倭(때로는 伽倻까지 포함하는)를 從으로 하는 연합군 성격의 군대로 본다는 것이다. 그리고 帶方界 작전이 倭만을 상대로 싸운 것처럼 되어있으나 <三國史記>의 浿水(禮成江의 옛 이름)上 작전(帶方界 作戰과 같은 의미임)은 반대로 百濟만을 상대로 한 작전으로 기록되어있다는 것이다.

또한 倭가 新羅의 沿海地(연해지)나 국경에 일시 침범했다가 즉시 격퇴된 기록은 40회에 이르고 있으나 出兵이라고 할 만 한 韓半島 上에서의 활동은 陵碑文에 보이는 대로 6년간의 倭가 그 전부라는 것이다.

日人 학자 하다다(旗田魏)도 <三國史記> 上의 倭는 주로 여름철에 新羅 沿邊(연변)에 내습하는 海賊(해적)류이었을 것으로, 九州 北部지방에 그 본거를 두고 있었던 것으로 보고 있다. 따라서 陵碑文 上의 倭는 <三國史記> 上의 倭와 동일한 것으로 本州의 大和(やまと)정권과는 무관한 것이라는 견해를 보인 바 있다면서 이런 규모의 倭가 이른바 임나일본부나 남(조)선 경영을 할 만한 세력이 될 수는 없다고 말했다.

4장 大王 최대의 공적은 遼河線 확보

1. 缺落字투성이 永樂 17年 丁未 條

千寬宇의 <廣開土王 陵碑의 解釋問題>에 의하면 陵碑文

上의 廣開土王 勳績史(훈적사)는 모두 8회의 大小 작전과 世系 守墓人 규정 등으로 구성되어 있다. 이를 年度 별로 살펴보면 첫째로 영락 5년 乙未(395)의 對 裨麗(契丹?) 大興安嶺 작전, 둘째로 辛卯年 기사 上의 對 倭 작전(영락 6년조와의 관련기사로 보고), 셋째로 영락 6년 丙申(396)조의 對 百殘(백제) 漢江 下流 方面 작전, 넷째 영락 8년 戊戌(398) 息愼(肅愼?), 지금의 東滿洲 方面 작전, 다섯째 영락 10년 庚子(400) 百濟倭 연합군과의 洛東江 下流 작전, 여섯째 영락 14년 甲辰(404)의 대 倭(百濟와 倭의 연합군) 黃海道 方面 작전, 일곱째 영락 17년 丁未(407) 작전. 碑文의 缺落(결락)으로 대 後燕 遼河작전 추정, 여덟째 영락 20년 庚戌(410) 대 東夫餘 松花江 방면 작전 등을 꼽을 수 있다.[32)]

古代에 있어서 征服(정복)군의 작전이라는 것이 결국은 전쟁으로 시작해서 전쟁으로 끝나는 것이기 때문에 그 공적을 말하려면 개별 작전의 成敗를 따져보는 것이 첩경일 것이다. 알렉산더나 징키스칸이 그랬듯이 廣開土大王 또한 無敗의 기록을 세운 常勝(상승)장군이자 帝王이었다. 그가 지휘한 여러 작전 중에서도 高句麗의 死活(사활)이 걸린 遼東 진출과 防禦(방어)는 그 첫 손가락에 꼽히는 작전이었다. 당시의 進出先(목적지)[33)]은 바로 後燕(후연)이었다. 그래서 이를 일반적으로 對 後燕 작전이라고도 부른다. 그런데 그 작전이 陵碑文 上에서 漏落(누락)되어 있다는 것이다. 그렇다고 고의적으로 빠트린 것은 물론 아닐 테고. 이 수수께끼 같은 隱密(은밀)한 속사정을 지금부터 파헤쳐 보고자 한다.

32) 廣開土王陵碑의 解釋문제((千寬宇 1975 韓國史의 再照明 讀書新聞社) 110~111 쪽
33) 進出先 さき, 즉 목적지 (日本語大辭典 1971 岩波書店)

수수께끼의 대상은 결락자투성이 인 체 마치 임자 없는 無主空山처럼 방치되어 있는 大王의 일곱 번 째 훈적인 17년 丁未 條다. 이 年條가 年代 上으로 보나 그 歷史性으로 보아 對 後燕작전이라는 추정은 가나 本文에서 보다시피 워낙 결락자가 많아 꼭 집어서 확인 할 방법이 없다. 17년 條 전체 構文 중에서 後燕작전이라고 어림으로라도 짐작할 수 있는 꼬투리는 단지 沙溝城 婁城이라는 다섯 글자 지명이 남아 있을 뿐이다.

그러나 상기 千寬宇의 논문에서는 先代 이래로 계승되어온 高句麗의 死活이 걸린 숙원이자 가장 중요한 작전인 遼河(요하) 進出, 즉 對 後燕 遼河 작전이 陵碑文에서 탈락되었을 것이라고는 상상조차 할 수 없는 일이라면서 그것을 比擬(비의 비교 적용)할 수 있는 단서는 17年 丁未條밖에 없다고 거의 단정하다시피 말하고 있다.

大王이 이 작전에 역점을 둘 수밖에 없는 또 다른 이유는 요하 방면으로부터 加해오는 역대 中國의 東進정책에 의한 압박의 强度가 날로 거세어져 244년에는 魏(위)나라 毌丘儉(관구검)에 의해, 342년에는 燕나라 慕容皝(모용황)에 의해서 각각 수도 通溝(통구)를 점령당한 惡夢을 다시는 되풀이 할 수 없는 절체절명의 至上과제 이기 때문이다. 陵碑文 上 大王의 정복활동(遼河작전)과 <三國史記>의 기록 사이에는 年代의 격차가 적지 않게 벌어진다. 그럼에도 史實의 年代順은 대략 일치하고 있다는 점이 그나마 解法의 실마리를 풀 수 있는 한 가닥 기대를 걸게 하고 있다. 예를 들면 <三國史記>上의 對 後燕 작전이 大王의 거의 末期에 이루어진 작전으로 기록되어 있는데 陵碑文 역시 말기로 기록되어있다는 점이다.

거기다가 간접적인 요인이기는 하나 大王의 遼河 進出에 대한 연구가 상대적으로 소홀하지 않았나 하는 비판도 제기되고 있다는 게 사실이다. 그 이유로 日本이 大陸 進出의 橋頭堡(교두보)로 韓半島 침략의 歷史的 正當性을 확보하기 위해서 意圖的으로 역사조작을 끊임없이 제기 해 오는 데 우선 대응하기 위해서 腐心(부심)하느라 역사적인 17年 條 對 後燕 작전에 대한 연구는 그만큼 소홀해질 수밖에 없었다는 自責論을 두고 하는 말이다. 自家 변명 같지만 일리가 있는 말이다.

2. 中國學者가 陵碑文 17年 條를 다시 쓰다?

결국에는 그리 되고 말았지만 中國은 현재 自國 영토 안에서 일어난 고구려의 對 後燕 작전 같은 영토 확장전쟁을 처음부터 아예 없었던 일로 만들고 싶은 動物的 충동을 숨기지 않는 나라다. 이런 階梯(계제, 일이 잘 되어가는 좋은 기회)에 不敢請而固所願(불감청이고소원)이라고 굳이 請(청)하지 않았는데도 바라던 바를 이룰 수 있는 絶好의 기회가 눈앞의 현실이 되어 나타났는데 이를 놓칠 리가 있겠는가 해서 하는 말이다.. 17년 조가 바로 그 조작의 빌미를 제공하는 절호의 기회가 되었다. 碑文의 결락자, 즉 남아있는 글자가 단 5개밖에 없는 나머지 빈칸을 모두 자기 마음 내키는대로 조작하여 채워 넣었다는 疑惑(의혹)을 사고 있는 이유이다.

1880年代 초 일본군참모본부가 密派한 간첩 사코(酒勾景信)가 일차적으로 碑面에 石灰를 塗布(도포)하여 自國에 不利한 글자를 쪼아내고 有利한 글자를 새겨 넣었다는 사실이 在日史家 李進熙의 폭로로 세상에 알려졌는데 그 이전에도 이미

淸國人의 손에 의해 그 일부가 조작되었다는 사실이 망명 중이던 丹齋 申采浩에 의해서도 밝혀진 바 있다. 그는 그의 <朝鮮上古史>에서 중국인(滿洲族) 榮禧(영희)라는 자가 비문의 내용 중에 高句麗가 정복한 토지(領土)에 대한 기록은 남김없이 일일이 따라가면서 刀斧(도부)로 쪼아내더니 이번에는 그 뒤를 이어 들어온 日人이 字句가 刓缺(완결, 결락자, 즉 빈칸)된 곳에 石灰를 발라 판독할 수 없는 字句가 생겨났다는 현지인의 증언을 청취한바 있다고 밝히고 있다.[34]그런데 끝판에 가서는 완결된 부분에다 아예 비문을 다시 쓰는 창작?까지 하는 수완을 발휘했다는 것이다. 야만이 따로 없는 이런 외눈박이 중국인들에게 엄정한 객관성이 요구되는 역사연구를 기대한다는 것은 꿈도 꿀 수 없는 희망사항이 되어버린 것이다. 그 이후 중국의 역사학자들은 榮禧(영희)라는 자가 이런 방법으로 뜬 능비문 탁본(이른바 榮禧本)만을 연구자료라고 이용하고 있다는 것이다.

3. 제 先祖가 기록한 歷史도 虛僞(허위)라고 다시 변조

有文史 이래로 中國은 역사를 기록한 문헌자료를 뜯어고치는데 그 특유의 이력이 나있는데 현대 들어서는 아예 東北工程을 비롯한 각 방향의 工程이라는 역사 조작 프로그램을 작동하여 현재 자국 영토 내에서 생성소멸한 모든 인접국의 역사를 자기나라 역사에 편입시키는 나 홀로 역사패권주의를 가동 중에 있다. 앞에서 말한 능비문의 변조는 바로 그 작업의 일환으로 추진 강행되고 있는 역사 조작극의 결정판이다.

---

34) 朝鮮上古史 下(申采浩 1977 三星文化文庫 100) 241~242쪽

이처럼 남의 나라 歷史는 말할 것도 없고 심지어는 자기네 祖上이 기술한 역사까지도 事勢(사세)가 여의치 않다 싶으면 잘못되었다고 뜯어고치는 자들이다. 이런 그들에게 陵碑文의 객관적 해독을 기대할 수는 더더욱 없는 일이다. 게다가 碑身 자체가 자기네 영토 안에 세워져 있으니 이런 好機(호기)를 놓질 리가 없다는 말이다. 이번에는 땅따먹기 놀이를 하는 식으로 碑를 세운 고구려가 자기네 역사 版圖(판도)에 편입된 자기네 歷史라고 주장하기에 이르렀다. 歷史고 文化고 간에 가리지 않고 모두 싹쓸이 해야만 직성이 풀리는 그런 탐욕의 化身같은 나라를 고대 이래로 수천 년 동안 국경을 맞댄 이웃으로 살아가고 있는 게 바로 우리다.

다시 李進熙의 <廣開土王陵碑の研究>로 돌아가 보면 陵碑文 拓本 4종과 釋文 12종을 제시하고 있는데 오직 중국인의 榮禧本(영희본)과 金毓黻本(김육불본)에만 앞에서 千寬宇가 예시한 大王의 8개作戰 지역들을 나열해놓고 있다. 그런데 그 작전이 모두 對 百濟 아니면 對 倭 작전으로만 채워져 있다는 것이다. 이를 뒤집어서 말하면 중국대륙 내에서의 작전은 碑文에 하나도 나와 있지 않다는 말이다. 대륙에서 일어나 그 대륙을 지배했던 고구려가 말이다.

더욱 황당한 것은 1903년에 나온 영희本은 전체 碑文 1800여字 가운데 판독 불능字가 단 15字밖에 없는 완벽에 가까운 碑文으로 다시 태어났다는 사실이다. 특히 그 중에도 앞에서 말한 바와 같이 판독 가능한 글자가 단 5개 밖에 없는 丁未 17년 조의 경우, 단 한 字도 결락字가 없는 누가 보아도 눈에 빤히 보이는 조작本을 연구 자료라는 이름으로 보란 듯이 공개하고 있다. 이는 삼척동자에게 물어보아도 결락된 空白

개소마다 자기나라에 유리한 문자를 골라서 채워 넣었다고 밖에는 달리 설명할 길이 없는 조작의 완결판 그 자체다.

4. 大淩河 方面 作戰으로 이름 바꿔야

더구나 1934년에 나온 김육불本은 대체로 영희本을 따른 것이어서 논문에 인용을 해도 별 문제 될 게 없다는 식으로 자기들만의 捏造(날조)된 역사를 역사라고 일반화시키고 있는 그들이다. 이 같은 中國 측의 일방적 각본에 따라 榮禧와 김육불은 大王 一代의 모든 작전을 對 百濟 對 倭 작전일색으로 돌려놓아 高句麗의 後燕작전, 즉 遼河線 확보라는 대왕의 최대 공적은 아예 싹도 없이 사라져버리고 만 것이다.

大王의 훈적 깎아내리기 同業者?나 다름없는 日本학자 하마다고오사꾸(濱田耕作)는 "高句麗가 對 後燕 작전에서는 반드시 우세한 戰況(전황)에 있었다고 볼 수 없음으로 현창碑에 이를 明記하는 것은 피하는 편이 나왔을 런지도 모른다."고 말리는 시누이 役을 자청하고 있다. 그러면서 陵碑文에서는 반드시 主敵에 대한 征討戰(정토전)은 前置文+王躬率의 구조로 명기되어있는데 17年 丁未조는 教遣(교견)이라고 만 하고 征討의 이유를 밝히는 前置文이 없음으로 이를 後燕정토전이라고 보는 것은 無理라는 迂闊(우활)한 論法을 동원하여 大王의 공적을 우정 깎아내리고 있다.

이에 대해 千寬宇는 그의<灤河 下流의 朝鮮 中國 東方州>에서 帶方 玄免 등의 郡民 3만家를 당시 灤河(난하) 下流 幽州(유주)로 徙民(사민)시키고 있는데 遼東 玄免郡이 그 본래 존치 지역인 遼陽 興京 방면에서 축출될 때보다 훨씬 앞서는 年代의 일이었음이 새롭게 드러나고 있어 그 연대적 間隙(간극)의 의미를 되짚어 보아야 할 것 같다고 했다. 셋째로 이때 廣開土王이 확보한 遼東城 新城 南蘇城 木底城은 高句麗 멸망 때(668)까지도 계속 그 領有로 남아 唐將(당장) 李勣(적)의 '高麗諸城(고려제성)' 보고 당시까지도 모두 그대로 존치되어있었음을 알 수 있다고 했다.

이어서 千寬宇는 지금까지 陵碑文의 17년 丁未 條를 막연히 '對 後燕 遼河 방면 작전'이라고 불러왔으나 앞으로는 이를 對 後燕 大淩河 방면 작전"으로 고처 불러야 한다고 주장하고 있다.

그 이유는 <資治通鑑> <三國史記> 등 기록에 나와 있는 宿軍城 일시 점령 기사 때문인데 이 城이 바로 後燕의 수도 朝陽(古地名은 龍城) 東北에서 遼河와 합류하는 大淩河 연변에 위치한 後燕의 목젖과 같은 요충이었다는 것이다.[35]. 그래서 그가 고처 부르기로 했다는 大淩河 방면 작전은 假說(가설)이 아닌 명백한 史實에 바탕을 둔 역사 그 자체임을 재확인 할 수 있다.

맺음말

年前 세밑 무렵 濟州島 여행길에 西歸浦市 下院里에 있는 法華社址를 찾은 적이 있다. 현재 그곳에 法華寺라는 절이 들어서 있으니까 보통 法華寺址로 알기 쉬운데 海上王 張保皐(장보고)가 세운 法華社는 절 기능을 가지고는 있으나 절 寺가

35) 灤河 下流의 朝鮮 中國 東方州郡 置廢와 관련하여(千寬宇 1977 史叢 姜晉哲教授 華甲記念)

아닌 집 社자 法華社로 알고 있다.

그래서 西歸浦 法華社는 장보고가 中國 山東省 文登縣 赤山村에 세운 法華院을 본거지로 하여 역시 張保皐의 배려에 의해 入唐 유학을 마치고 돌아간 日本 高僧 엔닝(圓仁)이 그 은혜에 보답하기 위해서 교토(京都) 히에산(比叡山)에 세운 赤山禪院을 잇는 이른바 張保皐 海上 벨트의 中心軸(축) 역할을 담당했던 東北亞 海上圈의 허브였다 그리고 바로 지난 2016년 오랜 진통 끝에 완공을 본 濟州 海軍基地가 같은 西歸浦市 강정마을에 들어섰다. 이는 장보고 이후 천년 여라는 세월이 흐른 지금까지도 그 地政學的(지정학적)인 地利는 조금도 변하지 않았다는 것을 말해주고 있는 것이다.

바로 韓半島의 위치가 또한 그렇다. 東北亞 海洋 세력의 先頭를 자처하는 日本과 大陸 세력 中國이 맞부딪히는 相衝(상충)지대가 또한 한반도다. 이는 古代 이래로 우리가 겪고 몸으로 체득한 역사, 그 자체이기도 하다 그래서 한반도를 발판으로 大陸 진출의 야망을 불태우는 日本과 이를 저지하고 南下하려는 中國 사이에는 항상 팽팽한 긴장과 一觸卽發(일촉즉발)의 戰雲(전운)이 감돌고 있는 것이다.

지금까지 기술한 陵碑文 上의 高句麗 대 中國, 日本과의 관계에서 비롯된 東北亞 정세는 中近世들어 일본(倭)이 일으킨 壬辰 丁酉 倭亂과 이어서 일어난 淸의 丙子 丁卯 胡亂으로 이어졌고 現代 들어서는 海洋勢力에 美國이, 大陸勢力에 러시아가 가세하였으나 그 대결구도는 조금도 변하지 않고 옛 그대로이다. 6.25 전쟁은 바로 이를 실증하는 상징적인 예가 될 것이다.

陵碑文을 둘러싸고 中 日 양국이 경쟁적으로 벌이고 있는

自己中心的 해석의 밑바탕에는 바로 이와 같은 地理的 조건에 편승하여 자신들의 宿望을 달성하고자 하는 침략적 意圖가 깊숙이 깔려있다는 것을 알 수 있다

그래서 그들은 언필칭 國家利益이라는 이름 아래 역사를 날조 조작하고. 왜곡하다 못해 아예 역사 자체를 改竄(개찬. 몰래 고치고 지워버림)하는 反文化的 만행도 서슴지 않는다. 침략의 정당성을 확보하기 위해 古代 韓半島 南端에 그들의 領域, 즉 任那日本府같은 植民地가 있었다고 강변하는 狡猾(교활)한 日本과 東北工程이라는 그들만의 歷史 날조극을 연출, 그들 領域 안에서 생성소멸한 모든 역사는 中國에 귀속된다고 주장하는 싹쓸이식 歷史 강탈행위는 한마디로 莫上莫下다. 俗된 말로 그놈이 그놈인 두 강대국의 틈새에 끼어있는 韓半島는 그래서 언제나 그들 야욕의 표적이 되어왔으며 '歷史는 되풀이된다.'는 프레임에 갇혀 戰戰兢兢(전전긍긍)하고 있는 것이다.

이 같이 냉엄하면서도 戲畵的(희화적)인 歷史의 아이러니를 진즉에 예언한 사람이 다른 사람 아닌 中國의 初代 首相 周恩來다. 共産主義者치고는 融通性(융통성)있고 合理주의적이라는 말을 듣는 그가 지난 1963년 6월 28일 中國을 방문한 北韓의 社會科學院 학자들과 만난 자리에서 "朝鮮民族의 발자취는 랴오허(遼河)와 쑹화강(松花江) 유역, 투먼강(圖們江 豆滿江) 유역에서 발굴된 文物 碑文 등에 의해 증명되고 있으며 수많은 朝鮮 문헌에도 그 자취가 남아있다."면서 이 歷史사실을 부인 또는 왜곡하려는 일부 中國학자들의 大國쇼비니즘(國粹主義 국수주의)을 비판하고 있다. 그리고 그는 高句麗史와 渤海史 왜곡을 미리 예상이라도 한 듯 '지금 시기의 關鍵(관

건)은 연구하는데 있다 배워서 통하지 않으면 손해' 라고 北韓 학자들을 격려하였다고 한다. <周恩來 總理 中國-朝鮮關係 對話錄>에 있는 말이다.[36] 그리고 40여년이 흐른 지금 그의 말 그대로 中國은 東北工程을 가동하여 自國 영토 내에서 생성소멸한 모든 역사는 中國의 역사라는 覇權的(패권적) 일방통행을 강행하고 있는 것이다.

이미 본문에서도 지적한 바 있거니와 이렇게 사전에 목적을 설정해놓고 학문이라는 이름을 빌어 意圖的으로 역사를 조작하고 왜곡하는 저들을 상대로 맞대응한다는 것은 어찌 보면 공연한 시간 낭비일 런지도 모른다. 경우에 따라서는 저들이 사전에 쳐놓은 精巧(정교)한 그물코에 걸려드는 역효과만 내게 될 넌지도 모른다. 다시 말해서 과연 그들을 眞摯(진지)하게 상대할 가치가 있는지 여부를 깊이 생각해 봐야 한다는 말이다. 그럼에도 불구하고 우리가 두 눈 똑바로 뜨고 그들을 경계하지 않으면 안 되는 것은 언제든 우리가 틈만 보였다 하면 이내 그들의 침략 본성이 들어나 우리를 蹂躪(유린)하려고 들 것이기 때문이다.

이런 弱肉强食의 정글 속에서 강대국의 弱小國 지배원리라고 하는 디바이드 앤 룰(divide and rule)을 굳이 들먹이지 않더라도 적전분열을 하게 되면 드러나게 마련인 틈새를 비집고 제3의 세력이 밀고 들어오는 것은 논리 이전 自然의 法則이다. 그런데 우리는 지금 바로 그 분열증세가. 度를 넘어 臨界點(임계점)으로 치닫고 있다는 不安을 안은 체 요동치는 국제정세의 격랑 속에서 살아남기 위해 본능적인 안간힘을

36) 저우언라이 總理 中國-朝鮮關係 對話(周恩來와의 부끄러운 재회 허민 문화일보 오피니언 란) 중에서 인용

쓰고 있는 형국이다. 시선을 좀 더 깊이 들여다보면 雪上加霜(설상가상)으로 이념을 달리하는 同族끼리 총부리를 맞겨누고 있는 南北대결이 마치 1천수백년 전 死生決斷(사생결단)하고 爭覇(쟁패)를 겨루던 三國시대로 되돌아간 것 같은 착각을 일으킬 정도로 살벌하고 엄중하다. 게다가 南北의 배후에 도사리고 있는 外勢의 영향과 압박 또한 그 당시의 축소판을 彷佛(방불)케 하고 있다. 그런데 이런 엄중한 시기에도 국민들은 너나 할 것 없이 우선 편하고 쉬운 것만 찾고 정치권은 자신들의 政治的 이익을 위해 派黨(파당)싸움에 여념이 없다. 거기에다 우선 달콤한 平和의 幻想(환상)에 陶醉(도취)되어 나라의 안전은 뒷전으로 밀리는 아슬아슬한 외줄타기 曲藝(곡예)를 하고 있는 것 같다.

日本에는 '비록 전쟁에 이겼더라도 투구 끈을 조여 매라..'는 속담류 警句가 있다. 戰時고 平時고 간에 항상 긴장의 끈을 늦추지 말라는 말일 것이다. 즉 放心하지 말라는 것이다. 모든 人間事의 이치가 다 그렇듯이 未來는 준비하는 자에게만 열려있고 軍事力의 뒷받침 없는 平和는 砂上樓閣(사상누각)에 불과하다는 말과도 相通하는 말일 것이다.

거기다가 "國益을 초월하는 가치는 애초에 존재할 수 없다."고 굳게 믿고 있는 日本人들을 넘으려면 우리가 어떤 대응태세를 취해야 할 것인가 하는 답은 이미 나와 있다. 다만 그 실천을 어떻게 담보할 것인가 하는 國民的 合意만이 남아 있을 뿐이다 여기서 말하는 국민적 합의를 이루기 위해서는 언제나 국가와 국민이 서로 소통하고 함께 가는, 그래서 힘을 하나로 모을 수 있는 정신적 指標(지표)를 두고 하는 말일 것이다. 얼마 전 한 신문紙上에서 미국의 마이클 브린(전

서울외신기자클럽 회장)이라는 평자가 쓴 『한국정치권의 경쟁이 추잡한 두 가지 이유』라는 글에 보면 "한국에서는 정파와 정당 간의 권력을 위한 투쟁(또는 경쟁)이 대단히 추잡한 형태로 나타난다." 면서 그 이유가 "국민이 국가에 대해 갖는 일치된 관념이 없기 때문"이라는 것이다. 즉 "국가란 무엇인가, 정부는 무엇을 위해 존재 하는가"에 대해 공유하는 정신적 指標(지표)가 없다는 말이다. 그러면서 "과거엔 한국국민들 사이에 그렇게 공유하는 국가적 비젼 같은 것이 있었다."는 것이다. (2020. 2.10일字 조선일보 A 30면 오피니언 난 중에서).

과거에 있었다는 그것이 바로 우리가 까맣게 잊고 있는 弘益人間(홍익인간)이념이다. 단지 잊는 데 그치지 아니하고 눈앞의 이익에 집착한 나머지 많은 국민들이 그 진까(眞價)를 모르고 스스로 卑下(비하)하거나 아예 찍어내지 못해 안달을 하는 참담한 실정이다. 한민족과 더불어 반만년을 함께 해온 우리의 民族魂(혼)인 홍익인간이념은 그래서 빛바랜 眞珠처럼 그 意義가 점차 退色하다 못해 자동 폐기되어가고 있다. 이 絶體絶命(절체절명)의 위기 속에서 自救노력에도 한계를 느낀 나머지 悔恨(회한)과 自責으로 點綴(점철)된 통절한 無力感을 느끼면서 이 글을 모두 마치고자 한다.

參考文獻

大漢和辭典(諸橋轍次 1986 大修館書店 東京)
鄭 澹 園 廣 開 土 境 好 太 王 陵 碑 文 釋 略 (鄭 寅 普 1 9 5 5 庸 齋 白樂濬博士還甲記念論叢)
遼河下流의朝鮮中國 東方州郡置廢와 關聯하여 千寬宇 1977姜晉哲敎授華甲記念論叢
廣開土王陵碑의 解釋問題 (千寬宇 1977 韓國史의再照明 讀書新聞社)
廣開土王碑文再論(千寬宇 1979 全海宗博士華甲記念論叢)
古代朝日關係史(金錫亨 1970 朝鮮史硏究會 譯)
中國朝鮮傳譯註(國史編纂委員會 1987)
日本語大辭典(編者 新村 出 1971 岩波書店)
古漢語常用字字典(1985 商務印刷館 上海)
三國史記(李丙燾 譯註 1994 乙酉文化社)
三國遺事 修正版(李丙燾 譯註 1992 明文堂)
朝鮮上古史下(申采浩 1977 三星文化文庫 100)
廣開土王陵碑硏究(朴時亨 2007 도서출판 푸른나무)
廣開土王陵碑の硏究(李進熙 1972 吉川弘文館社)
호태왕비와 고대조일관계연구(박진석 저 1993 백산자료원)
高句麗好太王碑硏究(朴鎭奭 1996 아시아문화사)
好太王碑論争-改ざん說を否定する 1996 藤田友治)
한문이란 무엇인가(金都練 劉英姬 1977)
古代は輝ぃてぃた 1(古田武彦 2002 朝日新聞社)
사라진 비문을 찾아서(김병기 2005 학고재)
廣開土大王의 위대한 길(김용만 2011 워스덤하우스)
廣開土好太王碑文硏究 100년(徐榮洙 高句麗硏究 2 1996)
廣開土王碑文의 世界(權五曄 2007 제이엔씨)
高句麗의 成長과 그 領域(申瀅植 2002 한국사론 34)

尹瓘 九城의 位置에 대한 文獻 再考察

尹 汝 德*

차

<국문초록>

尹瓘(관) 9城의 設置 範圍(설치범위)에 대해서는 朝鮮 초기까지만 해도 高麗史, 世宗實錄 地理志, 東國輿地勝覽(동국여지승람) 등 官撰(관찬)史書의 기록 그대로 豆滿江 北 7百里에 公嶮鎭(공험진)과 先春嶺(선춘령)이 있다는 데 의심의 여지가 없었다. 그러나 조선 중기의 實學者 韓百謙이 함경남도 伊原郡과 端川郡 경계에 있는 磨雲嶺(마운령) 石樞舊基(석추구기)를 尹瓘碑(先春嶺 定界碑)로 추정한 이래 그의 뒤를 이은 실학자들이 尹瓘碑를 마운령 이남으로 내려잡는, 이른바 吉州以南說을 제기하게 된 것이다.

日帝 관변 史學者 이케우치(池內宏) 등이 이를 빌미로 하여 조선인들의 實學者에게 거는 남다른 기대와 신망에 편승하여 尹瓘 9城을 아예 함경남도 咸州郡과 洪原郡 경계에 있는 咸興平野까지 끌어내리는 소위 咸興平野說을 제기하기에 이르

렀다.

그러나 尹瓘 9城 연구의 선구자인 方東仁과 金九鎭은 世宗實錄 地理志 上에서 밝히고 있는 先春嶺(선춘령)과 公嶮鎭(공험진)의 위치를 추적한 끝에 豆滿 江北 7百里 지점, 綏芬河(수분하) 上流 지역에 있는 老松嶺(노송령)이 곧 先春嶺 일 것이라고 추정한 바 있다.

최근 들어서는 소장학자 尹日寧이 世宗 때 金宗瑞가 발로 답사했던 <世宗實錄> 地理志上의 그 路程(노정)을 GPS 방식으로 두 차례에 걸쳐 실측한끝에 앞의 두 元老교수가 추정했던 老松嶺이 곧 先春嶺임을 재확인하게 되었으며, 뒤이어 崔圭成敎授도 豆滿江 以北說을 논증하였다.

주제어 : 尹瓘 先春嶺 公嶮鎭 曷懶 韓百謙 池內宏 尹日寧 老松嶺

*전한국정신문화연구원 편찬부 편수위원

Ⅰ. 머리말

尹瓘의 九城 설치범위에 대해서는 대체로 다음 세 가지 說로 압축된다. 그 첫째가 『高麗史』와 『高麗史節要』 『世宗實錄 (地理志) 등 官撰(관찬)史書를 중심으로 하는 豆滿江北(7백리) 說이고 다음이 實學의 鼻祖格(비조격)인 久庵 韓百謙(구암 한백겸 1550~1613)을 필두로 하는 考證地理(고증지리)學者들의 吉州以南說, 그리고 마지막으로 日帝官邊(관변) 史學者인 이케우치(池內宏1879~1951) 등이 제기한 咸興平野說이다.

그 중에도 9城의 설치 범위에 대해 오해를 불러일으키는 원인을 제공하고 축소시키는 데 결정적 구실(역할)을 한 것이 吉州以南說이다. 이 說에서 함경남도 伊原郡 東面과 端川郡 富貴面과의 경계에 있는 磨雲嶺(마운령) 고개(높이 416m)마루의 石樞舊基(석추구기)를 韓百謙이 실지답사도 하지 않은 체 尹瓘碑로 比定한 이래 柳馨遠(유형원)을 비롯하여 安鼎福(안정복), 丁若鏞(정약용) 등 이른바 고증지리 학자들이 선배학자의 주장을 비판 없이 그대로 수용하는 바람에 植民(식민)史學者들에게 歷史歪曲(역사왜곡)의 빌미를 제공하게 된 것이다. 이와 같이 吉州以南說의 근거가 되었던 마운령비는 그 후(1929年 9月) 白頭山을 등반하던 길에 현장에 들른 六堂 崔南善(1890~1957)에 의해 뒤늦게 新羅 眞興王巡狩碑(진흥왕순수비)라는 사실이 밝혀졌지만 윤관비의 위치에 대해서는 아무런 영향을 미치지 못했다.[1)]

오늘날의 視覺(시각)으로 보면 선배학자의 주장을 확인도 하지 않은 체 인용함으로서 범하게 된 實學者들의 이런 어처구니없는 誤謬(오류)가 朝鮮王朝 시대에는 접근 不可로 禁忌視(금기시)되어있던 鮮初(선초) 편찬 實錄(太祖 太宗 世宗)의 열람 제약(열람을 不許함)에도 그 1次的인 原因이 있다고도 할 수 있을 것이다.[2)]

이유야 어떻든 결과적으로 보면 '스스로 자신을 없인 여긴 뒤에야 남도 나를 害치게 된다.(自卑以後人而害之)'고 그렇지 않아도 역사 歪曲(왜곡)에 혈안이 되어있던 日帝에게 이(吉州以南說)보다 더 좋은 好材는 없었을 것이다. 韓國人들의 實學者에

---

1) 崔南善의 '新羅眞興王의 在來三碑와 新出現의磨雲嶺碑 (靑邱學報 제2호, 1930. 11. 日文)

2) 金九鎭의 公嶮鎭과 先春嶺碑 『白山學報』 21, 1976참조

게 거는 期待와 信望이 意外로 높다는 데 눈을 돌린 그들은 한술 더 떠서 9城의 설치범위를 아예 咸關嶺(450m 함경남도 咸州郡 德山面과 洪原郡 雲鶴面 경계) 以南으로까지 끌어내려버렸다. 이른바 咸興平野說이 나오게 된 배경이다.

그런데 우리는 永久的인 植民支配를 노린 日帝가 이처럼 우리 역사를 축소 왜곡 한 것도 모자라 그들의 굴레를 벗어난 지 60년도 더 지난 지금까지도 이런 歷史를 定論으로 받아들여 9城의 範圍(특히 公嶮鎭의 位置)에 대해서 아직도 中高教科書(歷史附圖 包含)에 咸興平野說과 豆滿江 以北說을 同列에 놓고 병기함으로서 後世 教育에 심각한 혼란을 惹起(야기)시키고 있다. 하루빨리 이 같은 歷史的 오류를 바로잡고 公嶮鎭의 位置가 1차 史料 그대로 豆滿江以北說로 정립되어야 한다는 절박한 필요성을 제기하는데 본 논문의 목적이 있다.

Ⅱ. 史書上으로 본 尹瓘 九城

1. 架空 僞記(가공 위기)로 몰린 官撰(관찬) 史書

이케우치 등 日本의 官邊史學者들은 그들이 植民統治하고 있는 나라가 高麗처럼 강대한 國力을 과시함으로서 그 국민들이 自矜心(자긍심)을 갖게 되는 것을 원치 않았으며 어떡하던 그것을 깎아내리는 데 일차적인 목적이 있었다. 그래서 짜낸 奸計(간계)가 『高麗史』, 『高麗史節要』 같은 基本 史書나 『世宗實錄』(地理志), 『東國輿地勝覽』 등 朝鮮 初期 地理志의 기록들을 무조건 訛傳(와전) 또는 架空(가공) 僞記(위기)라고 일방적으로 몰아 붙였다. 그것은 이미 學問으로서의 기능을 도외시한 意圖된 각본이나 다름이 없었다. 그리고는 『高麗史』가 기록하고 있는 尹瓘 經略지역의 地形的인 형세와 咸興平野 부근의 지형적인 類似點(유사점)에 근거했다며 尹瓘 이후 8백 여 년 동안 밝혀내지 못한 9城의 絶對 位置를, 그것도 하루아침 사이에 하나도 빠짐없이 面, 里까지 줄줄이 다 꿸 정도로 맞추어놓았다.[3)]

심지어 이케우치는 咸興平野說의 전제로 내세우고 있는 曷懶(이때의 가란은 Karran)이라는 지역의 地圖上 위치를 조작할 때는 '曷懶水(海蘭河) 南쪽 白頭山 東北部에 있다'고 그려 넣어 놓고 그의 연구 논저라고 하는『滿鮮史硏究』中世 第1冊에서는 '蒲盧毛朶部(포로모타부)朝鮮咸鏡南道咸興郡'이라고 曷懶水와 인접해 있는 蒲盧毛朶部라는 지역명을 함경남도 咸興郡으로 끌어내리는 등 억지로 附會(부회)하여 앞과 뒤가 서로 맞지 않는 自家撞着的(자가당착적)인 혼선을 스스로 일으키면서 공공연하게 역사를 날조하고 있다.[4)]

『滿洲源流考』(金史 世紀編)에 나오는 '高麗가 약속을 어기고 두 使臣을 죽인 뒤 葛懶甸에 城을 쌓았다.'(高麗背約殺二使築曷懶甸)'는 한 구절에 着眼하여 曷懶 地域이 바로 尹瓘 9城의 키포인트임을 알게 된 이케우치가 曷懶의 위치를 바꿔치기하는 과정에서 이런 오류를 범하게 된 것이다. 그 先行 작업으로 白頭山 西南쪽 蓋馬高原을 가리키는 乙離骨嶺(摩天嶺)을 咸關領으로 끌어내리고 曷懶을 그 南쪽 咸州郡 일대에다 임의로 再배치한 것이다.

---

3) 이케우치의 『滿鮮史硏究』 (中世篇)에서 비정한 9성의 위치를 보면 咸州대도독부-咸興을 비롯하여 英州城-함경남도 新興郡 東興里, 吉州城-함흥군 山垈里산성, 福州城-함흥군 塔洞里, 공험진성-함흥군 대덕리산성, 通泰鎭-함흥군 雲城里산성, 崇寧鎭-함흥군 雲興里 中峰산성, 眞陽鎭-함흥군 吾老里 金盤 산성으로 되어 있다.

4) 이케우치(池內宏)의 滿鮮史硏究 제1책 401p 참조

2.『金史』·『 遼史』 기록의 反證

曷懶이 함경남도 咸興이 될 수 없는 이유를 反證한 것은 오히려 『遼史』나 『金史』의 기록이었다. 1041년(重熙10) 遼나라 興宗이 '蒲盧毛朶部(포로모타부)에 詔書(조서)를 내려 曷蘇館(갈소관)의 난민을 받아들여 生業을 마련해주도록 하였다.'(詔蒲盧毛朶部歸曷蘇館戶之沒入者使復業)고 했는데 이때의 蒲盧毛朶部나 曷蘇館은 서로 인접해 있는 生女直의 각기 독립된 割據(할거)지역으로서 현재의 寧古塔 以南 敦化, 延吉을 중심으로 하는 滿洲 中央지대를 일컫는다.

또 1046년(重熙15) 遼나라 興宗이 蒲盧毛朶部 경계에서 귀순한 曷懶河지역 난민들을 어루만져주라(二月丙寅蒲蘆毛朶部界曷懶河來附詔撫之)고 조서를 내렸으며 같은 해 『金史(世紀編)에 보면 金나라 景祖(烏古迺 오고내)도 '曷懶水지역의 난민들이 무리를 이끌고 항복해오면 그 나이와 이름만 기록하고 곧 모두 돌려보내라(曷懶率衆降者 錄其歲月姓名卽遣去...)'고 하였다. 이때의 曷懶은 寧古塔 北部 松花江 分流 상류 지역의 海浪河 流域 일대이다. 尹瓘이 女眞 征伐을 하기 전 지금의 海蘭河(해란하)를 曷懶水라고 불렀다. 『中國地名大辭典』에 의하면 '曷懶水는 海浪河(또는 駭浪河해랑하)라고도 하며 일명 海蘭河로도 불린다(曷懶水一地名駭浪河在吉林寧安縣源出老嶺東入瑚爾哈河(鏡泊湖)一名海蘭河)'고하였다.. 1096년 烏古迺의 아들 盈歌(金의 穆宗)가 白頭山 下 豆滿江邊 琿春과 和龍 延吉 敦化 일대에 거주하는 女眞 각 部族을 통합하고 曷懶水의 曷懶甸이라는 地方 行政區域名을 1103년(穆宗 10, 高麗 肅宗 8)에 처음으로 사용하였다.

즉 『金史』(世紀論)에 '景祖와 그의 세 아들(劾里鉢, 頗剌淑,

盈歌)이 뜻한바 大業을 서로 도와 일으켜 점령지의 행정구역을 나눌 때에 일체를 中央政府의 法令으로 정하도록 하였다. 東南의 乙離骨과 曷懶 耶懶 土骨論 등은 이 때 命名된 지명들이다...'(兩世 志業相因 一切治以本部法令東南至于 乙離骨 曷懶 耶懶 土骨論..,) 曷蘇館 또한 奉天(지금의 瀋陽) 蓋平縣(옛 渤海의 蓋牟城)으로 金 때에 耶懶라 불렀는데 지금의 延吉道 全域에 해당한다. 이케우치가 咸興으로 옮겨온 曷懶도 바로 이 曷懶이었던 것이다. 이케우치는 尹瓘 9城을 축소왜곡하기 위해서 우정 曷懶이라는 지명을 滿洲 중앙지대에 있는 鏡泊湖 부근에서 함흥까지 끌어내린 것이다.

9城 연구의 개척자로 불리는 方東仁교수(關東大)는 이미 35년전에 이 같은 음모를 간파하고 "歷代 기록을 외면한 채 地形的 유사점만을 들어 九城의 絶對位置를 빠짐없이 밝힐 수 있다는 것은 隨意的(제멋대로)인 조작에 불과하다"고[5]그의 논문에서 밝힌바 있다.

이케우치는 이 같은 歷史 조작도 모자라 그가 왜곡한 역사를 후대에까지 전수시켜 뿌리내리게 하기 위하여 급조 9城의 위치를 조작 답사할 당시 京城帝大 史學科 學部 학생들을 현장 확인 답사에 투입하여 이 나라를 영구 지배하기 위한 식민사학 교육을 실시하는 緻密(치밀)한 전략을 驅使(구사)하였다. 그들이 훗날 一群의 植民史學 그룹을 형성하게 되었는데 당시 멤버 중에 李丙燾가 助敎자격으로 참가했었다고 한다. 먼 後日까지 내다 본 이케우치의 주도면밀한 以夷制夷(이이제이) 전략이 정확하게 적중한 셈이다.

5) 方東仁의 尹瓘九城再考-구성설치범위를 중심으로-2. 『白山學報』 21, 1967 참조

이렇게 직간접으로 식민사학과 緣脈(연맥)된 해방 초기 연구자들은 이 문제에 큰 관심을 두지 않아 그것을 선뜻 바로잡지 못 했을 뿐만 아니라 오히려 동조하고 지지하는 대열에 서서. "지금은 毋說이라고 할 수 있는 豆滿江北說의 擧證(거증) 요건이 완전히 갖추어지지 않았기 때문"이라는 구실을 붙여 소극적이고 미온적인 대응으로 제나라 역사를 무단이 축소왜곡하고 있는 것이다. 그 이후 결과적으로 實史를 바로 정립하지 못하고 있는 尹瓘 9城의 위치와 그 범위문제는 기약 없이 漂流(표류)하고 있는 안타까운 실정이다.

이처럼 本旨와 어그러진 현실을 바로잡기 위해 길을 잃었을 때 정상으로 다시 올라가 길을 찾는 심정으로. 그 原點으로 다시 돌아가 보기로 하자. 『高麗史』(地理志)의 다음과 같은 구절이 豆滿江北說의 시발이자 근간을 이룬다. 이른바 尹瓘九城의 총론격이라고 할 수 있다. 즉 '高麗 睿宗(예종) 2년에 尹瓘(윤관)과 吳延寵(오연총)이 大兵을 거느리고 女眞을 쳐서 쫓아내고 그 자리에 9城을 설치하고 公嶮鎭(공험진)의 先春嶺(선춘령)에 碑를 세워 경계로 삼았다.'(睿宗二年 以平章事尹瓘爲元帥 知樞密院事吳延寵副之率兵擊逐女眞 置九城立碑于公嶮鎭之先春嶺以爲界至)고 한 史實을 두고 하는 말이다.6)

그러나 公嶮鎭과 先春嶺의 위치와 方向에 대해 처음으로 언급한 것은 실제로 『高麗史』(地理志)보다 20여년 앞서(世宗14年, 1432) 완성된 『世宗實錄』(地理志)이다. 이 地理志에 의하면 '古慶源, 즉 慶興의 四方 경계는 東쪽으로 바다까지 20里, 西쪽 鏡城(경성) 豆籠耳縣(두롱이현)까지 40里, 南쪽으로 해안을

6) 『고려사』(지리지) 공험진條

따라 掘浦(굴포)까지 12里, 北쪽으로 公嶮鎭까지 7百里, 東北쪽으로 先春嶺까지 7百여리가 된다.'고 하였는데 이는 豆滿江北 7百里의 起點(기점)이 慶源(경원)이라는 뜻이기도 하다. 다시 말해서 豆滿江에서 7百里 떨어진 지점에 公驗鎭과 先春嶺은 같은 곳에 있었던 것이 아니라 西쪽과 東北쪽에 각각 위치하고 있다는 것을 말해준다.

그리고 尹瓘이 鎭을 설치한 '公嶮鎭 南쪽으로는 具州(現 寧古塔, 貝(패)州는 『世宗實錄』(地理志)의 잘못된 기록임), 探州(탐주, 現 敦化)와 이웃하고 北쪽으로는 堅州(견주,現 古州)와 接해 있다.'고 하였으며 또 英哥沙吾里(영가사오리)에서 白頭山이 西쪽으로 60里쯤 된다.'고 하였다(有公嶮鎭 卽尹瓘所置鎭 南隣具州探州北接堅州 自英哥沙吾里西去六十里有白頭山).[7] 이를 보다 압축하여 公嶮鎭의 위치를 『高麗史』(地理志)는 또 이렇게 설명하고 있다. '公嶮鎭은 예종 3년에 城을 쌓고 鎭을 설치하여 防禦使(방어사)를 두었고 6년에 山城을 쌓았다.' 一說에는 孔州, 匡州라고도 하며 또 一說에는 先春嶺 東南 白頭山 東北에 있다고도 하며 蘇下江邊에 있다고도 한다.(公嶮鎭睿宗3年築城置鎭爲防禦使 6年築山城(一云孔州,一云匡州,一云先春嶺東南白頭山東北,一云在蘇下江邊)[8]

또 『高麗史』는 先春嶺의 위치를 '東으로 大海(東海를 이름), 西로는 蓋馬山(白頭山), 南으로 長州(現 定州)'라고 하였다. 『東國輿地勝覽』(會寧都護府)도 '公嶮鎭은 高嶺鎭(고령진)에서 豆滿江을 건너서 古羅耳(고라이)를 넘고 吾童站(오동참) 英哥站(영가참)을 경유하여 蘇下江에 이르는데 江가에 公嶮鎭 터가 있다. 先春嶺의 東南쪽 白頭山의 東北쪽에 있다.'고 기록하고 있다.

---

7) 『세종실록』(지리지) 권155 함길도 慶源都護府條
8) 『고려사』(지리지) 공험진 條

이에 대해 『世宗實錄』(地理志)는 한 걸음 더 나아가 公嶮鎭과 先春嶺에 이르는 두 路程(노정)을 里數(잇수)까지 구체적으로 계산해서 다음과 같이 기술하고 있다. 첫 노정은 東林城을 그 출발점으로 하여 北쪽으로 5里쯤에 所多老營基(소다로영기)-會叱家灘(회질가탄)-縣城(현성)-於羅孫站(어라손참)-虛乙孫站(허을손참)-留善站(유선참)-拒揚城(거양성)-先春峴(선춘현) 愁濱江(수빈강) 건너 古城터까지 연결되는 東北 方向 7百里 지점으로 이어진다. 다음 노정은 역시 東林城에서 출발하여 所多老-於豆下峴(어두하현)-童巾里(동건리)-豆滿江灘(두만강탄)-吾童沙吾里站(오동사오리참)-河伊豆隱(하이두은)-英哥沙吾里站(영가사오리참)-蘇下江邊(소하강변) 公嶮鎭까지 北쪽 方向 7百里 지점으로 이어진다는 것이다.

앞의 코스 중 拒揚城(거양성)은 180里 거리의 留善站에서 東北方 70里 지점에 있는 城으로 원래 尹瓘이 쌓은 城으로 알려져 있다. 같은 地理志의 慶源都護府 條(경원도호부 조)에 따르면 '拒揚城에서 60里밖에 先春峴이 있다고 하였다. 그리고 그 先春峴이 바로 尹瓘이 高麗 定界碑(고려 정계비)를 세운 곳이다. 그 비석 4面에 글이 새겨져 있었는데 胡人(호인)들이 그 글씨를 모두 쪼아 뭉개버렸다고 한다. 그런데 뒤에 그 지방의 한 주민이 비석 밑 둥을 파보니 '高麗之境(고려지경)'이라는 넉자가 새겨져 있었다.'(自巨揚城 西距六十里先春峴,卽尹瓘立碑處其碑四面有書爲胡人剝去其字後有人掘其根有高麗之境四字)고 전해진다.[9]

이상이 『高麗史』, 『世宗實錄』(地理志)를 중심으로 하는 公嶮鎭과 先春嶺에 관한 1차 史料상의 기록이다. 그런데 이케

---

9) 『세종실록』(지리지) 권155 지리지 咸吉道 慶源都護府條

우치는 公嶮鎭을 함경남도 咸州郡 德山面 大德里 근처 山上의 古城 터까지 9城 안의 일부 南쪽 城보다도 오히려 더 아래로 끌어내림으로서[10] 尹瓘의 女眞征伐 이후 歷代 王朝가 北方開拓(개척)의 指標(지표)로 삼았던 우리의 전통적 관념 자체를 '北方 領土 확장의 도구에 불과'하다고 깎아내리고 虛僞捏造(허위날조)로 이루어진 史料라는 등 일방적인 貶毁(폄훼)로 축소 왜곡한 것이다.

그의 주장대로라면 高麗가 "오늘날 咸州郡 전체 면적의 3分之 2에 해당하는 咸州郡과 洪原郡의 협소한 일부 지역을 정벌하기 위해서 당시 고려의 총인구(100만 내외) 對比로 보면 國民 總動員令을 내리다시피 한 17만 大軍을 투입하였다는 말인데 이는 客觀的이지 못할 뿐 아니라 상식의 軌(궤)를 벗어난 왜곡"이라고 군사전략전문가인 尹日寧(대전대)교수는 말하고 있다[11]

그렇게 될 경우 高麗 17만 大軍의 女眞征伐이란 尹瓘軍이 1107년(예종 2) 12월 乙酉日(4일) 함경남도 定平에서 女眞軍을 급습하여 전쟁을 개시한 이래 1109년(예종 4) 7월 甲子日(21일)까지 2년 3개월 동안에 오늘날 定平郡 定平面 定平에서 咸關嶺(함관령, 함경남도 咸州郡과 洪源郡의 경계)까지 49km를 전진 한 뒤 주둔했다가 9城을 女眞에게 돌려주고 철수한 셈이 되는 것이다.

尹日寧은 이를 壬辰倭亂 때 倭(왜)의 가토(加藤淸正)군 22,000명이 64일 만에 653km를 전진하여 함경북도 전역을 席捲(석

10) 이케우치의 '함경남도 함흥군에 있어서의 고려시대의 古城址'(大正8년(1919) 古蹟調査報告書 제1책)
11) 尹日寧의 '先春嶺과 公嶮鎭의 위치-세종지리지를 중심으로-5. 조선 후기 實學者들과 일제 강점기의 官學者들이 주장하는 선춘령과 공험진의 위치 참조

권)한 歷史的 사실과 對比시키면서 아무리 당시 朝鮮軍의 對備(대비)가 허술했다하더라도 이토록 파격적으로 數値(수치)上의 차이가 생길 수는 없다는 것이다.[12]

그런데 우리나라 古代史연구의 一人者로 일컬어지는 李丙燾(1896-1991)는 이런 이케우치의 說을 무비판적으로 따랐으며 그 後 尹武炳(忠南大교수)은 다만 吉州城址를 咸興郡 鶴泉面 天鶴峰山城에, 이케우치가 公嶮鎭址(지)로 比定한 咸興郡 上岱里山城을 吉州城址로 살짝 바꿔치기하는 데 그쳤다.[13] 그럼에도 불구하고 이케우치가 날조한 基本構圖(기본구도)는 조금도 변하지 않은 채 그대로 이어져왔으며 이에 대한 논란이 격화되자 최근에 이르러서야 교과서 上에서 咸興平野說과 豆滿江流域說을 그것도 脚註(각주)형태로 同列에 병기함으로서 後者의 견해도 일부분 受容하는 것처럼 糊塗(호도)하고 있다.

韓百謙이 吉州以南說을 제기한 이후의 實學者들이 현장답사는 물론 검토조차 하지 않은 체 선배학자의 說을 예외 없이 그대로 따랐으며 심지어는 實學을 집대성한 丁若鏞조차도 "尹瓘의 발자취가 吉州에서 단 한 발짝도 北으로 더 나아가지 않았다"(尹瓘之跡未嘗踰吉州一步)고 단정하고 그대로 따른 것처럼 李丙燾 역시 日人 관변사학자로부터 물려받은 식민사학의 표본이라고 할 수 있는 咸興平野說을 無批判的(무비판적)으로 받아들여 오늘에까지 이른 것이다.

12) 위와 같은 논문 5절 참조.

13) 李丙燾, 『한국사』 중세 편, 을유문화사, 1960.
尹武炳, 公嶮鎭과 吉州城 『歷史學報』 10, 歷史學會 1958.

III. 『東國地圖』上의 尹瓘 九城

1. 老松嶺을 先春嶺 比定

이케우치는 蘇下江변의 公嶮鎭(高麗史 地理志)을 '僞(거짓, 날조된) 公嶮鎭'이라 주장하고 豆滿江에서 거리가 너무 멀다는 이유로 '蘇下江은 空想의 江'[14]이라고 그 實在 자체를 부인함으로서 역사 사실을 있는 그대로 보지 않고 자신이 미리 설정해놓은 틀에 갖다 맞추는 傲慢(오만)과 獨善의 化身같은 인물이었다. 이 주장에 동조한 이병도의 일본유학시절 스승이기도 한 쓰다(津田左右吉)는 심지어 '朝鮮人들은 歷史的으로 거짓말을 잘하는 民族'이라고 人身冒瀆性(모독성) 발언을 거침없이 쏟아내는 低劣(저열)하고 鄙陋(비루)한 屬性(속성)을 있는 그대로 드러내기도 하였다. 이처럼 고려의 대륙진출을 貶下(폄하)하고 植民統治의 한 방편으로서의 植民史觀을 무차별적으로 갖다 맞추는 日人들의 주장에 쐐기를 박은 것은 1970年代 초 일본 內閣文庫에서 발견된 朝鮮 초기의 『東國地圖』(모사본)였다. 이 모사본을 촬영하여 다시 그린 복사本이 현재 世宗大王記念館에 소장되어 있다. 歷史上 最古의 實測地圖로 알려진 이 地圖의 제작 배경과 그 경위를 알면 尹瓘 9城의 豆滿江 北 진출에 대한 心證(심증)을 더욱 확고히 굳히게 될 것이다.

이 地圖보다 먼저 제작된 것이 文宗 元年(1451)에 완성된

---

14) 이케우치 '公嶮鎭과 蘇下江' 『東洋學報』 제9호

鄭陟의 『兩界地圖』이다. 일찍이 東北面(六鎭)을 개척하여 豆滿江 국경을 확정지은 世宗은 江北에 있는 高麗 史蹟에 깊은 관심을 가지고 世宗 21년(1439) 9월 咸吉道(함길도) 都節制使(도절제사) 金宗瑞에게 傳旨(전지)를 내려 公嶮鎭과 先春嶺의 위치와 尹瓘碑의 碑文 확인 등 조사를 지시한 바 있다. 그 뒤의 世宗實錄에는 金宗瑞의 조사보고 내용이 빠져 있는데 이것이 鄭陟의 『兩界地圖』로 나타난 것이 아닌가 보고 있다. 그러나 이 地圖는 현제 남아있지 않고 世祖 9년(1463)에 역시 鄭陟과 梁誠之에 의해 제작 완성된 것이 『東國地圖』이다. 두 地圖가 모두 실측은 世宗 16년(1434)과 18년(1436)에 하였기 때문에 豆滿江 밖의 公嶮鎭과 先春嶺의 위치는 金宗瑞의 조사 결과보고를 있는 그대로 반영하여 옮겨 실었을 것이라는 게 이 地圖를 처음 발굴한 金九鎭(前 弘益大)교수의 주장이다.15)

豆滿江 北 7百里 (說)을 처음으로 제기한 『世宗實錄』(地理志)가 완성된 世宗 14년은 『東國地圖』가 제작되기 31년 전에 해당하는데 신기하게도 地理志와 地圖上의 내용이 거의 일치하고 있다. 이는 歷史 現場에 시간上 가장 가까운 최초의 기록이 역사 사실에도 가장 가깝고 보다 정확하다는 것을 말해 준다. 그 첫 기록을 기준으로 하여 답사한 끝에 제작한 地圖이니 내용 또한 당연히 같을 수밖에 없다는 것이다. 『東國地圖』에서 보면 速平江 유역에 先春嶺과 公嶮鎭이 있는 것으로 되어 있다. 『世宗實錄』(地理志)에서도 速平江(一名 愁濫河 수람하, 愁濱江 수빈강, 현재의 綏芬河 수분하)을 蘇下江

15) 金九鎭의 公嶮鎭과 先春嶺碑, 『白山學報』 21, 1976, 참조

과 同一視하여 그 上流는 蘇下江(소하강)으로 下流는 수빈강이라 부르고 있다.

先春嶺은 오늘의 愁濱江(수빈강) 上流 어느 지점으로 추정하고 있으며 公嶮鎭은 오늘의 牧丹江(목단강) 中上流 鏡泊湖(경박호) 北쪽 寧古塔(영고탑) 부근으로 추정하고 있다. 金九鎭 교수는 上記 『東國地圖』上에 先春嶺과 公嶮鎭의 위치가 速平江(Shuping)유역으로 표기되어 있다며 이는 速平江(愁濫江)을 蘇下江과 같은 江으로 보고 그 上流는 蘇下江, 下流는 愁濱江으로 본 世宗實錄 地理志와 일치한다고 말하고 先春嶺은 오늘의 수분하 上流 老松嶺(노송령) 일대, 公嶮鎭은 오늘의 牧丹江 中上流 경박호 北쪽 영고탑 부근으로 추측된다고 하였다.[16] 世宗實錄 地理志에서 맨 처음 公嶮鎭의 위치 比定을 할 때 南쪽으로 이웃하고 있다고 한 具州가 寧古塔의 옛 地名이라는 사실은 '東國地圖' 上의 速平江(실은 蘇下江) 유역설이 더욱 설득력을 얻게 되는 이유이기도 하다.

그런데 오늘의 수분하와 목단강 上流를 구분하지 못하고 수분하를 의미하는 속평강에 모두 포함되는 것으로 본 것은 비밀리에 남의 나라에 잠입하여 시행한 당시로서는 가장 민감한 국가기밀에 속하는 地理 관련 조사라는 한계 때문에 마음 놓고 제대로 탐사할 수 없었던 결과로 보여 진다. 따라서 '蘇下江邊 公嶮鎭' 할 때의 '蘇下江'은 속평강이 아니고 영고탑 위로 흐르는 海蘭河(해란하)를 이르는 오늘 날의 목단강일 가능성에 무게를 두고 있다.

한편 『吉林省地志』에 의하면 9城 문제에서 자주 등장하

16) 위와 같은 논문 (3) 公嶮鎭의 位置와 領域 참조

는 해란하에 대해서 '吉林省 延吉縣 내에 있고 小孤山에서 源出(원출)하여 東쪽으로 140里를 꺾어서 흘러 布爾哈通河(포이합통하)와 합류한다. 이것이 다시 嘎雅河(애아하)에서 合流, 豆滿江에 이르러 海蘭(해란)이 된다고 하였다. 遼史에서는 '가란(曷懶)이라 하였고 『金史』에서는 '海蘭'이라고 하였다가 '駭浪(해랑) 또는 海南이라고도 하였다'(在吉林延吉縣內源出小孤山曲折東流百四十里與布爾哈通河合流會嘎雅河以達於圖們江海蘭譯言榆樹也 遼史作曷懶 金史作駭懶 今又作駭浪 海南)

이와 같이 海蘭河(해란하)는 延吉縣(현) 내에 있는 것이라는 고정관념 때문에 公嶮鎭의 위치 비정에 있어 적지 않은 혼선을 일으키고 있는 게 사실이다. 그러나 <滿洲源流考(만주원류고)> 金史기록에 의하면 '海蘭河不一'이라고 해서 海蘭河는 한 군데만 있는 것이 아니라는 것이다. 그리고 그 명칭도 시대에 따라서 다양하게 변하기 때문에 현재의 명칭과 對比시키지 않으면 정확하게 이해할 수 없다는 것이다.

역시 같은 地理志(慶源도호부 조)에서 太祖 戊寅年(1398)에 경원부성을 수리할 때 '匡州防禦之印(광주방어지인)'이라는 官印이 발견되었다는 점으로 미루어 보아 軍事 편제上 公嶮鎭(先春嶺과 함께 있는)은 慶源도호부의 內외방어성과 對를 이루는 外방어성일 가능성이 높다고 보고 있다. 『高麗史』(地理志) 『世宗實錄』(地理志) 『東國輿地勝覽(동국여지승람)』 등 官撰(관찬) 基本史書가 한결같이 9城 설치범위의 界限을 豆滿江 北 7百里에 있는 公嶮鎭으로 인식하고 있고 그 治所로서의 內防禦所 및 前哨基地(전초기지)로서의 外防禦所(공험진)와 입비처가 豆滿江 북 7百里에 있다고 함으로서 內外 방어소의 존재를 뒷받침해주고 있다.

慶源과 慶興 邑誌도 '慶源의 옛 지명을 孔州라고 하는데 匡州라고도 한다. 高麗 尹瓘이 이곳을 오랫동안 굳게 지키고 있던 女眞族을 몰아내고 公嶮鎭이라는 城砦(성채), 즉 內방어소를 설치했다'고 하였는데 『동국여지승람』에도 똑 같은 내용의 기사가 실려 있다. 즉 '옛 孔州는 匡州라 하였다. 後人이 무슨 일로 땅을 파는데 우연히 銅印(동인)을 얻어 보니 그 인장에 새긴 글이 公嶮鎭의 地名인 匡州방어사의 官印이었다는 것이다.. 그리고 前記한 邑誌와 같이 高麗 尹瓘이 城을 쌓아 公嶮鎭이라 이름하고 內 防禦所를 두었으니...'라고 한 것이다. (東國輿地勝覽, 古孔州 一云匡州 後人掘地得銅印其文曰 匡州防禦之印本高句麗舊地 高麗尹瓘設砦爲公嶮鎭 內防禦所.).

축척 1:4백만 작자미상의 한 지도에도 豆滿江 河口 慶源 古色 南쪽에 제1 公嶮鎭을, 敦化에서 吉林으로 넘어가는 高嶺 東南쪽에 第2 公嶮鎭을 표기하여 內外 방어성의 存置에 대한 信憑性(신빙성)을 더욱 높여주고 있다.

현재 中國에서 사용되고 있는 縮尺(축척) 1:3백만 地圖에서 高嶺의 위치를 추적한 결과 威虎嶺으로 比定된다. 이 地圖에서 先春嶺과 제2 公嶮鎭으로 가는 길은 會寧에서 高嶺鎭에 이르러 豆滿江을 건너 延吉을 지나고 英哥沙吾里站(영가사오리참 世宗實錄 地理志가 提示하고 있는 公嶮鎭 가는 둘째 코스 中 蘇下江변 직전 經由地, 이를 英額山(영액산)으로 比定)을 경유하는 것으로 되어 있다.

1980년 초 李瑄根(初代 韓國精神文化硏究院長)이 발굴했다는 淸代 地圖『不出戶全圖』에도 함경북도 穩城(온성)에서 7百里쯤 되는 거리에 先春嶺이 있고 그 넘어 寧古塔 못 미쳐서 高

麗 定界 標識石(표지석)을 표시해놓고 있다.(地圖上으로는 先春嶺 너머로 表示해놓고 있으나 先春嶺 上으로도 볼 수 있음). 公嶮鎭의 위치는 나와 있지 않으나 『世宗實錄』(地理志)가 제시하고 있는 公嶮鎭 가는 코스의 종착지인 '蘇下江변' 직전 경유지 영가사오리站으로 比定한 현재의 英額山이 先春嶺과 연맥된 산맥 아래쪽에 표시되어 있는 것으로 보아 公嶮鎭도 그 근처가 아니겠느냐고 미루어 짐작할 수 있다. 이 地圖에서는 산맥이름을 馬兒呼里嶺(마아호리령)이라고 했는데 현재의 哈爾巴嶺山脈이다. 뒤에 나오는 尹日寧의 世宗地理志 실측답사에서 밝혀진 哈爾巴嶺 西北岔(차) 고개 南쪽에 위치해 公嶮鎭으로 比定되는 五峰山城이 바로 이 곳인 듯하다. 지금까지 문헌마다 寧古塔 부근으로 比定되던 公嶮鎭이 비로소 哈爾巴嶺 上의 先春嶺과 한 軸線(축선) 上에서 만나 '公嶮鎭之先春嶺'이라는 당초 개념을 되찾게 된 것이다.

2. 戊子銘 石碑와 尹瓘 九城

『金史』나 『遼史』의 기록에서도 豆滿江 유역에서 전투를 하였다는 사실이 확인되고 있는데 특히 北韓학계에서는 이 점을 강조하여 豆滿江北說을 뒷받침하고 있다. 北韓의 『百科全書』에 의하면 고려 원정군은 完顏部(완안부) 녀진(女眞)군을 격파하면서 豆滿江 넘어 까지 진격하였다.'고 했으며 '伊位洞(瓶項, 즉 병목) 전투 후 고려군의 선봉은 멀리 豆滿江 北쪽 公嶮鎭 先春嶺까지 진출하였다.'[17]고 전제한 뒤 '金史 高麗傳과 世紀編에는 伊位洞 전투 이후 完顏部 녀진군이 패

17) 『조선전사』 6권 중세편 (고려사1) 1991, 사회과학원 역사연구소

하여 퇴각한 데 대한 기사는 빠져 있으나 같은 책 '斜卯阿里傳(사묘아리전)'에는 徒門水(豆滿江) 北쪽에서 고려군과 싸운 기사가 실려 있다.'고 기술하고 있다.

또한 고려傳에는 고려가 曷懶甸(가란전)에 9城을 쌓고 쳐들어옴에 그 아비 渾坦(혼단)이 이를 막아 싸울 때 木里甸이라는 곳에서 고려兵을 만나 오랫동안 격전이 벌어졌는데 阿里가 長槍(창)을 들고 나가 싸워 고려 장수를 찌르니 비로소 적이 무너졌다.'(高麗築 九城於曷懶甸 續渾坦攻之遇敵於木里門甸力戰久之阿里梃槍馳刺其將於陣中敵遂潰)고 고려와의 전투 장면을 사실적으로 묘사하고 있다. 이 구절 첫머리에 보이는 것처럼 이때 이미 고려군은 曷懶(가란)지역에 9城을 설치하고 여세를 몰아 敵을 포위 압박하고 있는 戰局임을 알 수 있다.

『滿洲源流考』(疆域 5)의 金史 기록에 의하면 '康宗(烏雅束) 4년(高麗 예종 3, 1108)에 고려가 海蘭河 경계에 9城을 쌓고 수만 병력으로 침공해오니 斡色(알색)이 이를 맞아 싸워 패퇴시켰다. 그리고 고려 9城을 상대로 金도 9城을 쌓았으며 고려군이 또 쳐들어왔으나 역시 斡色이 이를 다시 패퇴시켰다.'(康宗四年高麗築九城於海蘭甸 以兵數萬來攻斡色敗之, 亦築九城 高麗九城相對高麗復來攻 斡色復敗之)고 기록하고 있으며 같은 條의 海蘭路라는 이름은 河川 이름에서 유래되었을 것으로 본다고 하였다. 그리고 金나라 당시 曷懶甸(가란전)으로도 불렸던 海蘭甸(해란전)의 地名 발생은 東滿洲 지역이라는 사실을 밝히고 그 지역을 吉林省 寧古塔 界內에다 비정하고 있다.(按 吉林省寧古塔界內國初猶海蘭路之名) 당시 敵國의 입장에서 쓴 이 기록으로 미루어 보건데 曷懶甸(가란전)을 咸關嶺 以南으로 끌어내리고 그 안에 임의로 9城을 배치한 이케우치의 '咸興平野說'

은 說의 잘 잘못을 떠나 그 立論의 근거 자체가 허구라는 사실을 반증해주고 있다.

日帝 초인 1918년(日本 大正 7)에 日本정부가 조선총독부 중추원으로 하여금 間島 일대의 歷史資料를 조사하여 작성한 이른바 『間島省古蹟調査報告(간도성고적조사보고)』에 따르면 延吉 局子街 西方 약 1里 반 지점에 있는 布爾喀圖河(포이객도하) 수중에서 하나의 큰 비석을 발견했는데 碑石 文字는 모두 마멸되었으나 겨우 '戊子年九月戊申'이라는 7字가 남아 있음이 확인되었다. 그런데 이 戊子年이 바로 高麗 睿(예)宗 3년(1108) 戊子年에 公嶮鎭碑(先春嶺碑를 말함)를 세운 연도와 일치하고 있어 公嶮鎭碑의 하나로 추정되고 있다. 그러나 金九鎭은 이 碑는 先春嶺에 있던 碑가 아니라 포이객도하 부근의 河伊豆隱(하이두은, 東國地圖 上의 河伊屯 하이둔)에 세운 또 다른 定界碑일 것이라고 주장했다.[18]

이상의 論旨(논지)를 다시 정리해보면 寧古塔 北쪽으로 이웃한 海蘭河(목단강) 변 公嶮鎭 治所가 豆滿江에서 正北 한계라고 한다면 수분하 원류 江가 東北쪽 嶺(영)上에 있는 先春嶺(碑)는 東北 한계이고 白頭山 北方 延吉 局子街 부근 포이객도하河口에서 발견된 戊子銘(명) 石碑는 西部 한계에 세웠던 또 다른 定界碑일 것이라는 주장이다.[19]

한편 在野史家 尹熙炳 편저 『尹瓘 將軍의 女眞征伐史』(1980, 문리사)에 의하면 앞에서 언급한바와 같이 포이객도하에서 발견된 碑石의 '戊子年'이 定界碑의 建立 年代와 일치하고 그 지역 주민들의 입을 통해 전해 내려오는 尹瓘의 立碑

18) 金九鎭의 앞의글 碑와 完顔部의 勢力 참조
19) 方東仁의 앞의글 結論 참조

傳說로 미루어 이곳에서 얼마 떨어지지 않은 거리에 있는 城子山城과 그 뒤에 우뚝 솟아 있는 城子山이 公嶮鎭과 先春嶺일 可能性이 높다고 주장하고 있다. 여기서 立碑 전설이란 恭讓王(공양왕) 4년 2월 26日字 高麗實錄 내용을 말하는 것으로 "옛날에 侍中 尹瓘이 우리 領土를 平定하시고 碑를 세워 高麗의 境界라 하시었는데 지금까지도 境內 인민들이 모두 敬慕하고 있다."(兀良哈 斡都里等來朝 爭舍館 斡都里曰 吾等之來 非爭長也 昔侍中尹瓘平吾土立碑曰 高麗之境 今境內人民皆慕...)고 女眞族長 斡都里(알도리)와 兀良蛤(올양합)이 고려 조정에 나아가 한 말을 그대로 옮겨놓은 것이다.

日帝가 작성한『間島省古蹟調査報告(간도성고적조사보고서)』는 이 石碑가 '일찍이 고려의 尹瓘이 세운 先春嶺碑로 학계에 널리 알려져 있었으나 그 위치는 명확치가 않다고 하였다. 同 보고서는 이어서 '城子山 山城'이라는 項目을 별도로 정하고 '이 山城은 延吉 局子街에서 東北으로 약 1km 지점의 포이객도하와 海蘭河의 東北에 우뚝 솟아 있는 城子山 마루에 세워져 있다. 北은 磨盤山(마반산)에서 傑滿洞(걸만동) 방면을 바라보고 西로는 延吉平野를 한 눈에 내려다보는 요충지다. 특히 조선의 鐘城, 童巾鎭 방면과 직통으로 연결되는 교통의 要地'라고 설명하면서 先春嶺과 公嶮鎭일 가능성까지도 암묵리에 시사하고 있다. 이 보고서는 당시 京城帝大 교수로 총독부 民生部 촉탁을 겸임하고 있던 도리야마(鳥山喜一)와 후지다(藤田亮策)가 공동작성한 것으로 그 연장線上에서. 在野史家 尹熙炳의 '城子山城 公嶮鎭說'이 나오지 않았나 보고 있다.

Ⅳ. 『世宗實錄』(地理志) 上의 公嶮鎭과 先春嶺

1. 史上 最初의 衛星 實測踏査(실측답사)

基本史書 중에서도 가장 먼저 나왔고 또 발로 걸어서 실측한 『世宗實錄』(地理志)상의 先春嶺과 公嶮鎭 가는 두 코스를 따라서 2008년과 2009년 2회에 걸쳐 現地답사 끝에 복원해낸 학자가 있다. 정확히 말해서 복원했다기보다는 史書 기록 그대로 '바로 잡았다'는 것이 오히려 더 옳은 표현이 될 것이라고 생각된다.

그 이유는 世宗代에 임금의 密命(밀명,傳旨 전지)을 띠고 현장에 투입되었던 金宗瑞는 地理정보가 국가의 1급 기밀에 속했던 당시의 시대상황을 고려할 때 실제로 몰래 잠입해서 간첩과 다름없는 잠행을 한 것이었기 때문이다. 그것도 걸어서, 指南鐵(지남철, 羅針盤 나침반)이 아직 없었던 시절이라 별과 달이 뜨고 지는 自然 현상을 기준으로 方向과 거리를 가늠하는 原始的 方法 외에는 다른 방법이 없었을 것이다. 이렇게 豆滿江北 7百里를 답사했으니 거리나 方向에서 誤差(오차)가 생기는 것은 너무도 당연하다고 하는 尹日寧의 말에는 일리가 있다.

그는 學者이기 이전에 軍人이었다. 그것도 戰略을 연구하여 실제로 국방정책에 반영하는 將星(陸軍小將) 출신의 군인이었다. 현재 大學에서 '戰爭史'를 강의하고 있는 그는 尹瓘 9城 역시 戰爭史의 역사적인 한 파트로 접근, 첨단적인 기기를 동원하여 실측을 하였으니 '바로잡는다.'는 그의 말에는 설득력이 있어 보였다. 말이 첨단적인 기기지 우리에게는 이미 생활화 되어있는 GPS 방식으로 衛星을 통해 위치 추적을 하는 것이니 7백여 년 전 世宗代의 답사방식과 水平비교한다는 것 자체가 사실은 무의미하다.

그의 논문 <先春嶺과 公嶮鎭의 位置>-世宗地理志를 中心으로-에 의하면 實地 답사가 불가능한 北韓 지역에서는 金正浩의 『大東輿地圖』를 기준으로 圖上답사를 할 수밖에 없었고 中國領土로 들어와서는 世宗 당시의 里數(잇수)를 里當 449.17m로 환산하여 그 거리를 측정하였다고 한다. 가령 "巨陽에서 西쪽으로 6里를 가면 先春峴이니..."라고 한 原 기록(世宗地理志)을 근거로 尹瓘이 쌓은 것으로 알려져 있는 先春嶺의 직전 거점인 拒陽城의 위치부터 군사지리적인 관점에서 볼 때 맞지 않는다고 지적하고 있다. 즉 地理志에서는 그 직전 거점인 留善站(유선참,현재의 汪淸으로 比定)에서 70리(31.4km) 지점에 거양성이 있다고 하였는데 답사 결과 그 거리에 있는 현재의 鹿圈子(녹권자)는 山으로 둘러싸여있는 협소한 지역인데다 교통上으로나 군사적으로 要地가 아니기 때문에 거양성으로 비정할 수 없다는 결론을 내리고 앞서 바로잡은 留善站의 현 지점(汪淸)에서 37km 거리에 있는 오늘날의 天橋嶺鎭(천교령진)을 거양성으로 비정하고 있다. 거리에 있어서 地理志와는 6km 차이가 나지만 方向(東北과 北쪽)上으로 별 차이가 없을뿐더러 무엇보다도 羅子溝鎭(나자구진)-東新(동신)-천교령진으로 이어지는 도로와 老松嶺-春陽鎭(춘양진)-천교령진을 잇는 도로가 교차하는 교통의 要地라는 점을 들어 군사적 관점에서 거양성으로 지목할 충분한 요건을 갖추었다고 본 것이다. 뿐만 아니라 平野지대와 지반이 침몰하여 생긴

地溝帶(지구대)로 형성되어 있는 지형의 특성상 효과적인 방어 방안으로 尹瓘은 平地城을 택했을 것이라고 城의 형태까지도 추리해서 그려내고 있다.

마지막 목적지인 先春嶺의 위치 역시 똑 같은 방법으로 치밀하게 추적하고 있다. 즉 地理志가 기록한 拒陽城-先春嶺間 60里(26.950km)거리에서 만나는 春陽鎭은 春陽河와 牛圈溝(우권구) 老溝 등 3개의 河川이 만나 형성하고 있는 넓은 平野지대인데다 地理志에서 언급하고 있는 先春嶺과 같은 험준한 고개가 없다는 점을 들어 오늘날의 旺淸縣 春陽鎭에다 비정하기는 어렵다 보고 春陽鎭에서 北西쪽으로 10km 거리에 있는 老廟(노묘)에서 다시 北西쪽으로 4km 거리에 있는 老松嶺(일명 老爺嶺 819m)을 先春嶺으로 比定해 낸 것이다 先春嶺은 거양성에서 西쪽으로 60리, 즉 27km 지점이라고 하였으나 先春峴으로 지목한 오늘날의 老松嶺은 실제 거리 西北쪽 40km로 정확히 14.1km나 차이가 난다. 그러나 이처럼 方向과 거리에서 차이가 있음에도 불구하고 老松嶺을 先春嶺으로 지목한 것은 오늘날 연변자치주에서 黑龍江省으로 넘어가는 유일한 고개인데다 女眞 시대에도 그들의 수도였던 완안부의 上京會寧府, 즉 오늘날의 哈爾濱市(하르빈시) 阿城區(아성구) 阿勒楚白河(아륵초백하) 白城에서 曷懶甸(가란전,오늘날의 吉林省 延邊自治州 嘎呀河 애아하)의 曷懶水(가란수)와 오늘날의 亭岩山城(地理志의 於羅孫站 어라손참) 고려의 孔州(오늘날의 慶源) 등지로 진입하기 위해서는 반드시 거쳐야하는 哈爾巴嶺(합이파령) 산맥의 최고봉인 哈爾峰(합이봉 1145m) 東쪽 10km에 있는 유일한 고개였다. 반대로 고려가 女眞쪽으로 진출하기 위해서도 반드시 이 경로를 거쳐야만 하는 공격과 수비에 있어서의 전략적 요충이 또한 先春嶺이며 오늘날의 老松嶺이라는 결론에 이르게 된다는 것이다.

그런데 신기한 것은 앞에서도 잠시 언급했듯이 尹瓘 9城 연구의 개척자인 金九鎭, 方東仁 두 교수가 35년 전인 지난 1976年 같은 매체인 『白山學報』에 각각 발표한 논문(公嶮鎭과 先春嶺碑, 尹瓘 九城再考)에서 바로 이 老松嶺을 先春嶺으로 지목했다는 사실이다. 金九鎭 方東仁 共히 東國地圖를 인용하여 '公嶮鎭은 山城의 하나로 보이는데 牧丹江 상류 寧古塔 부근에 있었던 것으로 추측되며 "女眞과의 경계를 정하기 위해 세운 先春嶺碑는 수분하 상류 老松嶺 일대에 있었던 것으로 생각된다."고 그들의 논문 결론 부분에서 각각 주장하고 있는 것이다.

한편 2002년 崔圭成(前 詳明女大 교수)은 이들(方東仁, 金九鎭)의 연구를 바탕으로 先春嶺의 위치를 현재의 延吉市內 北山 또는 汪清縣 南쪽 경계의 高麗嶺(고려령)으로 비정하고 公嶮鎭을 역시 延吉市 西쪽 北臺古城으로 비정한 바 있다 그는 日帝가 布爾哈通河에서 건져 올렸다는 先春嶺碑로 추정되는 戊子銘石碑의 실체가 밝혀지기 전까지는 위치 比定에 많은 문제가 남을 수밖에 없다고 말했다. 그가 이 石碑에 특별히 관심을 두는 이유는 동국여지승람에 "先春嶺碑는 4面에 文字가 있었는데 胡人(女眞族)이 글자를 깎아버리고 뒤에 다시 水中에 버렸다."고 되어있어 先春嶺의 위치도 그 부근일 것이라고 추정하고 있기 때문이라고 했다.[20]

그 때(金九鎭 方東仁교수가 논문을 쓸 당시)는 中國과의 國交도

---

20) 최규성, 2002, 선춘령과 공험진에 대한 신고찰 『한국사론』 국사편찬위원회

트이기 전 敵性國(적성국)으로 분류되던 中共시절이었으니까 현장답사란 생각지도 못했을 때인데 오로지 문헌고증을 통해서, 첨단 기기를 동원하여 측정한 尹교수와 똑같은 결론을 導出(도출)해냈다는 데 놀라지 않을 수 없다. 더욱 놀라운 것은 尹교수가 이들 선배 학자들의 논문을 읽지 않고, 즉 아무런 先入觀의 개입 없이 오로지 地理志의 기록에만 의존하여 실측 답사한끝에 老松嶺에서 서로 만나게 되었다는 사실이다. 마치 山 양편에서 파고들어간 터널이 중간지점에서 정확하게 맞 굴이 뚫린 격이다. 元老學者의 歷史的인 眼目과 新進學者의 科學的인 實驗정신이 일궈낸 시너지 효과이자 凱歌(개가)라고 할 수 있을 것이다.

2. 曷懶甸 방어의 最前線 先春嶺

公嶮鎮의 位置 추적 역시 先春嶺의 그것과 다르지 않다. 地理志에 의하면 "英哥沙吾里站에서 北쪽으로 蘇下江 강변에 公嶮鎮이 있다."고 하였는데 安圖縣 明月鎮에서 北쪽으로 5,9km 圖上거리에 있는 오늘날의 大砬子山城(대립자산성)을 英哥沙吾里站에 比定하고 있다. 公嶮鎮 앞의 거점인 영가사오리참, 즉 대립자산성은 발해시대에 축성하여 遼(요)나라와 金나라 시대에도 그대로 사용했던 둘레 340m의 古城으로 교통상의 要地이자 군사적 요충이다. 여기서 다시 北쪽으로 11.5km 거리에 있는 五峯山城은 地理志의 公嶮鎮 방향 코스의 마지막 기착지점으로 지목되고 있다. 즉 公嶮鎮이라는 말이다. 이 역시 발해시대에 쌓은 古城으로 遼 金(요 금)시대에도 사용되었던 성벽의 둘레만도 2000m에 이르는 매우 큰 城

이다. 先春嶺, 즉 老松嶺이 합이파령山脈을 넘는 東北쪽 통로라면 公嶮鎭, 즉 五峰山城은 敦化에서 延吉로 진입하는 西北쪽 합이파령山脈의 교통요충인 西北岔(차) 고개 南쪽에 위치하여 曷懶甸(가란전, 오늘날 延邊自治州 애아하 일대)의 北쪽과 西北쪽을 감싸면서 天然的 防壁을 형성하고 曷懶甸(가란전)의 北西쪽 통로를 統制하고 있던 戰略的 要衝이였다. 즉 女眞이 曷懶甸의 西北쪽으로 進入하는 것을 차단하기 위한 山城이었던 것이다. 그러나 지금 西北岔(차) 고개는 막혀 있는 상태다. 그 대신 敦化에서 江南鎭을 거쳐 大石頭鎭-三道梁子 위의 哈爾巴嶺(哈爾巴嶺山脈 上의)이 西北쪽과 연결하는 유일한 통로 구실을 하고 있다.

先春嶺과 달리 公嶮鎭의 위치에 대해서는 여러 가지 다른 학설이 존재하는데 대표적인 것으로 앞에서 몇 차례 언급한 바와 같이 '寧古塔 부근 說'로 압축된다. 심지어 世宗實錄 地理志(慶興都護府 條)에서는 公嶮鎭 南쪽(南隣남린)에 寧古塔이 있다고 본래 寧古塔 보다도 오히려 더 北上시키고 있는데 이는 방어 전략의 기본개념에도 맞지 않는 발상이라고 尹日寧은 말한다. 즉 先春嶺은 女眞과의 경계를 말하는데 그 방어戰力의 핵심이라고 할 수 있는 公嶮鎭이 어떻게 경계선 밖으로 더 올라가 敵에게 자신을 노출시킬 수 있느냐는 것이다.

Ⅴ. 맺음말

지금까지 좀 지루하다싶게 전개해온 論旨를 축약하여 한마디로 정리해보면 尹瓘 9城의 핵심 키워드는 曷懶(甸)이다. 가란전은 바로 民族 抗日期 조선인에게는 제2의 고향이나 다름없는 北間島, 지금의 延吉을 중심으로 하는 延邊朝鮮族자치주 지역 일대를 말한다. 豆滿江과 그 北東쪽 海蘭河로부터 琿春河(혼춘하)에 이르는 여러 支流 유역을 중심으로 한 盆地와 丘陵지대로서 山地가 발달하여 땅이 기름질뿐만 아니라 山林이 무성하고 각종 자원이 풍부하게 매장되어있는 韓半島의 4분지 1 넓이의 노른자위 땅이다. 보통 間島하면 西間島와 東間島까지 아우르는 東北 3省(舊 滿洲) 全域과 沿海州까지를 포함하는 개념으로 역사적으로 보면 高句麗 渤海의 故地이였으며 高句麗의 榮光과 氣像을 롤모델로 건국한 高麗 들어서도 自治權이 보장된 羈縻州(기미주) 형태로 간접 지배해오던 이 지역을 部族을 통일한 完顔部 女眞族이 여세를 몰아 압박해오자 이에 위협을 느끼고 일으킨 전쟁이 尹瓘의 女眞征伐이라고 할 수 있다.

이때의 기미주 범위는 豆滿江 연안까지 미치고 있었다고 보고 있는데 그 중에서도 弓漢伊村(伊位界 吉州城)까지는 고려의 州縣이 설치되었던 말하자면 직접 지배하는 통치 지역이었다. 그래서 후일 女眞을 정벌 할 때 1次 진출 지점을 弓漢伊村으로 잡고 그 界上의 瓶項(병항), 일명 '병목'에 軍事 要塞(요새)를 구축하여 女眞의 남진을 저지한다는 전략이었다. 그러나 막상 현지에 진출하고 보니 당초의 地理지식과는 달리 陸地나 바다로 통하지 않는 곳이 없는(水陸無往不通)지역으로 애초에 병목을 막는다는 窮塞設險(궁새설험) 전략을 구사할 수 없게 됨으로서 지금의 延吉을 중심으로 하는 元 曷懶(가란) 지역까지 北進하여 先春嶺과 公嶮鎭 東西軸(축) 방어선을 구축하게 된 것이라고 할 수 있을 것이다.

이때부터 脣亡齒寒(순망치한. 입술이 없으면 이빨이 시리다는 뜻)이라고 高麗에 曷懶(가란)은 입술과 같은 그런 존재가 되었다. 지금표현을 빌어 다시 말하자면 두 세력 간의 緩衝지대 구실을 했던 最前方이 바로 曷懶(甸)이었다. 이를 뒤집어서 말하면 만약 曷懶(甸)이 뚫릴 경우 高麗는 그 東北境이 완전히 敵에게 노출되는 결과를 가져오게 된다는 것이다. 그래서 高麗는 死活을 걸고 女眞의 曷懶(甸) 진출을 저지하려 했던 것이고 先春嶺과 公嶮鎭은 가장 효과적으로 女眞 진출을 차단할 수 있는 天然的인 방벽인 합이파령 山脈 上에 뚫려 있는 東北-西 두 方向의 唯一無二한 통로였던 것이다.

그 中에도 특히 先春嶺의 位置를 이 分野 연구의 개척자인 方東仁, 金九鎭 등이 35년 전에 각각 지금의 수분하 上流 합이파령 山脈 上의 老松嶺으로 지목한 바 있는데 지난 2008, 2009 兩年에 걸쳐 將星 出身의 戰略通 學者인 尹日寧이 世宗실록 地理志 上의 豆滿江 北 7百里를 尖端 科學 器機(GPS)를 동원하여 실측한 결과와 일치하는 뜻밖의 成果를 거두게 되었다. 이는 지금까지 단지 문헌고증을 통한 하나의 가설에 머물렀던 앞서 두 元老 학자의 주장이 실증적인 뒷받침을 얻어 비로소 名實相符(명실상부)한 正統的인 學說로 자리매김 될 수 있는 계기를 마련하게 되었다는 뜻이기도 하다.

日帝가 단군 否認을 겨냥하여 傳家(전가)의 寶刀(보도)처럼 마구 휘둘러대던 이른바 實證史學의 考古學的 물증, 즉 金石文이나 관련 유물이 아직 발견되지 않았다고 해서 일찍이 '近代 史學의 아버지로' 불리던 랑케(Ranke.Leopold)가 추구했던 실측 數値(수치)上의 '과학적 客觀性(객관성)'마저 부인할 수는 없을 것이다. 그리고 尹瓘의 女眞征伐 이후 7백 여 년에 걸쳐 수없이 많은 王朝와 支配勢力이 들고난 滿洲 大陸에서 우리 北方開拓의 指標는 高麗 말에서 朝鮮 初는 물론 심지어는 最近世 日帝의 間島 不法割讓(할양) 이전까지도 일관되게 公嶮鎭(豆滿江北 7百里)으로 못 박혀 있었다는 역사적 사실을 상기할 때 이제 더 이상의 消耗性(소모성) 地理論爭은 아무런 의미가 없다는 것을 알 수 있을 터이다.

논문 투고일 : 12. 03. 14. 논문 심사완료일 : 12. 04. 05. 게재확정일 : 12. 04. 10.

▌參考文獻▌

譯註 『高麗史』(地理 列傳) 1971, 東亞大 古典研究室

國譯 『高麗史節要』 1968, 民族文化推進會

『世宗實錄』(155권,地理志, 國譯本) 1975, 世宗大王記念事業會

『東國輿地勝覽』 1958. 東國文化社 影印本

崔南善, 新羅眞興王의 在來三碑와 新出現의 磨雲嶺碑, 1930, 『靑丘學報』 2호

池內宏, 1979, 『滿鮮史研究』 中世篇, 길천홍문관 (영인본)

『조선전사 6, 1979, 조선사회과학원, 과학백과사전종합출판사

李丙燾, 1960, 『韓國史』 中世篇, 震檀學會, 乙酉文化社

方東仁, 1976, 尹瓘九城再考-九城設置範圍를 中心으로- 『白山學報 21호

金九鎭, 1976, 公嶮鎭과 先春嶺碑, 『白山學報』 21호

任重彬, 1980, 『文肅公 尹瓘 將軍』 人物研究所

尹熙炳, 1980, 『尹瓘 將軍의 女眞征伐史』 文理社

尹熙炳, 1983, 『高麗의 北方政策-女眞征伐再評價와 尹瓘九城考察을 中心으로』 세계문화사

尹日寧, 2009, 『先春嶺과 公嶮鎭의 位置-世宗地理志를 중심으로』

崔圭成, 2002, 성춘령과 공험진에 대한 신고찰 『한국사론』 34, 국사편찬위원회

[Abstract]

The Synthetic regarding on the Researchs of Youn-gwanś9 Castles

Yoon, Yu Duck

About the territories of nine castles established by general Yoon, Gwan, there had been no doubt until the former era of Chosun dynasty that it was the area of 'Gonghum' fortress and Mt.'Sunchun'. It is seven hundreds li north of Tomun river. This is according to official government history records "The history of Corea dynasty", "The chronicle of King Sejong (geography section)" and "The geographical information of eastern country".

But the founder of historical geography of Korea, Han, Baek-gyum estimated that a stone foundation which is located on Mt. Maun near to the boundary of 'Iwon' county and 'Dancheon' county of southern Hamkyung province must be the monument of general Yoon-Gwan.

Japanese historians who were controlled by the government like Ikeuchi Hiroshi took advantage of this theory and the respect of Korean people toward these scholars. They insisted that general Yoon,gwan's nine castles should be located in the Hamheung plain that is south of Mt. Hamgwan

The frontrunner of the study of general Yoon,gwan's 'nine castles', professor Bang, dong-in already knew Ikeuchi's bad intension 35 years ago, and wrote "(Ikeuchi's theory) is total distortion." in his article <A thought regarding Yoon-gwan's nine castles>.

And professor Kim,gu-jin found Korea's oldest map 'The map of eastern country' in the Naikaku library ' in Japan, and studied location of Mt.Sunchun and 'Gonghum' fortress. Finally, he concluded that Mt.Nosong, seven hundred li north of Tomun river should be Mt.Sunchun in his article <Gonghum fortress and the monument of Mt.Sunchun>.

The record of 'Chronicle of King Sejong ' which might be the base of the 'The map of eastern country' is the milestone of the seven hundreds li way north of Tomun river which was studied and recorded by then governor of Hamkil province, general Kim,Jong-Seo who established 'six fortresses' afterward. He did this according to secret mission of King Sejong.

Recently a professor named Yoon, yil-young who was former general of Republic of Korean Army, surveyed the route of "The chronicle of King Sejong " route surveyed by twice through the method of GPS and proved that as the estimation of former two professors, "Mt.Nosong mountains is actually Mt.Sunchun". And for

‘Gonghum’ fortress, it should be the 'Obong mountain castle' which is located on the north−western part of Habipa mountain ranges.

By doing this, he could prove that Mt.Sunchun and ‘Gonghum’ fortress were the tactical fortresses which were established to defend the eastern side and the north−western side by general Yoon,gwan who conquered Yeojin people in order to secure Karran area.

Key-Words : general Yoon-Gwan Mt. Sunchun Gonghum′ fortress Karran Han Back-gyum

間島領有權 분쟁과 그 收復운동의 展望

序 論

間島協約 締結(체결) 100년을 기록한 지도 어언 10년을 넘어서고 있다. 淸日間島協約을 체결하기 전후의 大韓帝國은 나라 안팎 사정이 마치 말기적인 重病에 시달리고 있는 患者처럼 자신의 몸을 지탱하기조차 버거운 그런 시기였다. 근세 이래로 되풀이 되어온 兩大 强國의 爭霸(쟁패), 즉 中國이라는 대륙세력과 해양세력 日本이 맞부딪치는 相衝(상충)지대 韓半島는 그 地政學的(지정학적)인 이유(地利)로 해서 우리의 意志와는 아무 상관없는 값비싼 代價(대까)를 치르고 있을 때였다.

그러나 이런 危機局面 속에서도 大韓帝國은 北方領土의 維持保全이라는 絶對 命題 앞에서 마지막 불꽃을 태우듯 결연하게 맞서는 당찬 결끼(氣)를 內外에 誇示(과시)하였다. 민족사와 함께 영원히 기록될 그 외로운 鬪魂(투혼)에 讚辭(찬사)를 보내는 이유이다.

당시 外交最戰線(최전선)을 지휘했던 협상대표 李重夏가 上國(淸)의 물리적 압박에도 불구하고 절규한 '吾頭可斷 不可縮'은 이미 領土守護(영토수호) 그 자체를 의미하는 古典的 名句로 膾炙(회자)되고 있거니와 朝鮮王朝 최후의 視察使(시찰사) 李範允 같은 强骨은 당시 朝廷에 兵力 지원을 요청했으나 여

의치 않자 자신이 조직한 私砲隊(사포대)를 이끌고 淸나라 군대의 橫暴(횡포)에 맞서 韓民을 보호하고 그들이 일군 땅을 지키는 영토수호의 意志를 행동으로 보여주기도 하였다.. 그의 이 같은 不退轉(불퇴전)의 意志와 위압에 눌린 淸은 그를 두려워한 나머지 양국 邊界(변계) 현장官吏들로 하여금 韓淸邊界善後章程(변계선후장정)이라는 現地조약을 서둘러 체결하고 그동안 잊고 있었던 白頭山定界碑 上의 국경논의를 再開할 수 있다고 우리 측을 懷柔(회유)한끝에 사실상 李範允 한 사람의 축출을 목적으로 하는 내용을 전 조문에 담아 끝내 이범윤의 손발을 묶고 축출해 버렸다

이처럼 나라의 存亡이 寸刻을 다투는 極限狀況(극한상황) 속에서도 民族的 自存을 지키기 위해 몸을 던진 先人들의 눈물겨운 血鬪(혈투)와는 대조적으로 비록 분단 상태에서나마 世界 10位圈에 진입한 檀君 以來 최고의 경제적 번영을 누리고 있는 이 나라는 間島 같은 未來의 領土문제에 대해서는 마치 남의 일처럼 입을 굳게 다물고 섣불리 접근조차 하지 않으려고 꽁무니를 빼고 있다. 이처럼 극명하게 갈리는 역대 爲政者들의 위선적인 두 얼굴이 우리나라 현행 領土정책의 加減(가감)없는 實相이라고 해도 과언이 아니다.

그래서 본고에서는 1세기 전 先人들이 걸어온 험난한 가시밭 길을 再조명함과 동시에 아비를 아비라 부르지 못하는 구시대의 庶孼(서얼)처럼 내 땅을 "내 땅"이라고 조차 부르지 못하는 있으나마나 한 政府를 대신해서 수10년에 걸친 학술적 연구를 바탕으로 間島문제의 씽크탱크 역할과 함께 고토수복운동의 最前線을 이끌고 있는 한 民間團體(間島되찾기運動本部, 以下 줄여서 간도본)의 활동과 그 업적에 後半部 지면을

割愛(할애)하게 될 것이다. 또한 間島 뿐 아니라 앞으로 지키고 되찾아야 할 우리 領土에 대한 國民의 意識을 提高(제고)하기 위한 필수조건이라고 할 수 있는 미래세대를 위한 歷史교육의 절박한 必要性을 논하고 간도 현지와 우리교육의 현황을 점검해 보고자한다.

1. 間島에 대한 豫備的(예비적)고찰

1. 封禁(봉금)지역 설정과 韓淸 國境의 劃定(획정)

韓(朝鮮)淸(後金)간에 최초로 국경문제가 논의된 것은 1627년 丁卯胡亂(호란)의 戰後 강화조약인 江都會盟(강도회맹)에서부터이다. 즉 그 제3조에서 명시하고 있는 "... 今後兩國 各遵誓約(각준서약) 各全封疆(각전봉강)"으로까지 거슬러 올라가게 된다. "이후로 양국은 각각 약속을 遵守(준수)하며 경계를 封(봉)하여 두 나라는 이를 穩全(온전)히 지킨다."고 규정함으로서 소략하나마 이 때 처음으로 朝 淸간에 國境 概念(개념)이 도입되었다.

이어서 淸은 1636년 다시 丙子胡亂을 일으켜 前日의 江都會盟에도 불구하고 배후의 親明세력 조선에 대한 의구심을 거둘 수 없다고 조선을 다시 정복하여 兄弟 관계에서 君臣관계로 그 服屬度(복속도)를 최고도로 격상하게 된다. 그리고 淸은 1644년 順治帝(世祖)때 明나라를 완전 정복하고 中國 本土로 그들의 主流집단인 만주족을 대거 이동시키기에 앞서 緩衝概念(완충개념)으로서의 封禁(봉금)地域(또는 間曠(광)地帶)을 설정함으로서 만에 하나 있을지도 모를 배후의 患(환)을 미리 제거하는 緻密(치밀)한 先制戰略(선제전략)을 驅使(구사)하게 된다. 이렇게 해서 생긴 地理的 空白을 지금으로 말하면 非武裝地帶(비무장지대)같은 개념으로 묶어놓았다는 뜻이다. 이는 당시 西洋의 線(선)에 의한 국경 개념이 도입되기 전 동양 전래의 面에 의한 국경 개념이 변방이라는 이름으로 아직 통용되고 있었을 때다. 따라서 封禁지역은 곧 양국 간의 邊方(변방)이 되었으며 緩衝(완충) 기능을 가진 無人지대로 양국 俗民(속민)의 출입을 엄격하게 금하고 있었다. 그렇다고 양국 간 국경이 정확하게 劃定(획정)된 것은 아니고 이 때 淸은 압록강 下流 檻盤(남반) 入海處(입해처)에서 鳳凰城(봉황성)을 거쳐 鹻(염)陽邊門-城廠(창)門-汪淸邊門 線에 국경 標識(표지)로 柳篠邊墻(유조변장, 버드나무로 울타리를 침)을 설치하였다.. 이 선은 압록강에서 東北으로 120里(30킬로) 相距(상거)한 폭만큼 조선영토가 봉금지역으로 흡수 편입되었다는 것을 의미하기도 한다. 이에 대해 언론인 李圭泰는 그의 <新 熱河日記>(1997. 朝鮮日報 연재)에서 압록강과 豆滿江이 地理的 국경이라고 한다면 봉황성 끝자락에 있는 高麗門(고려문)은 실제 국경 구실을 했던 정치적 국경이라고 할 수 있을 것이라고 하였다.(졸저 역사의 고향으로 떠난 사람들 2011. 우리책 292~294쪽).

2. 당빌의 新淸國地圖와 西 北 間島

이 당시 淸과의 국경에 대해 정확하게 알 수 있는 가장 객관적인 자료로는 康熙帝(강희제 聖祖)가 의뢰하여 프랑스 선교사 레지(Regis 중국명 雷孝思)가 처음으로 三角測量法(측량법)을 도입하여 1717년에 제작한 皇輿全覽圖(황여전람도)가 있다. 이 지도에 나타난 국경선을 레지線(Regis line)이라고 부른다. 이 지도가 현존하지는 않지만 당시 제작에 참여했던 일행들이 후에 같은 기법을 적용하여 만든 지도와 備忘錄(비망록)을 통해서 清 朝간 국경 상황을 알 수 있다. 그 후(1736년) 역시 프랑스인 뒤 알드가 지은 中國通史(Description de la China)에 의하면

> 鳳凰城(봉황성)의 東方에는 朝鮮의 西쪽 국경이 있다. 滿洲(만주)가 中國을 침공하기 앞서 벌인 朝鮮과의 전쟁에서 승리하자 長柵(장책)을 세워 清의 국경을 표시하고 朝鮮국경과의 사이에 無人지대를 설치하였다. 이 국경을 圖上 점선으로 표시한 것이 그것이다.

라고 하는 기록이 보인다.

이어서 1737년 당빌(D'Anville)에 의해 제작된 新清國地圖(Nouvel de la China)에는 清의 국경선이 선명하게 표시되어있다. 압록강 以北의 봉황성 부근에서부터 北쪽으로 葉赫站(엽혁참), 그 東쪽으로 松花江과 易屯河 諾泥(락니)江이 만나는 合水지점까지 울타리(장책)가 처져 있고 그 아래 압록강 以北 지역에 핑안(Ping An), 豆滿江 以北 지역에는 힌깅(Hien King)이라고 中國語 發音으로 平安道와 함경도를 각각 표시해놓고 있다. 그로부터 173년 뒤인 1909년에 大韓帝國은 앞의 지도 그대로 압록강 以北 西間島를 平安道에, 豆滿江 이북 北間島를 함경도에 각각 편입, 세금을 징수하고 土地대장을 작성하는 등 행정행위를 통해서 실질적으로 主權을 행사했음을 알 수 있다. 뒤에 가서 상론하겠지만 이렇게 형성된 봉금지역을 기준으로 西爲鴨綠 東爲

土門을 그 골자로 하는 白頭山定界碑가 세워졌으며 그 후 이 지역 일대가 間島라는 이름으로 韓 淸간 領有權 분쟁의 대상이 된 것이다.

3. 白頭山定界碑의 건립 동기

이후 淸이 1867년, 朝鮮이 1883년에 각각 封禁을 해제할 때까지 약 200년 간 유지되어온 봉금지역은 오늘날의 DMZ처럼 두 나라 일반민의 출입이 통제되어 인적이 끊긴 無人지대로 남아있었기 때문에 그 사이 自然的으로 생태계의 寶庫(보고)를 이루게 되었던 것이다. 그 중에도 특히 산중의 보물이라고 하는 山蔘은 현지민들 간에 밀채취의 표적이 되었으며 이를 경쟁적으로 채취하는 과정에서 일어난 대표적인 사건이 바로 朝鮮人 李萬建에 의해 자행된 淸國人 집단살해사건이다.

한편 중국대륙을 완전통일하고 全盛期(전성기)를 맞이한 康熙帝는 이 사건을 계기로 하여 연이어서 일어나는 犯越(越境開墾 월경개간)사건을 계기로. 그 원인이 압록강과 豆滿江 上流지역의 경계가 분명치 않은 데 있다고 판단하게 되었다. 그리하여 강희제는. 1711년(康熙 50) 烏拉總管(오라총관) 穆克登(목극등)을 현지에 파견하여 국경을 심사하도록 명령을 내리게 되었다(間島 領有權을 다시 생각한다.-朝鮮 後金 國境 사이에 만든 非武裝地帶가 곧 間島. 週刊朝鮮 2014 10. 20.日字).

그 이듬해(1712년 숙종 38.) 5월 康熙帝의 命을 받은 목극등은 압록강을 거슬러 올라가 厚州에서 朝鮮의 接伴使(접반사) 朴權과 咸鏡監司(함경감사) 李善溥를 만나 惠山에 이르러 白頭山에 오르기 앞서 조선의 대표들이 너무 年老하여 山에 오르기 어려우니 茂山에 가서 기다리라 하고 軍官 李義復, 趙

台相과 差使官 許樑 朴道常 譯官 金應瀗(헌), 金慶門 등 하급 官員들만 대동하고 떠났다.

그들은 험준한 산세를 타고 정상까지 1백여리를 올라 潭水(天池를 말함) 南東쪽 약 10리 지점 분수령 상에 界碑(계비)를 세우니 이것이 저 유명한 白頭山定界碑다. 이 비에 새긴 文字는 모두 82字, 세워진 정확한 위치는 北緯(위) 42도 6분, 東經(경) 128도 9분, 해발 2200M, 행정구역상으로는 함경북도 茂山郡(무산군) 三長面 農事洞(농사동)에 속한다.

4. 西爲鴨綠 東爲土門으로 경계 확정

碑文의 全文 要旨는 '... 旨査邊至此審視 西爲鴨綠東爲土門故於分水嶺上 勒石爲記(皇帝의 命을 받들어 邊(境)을 조사하기 위하여 이곳에 이르러 살펴본 결과 西쪽으로는 鴨綠江, 東쪽으로는 土門江으로 境界를 定하는 故로 그 內容을 돌에 새겨 分水嶺 上에 세운다.)'로 요약되는데 그 中에도 西爲鴨綠 東爲土門이 국경문제와 직결되는 핵심 구절이다. 그 이후 3백 여 년 동안 아직도 우리에게는 未수복 未해결의 땅으로 남아있는 되찾아야 할 北方영토의 경계선이 이 때 세운 定界碑에 의해서 대내외적으로 천명된 것이다.

앞서 말한 바와 같이 清側이 封禁令을 해제한 후 朝鮮은 16년 늦게 해제하게 되는데 鴨綠江에서 120리 東北上했던 封禁地域 上의 朝 淸 國境은 鴨綠江 線으로 후퇴하였기 때문에 그 어간의 땅은 淸에게 빼앗긴바 되어 글자 그대로 西爲鴨綠이 되어버린 것이다.

반면에 東爲土門의 土門江은 定界碑가 세워진 분수령에서 발원하여 東쪽으로 흘러가다가 어느 지점에서 땅 밑으로 伏

流하여 다시 땅위로 흘러 北쪽으로 방향을 틀어 松花江에 유입 合流된다. 이 때 水流의 흔적만 남아있는 江岸에 石堆(석퇴)와 土堆를 90리에 걸쳐 5m~10m 간격으로 쌓고 돌과 흙이 없으면 목책을 세워 大角峰 끝자락에 이르면 높이 1백m쯤 되는 土岸이 마치 門과 같이 우뚝 서 있는 모습과 마주하게 된다. 바로 이 土岸이 土門이라는 江 이름의 유래가 되었다고 한다. 土門에 대한 기록은 이밖에도 靑山里大捷(첩)의 주역 徐一의 스승이기도 한 慶源사람 金魯奎의 北輿要選(북여요선)과 西北經略使(경략사) 魚允中의 探界(탐계)公文, 韓日合邦 후 日本에 의해 설치된 統監府(통감부) 파출소의 측량 조사에서도 똑같은 방법과 모습으로 묘사되고 있다.

목극등은 土門江의 水流를 조사할 당시 물이 복류하는 이 지점으로 해서 장차 국경과 관련된 분쟁이 일어날 소지가 있다고 보고 朝鮮 측에 요구하여 조선의 부담으로 그 구간에 木柵(목책)과 土堆 石堆를 축조케 하고 康熙帝에게 올린 奏文(復命書)에서도 또한 이 같은 사실을 세세하게 적어올리고 있다. 이상과 같은 淸側의 거듭되는 확인 작업에 의해서 定界碑文 上의 양국 국경은 鴨綠江과 土門江線으로 확정되었다. (拙著 歷史의 故鄕으로 떠난 사람들 296~297쪽)

5. 土門과 豆滿의 江源 문제로 극한대립

위와 같이 土門江 국경의 확인 작업까지 한 淸은 첫 번째 열린 감계회담석상에서 갑자기 태도를 표변하여 定界碑 상의 土門江이 豆滿江과 같은 강이라고 속된 말로 오리발을 내밀었다. 그래서 두 江의 江源 문제에 대해 遡及(소급) 조사를 하게 되었는데 朝淸 간에는 우선 그 접근법 자체부터가 서로 달랐다.

거기에다 淸측은 兩 江에 대한 地理지식마자 缺乏되어있을 뿐만 아니라 황제의 命임을 빙자하여 겉으로는 크게 내세우면서도 실상은 불성실하기 짝이 없는 태도로 토문강의 위치 뒤집기에만 오로지 전력을 쏟고 있었다.(白頭山定界碑와 間島問題 劉鳳榮 白山學報 13호 1972. 29쪽).

만주 지역이 元代 이전에는 中國 本土와 별로 관련이 없었기 때문에 그렇기도 하거니와 元史 新元史 할 것 없이 대부분의 史書가 이 지역의 간단한 연혁과 함께 行政관계 地名만 열거하고 있을 뿐 山川 등 지리에 관한 기록이 없다가 .明代에 들어와 비로소 그 地誌(지지)인 大明一統志에서 長白山으로부터 발원하는 江河를 기록하고 있을 정도다. 그럼에도 土門江이나 豆滿江의 이름은 보이지 않고 長白山에서 東流하여 入海한다는 阿也苦河가 豆滿江임을 미루어서 알 수 있을 정도로 지도가 疏略(소략)하기 짝이 없었다. 豆滿江 以南의 北韓 쪽에 지금도 阿吾地라는 비슷한 地名이 남아있어서 앞서 나온 두만강을 찾게 되었다고 유봉영은 그의 <백두산 정계비와 간도문제>(30~31쪽)에서 지적하고 있을 정도다. 역시 明代에 편찬된 遼東志(요동지)는 이보다 좀 더 상세하고 方輿勝覽(방여승람)에 와서야 비로소 '城東北五百里 長白山 東쪽 北松山에서 발원하는 土門河'이라는 江 이름이 나타난다.(위 유봉영의 논문 32쪽).

淸代에 와서는 白頭山을 자기네 조상의 發祥地(발상지)라고 하면서 聖祖(강희제) 자신도 처음에는 그 所在조차 몰라 內大臣 武默納(무묵납)을 보내 사전 답사케 했을 정도로 地理에 어두웠다고 한다. 그런 聖祖가 統治 반세기 가까운 1706년(康熙

45) 大學士들 앞에서 당시 조선의 現勢(현세)를 설명하면서 그동안 조사한 자료를 토대로 우리와의 경계를 北으로는 瓦爾喀(와이객)지방에서 土門江으로 接界했고 西쪽에서는 봉황성과 접계했다고 지금까지 우리가 알고 있고 또 주장하는 경계를 비로소 다 밝힐 정도로 그동안 학습한 효과를 발휘했었다고 한다.

6. 王朝實錄으로 본 土門 定界

이번에는 사실상 定界 문제를 주도한 목극등과 그의 상대役으로 활동한 朝鮮 측 대표들의 狀啓(장계), 日記 등 기록과 이를 종합 정리하여 轉載(전재)한 숙종실록(38. 12. 7日字) 등 문헌을 중심으로 당시의 상황을 再구성 해보고자 한다. 이미 다 알고 있는 바와 같이 '定界碑의 建立處가 鴨錄 土門 兩 江의 分水嶺 上으로 立碑處(입비처)에서 멀지 않은 곳에서 發源하는 鴨綠江에 대해서는 우리가 西間島를 대폭 양보한 때문이기도 하지만 그 이상 별 異論(이론)이 제기되지 않았다. 그러나 東爲土門에 대해서는 協商 초 淸측으로부터 정반대의 터무니없는 주장이 제기되면서 끝내 決裂(결렬)의 危機 局面으로까지 치닫게 된다.

定界碑의 東측에는 流水가 없고 상당히 먼 곳에 湧水(용수, 물이 솟아남)가 있는데 목극등은 이 물이 白頭山으로부터 伏流(복류)하여 내려온 土門江 上流라고 하면서 이 물이 우리가 말하는 豆滿江, 후일 堪界(감계)담판 때 淸측이 일방적으로 주장한 그 豆滿江으로 流入되었다면 문제가 없겠는데 그런 것이 아니고 土門江은 松花江의 上流임이 확실함으로 土門江이 즉 豆滿江이냐 아니냐 하는 문제가 제기 될 수밖에 없었고 土門江이 즉 豆滿江이라고 하드라도 실제로 定界된 지역이 豆滿江과는 아무런 관련이 없는 곳이라는 데서 이를 어떻게 처리해야 하느냐 하는 문제가 擡頭(대두)하게 된 것이다.. 이 문제를 定界 당시 朝鮮 측 接伴使 朴權, 함경감사 李善溥의 啓와 朴權의 <北征日記> 등 현장 기록과 숙종실록을 통해 復碁(복기)해 보면

먼저 함경감사 李善簿가 白頭山 設標(설표) 공사가 완결되었다고 啓聞(계문)하면서 당시 北評事로 설표 공사를 직접 看審(간심)한 兼文學 洪致中의 상소를 간접 인용하여 그 내용을 다음과 같이 설명하고 있다. 즉 자신의 啓 속에서 인용한 洪致中의 啓에 의하면 "臣이 北關(관)에 있을 때 白頭山 설표를 간심한 바 있는데. 白山 東쪽에서 나오는 물로 眞長山 內에서 合流하여 豆滿江을 이룬 水流가 모두 4개의 派(갈래)가 있습니다. 그 最南의 제4파는 北兵使 張漢相이 제일 먼저 가보려고 하다가 氷雪에 막혀 가지 못한 곳이고 그 北쪽에 있는 제3파는 北虞侯(우후) 金思政 등이 추후에 가본 곳이며 다시 그 北쪽에 있는 제2파는 羅暖(나난)萬戶 朴道常이 淸差(청차)의 導路(도로)差員으로서 찾아낸 것이고 最北에 있는 제1파는 水源이 짧고 제2파와의 거리가 가까운 관계로 제2파에 유입되는 두江의 원류입니다. 淸差가 지시한 바 水流가 땅으로 들어가 복류하다가 다시 湧出(용출)되었다는 곳은 제1파의 수십리 밖인 沙峰(사봉) 下에 있는 것인데 당초에 淸差가 白山에서 내려와 이리 저리 水源을 찾다가 이 곳에 당도하여 이것이 土門江의 원류라고 하면서 그 下流는 찾아보지도 않고 육지로 가다가 제2파에 이르러 제1파의 물이 합류하는 것을 보고 그 물이 과연 여기서 합류하니 土門의 水源임이 틀림없다고 하면서

경계를 정한다."고 했다는 것이다. 그런데 이번에는 淸差가 말을 바꾸어 豆滿江의 수원이라고 지칭한 지점에서 許樑(居山察訪)과 朴道常 등 두 差員을 시켜 다시 水流를 답사한 결과 물을 따라 내려가기 30里쯤 되는 지점에서 北쪽으로부터 流下하는 다른 물과 合水해서 점차 東北으로 향해 흘러가는 것을 확인하고 이 물줄기는 豆滿江에 속한 것이 아니라고 詳報(상보)했다는 것입니다."(위 유봉영의 논문 24~25쪽).

7. 목극등의 速斷(속단)이 빚은 禍根?

그러나 이 문제에 대해 筆者(李善簿)가 분석한 바에 따르면 그 脈絡(맥락)은 대체로 같으나 결론 부분에서 차이를 보이고 있다 즉 '洪致中이 北關(咸鏡道 北評事)에 있을 때 定界碑의 立碑處를 먼저 살펴보았는데 東쪽 眞長山 안에서 나와 合水하여 豆滿江으로 유입되는 물줄기를 모두 네 갈래로 분류하였다.(中略) 그 중 東쪽의 첫 번째 갈래는 水源이 조금 짧은 대신 두 번째 갈래와 가장 가깝기 때문에 下流에서 두 번째 갈래로 흘러들어 豆滿江의 최초의 源流가 된다.'는 것이다. 목극등이 이 물줄기를 가리키며 '江의 源流가 땅 속으로 들어가 伏流하다가 도로 솟아나는 물'이라고 했는데 이는 첫 번째 갈래의 北쪽 10餘里 밖에 있는 沙峰 밑을 말하는 것이다. 당초에 목극등이 白頭山에서 내려와 水源을 두루 찾을 때 이 지점에 이르러 말(馬)을 멈추고 '이것이 곧 土門江의 根源'이라고 말하고 다시 그 下流를 찾아보지도 않고 육지로 올라와 길을 떠났다는 것은 앞에서도 말한 바 있다. 그는 두 번째 갈래에 와서 첫 번째 갈래와 합쳐지는 것을 보고 '그 물이 과연 여기 와서 合쳐지니 豆滿江의 源流임이 명백하고 확실하여 의심의 여지가 없다.'면서 이것으로 경계를 정한다고 했다는 것이다.

그런데 목극등이 豆滿江의 水源이라고 자신만만하게 지칭한 그 지점에서 許樑(량)과 朴道常 등 두 差員을 시켜 水流를 끝까지 답사한 결과 '거의 30리를 가니 이 물의 下流는 또 北쪽에서 내려오는 다른 물과 합수하여 점점 東北쪽을 향해 흘러 종국에는 松花江으로 유입되는 土門江의 本流임이 확인된 것이다. 그러나 목극등은 단지 물이 도로 湧出(용출)되는 곳과 첫 번째 갈래 두 번째 갈래가 합쳐져 흐르는 것만 보았을 뿐이고 그 물을 따라 내려가 끝까지 흘러가는 곳을 찾아보지 않았기 때문에 그가 본 물은 딴 곳을 向해 흘러가고 中間에서 또 첫 번째 갈래가 두 번째 갈래와 만나 合쳐지는 것을 알지 못했다는 것이며 따라서 그 물줄기가 豆滿江으로 흘러들어가는 줄로만 알았다는 것이다. 洪致中은 이를 穆差(목차)의 진실로 경솔한 所致(소치)에서 나온 과오라고 지적, 이의 시정을 요구했다는 것이다. 그러나 洪致中의 요구가 어떻게 처리되었는지에 대해서는 밝혀지지 않았다. 게다가 앞에서 본바와 같이 토문강과 두만강을 혼동하여 그 사이를 자주 오가는 바람에 객관적으로 보아 종을 잡을 수가 없을 정도이다. 여기까지가 名色이 正使(接伴使)라는 朴權과 李善溥의 증언이다. 그러나 그들은 처음부터 白頭山 답사 길에 동행조차 하지 못한 사람들이다. 말하자면 差員들을 통해 한 다리 건너 뛴 간접 증언이라는 말이다.

의도적이었는지 그 연유는 밝혀지지 않았으나 목극등은 애초에 朴權 李善溥 등 朝鮮측 대표들을 年老하다 하여 일행에서 빼고 하급 지방 관리들만 대동하고 떠나 定界碑 비문에도 이들 이름만 새겨 넣었다. 그런데 당시 조정은 正使 朴權 등의 증언과 보고에 따라서 목극등의 과실로 土門江이 豆滿江이 되었다면서 豆滿江 水源을 기준으로 定界를 수용할 수밖에 없다고 이를 公論化했다는 것이다. 상대방 대표의 輕率(경솔)한 판단에 의해 일어난 과실을 묵인해주는 댓가로 멀쩡한 제 땅을 송두리째 갖다 바치는 어처구니없는 惡手로 말미 아마 지금 후손들은 그 땅을 다시 돌려달라고 피맺힌 絶叫(절규)를 하고 있으나 메아리 없는 獨白으로 되돌아오고 있다.

이를 공론화할 당시 李義復 등 하급관리의 실제 현장답사로 밝혀진 土門江 定界는 검토의 대상에도 들지 못한 체 묵살되어버리고 만 것이다.. 그러나 歷史는 무심치 않았던지 李義復이 남긴 답사 기록이 金魯敬의 <北輿要選(북여요선) >에 수록되어 土門江 定界의 妥當性(타당성)을 입증하게 된 것이다. 金魯敬은 바로 抗日(항일) 무장투쟁의 대명사가 된 靑山里大捷(대첩)의 총 지휘자 徐一의 스승이기도 하다. 이 전투에서 徐一은 스승의 가르침 그대로 단군朝鮮의 發祥地(발상지)이기도 한 白頭山 자락 靑山里 白雲坪에서 故土수복 意志로 불타는 젊은 병사들의 戰意를 북돋아 靑史에 빛나는 大捷(대첩)을 일구어 냈던 것이다.(拙著 歷史의 故鄕으로 떠난 사람들 2011. 315~317쪽).

8. 東北工程과 間島의 運命을 생각하면서....

"歷史를 기록하기 시작하여 帝國主義 침략으로 일시 중단될 때까지 3-4천년 동안 韓 中 두 나라와 民族 관계에 대한 歷史學의 일부 기록은 진실에 그다지 부합하지 않는다. 이것은 中國歷史학자들이 大國主義, 大國主義的 쇼비니즘(國粹主義

국수주의)의 관점에서 歷史를 서술한 것이 주요 원인이다. 조선민족이 조선半島와 東北亞 대륙에 진출한 이후 오랫동안 거기서 살아왔다는 것은 遼(요)河와 松花江 圖們江 등 유역에 조선민족의 발자취가 남아있으며 여기서 발굴된 文物 碑文 등에 의해서 증명이 되고 있다. 뿐만 아니라 고구려의 역사는 물론 발해의 역사까지도 조선의 역사였다.”

지난 1963년 6월 28일 中國 초대 총리 周恩來(1898~1976)가 訪中한 북한의 조선과학원 대표단을 접견한 자리에서 마치 中國학자들에 의한 지금의 한국古代史 왜곡사태, 즉 東北工程을 미리 예견이라도 한 듯 韓中관계사에 대한 자신의 의견을 이렇게 거침없이 털어놓았다.(앞의 졸저 歷史의 故鄕으로 떠난 사람들 312쪽).

앞에서 朱恩來가 말한 것처럼 한국 古代史의 요람 遼河文明을 일으킨 東夷는 바로 우리 始原文化의 頂點(정점)인 韓民族의 先祖이다. 고래로 漢族은 長城밖 요하유역 일대를 塞外(새외)지역이라고 해서 한풀 제치고 이름 그대로 오랑캐(東夷)의 文化라고 비하해왔다. 그런데 20世紀 들어 이 일대 上古代유적을 발굴한 결과, 遼河文明의 핵심에 해당하는 紅山, 牛河梁(량) 유적의 상한 연대가 BC 3000년에서 3500년까지 올라간다는 사실을 확인하고, 이른바 黃河유역의 中華文明史를 1000년에서 1500년 끌어올릴 수 있다는 계산이 서자 자신들도 미처 예상하지 못했던 歷史的인 橫財(횡재)?를 東北工程이라는 일방적 역사 프로젝트를 작동하여 일거에 거머쥐게 되었다. 이렇게 되면 지금까지 世界 4大문명, 즉 나일江의 이집트文明(BC 3200), 인더스江의 인더스文明(BC 3300), 유프라데스江의 스메르文明(BC 2700)에 이은 자신들의 黃河文明(BC 2000)

보다 최소 200년에서 최대 1300년이나 앞서는 世界 最古의 文明을 과시하게 될 뿐만 아니라 이를 계기로 古代 이래로 韓民族의 主 활동무대였던 요하유역과 松花江 黑龍江 유역, 연해주 지역까지 東北亞 대륙 전체를 한데 아우르는 오랜 宿望을 달성하게 된 것이다.(앞의 졸저 歷史의 故鄕으로 떠난 사람들 322쪽).

中國이 이 같은 동북공정의 큰 그림을 그리기 시작하자 처음에 國內 學界는 한국의 역사, 그 중에서도 고구려 역사를 빼앗아 가려는 음모라고 반발했는데 실상 그들이 노리는 것은 고구려史 뿐만이 아니었다. 현 中國 영토 안에서 생성, 소멸한 모든 역사를 중국 역사로 代置(대치, 편입)시킴으로서 중국 內 56개 소수民族을 그 대상으로 하는 소위 統一的(통일적)多民族 국가 구성의 일환으로 역사를 통째로 再구성하려는 것이었다. 앞에서도 거론했다시피 그들이 동북공정을 통해서 古代 이래로 이 일대를 지배한 韓民族의 역사와 문화를 빼앗거나 지워 없애는 것이 일차적인 목적이라고 한다면 지금도 間島라는 이름으로 그 전통을 이어가고 있는 연변조선족자치州 주민들이 어느 시기 韓半島에 통일정부가 들어서면 地理的으로 인접해 있는 데다 같은 민족이라는 동족의식으로 쉽사리 뭉칠 수 있다고 보기 때문에 동북공정의 당초 목적이 이런 우려를 拂拭(불식)하고 예방하는데 있다고 보고 있다. 그래서 東北工程을 일러 일명 '間島工程'이라고도 부르는 이유 또한 여기에 있다고 보는 것이다. (李炯石. 李鐘鎬의 古朝鮮 神話에서 歷史로 2009. 45쪽).

9. 間島라는 명칭의 由來와 그 범위

間島라는 명칭에 대해서는 여러 가지 由來와 說(설)이 전해오고 있는데 그 중 대표적인 것이 감(ㄱ+•)터 墾島(간도) 艮土 또는 間島이다. 감터란 言語學的으로 설명한 것인데 神州 또는 神鄕(신향)이라는 뜻을 나타내는 말이라 보고 있으며 고구려의 丸都(환도)와 玄菟(현토) 渤海(발해) 및 契丹(글안)시대의 桓都(환도)와 같은 말이라고 盧启鉉은 李丙燾의 國史大觀(관)을 인용하여 설명하고 있다. (間島協約에 關한 外交史的 考察 大韓國際法學會論叢 11-1호. 156~157 쪽).

뿐만 아니라 間島가 韓國人의 손으로 開墾(개간)되었다 하여 墾島라고 불렀다고도 하며 또는 우리 영토 중에서 가장 北東쪽에 있다고 하여 24 方位 가운데 하나인 艮方의 땅, 즉 艮土라고 불렀다고도 한다. 또 일설에는 龍飛御天歌(용비어천가)를 인용, 조선 태조 李成桂(이성계)의 5代祖 穆祖(목조)가 당시 元나라 벼슬(五千戶)을 하며 王業의 터를 닦았다는 間島의 한 地方인 斡(알)東의 斡字가 幹(간)字로 잘못 표기되어 幹東이 모음(ㅇ)탈락현상에 의해 間島로 寫音(사음)되었다고 말하기도 한다.

지금 우리가 보편적으로 쓰고 있는 間島라는 명칭은 豆滿江 下流에 있는 河中島를 우리말로 '사잇섬'이라고 부르는데 이 말이 轉化(전화)되어 漢字로 間島가 되었다고도 한다. 80年代 중반 이 섬을 직접 답사한 李炯石(歷史地理학자)에 의하면 인근 함경도 농민들이 이 섬에 건너가 농사를 지어 가을이면 거두어들이곤 했는데 섬 중앙에 세워진 '사잇섬'의 原石 빗돌 사진과 함께 현지 주민들이 즐겨 불렀다는 '사잇섬 노래까지 採集(채집)하였다는 말을 그로부터 직접 들은 일이 있다. 이렇게 시작된 間島가 당시 越墾(월간, 越境開墾 월경개간)이 엄격하게 금지되어 있던 지금의 東北間島 일대로 확장되어 나간 것이라고 볼 수 있다는 것이다.

間島 문제를 다루는데 있어 가장 어려운 부분이 그 범위를 어떻게 설정하느냐 하는 것이다. 그 범위가 여느 국경처럼 일정하게 그어져 있는 것이 아니기 때문이다. 白頭山定界碑上의 범위, 西爲鴨綠 東爲土門에 근거한 간도의 영역은 오늘날 우리가 알고 있는 間島의 범위보다 훨씬 광대하다. 비문 그대로 적용하게 되면 土門江이 松花江의 上流이므로 白頭山에서 松花江과 黑龍江으로 둘러싸인 沿海州 일대와 南滿洲(만주) 일원이 이 가운데 들어온다.

거기에다 歷史的으로 보면. 고구려 발해가 지배했던 瀋遼(심요)지역, 즉 遼東일대까지 東北三省 전체를 아우른다. 다시 말해서 東北아시아의 版圖 全域을 1천여 년에 걸쳐 지배했다는 우리의 舊疆意識(구강의식)은 바로 여기에서 유래하고 있는 것이다. 古代 以來로 雄飛(웅비)하는 韓民族의 氣像(기상)을 시샘한 中國이 東夷族이 일으킨 遼河(요하)文明을 송두리째 빼앗고 그 위에 東北工程이라는 그들만의 歷史 造作劇(조작극)을 연출하여 현재 自國이 지배하고 있는 영토 내에서 생성소멸한 모든 歷史를 自國의 歷史體系 안에다 일방적으로 편입하고 단군조선으로부터 夫餘 고구려 발해로 이어지는 우리 고대사의 황금기 3천년을 송두리 채 빼앗아가려는 만행을 저지르고 있는 것이다. 놀랍게도 東北工程이 노리는 궁극의 目的이 우리가 통일하게 되면 반듯이 제기할 것으로 예상되는 間島, 즉 北方 영토의 수복 意志를 사전에 차단하기 위한

布石으로 이렇게 미리미리 예방선을 치고 있다는 것이다.

10. 淸 러 간의 沿海州 거래는 국제법上 무효

14世紀부터 시작된 러시아의 東方進出은 1858년 淸과 아이훈(愛琿)조약을 체결하고 헤이룽(黑龍)江 북쪽과 우수리(烏蘇里)江 西쪽을 차지하면서 본격화되었다. 그 후 개항된 부라지보스토크는 이름 그대로 '東方을 장악하라'는 러시아의 야심찬 영토욕을 가감 없이 드러내는 증거라고 할 수 있다. 그리고 마침내 러시아는 쇠퇴기에 접어든 淸을 압박하여 베이징 조약을 체결하고 공동관리 지역이던 우수리江 東쪽마저 손에 넣게 된다. 그 이듬해인 1861년 淸 러는 豆滿江 河口에 淸 러 국경비(일명 土字비)를 세움으로서 조선은 그야말로 앉은 자리에서 白頭山定界碑 上 間島의 東北端 연해주마저 상실하게 된 것이다. 역사적으로 거슬러 올라가 보면 연해주는 발해 15府(부) 가운데 하나인 率濱府(솔빈부)가 설치되어있던 천년 故土이다.

러시아 하산역에서 호수를 끼고 돌아가면 철조망 바로 안쪽에 삼각기둥 모양의 러시아-중국-조선(북한) 국경비가 서 있다. 이 국경비에는 3개국을 향한 각 面에 조선-中國-POCCNR라는 각 나라 이름이 새겨져 있다. 하산과 평촨(防川), 북한의 豆滿江역이 한데 모여 있는 3개국 接境(접경)지역이다. 두만강 下流에 있던 河中島嶼(도서) 鹿屯島(녹둔도)를 잃은 것도 淸 러 국경조약의 영향 때문이었다. 이 섬이 특히 우리의 관심을 끄는 이유는 壬辰倭亂의 救國(구국) 영웅 李舜臣의 초임지가 바로 이곳 造山萬戶였고 부임초(1567년 9월)에 발생한 女眞族의 내습에 효과적인 대응을 하지 못해 아군의 피해가 컸던 만큼 敗將은 斬首(참수)한다는 당시의 軍律에 해당하나 일등 감면하여 白衣종군하게 되었는데 보복을 겸한 토벌전에서 적을 섬멸하는 공을 세우고 赦免(사면) 받았다는 逸話(일화)가 전설처럼 전해내려 오는 바로 그 섬이다. 그러니까 임란 때 전란 중에 모함을 받아 백의종군한 그가 그 훨씬 이전에도 백의종군하여 戰功을 세우고 赦免(사면)되었다는 말이다.

1969년 우수리江에 있는 전바오(珍寶)섬을 옛 소련이 자국 영토라고 주장하면서 촉발시킨 中蘇 영토분쟁은 무력충돌로까지 비화하여 크리스키노와 琿春 사이의 국경이 한 때 폐쇄되기까지 했는데 1991년 장쩌민(江澤民) 中國 국가주석과 미하일 고르바초프 소련 대통령이 공동성명을 발표하고 아무르江과 아르군江의 3개 河中島문제를 원만하게 해결키로 합의하였다.

1990년 국경조약을 체결한 北韓과 러시아 사이에도 한 때 신경전이 계속되었었는데 北韓이 豆滿江 변에 제방을 쌓으면서 江流가 러시아 땅을 침식해 들어간 것이 그 원인이 되었었다고 한다. 北韓과 러시아 간의 국경선 획정 기준도 한 때 논란이 되었었는데 盧啓鉉(전 放送通信大교수)은 北韓과 소련이 탈베그(Thalweg) 원칙에 따라서 豆滿江의 가장 깊은 부분, 즉 最深線(최심선)을 국경선 획정의 기준으로 삼았을 것이라고 말하면서 항해가 불가능한 하천의 경우에는 통상 그 중앙선을 기준으로 국경을 정하게 되어있다는 것이다. 北韓과 러시아는 지난 2003년에 이어 올해 또 회담을 열고 국경문제를 마무리 했다고 하는데 전문가들은 豆滿江 水路(수로) 변화에 따른 국경선 재조정에 관한 협약을 맺었을 것이라고 추정하고 있다.

그럼에도 불구하고 이 모든 문제의 출발점은 베이징 조약에 있다면서 盧泳敦(仁川大교수)은 "中國도 베이징 조약은 沿海州의 領有權에 아무 緣故(연고)가 없는 淸이 朝鮮의 영토를 임의로 처분한 것"이라고 지적하고 베이징조약은 국제법적으로 한국에 대한 구속력이 없다고 주장했다.

朴鮮英(포항工大교수)은 여기서 한걸음 더 나아가 "中國도 베이징 조약으로 연해주를 러시아에 넘긴 것은 잘못되었다는 인식을 바탕으로 東北工程에 '中 러 邊境(변경)과제'를 포함시켜 연구 중"이라고 말했다. 베이징조약의 源泉無效(원천무효)를 주장할 근거를 찾고 있다는 말이다. 이는 中國이 진정으로 한국을 위해서 연해주 문제를 거론하는 것은 물론 아니다. 그들은 이미 東北工程 첫머리부터 발해의 역사를 중국의 역사로 편입한 바탕 위에서 추진하는 것이기 때문에 그것이 일단 韓國의 영토로 편입되어야만 자신들의 領土化를 할 수 있는 길이 열릴 것이라고 보기 때문이다. 日帝가 間島를 朝鮮의 영토라고 주장하다가 하루아침에 태도를 표변하여 淸과 間島協約을 맺은 전례를 그대로 답습하고 있다고 보아야 할 것이다.(우리땅 우리 魂 領土紛爭 現場을 가다 東亞日報 2004. 6. 18日字)

2. 間島 領有權 분쟁의 動機

1. 韓 淸 분규로 번진 朝鮮농민의 越墾(越境開墾 월경개간)

定界碑 건립 이후 160여 년간은 朝 淸 간에 間島 領有權, 즉 그 歸屬(귀속)문제가 논의된바 없이 지내왔으나 19世紀 중반 들어 封禁令(봉금령)이 전보다 느슨해진 틈을 타고 조선

농민의 越墾(월간)이 늘어나면서 문제가 서서히 불거지기 시작하였다. 특히 1869년과 1870년 사이 함경도에 큰 흉년이 들어 많은 韓人들이 間島로 넘어 가 새로운 생활 터전을 잡고 정착하게 되면서부터 양국 간 갈등의 골은 점점 더 깊어 가기 시작하였다.

1881년 淸나라가 封禁을 해제함과 동시에 自國民의 間島 이주와 開墾(개간) 農耕(농경)을 장려하는 정책을 취하게 되자 자연히 先住民인 한국 농민과 맞부딪치게 되면서 그 동안 잠재해있던 間島 영유권 문제가 水面 위로 浮上(부상)하게 된 것이다.

그 첫 대응으로 淸측에서는 間島 이주민의 刷還(쇄환)과 월경 개간 금지를 여러 차례에 걸쳐 요구해 왔다. 그러나 대부분의 한국 농민들이 이미 생활 터전을 잡고 정착한 후였기 때문에 말처럼 그렇게 쉽게 자진퇴거하거나 쇄환령에 따를 수 있는 형편이 아니었다. 이에 淸은 다음 단계조치로 1885년 4월 월경 조선 농민들을 무력으로 축출하겠다고 조선 측에 통고해오는 등 강경책을 들고 나오자 조선 측에서 이 사태를 타개하기 위한 救濟策(구제책)으로 朝 淸간의 경계를 조정하기 위한 감계회담 개최를 제의하게 된 것이다

2. 첫 만남부터 서로 어긋난 乙酉 堪界(감계)담판

朝 淸간 제1차 회담인 乙酉 감계회담은 1885년(고종 22) 9월 30일 조선 측 土門戡界使 李重夏(安邊府使)와 淸國측의 邊務交涉承辦處事務 德玉, 護理招墾邊荒事務 賈元桂, 督理 商務委 秦煐 등 양측 대표가 함경도 會寧에서 회동하여 열리게 되었다

이 때 李重夏는 堪界의 근거인 白頭山定界碑를 먼저 查勘(사감)하고 土門江의 發源(발원)부터 조사할 것을 요구했다. 그러나 淸측은 江源(강원)부터 먼저 조사하여야 한다고 이에 맞섰다. 그러면서 定界碑는 그리 중요하지 않다면서 우리가 요구하는 회담의 목적과는 동떨어진 相反된 주장을 들고 나와 초장부터 어깃장을 놓았다. 이는 豆滿江 上流 圖們江(도문강)이 곧 定界碑 上의 土門江 이라는 '兩 江의 同一江' 논리를 합리화하고 貫徹(관철)시키기 위한 事前(사전) 布石이었던 것이다.

제2차 회담에 가서야 우리 측이 제의한 土門江 發源(발원)을 조사하기로 合意하고 白頭山 後麓(후록) 老虎背嶺(노호배령) 아래지역의 현지답사를 실시하고 定界碑 上의 東爲土門이 松花江 上流인 土門江 임을 두 눈으로 똑똑히 확인하게 되었다. 그러나 청측은 원래 계획했던 그대로 兩國의 경계는 원래부터 圖門江이었다고 주장하면서 본국정부로부터도 圖們江 사감만을 지시받았다고 일방통행 식 주장을 들고 나와 떼거리를 썼다. 거기에다 한 술 더 떠서 이번에는 定界碑가 後人의 僞作(위작)이라느니 설립 당년의 錯誤(착오)라느니 온갖 口實을 끌어대다 못해 제 조상이 세운 定界碑의 존재 자체까지도 그 眞僞(진위)가 의심스럽다는 등 가위 廢倫的(폐륜적)自己否定 作態(작태)에 이르러서는 더 이상 할 말을 잊고 만다.

이에 李重夏는 "비문上의 土門은 문자 그대로 土門江이지 결코 다른 江이 될 수 없다."면서 아무리 그래봐야 間島는 조선 땅일 수밖에 없다고 强硬한 태도로 나오자 江源문제는 妥結(타결)을 보지 못한 채 회담은 끝내 결렬되고 말았다. (李元淳 집필 '間島'(귀속문제) 한국민족문화대백과사전 권1. 1988. 한국정

신문화연구원)

이런 淸측의 막무가내 식 억지 주장에 대해 국제법학자 李漢基는 그의 <韓國의 領土>(1969 서울大學出版社 347쪽)에서 "淸측이 '韓國도 碑文 上의 土門을 圖們(도문)으로 알고 合意하였다.'고 하는 주장에 대해 "그리 하였다는 증거가 하나도 없다. 뿐만 아니라 定界碑 건립 후 수세기 동안 하등의 抗辯(항변)없이 그 사실이 유지되어온 것은 양국의 合意가 계속 承認되어왔다는 사실을 證明하는 것"이라며 "有效하게 성립된 조약은 당사국 간의 明示 또는 默示的(묵시적) 합의에 의해서만 消滅(소멸)될 수 있기 때문에 定界碑의 效力이 계속 유지된다는 것은 국제법上 기본원칙"이라고 반론하고 있다.

3. 丁亥 堪界회담에서 再접전

1887년 4월에 열린 丁亥 土門감계회담에도 朝鮮 측에서는 역시 李重夏를, 淸國 측에서는 督理吉林朝鮮會辦邊防營務處 秦煐, 琿春承辦處 德玉, 總理琿春黑頂子等處屯墾邊防營務處 方郞 등을 대표로 보내 담판을 이어갔다.

淸國 측 위원은 乙酉회담에서 논의 되었던 '分水嶺 上 勒石'에 대하여 "長白山(白頭山을 이름)으로부터 鶴項嶺(학항령)에 이르는 능선이 大分水嶺(대분수령)인데 현재의 立碑處는 압록강과 松花江의 분수령이다. 南쪽으로 수10리를 가면 小白山 山麓(록)으로 흐르고 그 東南 鶴項嶺(학항령)에 이르는 것이 압록강과 圖們江(도문강)의 분수령이다. 당년에 烏拉摠管(오라총관)이 참으로 定界 입비하여 東爲土門 西爲鴨綠(압록)하였다면 이 비는 응당 小白山 南쪽의 분수령 上에 있어야 하며 小白山 北쪽의 분수령에 있을 수 없다.' 그리고 堆標處(퇴표처)

와 가장 가까운 江源(강원)이 紅土山水(홍토산수)이다. 이 江은 松花江과 상대하여 있으며 압록강과의 거리는 멀다. 당년에 만약 此水로서 경계를 삼았다면 그 土堆가 어찌하여 연속되고 있는가. 더욱이 퇴는 40~50리를 가로질러 이어지고 있지 않은가 중간에 斜乙水山에서 발원하는 水流 烽燧(봉수)가 이를 가르고 있다. 그런데 府使가 이를 말할 때에 어찌 그 상류를 때어버리려고 하는가. 또 鐘城(종성) 건너편 90리 지점에 孛加土(패가토)라는 곳이 있어 중국 사람들이 그곳을 경계라고 했다는데 그것은 中國 何年(어느 해)의 기록에 있는가. 貴國 정부가 圖們江 舊界(구계)를 답사할 것을 청하고 府使에게 명하여 입회 조사케 하였거늘 府使는 시종 圖們江 3字에 대해서는 말하지 아니하니 어찌 된 일인가"고 회담의 카운터 파트인 李重夏를 마치 아랫사람 대하듯 책망하고 詰問(힐문) 조로 몰아세우고 있다.

그러나 李重夏는 이런 劫迫(겁박)에도 불구하고 바로 그 淸國 측이 남긴 실증적인 자료를 근거로 그 특유의 銳利(예리)한 反論을 거침없이 펼쳐나갔다. 그는 먼저 淸國 대표가 自國의 기록에 憑據(빙거)할 바가 없다고 한데 대해 목극등이 비를 건립하고 강희제에게 그 경위를 적어서 올린 奏文 謄寫(등사)本을 제시하면서 證照(증조 증거를 조회함)할 것을 요구, "이보다 더 확실한 證憑(증빙)자료가 어디에 또 있느냐."고 조목조목 청측 주장의 부당성을 지적하였다. 그리고 立碑 당년의 착오 운운하는데 그것을 어떻게 斷論(단론)할 수 있느냐면서 거기에다 後人의 僞作(위작)설 운운하는 것은 말 그대로 語不成說(어불성설)이라고 반박했다. 비문에 滿洲문자가 없다고 하여 비문 자체를 의심하나 皇國 개국 이래 弊邦(폐방 朝

鮮을 지칭)과의 왕래문서에 滿文(만문)을 쓴 적이 한 번도 없으며 丙子胡亂 때 세운 廣州 三田渡 비문에도 만주文字는 없다고 理路정연하게 반론을 전개해 나갔다. 심지어는 비석과 비문이 年久毁損(훼손)되었다고 의심하나 새긴 지 170년 밖에 안 된 金石文이 어찌 殘缺(잔결 이지러지고 헐림)될 수가 있겠느냐고 시종 상대방을 압도하는 논리로 威嚴(위엄)을 보이기도 하였다.

그리고 碑가 마땅히 小白山의 分水嶺 上에 있어야한다는 淸側의 주장에 대해서는 小白山 東쪽으로 흐르는 물과의 거리가 77里나 떨어져 있는데 이를 어찌 분수령이라 할 수 있겠느냐고 반론하고 지금의 입비처는 白山 大澤(天池)下에서 처음으로 東西 溝壑(구학 물이 흐르는 계곡)에서 數步의 거리에 지나지 않으니 一大 分水嶺이라 할 수 있을 것이라고 應酬(응수)하기도 하였다.

4. 大韓帝國 最後의 領土지킴이 李重夏

또 碑는 마땅히 小白山 鶴項嶺(학항령)에 있어야 할 것이라고 한 데 대해서는. "當치도 않다. 이 嶺은 長白山으로부터 100여里나 떨어져 있다. 모든 圖籍(도적)을 다 상고해 보아도 貴我 兩國 간에 介在하여 山之南이 朝鮮에 속함은 예부터 다 아는 사실인데 지금 귀관들의 論대로라면 長白山을 朝鮮의 영토 밖에 둔다는 말인데 정녕 그렇게 할 수 있다는 말인가. 학항령 分水處가 朝鮮 內地의 吉州 땅임은 천하가 다 아는 사실인데. 도대체 이 嶺이 界를 논하는 데 무슨 관계가 있다는 말인가. 그리고 紅土山水가 定界碑 건립 당시 쌓은 土堆에서 가장 가깝다고 하나 4, 50里나 떨어져 있어 이 사이에

木柵(책)을 세워 豆滿 江源으로부터 碑의 東쪽 溝(溝壑을 말함)를 접하게 하고 이를 土門의 江源이라 칭하게 하였다는 주장에 대해서는 자연적인 地理와는 아무 관계가 없는 인위적인 경계를 만들었을 뿐이라고 반박했다.

5. 領土수호의 古典이 된 吾頭可斷 國彊不可縮

淸國은 宗主國의 위력을 앞세워 朝鮮의 대표를 겁박, 朝鮮內地에 근원을 두고 있는 小白山 以南의 紅丹水를 따라 15개의 碑를 세워 界地를 정하려는 음모를 꾸미고 있는 機微(기미)를 감지한 李重夏는 저들의 노골적인 영토侵奪 음모가 현실화할 수도 있다는 불길한 예감이 들어 이 같은 최악의 사태만은 막아야 하겠다는 생각으로 종래 견지해오던 土門江定界를 3路의 水流 가운데 가장 東北에 位置한 紅土水를 圖們江의 本流라 하고 圖們江이 곧 豆滿江임을 인정하는 線에서 定界할 것을 제의하는 苦肉策을 이용하게 되었다. 그러나 그는 끝내 土門江이 豆滿江과 같은 江임은 인정하지 않았다.

淸國側은 李重夏가 强迫에 못 이겨 한 발 물러서는 낌새를 눈치체고 好機를 놓질 세라 이번에는 맨 아래 紅丹水 定界를 들고 나와 계속 밀어붙이려고 하였다. 이 때 李重夏가 절규하듯 한 말이 저 유명한 “내 머리는 자를 수 있을지언정 疆域은 (단 한치도) 줄일 수 없다.(吾頭可斷 國疆不可縮)”이다. 결국 홍토수 선에서 잠정적 결론을 짓게 되었다. (間島領有權關係拔萃文書 解題-緖論 申基碩 1975. 36쪽).

3. 堪界(감계)담판 이후의 朝•淸관계

1. 표류하는 韓民 보호 대책

1905년(高宗 31) 淸日전쟁에서 淸나라가 敗하자 잠시 淸國의 羈絆(기반, 굴레)에서 벗어난 조선은 自主獨立國임을 宣言하고 間島 領有權 문제의 再論을 시도하게 되었다. 이보다 앞선 1897년 함경북도 관찰사 趙存禹가 實地를 조사하고 間島문제에 관한 意見을 정부에 上申하였으며 그 이듬해 鍾城 住民 吳三甲 등이 境界線 協定을 訴願(소원)한 바 있고 그로부터 1년 後(光武 3)에는 內部大臣 李乾夏가 함경북도 관찰사 李存觀에게 訓令하여 慶源府使 朴逸憲 등을 查界委員으로 정하여 實地를 조사하게 하는 등 間島 領有權 문제와 韓民 보호대책을 마련하기 위한 예비 조사를 실시하였으나 아직 눈에 보이는 可視的인 효과는 나지 않은 체 踏步(답보)상태에 머물러 있었다.

이처럼 間島 현지의 韓民 보호를 요청하는 잇단 호소에 副應하여 政府에서는 그 대응책으로 1902년(光武 6) 5월 李範允을 視察에 임명하여 間島로 파견하였다. 이에 그해 7월 李視察은 現地 조사를 마치고 올린 도착 제1보를 통해서 "淸匪(馬賊을 일컬음)가 10여 년 來 韓民을 해치고 좀먹어왔는데 심지어는 土稅, 雜稅, 馬草, 火木, 鷄猪(계저, 닭과 돼지), 鹽醬(염장), 粮米(양미) 등을 每戶마다 강제로 빼앗아 가고 徭役(요역, 强制勞役), 수송 등에 人力을 동원, 마치 노예와 같이 부리고 있다."고 하였다. 또 같은 달 23日字로 內部에 보낸 보고에서도 馬賊들의 횡포로 인한 間島民들의 참상을 들어 力陳(역진, 강력하게 진정 호소함)하고 鐘城의 鎭隊에 訓飭(훈칙 訓令을 내림)하여 兵을 派駐(파주)시켜 淸匪의 횡포를 진압하고 數萬의 生靈을 구출할 것을 懇請(간청)하였다.

또 1903년(光武 7) 8월 의정부 참정대신 金奎弘은 "北墾島에 이주하여 耕食하는 韓民이 數萬戶 10수만人인데 淸人에게 박해를 당함이 자심하다. 생각 컨 댄 分水嶺 定界碑 이하 土門江 以南의 구역은 明白히 我領土에 속하거늘 마땅히 丈量의 制에 의하고 稅率을 정할 것이나 曠廢(광폐, 오래동안 廢함)한 땅에 대하여 당장 主權行使를 할 수는 없으니 우선 보호관을 둘 것"을 상주하고 있다. 이에 정부에서는 다시 視察 李範允을 北邊間島(特差)管理로 임명키로 하고 그로 하여금 일체의 事宜를 專管하고 人民의 生命財產을 보호케 한다고 淸側에 알리었다. 앞서 李範允이 韓民보호를 위해 鍾城 鎭隊의 兵을 파견해줄 것을 정부에 요청하였으나 이를 現地 邊界관리들이 반대하는 바람에 빚어진 不和로 인하여 뜻을 이루지 못했다. 이처럼 내부적인 牽制로 인하여 자국 관리들 간에 갈등의 골이 깊어지자 李範允은 그 自救策으로 스스로 私砲隊를 조직하여 下命 받은 韓民 保護任務를 수행하게 되었는데 그 과정에서 淸측과의 충돌이 잦아져 淸國人들로부터 怨聲을 사게 되었다.

이에 淸측은 李範允의 私砲隊가 越江하여 山溪社 등 會寧間島의 西部와 茂山 間島 일대를 점거하고 淸人을 毆殺(구살 때려죽임)하고 심지어는 淸兵과 交戰까지 벌이는 등 殺民 占地하고 있다고 일방적으로 비난하면서 속히 철수할 것을 강력하게 요구하고 나섰다. 그러나 朝鮮政府는 우정 이에 대응하지 않고 회답조차 주지 않았다.

2. 李範允의 활약과 韓中邊界善後章程

이듬해 光武 8년(光緒 30) 清國政府는 전날 乙酉 丁亥 감계회담 때의 強壓的인 태도와는 달리 定界碑에 나타난 국경의 堪界(감계)문제를 다시 논의할 것을 제의하면서 '中 韓은 接壤(접양, 땅이 隣接 인접함)하여 圖們 鴨綠江을 界限으로 한 것은 그 由來가 오래이나 전날의 會堪(감계회담 논의)은 懸案(현안)으로 아직 그대로 남아 있고 界는 오래도록 未定이다. 현재 여러 가지 문제가 연이어서 일어나고 있으니 즉일로 派員회동, 重堪(다시 감계논의)하여 속히 境界를 정한 연후에 陸路章程을 再議하여 구원토록 준수할 것을 期하자.'고 전에 없던 유화적인 태도로 회담을 제의해왔다.

이에 조선정부에서는 그해 6월 15일 咸北 交界官 兼 警務官 崔南隆, 鎮衛隊 陸軍參領 金命煥과 清國側의 延吉廳 理事 陳作彦, 吉强軍馬步戰隊 胡殿甲 등이 鍾城間島 壙齊峪(광제곡) 淸館에서 만나 韓中邊界善後章程을 체결하였다. 이 協定은 國際條約이 아닌 단순한 現地協定이나 國境문제와 現地民 관할문제 등 중요한 내용을 담고 있어 그 의미가 국제조약 못지않게 크다.

이 협정 제1조에서는 兩國의 界地는 白山 碑記에 증거 할 것이 있으나 兩 정부의 派員會堪(감)을 기다릴 것이라 하고 감계하기 이전에는 舊에 따라 圖們江 일대를 間隙(간극)으로 하여 각 汎地를 지키고 다 같이 兵을 놓아 무기를 소지하고 潛越滋畔(몰래 월강하여 침입) 할 수 없도록 단속할 것을 규정하고 있다. 그리고 이후 全 조항은 李範允의 北間島 管理를 인정할 수 없다는 것(第3條)과 私砲隊 및 韓兵의 渡江 금지(第2條), 李範允의 私砲隊 引渡 요구(第4條), 李範允 및 私砲隊의 철수문제(第5條) 등 우선 李範允의 군사 활동을 막자는 데 모두 할애하고 있다. 제1조에서 '兩國의 界地는 定界碑에 證據할 것이 있으나'라고 애매모호한 但書를 달아 協商의 미끼로 던져놓고 우리 측 내부의 분열을 利用하여 나머지 조항들을 모두 李範允의 손발을 묶는 규정으로 채워 놓고 있다.. 우리의 고질적인 病廢가운데 하나인 敵前 분열이 자초한 값비싼 自害性 代價를 치르게 된 것이다(韓淸邊界善後章程에 關한 硏究. 李日杰 .國際法學會論叢 第37卷 第1號. 138~141쪽).

3. 乙巳勒約 체결로 彈力받은 日本의 滿州侵略

러 日전쟁에서 승리한 日本은 당시 帝國主義 列强들의 植民地 分割占領정책에 편승하여 英國과 美國으로부터 韓半島에서의 정치적 프라이오리티(priority 優越權)를 인정받은 것을 奇貨로 武力을 동원한 가운데 1905년(光武 9, 明治 38) 소위 乙巳保護條約(일명 乙巳勒約)을 강제 체결하고 統監府(통감부)를 설치하여 이른바 보호정치를 실시하게 된다. 그 결과 外交權이 日本으로 넘어갔고 따라서 在外 韓人과 그 利益은 日本外交官의 보호아래 놓이게 되었다. 그리고 1년 후인 光武 10년 11월 議政府 參政大臣 朴齊純이 統監 이토(伊藤博文)에게 '韓國과 滿洲와의 邊界문제는 앞서 駐韓 淸國公使와의 교섭을 거처 派員 査勘(사감)할 것을 청하였으나 아직 未해결로 남아있다. 韓淸條約 제12조에 의하면 邊民 가운데 이미 越墾(월간)한 자는 그 安業을 聽許(청허)하고 生命 財産을 보호한다 하였는데 현하 間島의 居民들은 때로 馬賊과 무뢰배에게

詐欺와 약탈을 당하고 있어 보호를 切望하고 있다. 문제가 外交에 관계되니 貴 統監은 居民의 情形(정형)을 특히 염려하여 貴 政府에서 派員 前往케 하여 居民을 撫綏(무수, 安存케 함)할 것을 淸國 政府에 轉商(전상)함이 필요하다.'고 間島 韓民의 보호를 공식적으로 요청하였다.

이에 통감부는 日本政府와의 협의를 거쳐 陸軍中佐 사이토(齋藤季治郞)와 法律고문 시노다(篠田治策)를 주축으로 하는 統監府臨時間島派出所를 개설하고 이에 앞서 現地 실정을 조사한 시찰보고서에 의거하여 한국정부로부터 넘겨받은 附圖(부도) 上 間島 假定(가정) 구역 내의 韓國 人民을 統轄(통할)하는 일체의 권한을 위임받을 것을 건의하고 있다. 그리고 당분간 청국정부의 秕政(비정, 나쁜 政治, 즉 惡政)을 쟁론하지 말고 가능한 한 회유의 방침을 취하여 임기응변으로 사업추진의 幅(폭)을 한 발짝 식 넓혀가되 間島는 한국의 영토임을 전제로 하여 업무에 임할 것을 對內的으로 下達하고 있다.

이 보고서는 그 결론부분에서도 역시 間島를 한국의 영토로 인정하고 주장한다는 강렬한 의욕을 보이고 있는데 이는 日本의 東滿州와 北滿州 진출, 사실상의 침략을 감행하기 위한 사전 布石임을 미루어 알 수 있다.(위의 拔萃文書 解題 36쪽).

4. 馬脚 드러낸 日本의 間島政策

日本이 통감부 間島出張所를 설치한 것은 단순히 在留 韓民의 보호만을 위한 것이 아니었음은 앞에서도 말한바 있거니와 '大陸 浪人'으로 불리는 중국 침략의 諜報(첩보)총책 도오야마(頭山滿) 등 소위 志士들이 올린 건의서에 그 목적이 보다 구체적으로 드러나 있다. 즉 "당국자가 間島 문제에 착수한 것은 반드시 韓국민 보호만을 위한 小目的을 위해서가 아니고 또한 반드시 間島 尺寸의 땅을 쟁취하기 위해서가 아닐 것이다. 그 보다는 對露 政策上 大陸 經營上 急要不得已(부득이)한 經綸(경륜)에서 나온 정책이라는 것이 명백하다. 要컨대 間島라는 지점이 滿 韓 露 접경의 要衝(요충)에 해당하며 적어도 北滿洲의 寶庫(보고)를 개발하고 利源을 선점하기 위해서는 본래 이 지점에서 출발하는 수밖에 없고 또 일단 有事之秋에 滿洲 방면을 制壓(제압)하려고 하면 반드시 間島에 의거하여 吉林 寧古塔 내지 海蔘威(블라지보스톡)로 臨하지 않으면 안 되는 고로 間島문제의 착수는 大東亞帝國政策의 發動"이라고 하면서 滿洲 侵略에 이은 中日전쟁, 나아가서는 태평양전쟁까지도 내다본 소위 大東亞共榮圈 건설의 야망을 이 때 벌써 노골적으로 드러내 보이고 있다. 그러면서 避名取實(名分보다는 實益을 取함)하는 旣存(기존)방침에 따라 吉(吉林)-長(長春) 간 철도를 會寧까지 연장하고 東間島, 즉 延吉廳 관할 내는 淸 韓 兩 국민 雜居(잡거)지역으로 설정할 것 在 間島 韓民은 我官廳(間島派出所를 말함) 관할 下에 임의로 자치체를 조직하고 淸國 官憲의 간섭을 받지 않을 것 등 5개항을 건의하고 만약 淸國이 이를 승인한다면 間島의 領土權은 양보할 수도 있다."고 바로 몇 년 후에 체결할 예정으로 되어있는 間島密約의 교환조건 목록까지도 이 때 벌써 작성하여 제시하고 있다. (위 拔萃文書 解題 41쪽).

이 密約이 日 淸 양국정부 차원에서 논의되기 시작한 것은 1909년 2월 北京에서 열린 淸國全權 梁啓彦과 이슈인(伊修院彦吉) 日本 全權간의 교섭을 통해서다. 러 日 전쟁의 결과로 러시아와 南北 滿洲 및 內外蒙古에 대한 特殊利益을 均霑(균점)할 것을 비밀리에 약정한 日本은 滿洲 침략의 제일 단계로서 소위 '東三省 6案'을 淸國에 제시하고 이 안을 토대로 하여 진행된 양국회담에서 撫順(무순) 煙臺(연대)탄광의 채굴권과 滿鐵(만철)의 병행선인 新民屯-法庫간의 철도부설권 문제 등 모두 6개 항의 利權을 요구하고 있다. 우리의 최대 관심사인 間島 귀속문제도 이 안 가운데 포함되어 있었음은 물론이다. 결론부터 말한다면 間島 영유권문제는 무순 탄광 채굴권 등과 맞바꾸기로 이 때 이미 양국 대표 간에 밀약이 되어 있었다. 다시 말해서 間島 영유권은 청국으로부터 利權을 얻어내기 위한 하나의 미끼, 즉 바타(barter)조건에 불과 했다는 말이다. (李漢基 韓國의 領土 1969. 337쪽).

5. 淸日 間島協約 締結의 內幕

日本은 처음부터 間島귀속문제에 대한 책임을 轉嫁(전가)하기 위해 한국 측의 영유권 주장 근거가 薄弱(박약)하다는 등 흠집 내기 식으로 그 명분을 깎아내린 끝에 자신들이 요구한 利權을 손에 넣는 순간, 아니 그 훨씬 이전부터 치밀하게 미리 짜놓은 사전계획에 의해서 그 해 9월 4일 淸國과의 密約을 성사시키고 間島를 헌신짝 버리듯 청에 넘겨주고 만 것이다. 全文 7조에 걸치는 협약 제1조에서 先人들이 목숨 걸고 지키려던 土門江 선을 圖們江으로 넘겨주고 韓國과 淸國의 국경을 같은 江의 發源地에 있는 定界碑를 기점으로 하여 石乙水를 기준으로 鴨錄江 豆滿江 국경에 대못을 박아버린 것이다.

협약체결과 동시에 日本은 통감부派出所에서. 철수하고 白頭山定界碑는 그로부터 21년 후인 1931년 7월 29일 아침 龜

趺(구질, 碑石받침)만 남긴 체 철거한 사실이 당일 白頭山을 등반하던 日本人 등반대에 의해서 밝혀졌다. 이 해는 日帝가 소위 滿洲事變(만주사변)을 일으켜 중국침략을 본격화한 해로 자신들에게는 떳떳치 못한 협약의 産物에 불과하지만 우리에게는 土門江 定界를 주장할 마지막 物的 증거를 이렇게 싹도 없이 제거해 버린 것이다.

앞서 간도협약 체결과 함께 間島 파출소를 철수할 당시 그 廢所(폐소)식 석상에서 소장 사이토는 "현실적으로 韓民 보호에 대한 신뢰가 깊어질 즈음 발표된 協約 결과가 間島 領土權을 완전히 포기하고 1887년 제2차 堪界회담에서 李重夏가 주장한 紅土水 조차 지키지 못했음을 보고 더러는 원망과 한탄의 목소리를 높이고 不穩(온)한 무리들은 이를 이용하여 愚民을 선동, 排日사상을 고양시키고자 할지 모른다."며 病주고 藥주고 마치 '도둑이 제 발 저린 格'으로 스스로 저지른 죄과를 실토하는 척 하면서 다른 한 편으로는 韓人들의 반발을 의식한 警告性 발언을 잊지 않고 있다. (篠田治策 1909. 統監府臨時間島派出所紀要-譯註 526쪽).

4. 間島紛爭에 대한 法律的 考察

1. 淸日間島協約은 源泉的으로 無效

淸日 間島협약을 체결하기 전 그러니까 1905년 日本이 武力을 동원하여 大韓帝國과 강압적으로 맺은 소위 乙巳보호조약이 無效라고 하는 것은 반드시 그 강제성 때문만도 아니고 우리의 일방적 주장은 더더욱 아니다.

間島협약이 원천적으로 무효라고 하는 것은 조약체결의 근거가 된 乙巳보호조약 자체가 조약 체결권자인 高宗의 署名이 없었기 때문에 국제법상 무효인데다 間島 영유권 당사국인 大韓帝國을 대신해서 權原이 없는 無資格者인 제3자 日本이 淸國과 맺은 조약으로 민법상 무자격자와 맺은 계약은 源泉無效가 되는 것과 같은 法理와 당사자 불일치, 즉 締約 당사국 간에만 법률을 創設한다는 국제법상의 基本原則에 따라서 당연히 무효가 되기 때문이다. 다시 말해서 日本은 大韓帝國으로부터 박탈한 外交權만으로 영토의 변경이라는 主權문제가 걸려있는 조약을 체결할 능력이 없을 뿐만 아니라 韓淸 간에 맺은 기존의 조약을 改廢(개폐)시킬 수는 더더욱 없다는 말이다.

2次 대전 2년 전인 1943년 11월 27일 美 英 中 연합국 수뇌들이 戰後 대책을 논의하면서 1次대전을 전후해서 日本이 타국으로부터 약탈한 영토를 소속 국가에 반환할 것을 결의하고 특히 韓國에 대해서는 특별조항을 설치하여 「현재 韓國人들이 노예상태에 놓여있음으로 앞으로 한국을 自由獨立國家로 할 것 in the course Korea shall become free and independent」을 결의하고 계속해서 2차 대전 종전 직전인 1945년 7월 7일 美 英 中 蘇 수뇌가 서명, 공동으로 발표한 포츠담선언에서는 카이로선언이 명시한 諸(제)조항의 이행을 재확인하고 그 제8항에서 「日本의 主權은 本州 北海道 九州 四國과 연합국이 결정하는 小도서에 국한한다.」고 선언함으로서 이 사실을 더욱 굳히게 되었다. (李弘稙 編 새國史辭典 1977 百萬社).

이는 1895년 淸日戰爭 이후에 日本이 帝國主義的 侵略정책

에 의해 中國으로부터 탈취한 모든 지역, 즉 滿洲 臺灣(타이완) 등의 반환을 의미하는 것으로 이 당시 日本이 제의한 소위 '東三省六案'에 의해서 淸으로부터 각종 利權을 얻어내는 조건으로 韓國領土인 間島를 양도한 1909년 9월 4일의 淸日間島協約은 당연히 무효임으로 따라서 間島領有權도 원상회복되어야 마땅하다는 것을 재확인한 것이다.

게다가 1951년 美日講和條約 제10조와 1952년 中日講和條約 제5조에서 "日本은 1901년 9월 7일 北京에서 채택한 최종議定書와 모든 부속서, 각서 및 문서의 규정에 의해서 획득한 모든 利權과 特權을 포함하는 中國에 있어서의 특수한 權利와 利益을 포기함에 同意한다."고 했으며 美日講和條約 제4조는 또 "中日 兩國은 전쟁의 결과로서 1941년 12월 9일 이전에 체결한 모든 條約과 協約을 無效(null and void)로 한다."고 규정하고 있기 때문에 間島 또한 원래 주인인 韓國에 되돌려줌이 마땅하다는 것을 말하는 것이다.

朝鮮 中期 이후 紛爭 상태가 계속되고 있는 間島領有權 문제가 아직도 우리에게는 未決의 章으로 남아있는데 禍不單行(화불단행)이라고 美日平和條約이나 中日平和條約 체결 당시 우리는 6. 25 라는 不可抗力的인 사태를 만나 歷史的으로나 國際法的으로 回復 아니면 最小限 紛爭化할 수 있는 기회를 눈앞에서 놓질 수밖에 없었던 쓰라린 경험을 가지고 있다.

2. 白頭山定界碑의 法律的 性格

인접국 간의 國境線은 관계국 간의 國境조약에 의거하여 결정되는 경우가 많다. 일반적으로 '2 國이 국경을 획정할 때는 그 주된 목적의 하나가 安定性(stability)과 確定性(finality)

을 달성하려는 데 있다 할 것이다.

Cambodia와 Thailand 간의 國境紛爭 Preah Vihear사건은 1962년 國際司法裁判所 판결에서 兩 분쟁 당사국이 紛爭지역의 國境線 획정 근거로서 1904년 2월 13일 당시 인도차이나의 보호국이었던 프랑스와 Siam(현재의 Thailand)간에 맺은 국경조약을 들고 있는데 동 조약 제1조는 관계지역의 국경은 分水嶺에 따를 것을 정하고 있으며, 제3조는 구체적인 국경 획정이 양 당사국이 지명하는 관리로 구성된 합동위원회에서 이루어질 것을 규정하고 있다. 일반적으로 국경조약은 그 劃線(획선) 문제에 관하여 '分水嶺' 또는 '山脈' 등을 지정하고 그 이상의 규정을 두지 않는 경우도 있으나 이와 같은 획선 표현만으로는 그 확실성과 확정성을 보장하기에 부족하다고 생각될 때 보다 구체적인 획정방식을 부가하게 된다.

間島紛爭에 있어서 판단의 기준이 되는 국경조약은 1712년 韓 淸간 合意에 의해 세운 "白頭山定界碑' 碑文이다. 동 定界碑의 法的 성격에 관하여 초기에는 양국 간에 異見이 없었으나 丁亥談判 때에 淸國이 이 碑가 定界의 碑, 즉 국경조약의 성격을 갖지 않은 것이라고 주장하기 때문에 法律的인 고찰을 필요로 하게 된 것이다. (李漢基 韓國의 領土 342쪽)

'白頭山定界碑文은 조약체결 능력이 있는 當事國인 韓淸간에 조약체결 권한이 있는 국가官吏에 의해 분쟁지역의 地理 조사까지 모두 마친 후에 瑕疵(하자)없이 합의한 내용을 兩國이 相互 승인하는 절차에 따라 확정시킨 완전한 의미의 國際條約이며 그 效力은 수세기에 걸쳐 有效하게 유지되어왔다고 할 수 있다. 때문에 淸國이 丁亥談判에서 주장한 바와 같이 碑文의 국경조약으로서의 성질을 배제시키기 위해서는 주장하는 자가 이를 증명할 수 있는 立證(입증) 책임을 다 하지 않는 한 인정될 수 없는 것이 국제조약의 원리이다. 또한 碑文 중의 국경선 획정 기준을 특정한 分水嶺과 그 江줄기에 따르도록 하였고 그 이상의 부가적인 방식을 규정하고 있지 않기 때문에 分水嶺이 확인되는 한 어떠한 확대 해석도 있어서는 안 된다고 보는 것이다.

따라서 白頭山定界碑는 有效하게 성립되어 아직까지도 그 效力이 유지되는 국경조약으로서의 法的 지위를 가지며 間島 분쟁을 판단하는 데 있어서 가장 중요한 法的 기준이 되고 있다고 보는 것이다. (앞의 李漢基 저서 343쪽)

3. 碑文의 해석과 事實조사 範圍(범위)

韓 淸간의 間島紛爭은 領土에 관한 法律的 분쟁이면서 國際法的 문제 이전에 무엇이 定界碑가 의미하는 '土門江'인가를 확인하는 사실조사에 그 핵심이 실려 있다. 여기서 말하는 사실조사의 범위는 그 근거가 되는 조약의 해석과 밀접한 관련이 있기 때문이다. 즉 間島문제에 있어서는 韓 淸간의 유일한 國境條約으로 1712년에 세운 '白頭山定界碑'가 있는데 그 碑文에는 국경 劃線(획선) 기준으로서 '土門江'을 지시했을 뿐 분쟁지역인 間島에 관해서는 아무런 明文上의 언급이 없기 때문에 同지역의 主權에 관해서는 Preah vlhear 寺院사건(1904)과 마찬가지로 碑文에 의해 國境이 확인된 연후에나 결정될 문제이다.

그리고 間島분쟁의 경우 碑文에 규정된 地名 '土門'이 中國語로 同音인 '圖們의 誤記(오기)였느냐 하는 同一性을 확인하는 데 그 특성이 있는데 碑文 上의 國境線은 東爲土門을 명시하고 있기 때문에 土門의 확인 이상으로 확대해석은 할 수 없는 것이 원칙이다.

그 다음은 土門의 확인을 위한 사실조사의 범위문제인데 史實을 통해서도 증명되었듯이 定界碑를 세운 分水嶺 上은 韓 淸의 권한 있는 관리들이 공동 실측함으로써 白頭山 일대를 조사한 후에 立碑한 지점이며 따라서 締約(체약) 당시의 意圖는 분명히 사실상의 土門과 별개의 江이 될 수 없음이 명백하다 할 것이다. 따라서 분쟁 해결의 關鍵(관건)인 國境線의 확인은 土門江의 흐름을 확인하는데 그쳐야 한다고 해석해야 한다는 것이다. (앞의 李漢基 저서 344~345쪽).

4. 間島紛爭과 禁反言의 原則

禁反言(Estoppel)의 原則이란 과거의 행동과 모순되는 주장을 금지하는 것으로, 그 목적은 조약 當事國 一方이 자신의 일관성 없는 주장을 근거로 相對 타국에게 害를 입히면서 이익을 얻도록 허용하여서는 안 된다는 데 그 근본 趣旨(취지)가 있다. 間島 분쟁의 담판 과정에서도 淸은 일관성 없는 주장을 되풀이함으로서 이 원칙을 명백하게 위배하고 있다. 초기에는 '白頭山定界碑의 존재를 긍정하는 기초 위에서 그 位置 및 分水嶺으로부터 江의 흐름을 확인하는 태도로 나오다가 중도에 土門 圖們이 같은 강의 다른 발음이라는 주장으로 변경하였고, 丁亥談判에서는 定界碑의 성격조차 부인하면서 과거의 合意를 무시하고 새로운 국경조약의 체결을 주장하는 등 갈팡질팡 자신들도 헛갈릴 정도로 혼선을 야기 시켰다.

따라서 定界碑의 확인과 碑文上의 國境線인 土門江의 확인을 통하여 間島의 귀속을 결정하려는 최초의 주장을 형세에 따라 수시로 변경하는 淸의 빈번한 입장변화는 反禁言의 원칙에 정면으로 위배되는 것으로서 새로운 주장을 합리화시킬 수 있는 중대하고도 명백한 事實(입증자료)을 제시하지 못하는 한 이를 수락할 수는 없다는 것이다.(앞의 李漢基 저서 345~346쪽).

5. 定界碑의 效力과 過失責任

淸이 수시로 변경하는 입장 가운데 가장 力點을 두는 부분이 '土門'과 '圖們'은 同音이면서 별개의 江인데 定界碑에 기록된 '土門은 圖們의 오기이며 따라서 韓 淸 國境線은 圖們과 같은 뜻의 豆滿江이라는 주장이다. 有效하게 성립한 조약은 당사국 간의 明示 또는 默示的 合意에 의해서만 소멸될 수 있음을 원칙으로 하고 있지만 중대한 過失의 존재가 확인될 때는 抗辯(항변)의 事由가 된다. 그러나 확립된 法의 원칙에 의하면 過失의 책임은 "이를 進陟(진척)시킨 당사국이 자신의 행동으로서 그 과실을 범했을 경우. 즉 過失이 全的으로 一方 당사국에게만 존재할 때 또는 그 과실을 피할 수 있었을 경우나 그 당사국이 그 때의 상황에서 이와 같이 가능한 過失을 알 수 있었을 경우에는 해당되지 않는다.

Preah Vihear 사건에서 Thailand는 증거로서 제시된 지도上의 표시와 실제 분수령의 존재가 일치하는 것으로 誤解(오해)하고 있었다고 항변했으나 자신의 행위로서 同 지도를 승인하였고, 그러한 오해는 事前 사후에 발견, 항변할 수 있는 충분한 기회가 있었음에도 불구하고 그대로 有效性을 인정해 온 사실은 지도上의 劃線(획선)을 兩 당사국이 승인한 것이며 國境線으로 看做(간주)하는 데 사실상 동의한 것으로 본다는 것이다.

間島분쟁에 있어서도 동일한 원칙이 적용될 수 있다는 것은 定界碑 자체가 淸國의 주도하에 제작 설립된 것이며 특히 분쟁 중에 있는 중대한 국경 劃線(획선)에 관한 사항을 同音의 다른 강으로 표기한다는 것은 法 이전 상식적으로도 있을 수없는 일이다. 만에 하나 이를 수락한다손 치더라도 양국관리가 實地답사를 마친 후에 분계지점에 碑를 고정시킨 사실은 過失의 항변을 불능케 하는 것이다. 뿐만 아니라 과실 자체도 淸의 일방적인 것이며 韓國 역시 '土門이 아닌 圖們으로 알고 합의하였다는 증거는 하나도 없다. 또한 定界碑 건립 후 수세기 동안 이 사실이 당사국으로부터 하등의 異議(이의) 제기 없이 그대로 유지되어온 것은 양국의 合意가 계속 승인되어왔다는 사실을 증명해주는 것이라고 본다는 것이다. (위의 李漢基 저서 346~347쪽).

6. 淸日間島協約과 領有權은 別個인가

그동안 우리 정부는 中國이라는 大國의 벽에 가로막히고 외교적 마찰과 經濟報復을 두려워 한 나머지 間島문제에 대해 異議(이의) 제기(통고)는 고사하고 입도 뻥긋하지 못하고 있다가 2004년 10월 22일 외교통상부 국정감사장에서 당시 潘基文외교통상부장관(前 UN 사무총장)이 한나라당 李成權의원의 질문에 답변하는 형식으로 "間島協約은 法理上 無效이다. 그러나 間島協約 문제와 領有權문제는 분리해서 접근해야한다는 게 政府의 판단"이라는 답변을 이끌어내는 데 성공했다. 潘장관은 이어서 "政府의 이러한 입장이 현재의 韓中관계에 새로운 事案을 발생시킨다고 보지는 않는다."며 "국제정세의 현실은 우리가 間島문제를 外交的으로 제기하는데 어려움이 있으며, 統一이라는 民族的 과제를 어떻게 달성할 수 있는가를 고려해서 접근하고 있다."고 우회적으로 그 고충을 토로하기도 하였다. 그러나 이는 우리 정부의 外交 담당 최고위 官吏가 間島문제에 관해 최초로 '法理的인 無效'를 공개적으로 선언했다는 데 중대한 의의가 있다고 할 수 있을 것이다.

이보다 앞서 국회 차원에서는 1983년과 1992년 金永光(民自黨 의원) 등 64인 연명으로 제출한 『白頭山 領有權에 관한 결의안』 그리고 1995年 金元雄(民主黨의원)의 間島領有權 관련 發言 및 질의가 있었고 2004년 2월 7일 金元雄 등 19인 연명으로 發議한 『間島協約의 源泉的 無效 확인에 관한 결의안』, 같은 해 9월 3일 역시 金元雄 등 59인이 발의한 직전과 같은 이름의 결의안이 제기되었다. 협약 체결 100년을 하루 앞둔 2009년 9월 3일에는 中國이 不法 取得한 領土 占有 100년 時效說로 긴장이 고조되고 있는 가운데 李明洙(自由先進黨 議員) 등 50인이 발의한 『間島協約의 源泉的 無效 確認에 關한 決議案』이 각각 제출되었으나 채택에 까지는 이르지 못하고 會期 종료와 함께 모두 자동 폐기되었다. (拙著 歷史의 故鄕으로 떠난 사람들 309쪽).

7. 北韓-中共의 白頭山 領有權 紛爭

中國(당시는 中共)이 6 25 참전 代價(댓가)로 北韓에 白頭山 일대의 領土를 강력히 요구했다는 外紙(印度의 Nagpul Times 1965. 7. 14. 日字)보도 이후 白頭山 일대를 自國의 領土에 포함시킨 지도를 작성했는가 하면 休戰 직후에는 中共軍을 白頭

山 주변에 배치하여 이를 기정사실화하려고 시도한 적이 있으며 1954년 발행 中共版 지도와 中華民國(臺灣)版 지도(1956~1967)에도 白頭山을 中國 영역으로 표기하고 있다. 당시만해도 竹의 帳幕(bamboo curtain)에 갇혀있던 中共은 물론 北韓도 外部世界와 단절되어있을 때여서 추측만 무성했었는데 탈북 亡命한 北韓의 최고위 人士 黃長燁(엽)이 한 강연회(國會人權포럼 초청 2006 .11. 3.)석상에서 그 經緯(경위)를 밝힘으로서 비로소 그 내막이 알려지게 되었다. 즉 그가 1958年 金日成을 수행하여 中國을 방문했을 때 회담장 벽에 걸려있는 대형지도에 白頭山이 中共領土로 표시되어있는 것을 발견하게 된 金日成이 당시 총리 周恩來에게 '朝鮮(北韓)의 國章에 白頭山 天池가 들어가 있는데 이를 모두 中國에 넘겨주면 國章을 바꿔야 한다.'고 항의하고 白頭山 天池의 分割을 제의하게 된 것이라고 한다. 그 후 北中邊界條約을 체결함으로서 그 解法을 찾게 되었는데. 이 무렵 世宗硏究所 專門委員 출신으로 후에 盧武鉉政府 統一部長官을 지낸 李種奭에 의해 처음으로 밝혀진 邊界條約의 내용을 보면 白頭山 15개 峰(봉) 가운데 5개와 7개, 天池 65% 對 45%로 北韓과 中國이 각각 분할한 것으로 되어 있다. 그리고 이 조약에 따라 새로 정해진 東北쪽 국경선 紅土水는 間島協約 당시 日帝가 淸에게 넘겨준 石乙水 보다 北上한 線으로 丁亥談判 때 李重夏가 "내 목은 자를 수 있을지언정 國土는 한 치도 줄일 수 없다."고 목숨을 걸고 지킨 바로 그 마지노선이다. 결과적으로 石乙水 線과 비교할 때 國土가 약 280km2(全南 康津郡 넓이만큼) 확장되었다고 역사지리학자 李炯石(古朝鮮 神話에서 歷史로의 저자)이 계산해낸 바 있다.

8. 歷史造作 위해 地名까지 변경 削除한 中國

지난 2006년 2월 앞서 소개한 李炯石의 안내로 韓 中 西쪽 국경의 기준점으로 자주 인용되는 鳳凰山麓(록)일대를 답사하는 길에 옛 高麗門 터를 찾은 적이 있다. 高麗門은 丙子胡亂 이후 朝鮮의 使行들이 통관 수속을 밟던 關門 역할을 하던 邊門으로. 鴨綠江이 地理的 개념의 西部 국경이라고 한다면 이보다 120리 더 北으로 올라간 이 門, 즉 高麗門이 政治的 意味의 실제 國境 구실을 했다고 보는 그 門이다. 淸이 조선을 정복하고 封禁지대라는 緩衝(완충)지역을 설정했다 함은 앞에서 언급한바 있거니와 바로 그 北쪽 끝 高麗門 일대에는 이곳을 오가는 兩國 使行들을 위한 國境市場까지 형성되어 있었다고 한다.(李圭泰의 新熱河日記 2007 週刊朝鮮 연재).

鳳凰山의 南쪽 능선 기슭에 거대한 2개의 바위가 마치 발뿌리처럼 뻗치고 있는 아래쪽에 세워진 邊門(또는 柵門)을 이르는 高麗門은 그러나 지금은 모두 철거되어 그 흔적조차 찾을 길이 없었다. 뿐만 아니라 高麗門과 조금이라도 관련이 있는 地名들도 모두 다른 이름으로 바뀌거나 사라져 옛날 지도 가지고는 접근하기조차 어려울 정도로 몰라보게 변해있었다. 이 무렵 東亞日報(領土紛爭의 現場을 가다. 2004. 5. 21日字.)에 의하면 1960年代 초 朝(북한)中邊界條約(변계조약)협상을 앞두고 이 지역을 통과하게 될 金日成의 눈에 뜨일만한 조선과 관련이 있는 철도 연변의 地名들을 모두 없애거나 다른 이름으로 바꾸었다는 것이다 이 때 高麗門驛은 一面山驛으로 바뀌고 高麗門橋驛은 아예 閉鎖(폐쇄)해 버렸다는 것이다. (앞의 拙著 308~309쪽).

9. 統一시 北韓이 체결한 國境條約의 效力

南北이 분단된 지 70여년을 헤아리는 우리 입장에서는 北韓이 中國, 러시아와 맺은 國境條約이 統一 시에는 어떠한 效力을 갖게 될 것인가 하는 문제가 관심사가 아닐 수 없다.

일반적으로 분단국의 경우에는 국제법上 각 구성체가 實效性 있는 國家 자격을 취득하였는가 하는 객관적 기준과 그 判定기관이 존재하지 않을뿐더러 각 구성체가 相對方의 國家 자격을 부인하고 1 國家 2 政府를 견지하고 있다는 점에서, 分斷國의 法的地位에 관한 명확한 法규범을 찾기 어려운 게 현재의 실정이다. 그리고 분단국의 경우에는 國家자격의 취득 여부에 관한 문제와 함께 舊(구)國과 각 구성체 간의 同一性 및 계속성의 문제도 介在되고 있다는 점에서 그 法的 地位 문제는 매우 복잡한 양상을 띠고 있다.

따라서 분단국의 統一時 승계는 승계대상, 각 구성체와 제3국간의 法的關係, 統一의 樣態(양태) 등을 고려한 위에서 결정되어야 한다는 것이다. 이와 관련하여 Waldock 교수는 '조약의 승계에 관한 國際法委員會의 法典化작업 과정에서 "분단국의 개별적 상황은 모두 너무 특수하기 때문에 승계문제에 관하여 指針(지침)을 제공하지 못하고 있다."라고 보고한 바 있는데 이는 곧 분단국과 관련된 문제의 어려움이 크다는 것을 示唆(시사)하고 있는 것이다. 때문에 분단국의 승계는 假說(가설)에 의하여 검토하는 수밖에 없다고 말하고 있다. 즉 각 구성체가 國家로서의 자격을 가지고 있는 경우 분단국의 統一은 國家승계를 발생시키지만. 국경제도는 國家승계에도 불구하고 繼續性(계속성)이 인정됨으로 統一의 양태와 관계없이 계속 效力을 가지는 것으로 본다는 것이다. 이에 反하여 각 구성체가 法律上 政府와 사실上 地方政府의 관계에 놓여있는 경우에는 統一이 되어도 國家 승계의 문제가 아닌 政府승계의 문제만이 발생한다. 따라서 사실상 地方的 政府가 체결한 국경조약은 國家를 대표할 능력이 없는 實體에 의한 조약이므로, 統一國家에 대하여 아무런 法的 效力을 가지지 않는다.

결국 北韓이 中國 러시아와 체결한 국경조약은 南北韓의 法的 地位가 上記 假說(가설) 가운데 어느 것에 해당하느냐에 따라서 결정되는데 南北韓의 國家資格을 서로 부인하는 상황에 있는 우리 國際法學者들과는 달리 外國 國際法學者들 대부분은 南北韓이 이미 國際法上 별개의 國家가 되어있다는 견해를 보이고 있다. 그러나 南北韓의 國家로서의 實效性 확립 與否는 兩者가 모두 두 個의 國家를 否定하는 限, 단순히 國家 자격의 충족이나 多數 國家의 承認 사실에 의해 羈束的(기속적)으로 決定될 수 없다는 것이다.. 바로 이러한 점에 分斷國의 特殊性이 있으므로, 우리는 中國과 러시아를 포함한 第3國에게 分斷國인 南北韓이 統一時 全體 韓國의 自決權에 근거하여 北韓이 체결한 條約에 대하여 選擇承繼(선택승계) 또는 更改承繼(경개승계)의 權利를 요구하여야 한다. 즉 國境과 같이 전체 韓國에 관련되는 사안에 있어서는 사실上 地方的 政府에 불과한 北韓이 체결한 국경조약은 效力이 없음으로 統一韓國의 政府와 새로운 國境條約을 체결하여야하며, 분단 이전의 國境분쟁에 관한 주장은 계속 效力을 가지는 것으로 인정되어야 한다고 보는 것이다.

5. 間島문제 對應 1.3世紀의 決算

1. 21世紀의 間島지킴이 陸洛現의 꿈

間島문제에 대한 우리 정부의 정책은 한마디로 말해서 無對應(무대응)이다. 間島문제를 國家次元에서 제기한 乙酉戡(감)界회담 이후 금년으로 꼭 134년이 되는데 그 때만 해도 上國과 屬(속)國 또는 藩國(번국), 즉 제후국이라는 엄격한 上下관계의 限界가 있었음에도 불구하고 "내목은 자를 수 있을지언정 國土는 한 치도 줄일 수 없다."고 말 그대로 목숨을 걸고 國土를 지키려는 당찬 氣槪(개)가 살아있었다. 그런데 世界化시대, 情報化기대를 넘어 宇宙化시대로 접어들고 있는 21世紀 大明天地에 우리는 벙어리 냉가슴 앓듯 내 땅을 "내 땅"이라고 조차 부르지 못하는 처지가 되어버렸다. 그래서 대부분의 國民은 내 땅 間島가 어디에 붙어있는지도 모른다. 그러니 그것이 어느 나라 땅인지는 더더욱 모를 수밖에. 그것도 평범한 市民이라면 또 모르겠는데 間島수복운동단체를 관할하는 정부 부처의 담당공무원이라는 데는 더 이상 할 말을 잃고 만다.

이 같은 領土의식의 不在에서 오로지 열성과 끈기 하나로 이 瘠薄(척박)한 풍토를 개척하려고 노력하고 있는 陸洛現(76) 間島되찾기운동본부 명예회장 겸 大韓民國領土館長을 나는 서슴지 않고 '21世紀의 間島지킴이'라는 이름으로 부른다. 벌써 半世紀하고도 10년이 넘어 흐른 보리 고개 시절 무작정

단신 上京한 한 시골소년이었던 그가 안 해본 일 없이 여러 직업을 전전하던 끝에 軍 복무를 마치고 生業 겸해서 시작한 월부 책 파리의 성공으로 출판업계와 인연을 맺게 되었다. 그 연장선상에서 元老 歷史학자들이 오늘날 中國이 강행하고 있는 東北工程에 대응하기 위해서 세운(1966) 間島연구학술단체인 白山學會에 업무담당으로 참여(1981)하게 되면서 間島와 인연을 맺게 되었고 그 이후 40여 년 간 間島수복운동에 몸을 던져 이제 自他가 공인하는 間島 守護(수호)운동의 선봉을 지키게 되었다. 그래서 그에게 붙여진 또 다른 이름이 間島맨 제1호이다. 그의 間島 공부는 白山學會의 운영에 참여하여 白山學報를 편집 출판하는 과정에서 접하게 된 수많은 學者들의 論稿(논고)를 통해서 익힌 현장학습이 주를 이룬다. 그 중에도 學會 學術委員인 李丙燾 劉鳳榮 千寬宇 高炳翊 金元龍 全海宗 李龍範 李基白 朴泳錫 등 元老 그룹 학자들의 가르침을 많이 받았다고 한다. 이밖에도 이름만 대면 금방 알 수 있는 유명학자들과 필자 대 편집자 간에 이루어진 끈끈한 관계가 오늘의 그를 있게 하는 결정적인 계기가 되었다. 그리고 學報 편집과정에서 익힌 理論을 실천으로 옮기기 위해 조직한 市民운동단체를 이끄는, 말 그대로 荒野(황야)를 가는(耕作 경작) 외로운 개척자가 되었다.

처음 그 실천단체로서 간도되찾기운동본부'(줄여서 간도본)를 결성하고 外交통상부에 단체등록서류를 제출하러갔을 때의 일이라고 한다. 서류를 쭉 훑어본 담당 공무원 하는 말이 外交문제가 걸려있기 때문에 등록할 수가 없다고 서류를 되돌려 주더라는 것이다. 그는 市民단체의 이름에 '間島'라는 이름 자체를 허용하지 않는다면서 담당부처의 內密한 指針(지침)을 外

交問題 때문이라고 거창하게 둘러댄 것이다. 그 때나 지금이나 中國 앞에만 서면 한없이 작아지는 이른바 대한민국 수석부처 外交部(정확히는 외교통상부)에서 말이다. 엄격하게 따지면 結社의 自由를 침해하는 헌법위반이 되겠지만 '목마른 사람이 우물 판다'고 우선 온 目的은 이루어야 하겠기에 北方民族나눔협의회라는 『간도본』의 上位단체를 하나 急造하여 올려놓고 가까스로 등록을 할 수 있게 되었다는 것이다. 일을 마치고 혹시 해서 담당 공무원에게 '間島가 어디 있는지 위치를 아느냐'고 물어보았다고 한다. 그랬더니 그 담당자 하는 말이 "日本에 있는 조그만 섬 아니냐."고 半信半疑(반신반의)하는 표정으로 되묻더라는 것이다.

그 정부에 그 공무원이라는 생각을 하면서 청사를 빠져나온 그는 영토의식이 아무리 척박하다 해도 이 정도로까지 荒廢化되어있을 줄은 미처 몰랐다고 한다. 지난 10여 년 간

백산학회. 한국간도학회. 간도되찾기운동본부

딴에는 간도수복운동에 全力을 쏟아 獻身(헌신)한다고 했는데 모두 虛事가 되었다는 생각을 하게 되었다는 것이다. 한동안 苦心 하던 끝에 산에 오르다 길을 잃으면 정상으로 다시 되짚어올라가 길을 찾는 심정으로 처음부터 다시 시작해야겠다는 마음을 굳히게 되었다고 한다. 그래서 시작한 사업이 間島 알리기 전시회다. 말 그대로 거리의 간도 알리기 전도사로 나서게 된 것이다.

개최지는 주로 서울에서는 國會로비를 시작으로 전철역을 주로 이용했고 全國의 각 中高校 강당과 전철역구내 또는 地方도시의 공원 등지를 순회하면서 허름한 중고 자동차에다 間島 알리기 선전 판넬을 가득 싣고 다니면서 현장에 도착하면 손수 등에 지고 날라다 세워놓고 미니 강연회와 함께 間島 알리기 거리 전시회를 연 것이다. 이러기를 전후 100여회에 걸쳐 진행하다 보니 전국 어디서나 '간도' 하게 되면 맨 먼저 떠올리는 인물로 육락현을 연상하게 될 정도로 피알(PR)이 되었다는 것이다. 전날 극장프로 홍보나 입담 좋은 약장수처럼 간도파리 센드위치맨? 이 된 것이다. 이것이 대한민국에 단 하나밖에 없는 처음이자 마지막 間島수복운동단체의 가감 없는 實相이자 현주소이기도 하다. 그러나 아직은 소 닭 보듯 낯선 無關心(무관심) 지대, 불투명하기 이를 데 없는 미래의 영토 間島 수복이라는 아스라한 벽을 넘기 위해 陸洛現은 그의 後半生을 걸고 一見 우직스러우리만큼 앞만 보고 오늘도 쉼 없이 달려가고 있다.

2. "남은 내 人生 此世代 間島敎育에 바치겠다."

40년 넘게 간도본을 지켜온 그가 지금은 東豆川 소요산 자락에다 2018년 4월 門을 연 대한민국 영토관과 間島체험村(마을) 운영에 전념하고 있다. 서울(을지로3가) 『간도본』이 間島 수복운동을 이끄는 前衛(전위)단체라면 영토관은 未來世代 교육을 위한 學習공간, 즉 後衛(후위)단체라고 할 수 있을 것이다.

앞에서 말한 것처럼 陸洛現은 전국 각지를 누비며 間島 알리기 전시회를 여는 과정에서 각 중고교에서 실시한 현장교육을 통해서 학생들의 감상문 쓰기 운동을 병행하여 間島의 이미지를 머릿속에 刻印(각인)시키는. 이른바 뿌리내리기 교육을 실시하고 그 연장선上에서 領土館을 그 실습장으로 개방하여 재교육 학습 공간으로 활용하고 있다.

상설 전시館은 「되찾아야 할 땅 間島관」과 「지켜야 할 땅 獨島관」으로 大別되는데 間島 鹿屯島 對馬島 流球列島(유구열도, 지금의 오끼나와, 沖蠅) 등이 前者에 속하는가 하면 獨島 이어島 등이 後者에 속한다. 개관이래 520여명의 國內 일반인과 중고등학교 학생들이 경기 北端部에 있는 이 먼 領土館을 찾아 見學하였으며 2017년 8월에는 間島收復(수복)의 前哨基地(전초기지)라고 할 수 있는 延邊(연변), 長春, 盤石(반석) 조선족 고등학교 학생들(2次에 걸쳐 28名)을 초청하여 民族意識과 領土의식 교육을 실시한 바 있는데 이들의 반응이 意外로 뜨거웠다는 데 크게 고무되고 있다. 뒤에 가서 상술하겠지만 간도 현지 거주 韓人의 向背(향배)가 간도의 歸屬(귀속)을 左右하는 키포인트가 될 것이기 때문에 그들이 韓民族으로서의 正體性(정체성)을 상실하지 않도록 次世代 청소년 학생들의 見學 초청 교육은 아무리 강조해도 오히려 부족할 정도로 중차대한 문제이다. 그래서 그는 기본적으로 그들에게 우리말과 우리 歷史를 가르치는 데서부터 늦었지만 지금부터라도 시작해야 한다는 절박한 필요성을 기회 있을 때마다 강조하곤 한다.

그리고 앞으로 領土館 見學을 보다 活性化시키기 위해서 우선 거리가 가까운 동두천 소재 중고등학교(6개교)에서 '자료로 본 간도'를 전시하고 동두천·양주 교육지원청이 주관하는 교육박람회 참관, 2020년 체험학술처로 선정된 영토관을 잇는 간도를 素材로 하는 교육벨트를 형성함으로서 보다 많은 학생들의 방문실습이 이루어지기를 기대하고 있다.

3. 教科書上의 間島教育은 아직도 요원하다

間島학회회장 李日杰은 舊(구)石器 新石器 시대 지도를 만주 지역과 함께 그린 지도가 있는 反面에 대부분의 지도는 鴨綠江 豆滿江線을 경계로 한 한반도내에 그린 지도를 교과서에 싣고 있다면서 마치 우리 先祖들이 구석기시대 이후 한반도 內에서만 살았다고 오해할 수 있을 정도로 지도를 만들어놓았다고 지적한 바 있다. 또한 대부분의 中高교 교과서에는 古조선의 영역을 고인돌과 琵琶(비파)形 銅劍(동검)의 분포에 따라 산해관 以東 한반도 중부지역까지 표시하고 있는데 그러면 역시 비파형 동검이 出土되는 중부 이하는 어느 나라 영토인가에 대한 설명이 없다는 것이다.

고구려의 영역도 대부분의 中高 교과서에는 요하 以東으로 그려져 있는데 그 세력이 강성할 때는 中原에 해당하는 山西省에까지 미쳤다는 역사는 아예 무시되고 있다는 것이다. 그리고 또 고구려 후기의 도읍지가 압록강 對岸의 通溝(集安) 國內城, 또는 大同江 平壤(평양)으로 표시되어있는데 이는 著者가 植民史學의 영향을 받은 때문이 아닌가 판단된다고 지적하고 있다.

申采浩는 東亞日報 연재 <朝鮮史硏究草> (三) 平壤浿水考(上)(1925. 6.11日字)에서 "萬一 지금의 大同江-浿水(패수)를 옛 浿水로 알고 지금의 平安南道 平壤을 古平壤으로 알면 平壤의 歷史를 잘못 알뿐만 아니라 곧 朝鮮의 歷史를 잘못 앎이니 朝鮮의 歷史를 알려면 平壤부터 알아야 한다."고 말한바 있다. 이에 대해 임찬경(仁荷大교수)은 申采浩가 강조한 古代 平壤位置 연구가 中國의 東北工程에 대한 대응과 東北亞 歷史地圖 제작 문제, 漢四郡의 歷史地理 등 우리가 안고 있는 歷史上의 難題(난제)들을 풀어 가는데 (그 필요성이) 더욱 절실하게 인식되고 있다고 말했다.

4. 朝鮮歷史 알려면 平壤부터 알아야 풀린다

멀리 갈 것 없이 우리의 正統史書인 <三國史記>만 보아도 古代 以來로 그(平壤) 위치를 가늠할 수 있는 기록이 보인다. 즉 '後漢書 郡國志에 의하면 遼東郡은 洛陽(낙양)에서 3600里 떨어져 있다. 이에 속한 縣으로 無慮縣(무려현)이 있다고 하였는데, 바로 周禮에서 말한 北鎭의 醫無慮山(의무려산) 주변 지역이다. 大遼(대요)가 그 아래쪽에 醫州를 設置하였다. 또한 玄免郡은 洛陽에서 東北쪽으로 4000里 떨어져 있었고, 이에 속한 縣은 셋인데 高句麗가 그 중의 하나이다.'라고 기록되어있으니, 그 始祖 朱蒙이 都邑을 정했다는 紇升骨城(흘승골성)과 卒本이란 地方은 아마도 漢의 玄免郡 경계이고 大遼國 東京(現在의 遼寧省 遼陽市)의 西쪽인듯 하며 漢書 地理志에서 말한 玄免郡의 屬縣인 高句麗가 이것일 것이다. 옛날 大遼가 아직 멸망하지 않았을 때, 燕京에 있는 遼의 皇帝를 뵈러가는 우리 使臣(高麗)들이 東京을 지나 遼水를 건너 하루 이틀 가면 醫州에 이르러 燕薊(연계, 오늘의 北京地方)로 向하게 되었으니, 故로 그러함을 알 수 있다' 고 高句麗 첫 都邑인 卒本이 醫無慮山과 遼河 支流인 大凌河 沿邊(연변) 어간에 있었음을 알 수 있다고 하였다. 그러나 <三國史記>는 그 다음 절에서 平壤城을 大同江 가의 西京으로 位置시키면서 平原王이 586년 平壤에서 다시 옮겼다는 長安城과 混同을 일으켜 ' 두 城이 같은 城인지 다른 城인지 알 수 없다'고 저자 스스로 歷史인식의 限界를 드러내고 있다. 이 같은 결정적인 歷史的 誤謬(오류)를 범하게 된 원인은 新 舊 唐書의 多分히 의도적인 歪曲(왜곡)을 三國史記 編撰者(편찬자)가 그대로 受容한 때문임이 同時代 또는 그 이후 史書들과의 비교연구에 의해 드러나고 있다. (임찬경 高句麗 平壤 位置 認識 誤謬(인식 오류) 形成過程에 對한 檢討(검토) 2015. 12. 古代 平壤 位置 探索(탐색) 관련 학술회의, 24~25 쪽).

5. GPS로 實測(실측)한 尹瓘九城의 位置

尹瓘이 개척한 東北 9城 西北 境界인 局子街 1.5km 前面을 흐르는 布爾咯圖河(포이객도하) 水中에서 1918년 조선총독부가 파견한 古蹟조사단이 발견 인양한 戊子銘(명) 石碑(間島省古蹟調査報告)의 年代가 尹瓘이 高麗之境碑를 세운 睿宗(예종) 3년(1108) 戊子년과 일치하고 있어 당시 東北界의 先春嶺뿐만 아니라 白頭山 北쪽 西部 경계에 세운 또 다른 境界碑일 것이라고 尹瓘碑 연구의 開拓者인 方東仁(關東大교수)은 일찍이 주장한 바 있다. (方東仁 尹瓘九城 再考-九城設置範圍를 中心으로 白山學報 21號 1967).

그리고 지난 2012년 筆者가 발표한 <尹瓘九城의 位置에 대한 文獻考察>(白山學報 第92號 2009. 4.)에서는 軍 戰略硏究家인 尹日寧(大田大교수)이 史上 최초로 시도한 GPS 실측 탐사에 의해서 世宗實錄(地理志) 上 公嶮鎭과 先春嶺의 위치를 지금의 延邊朝鮮族 自治州에서 黑龍江省으로 넘어가는 唯一 통로인 哈爾巴嶺山脈의 最高峰 哈爾峰(1145m) 東쪽 10km 지점 老松嶺(一名 老爺嶺 819m)으로 정확히 집어냈다고 소개한 바 있다.. 그런데 神奇하게도 이 고개는 35년 전 九城 硏究의 開拓者인 金九鎭(弘益大교수)과 方東仁이 각각 그들의 논문에서 先春嶺의 位置를 老松嶺으로 지목한 바로 그 고개로 마치 선배 學者와 新銳學者가 反對便에서 서로 맞 굴을 뚫고 들어가다가 正中央에서 만난 것과 같은 劇的인 연구결과를 導出(도출)하게 되었다. 金九鎭은 '東國地圖'를 인용하여 公嶮鎭은 山城의 하나로 牧丹江 上流 寧古塔 부근에 있었던 것으로 보이며 女眞과의 경계를 정하기 위해 세운 先春嶺碑는 綏芬河(수분하) 上流 老松嶺 고개 마루에 있었던 것으로 생각된다.'고 하였다.

6. 明이 摘示(적시)한 朝鮮과의 경계도 公嶮鎭

朝鮮 初期까지만 해도 北界는 이와 같이 尹瓘이 개척한 公嶮鎭 일대라고 못 박혀 있었다. 朝鮮王朝實錄 太宗 5年조에보면 '李荇(행)을 明나라에 보내 公嶮鎭 以南을 전과 같이 朝鮮에서 관할토록 청했다'는 기록이 있으며 世宗(15년)은 "高皇帝가 朝鮮지도를 보고 詔書(조서)하기를 公嶮鎭 以南을 朝鮮의 경계라고 하였으니 卿(경)들은 이를 참고하여 아뢰도록 하라"고 하였다. (梁泰鎭 先春嶺과 公嶮鎭의 位置 考察에 對한 硏究, 學林 37, 延世史學硏究會 2016).

엄연한 歷史的 사실로 증명된 우리의 北界를 植民治下 朝鮮의 領土가 자신들의 그것보다 광대함을 두고 볼 수 없었던 日帝가 意圖的으로 그 歪曲縮小(왜곡축소)작업을 추진하게 된 것이다. 그들은 狡猾(교활)하게도 韓國人의 實學者에게 거는 기대가 意外로 크다는 데 착안하여 앞서 吉州以南說을 주장한 韓百謙 등 실학자의 誤判(오판)을 빌미로 尹瓘 9城의 위치를 그 보다도 훨씬 아래인 咸興平野로까지 끌어내려버린 것이다. 이 같은 歷史 造作을 주도한 日帝 官邊史學者 이께우치(池內宏)는 李丙燾 등 朝鮮人 城大(京城帝大)출신 助敎들을 이 역사 조작 현장에 투입, 咸興平野說의 충실한 추종자로 학습 훈련을 시킨 것이다. 그리하여 그들로 하여금 植民史學을 承繼토록 하는 이른바 以夷制夷(이이제이)전략을 구사하여 차세대는 물론 차차 세대까지 염두에 둔 식민사학의 扶植공작을 수행하게 된 것이다.

여기서 윤관구성의 위치비정 문제를 다시 조명한 것은 당시 고려가 선춘령 이남 지역 방어에 全力을 기울인 이유가 바로 海蘭河 유역 지금의 간도 지방을 확보해야만 고려 동북계의 安全을 확보할 수 있다는 계산에서 나온 전략이었음을 강조하기 위해서이다. 그리고 간도는 우리에게 예나 지금이나 땔래야 땔 수 없는 脣亡齒寒(순망치한 입술과 잇빨의 관계)의 관계로 얽혀있는 땅임을 재확인하기 위해서이다.

7. 間島協約으로 다시 그린 朝 中 地圖

中學校 歷史교과서의 경우 孝宗 5년(1654) 淸나라의 요청으로 이루어진 러시아와의 송화강 유역 依蘭(好通)전투에서 승리한 후에 제작한 羅禪征伐圖(나선정벌도)상의 국경선을 鴨綠

江과 豆滿江 線으로 그어서 가르치고 있다. 이 전투는 1627년 江都會盟 이후의 일이기 때문에 이 地域 역시 封禁地域으로 묶인 中立地帶로 엄연한 우리 領土 間島이자 歷史的으로는 발해의 故土이다.

이상의 中學校 歷史교과서(5종)를 다시 분석 정리해보면 古朝鮮은 山海關 以東 韓半島 中部로 한정 서술하고 있으며 高句麗는 遼河 以東, 高麗의 北界는 義州와 吉州線으로 축소한 地圖를 그려놓았다. 尹瓘 九城의 위치도 東北地方이라고 模糊(모호)하게 설명하고 있으며 朝鮮의 四郡六鎭 개척으로 北쪽 국경이 확정되었다고 기술하였으나 현재 눈앞의 懸案(현안)인 間島에 관련된 地圖는 보이지 조차 않는다.

다음으로 고등학교 韓國史 5종의 왜곡된 부분을 분석해보면, 古朝鮮과 고구려는 中學校 교과서와 별로 다를 게 없고 高麗의 北界인 千里長城은 興化鎭과 都連浦부근으로 표시되어 있다. 尹瓘 9城에 대해서는 豆滿江 流域說, 吉州以南說을 각각 설명하고 있는데 2종의 교과서는 東北地域이라고 역시 애매하게 표현하고 있음을 본다.

恭愍王이 회복한 지역도 대부분 義州와 吉州로 보고 있다. 朝鮮의 4郡 6鎭 개척으로 국경선이 확정되었다고 기술하고 間島 지역에 대해서는 그 歷史가 비교적 바르게 기술되어있다.

그러나 間島의 지난 역사에서 분명히 존재했던 間島地圖가 현재 우리가 사용하는 地圖에서는 누락되어있다. 이러한 현상은 1909년 間島協約을 체결한 日帝의 영향에 의해서 이후 발행한 모든 地圖에서 국경선을 鴨綠江 豆滿江 선으로 표시했기 때문일 것이다. (李日杰 우리 領土의 縮小過程과 歪曲된 國境線 問題 硏究(間島學報 .2019. 3 第2卷 第1號 163~164쪽).

8. 領土條項 憲法 改正만이 半島史觀 脫皮의 길

陸洛現이 주로 선택하는 『간도본』 행사의 空間은 국회의원 회관 로비다. 그것은 間島라는 이름을 부르는 것조차 中國의 눈치를 보아야 하는 부담을 얼마쯤 덜 수 있는데다 그 영향으로 경색된 사회분위기를 완화할 수 있다는 利點과 相對的으로 外風?을 덜 받는 비교적 自由로운 공간이라는 점 때문일 것이다.

우리나라 憲法 제3조는 '大韓民國의 領土는 韓半島와 그 부속 島嶼(도서)로 한다.' 고 규정하고 있다. 이 조항이 채택될 당시 制憲議會 즉 初代國會 第1回 第22次 會議(1948.7.1.)에서 領土조항 심의(憲法案 第2讀會)를 진행할 때 李貴淳의원이 "半萬年歷史를 통해서 우리의 領土를 半島라고 쓴 시대는 지금까지 없었다."고 전제하고 "여러 가지 의미에서 우리의 領土는 '(祖上으로부터 물려받은)'固有한 版圖'라고 規定해야 장차 어떠한 餘裕(여유), 다시 말해서 伸縮性(신축성)이 생기지 않을까 생각 한다."면서 그 改正案을 제기한 일이 있다. 여기서 여유라고 하는 것은 장차 回復해야 할 失地를 염두에 두고 한 말일 것이다. 결국 이 案은 在席 119 可 13, 否 106으로 부결되어 비록 少數意見에 그치고 말았지만 『간도본』에서는 반드시 初代國會에서 있었던 논의의 延長線上이 아니라 하더라도 間島收復의 名分上 장차 그 땅을 담을 그릇으로서의 領土條項 改正은 꼭 필요하다는 立場을 오래 전부터 내외에 천명해오고 있다.

그로부터 40여년이 흐른 1983년 金永光의원이 제안한 '白頭山 領有權 확인에 관한 결의안'이 그 정신을 이어 발의되었다. 이 歷史的인 결의안은 앞에서도 언급한 바 있는 北-中 邊界條

約에 의해 白頭山과 天池를 당시 中共과 北韓이 分割 占有한데 刺戟(자극)받아 白頭山은 우리 固有의 領土임을 闡明(천명)하는 데 초점을 맞춘 憲政史上(헌정사상) 최초의 領土收復결의안이었다.

9. 잇따라 提起된 間島協約無效決議案

먼저 14代 國會 第177回 第7次 本會議(1995年 10月 20日)에서 행한 金元雄 의원의 질의 내용을 보면 질의 상대인 李洪九 국무총리가 답변에서 밝혔듯이 事前에 間島문제의 歷史的 背景에 대해 많은 자료수집과 함께 상세한 연구 검토를 거친 흔적을 찾을 수가 있다. 독립운동가의 後裔(후예)답게 使命感(사명감)이 남달랐던 金의원은 그 前에 직접 『간도본』을 찾아 陸洛現 등 회원들을 격려하고 間島관계 자료도 이 때 수집해 간 것으로 알려져 있다. 3選 의원을 거친 그는 현재 光復會 회장 직을 수행하고 있다.

李총리는 "間島문제는 대단히 미묘한 事案이기 때문에 좀 더 많은 歷史的 資料수집 및 考證과 專門家들의 硏究 결과를 바탕으로 신중히 논의되어야 할 것으로 생각한다."고 원론적인 두루뭉수리 한 답변에 그쳤다. 當代의 권위 있는 정치학자이기도 했던 그의 답변치고는 意外로 소극적이고 미온적이었다는 評을 듣는 이유이다. 當局者들은 누구나 할 것 없이 故土수복문제, 특히 間島문제 앞에만 서면 中國을 의식한 나머지 이처럼 스스로 위축되는 것 같다.

그로부터 9년 후인 2004년 2월 7일 金元雄의원은 與野의원 19人의 名義로 이번에는 '間島協約의 源泉的 無效 확인에 관한 결의안'을 대표발의 하였다. 이 때의 발의는 中國이 東北

工程 프로젝트를 본격적으로 작동한 것이 그 계기가 되었다. 이 工程에서 高句麗史를 中國의 역사, 그것도 地方史(地方政府)로 格下, 자국역사에 편입시킴으로서 우리 古代史를 解體(해체)하려는 陰謀(음모)를 노골적으로 드러내고 있는 데 대해 분노와 우려를 금할 수 없다면서 中國은 1952年 日本과 체결한 平和條約에 의해서 1941년 12월 9일 이전 兩國 間에 체결한 모든 條約, 協約 및 協定을 無效化했기 때문에 主權과 領土保全의 相互尊重 原則에 따라서 間島協約은 源泉的으로 무효라고 그 폐기를 강력히 촉구하였다.

이어서 그 해 9월 3일 金元雄 의원은 또다시 전 번과 같은 이름의 결의안을 의원 59人 連名으로 대표 발의하였다. 제안 이유를 통해서 그는 中國이 강행 추진하고 있는 東北工程이 단순히 고구려史의 歪曲으로 끝나는 것이 아니라 자신들이 不法 占有하고 있는 우리 땅 間島의 領有權을 固着化하려는 숨은 意圖를 내포하고 있기 때문에 이를 묵과할 수 없다고 밝히고 있다. 그리고 당초 間島 領有權에 대한 權原이 없는 日本이 이를 淸에 넘겨준 間島協約은 源泉的으로 無效임을 확인한다고 언명했다. 그런데 逆說的이게도 金議員의 잇따른 間島收復決議案과 맞물린 東北工程의 强行은 오히려 잠자던 우리 國民의 領土意識을 喚起(환기)시킴과 동시에 間島領有權에 대한 관심을 汎(범) 國民的으로 확산시키는 데 導火線 역할을 하게 되었다.

10. 潘基文 外交, 間島協約 法理的 無效를 宣言하다

이같이 거듭 제기된 間島協約 無效 決議案이 마침내 奏效(주효)하여 같은 2004년 10월 22일, 그러니까 金元雄의원이 2

次 無效결의안을 제출한 지 1개월여 만에 '淸日間島協約 無效案에 대한 外通部 국정감사'場에서 長官의 입을 통해 直接 '間島協約의 法理的 無效'를 이끌어내게 된 것이다. 國監(국감) 직전에 배포했던 자료를 회수하는 등 회의 進行에 다소 매끄럽지 못한 부분이 있었음에도 불구하고 政府의 外交 首長으로부터 이 같은 宣言을 이끌어내게 된 배경에는 역시 『간도본』 陸洛現회장의 활약이 뒷받침되고 있었다. 이 무렵 그는 中國의 東北工程 강행으로 民族의 自尊心에 상처를 입힘으로서 온 國民이 분개하고 있는 당시 분위기에 편승하여 國會 의원회관 1층 로비에서 '찾아야 할 우리 땅 間島알리기 展示'와 함께 '東北工程과 間島 領有權問題' 學術대회를 連 3日에 걸쳐 진행한 것이 신문 放送을 타고 연이어 보도되면서 國民의 관심을 한껏 고조시키고 공감대를 확산시키는 계기를 마련하게 되었다. 그 여세를 몰아 間島문제 국정감사장에서 결정적인 한방, 間島協約의 無效 宣言을 이끌어내게 된 것이다.

그의 自傳的(자전적) 간도日誌라고 할 수 있는 <間島는 왜 우리 땅인가?>(白山자료원 2013)에 의하면 國監이 열리기 이틀 전인 10월 20일 外通部로부터 그에게 전화가 걸려와 "國監에서 淸日間島協約 無效案이 제기될 예정인데 外通部측이나 國監위원들도 淸日間島協約에 대해 잘 모르고 있으니 참고인을 보내 달라."는 요청을 해왔다는 것이다. 이에 陸洛現은 당시 仁川대학교 法科대학장으로 있던 盧泳暾(노영돈)교수(國際法)를 참고인으로 추천하여 國監에 참여시키고 間島領有權 문제의 基本자료와 정보를 共有하게 된 것이라고 한다. 盧교수는 <國際政治史로 본 間島領有權問題> 등으로 學界에서 많은 研究業績을 쌓은 前 昌原大 총장 盧啓鉉 교수의 자제로 같은 學問분야를 전공한 父子 2代에 걸친 間島의 國際法的 硏究에 새로운 境地(경지)를 개척한 분들이다.

11. 李成權의원의 再확인 질의로 歷史의 한 章을 열다

이날 國監 말미에서 主 질의자로 나선 李成權의원은 "결국은 外交通商部도 (間島協約이 無效임을) 國際法上으로 인정하는 것이 아니냐."고 육박해 들어가자 潘基文(반기문) 장관은 "그래서 아침에 노영돈 교수의 여러 가지 참고인 진술과 여러 議員님들의 말씀이 많이 계셨기 때문에 그 歷史的인 측면은 반복을 하지 않겠습니다. (결론적으로 말하면) 間島協約에 관해서는 '法理的으로는 無效'라고 생각할 수 있습니다."라는 답변을 이끌어내게 된 것이다. 그러자 李成權의원은 "法理的으로 無效라고 생각할 수 있지요"라고 長官의 말을 되받아서 再확인하는 이른바 確認射殺(확인사살) 방법까지 동원하여 앞으로 指向해 나아갈 間島收復(수복)운동의 座標(좌표)을 확고히 설정하게 된 것이다.

12. 間島協約과 領有權 문제는 분리 접근해야

전기 李의원의 再확인 질의에 潘基文 長官은 "예"라고 대답하면서 "그러나 間島協約이 無效라고 해서 間島문제가 해결되는 것은 아니라고 봅니다. 그렇다고 우리의 이러한 立場이 韓中關係에 새로운 事案을 발생시킨다고도 보지 않습니다. 間島協約 문제와 間島 領有權문제는 분리해서 접근하는 것이 좋을 것이라는 것이 政府의 판단"이라고 하면서 '國際政治의 嚴酷(엄혹)한 現實도 함께 살펴야 한다.'고 政府 당국

자료서의 고충을 토로하기도 하였다 潘장관은 이날 밤 KBS 9시 뉴스에 출연해서도 間島協約의 國際法的 效力에 대한 기자의 질문에 國監場(국감장)에서 말한 것과 같은 내용의 답변을 함으로써 대외적으로 公表까지 하게 되었다.

정부로서는 48년 정부수립 이후 처음으로. 間島協約의 無效를 對內外에 천명한 것이다.

13. 中國의 間島 占有 100년 時效 하루 앞두고

中國의 間島 占有 100년을 하루 앞둔 2009년 9월 3일 李明洙의원 등 50人의 與野의원 連名으로 '間島協約의 源泉的 無效 확인에 관한 決議案'을 제기하였다. 이 案을 대표 발의한 李 의원은 李忠武公의 忠魂(충혼)이 서린 忠南 牙山 출신 3선 의원으로 국가존립의 第一義인 영토의 歸屬(귀속)문제가 걸린 간도문제에 늘 앞장 서왔다. 그는 그 제안 이유에서 間島協約 無效(法理上) 선언에도 불구하고 中國은 東北工程과 長白工程, 長白文化論, 遼河文明論 등 自國 中心의 歷史覇權(패권)主義的 발상으로 우리의 領土인 間島 지역과 우리의 古代文明史, 高句麗史를 축소왜곡하려는 底意를 公共然히 드러내고 있다고 聲討(성토)하고 中國의 이러한 행위는 단순히 古朝鮮, 夫餘, 고구려. 발해 등 古代史에만 국한된 것이 아니라 우리의 옛 領土인 間島에 대한 領有權을 固着化(고착화)하려는 意圖를 內包하고 있다는 데 注目하고 이를 대단히 심각하고 重大한 사안으로 받아드린다고 밝히고 있다. 그러나 정부는 協約 체결 백년이 다 되도록 이에 대한 대비책을 강구하기는커녕 中國의 위세에 눌려 俗된 말로 미리 알아서 기는 恥辱(치욕)을 스스로 甘受(감수)하고 있는 실정이다. 내 땅을 내 땅이라고 부르지 조차 못하는 이 안타까운 현실을 좌시할 수 없어 결의안을 제출하게 되었다면서 비록 間島가 우리 領土이었지만 현실적으로 그 회복은 불가능한 만큼 祖上이 물려준 故土수복 意志를 再확인하고 召命의식을 환기시키는 것이 오늘을 사는 世代가 응당 짊어지고 가야 할 未來世代를 위한 책무임을 강조하고 있다.

6. 100年 時效說의 實體

1. 100년 時效 인정說과 否定說

이른바 '100년 時效(시효)說은 국제법의 아버지라 불리는 네델란드 法學者 휴우고 그로우쉬어스(Hugo Grotious,1583~1645)의 저서 <戰爭과 平和의 權利; The Rights of War and Peace> 제4장 '占有 所有, 그리고 取得 時效에 의해 버려진 땅에 대한 所有權(Title to Desert Land by Occupancy, Possession, and Prescription)에 그 논거를 두고 있다.

이 장 말미에서 그로쉬어스(英語호칭은 그로티우스)는 '人間의 기억을 초월한 時間은 도덕적인 개념으로 1世紀, 즉 100년과 같지 않다고 말할 수 있지만 인간의 기억을 초월한 시간이나 100년은 크게 다르지 않다고 전제하고 이 기간 동안 沈默으로 버려진 땅이나 土地, 國土, 領土는 반대될만한 강력한 증거가 제시되지 않는 한 모든 주장이 포기된 것으로 看做(간주)할 뿐만 아니라 취득時效가 발생하여 빼앗길 수도 있다.'는 것을 분명히 밝히고 있다.

국제법上 아직 이를 成文化한 것은 없으며 따라서 先行된 판례나 결정도 물론 없다. 그러나 100년은 1世紀(century)로 관념적, 실천적, 慣習的(관습적), 논리적, 慣行的(관행적), 그리고 통념上으로 보아 국제 領土분쟁에서 時效로 인정할 수 있는 의미 있는 기간이라고 할 수 있다고 在美학자 金泰瑛(美國名 Paul Kim)은 주장하고 있다.(金泰瑛 한배달韓民族史 556쪽).

시효제도에 대한 학설은 이와 같이 同 제도의 인정설과 부정설로 나뉘는데 李漢基는 그의 <領土取得에 關한 國際法研究>에서 '時效제도의 難點(난점)은 善意(bona fide)가 아닌 惡意(mala fide)의 방법으로 領土를 취득하는 것을 허용하는데 있다.'고 전제하고 이와 같은 法 제도가 과연 진실한 法제도라고 할 수 있겠느냐고 반문하고 싶은 심정이라고 말하고 있다. 그러면서 時效제도의 밑바탕에는 "'不法으로부터 法이 발생한다(ex facto oritur)는 사상이 두텁게 깔려 있는데 不法이든 合法(사실)이든 간에 그것은 대개 武力 등 힘의 사용을 전제로 한다는 것이다. 힘의 사용이 허용된 과거의 국제 법에 있어서도 국가의 독립과 內政不干涉(내정불간섭)의 원칙은 국제사회와 國際法 존립의 기반이었다면서 하물며 武力 사용의 不法化가 일반 국제법으로 化한 오늘 날에 있어서는 不法으로부터 法을 발생케 하는 時效제도란 그 존립의 기반을 상실한 것이 되지 않으면 안 된다."고 時效說에 부정적인 입장을 보이고 있다. 그래서 ex facto oritur jus라는 원칙을 부인하는 이상 領土 취득방법으로서의 時效는 당연히 부인되지 않을 수 없다고 결론짓고 있다. 李漢基의 이런 주장은 우리나라 國際法 1世代로 불리는 李東洲 교수(서울대)의 이른바 "場所의 論理"라는 문제의식에서 출발한다고 말하고 그것이

실은 歐美的'場所'를 계기로 발달한 것이라는 사실을 잘 알면서 이러한 國際法을 그대로 우리에게 타당케 하는 일반 國際法으로 받아드린다는 것은 '學問의 위험한 後進性'이라고 판단했기 때문이라고 말하고 있다. 즉 유럽 諸國이 아시아, 아프리카의 後進지역에 지배권을 뻗치는 과정에서 先占 征服(정복) 등의 이른바 '국제법적 領土취득'에 의한 領土의 확대였음을 상기 할 때 植民 지배를 合理化하는 그런 國際法을 일반화한 國際法으로 받아드릴 수 없다는 것이다. (李漢基의 領土取得에 關한 國際法 硏究-韓民族의 間島 疆界(강계) 159쪽).

2. 領有權 주장 늦을수록 不利하게 작용한다.

앞서 國會 外交通商委員會 국정감사 당시 潘基文 장관으로부터 間島協約의 法理的 無效를 이끌어내는 데 決定的 역할을 했던 盧泳暾 교수는 먼저 國際法上의 時效問題에 대해 正當한 權原이 없는 자에게 일정한 기간 동안 平穩(평온) 公然하게 占有한 사실에 근거하여 새로이 正當한 權原을 부여하는 제도라고 정의한 뒤 實定 국제법上으로는 時效제도에 대해 구체적인 규칙이 定立되어있지 않지만 학설과 慣例(관례)에서는 그것이 인정되고 있다고 말했다. 또 평온 公然한 占有가 얼마동안 계속되어야하는가, 즉 時效 完成 기간에 대해서는 實定 國際法은 時效 자체를 인정하는 학설과 관례에도 구체적으로 그 기간이 정해진 바는 없다. 그러나 韓國정부가 間島領有權에 대하여 時效를 중단 또는 정지시킬 수 있는 조치, 中國의 間島 領有에 대한 異議(이의)제기와 韓國의 領有權 주장이 늦으면 늦을수록 中國은 유리하게 되며 韓國은 間島에 대한 정당한 權原이 있음에도 불구하고 그 주장 한 번

제대로 해보지 못하고 결과적으로 間島를 中國으로 넘겨주는 꼴이 될 수도 있다고 경고하고 있다. (盧泳暾 韓 中 間島領有權 問題의 考察 2005. 66쪽).

盧교수의 주장보다 20년 앞서 金明基 교수(明知大 國際法)는 政府가 間島의 法的 領有權이 大韓民國에 있다는 것을 間島에 대한 imperium(事實上의 支配)을 行使하고 있는 中共(現 中國)에게, 또 法律上 當事者인 自由中國에게 수시로 公式的인 항의를 제기하여 國際法上 "實效性의 原則"에 의해 中國 領土로 凝固(응고)되어가는 時의 흐름을 차단해야 할 것'이라며 "權利 위에 잠자는 者를 法은 보호하지 않는다."는 法諺(법언)을 기억하라고 경고한바 있다. (淸日間島協約의 無效 金明基 1985. 考試界 9月號 144쪽).

不動産 地籍學(지적학) 전공의 趙炳鉉교수(京一大) 역시 中國이 現在 不法 占有하고 있는 間島 지역에 대해 우리가 해야 할 가장 시급한 일은 間島協約의 無效宣言을 통한 中國의 占有 時效를 단절시키는 것이라고 했다. 中國이 東北工程을 추진하고 있는 상황에서 어떠한 平和的인 해결방법도 기대할 수 없다면서 間島지역에 살고 있는 朝鮮族들이 우리 民族의 正體性을 잃지 않고 韓國人으로서 면면히 살아갈 수 있도록 우리 정부와 國民이 새로운 지원대책을 함께 세워나가야 할 것이라고 말하고 있다. 이처럼 間島 領有權 회복의 전제조건인 中國의 占有 時效단절을 위해서 협약 체결 100년이 되는 2009년 이전에 間島領有權에 대한 우리의 意見을 국제적으로 그리고 적극적으로 천명해야 한다며, 무엇보다도 政府 次元에서 間島協約의 源泉的 無效를 주장해야하지만 침묵을 固守하고 있는 政府 대신 市民단체라도 나서서 强力한 問題제기

를 해야 한다고 당시 陸洛現 『간도본』 대표에게 注文하고 있다. (趙炳鉉 國際法上 間島地域의 領有權에 關한 考察 16쪽).

또한 성재호 成均館大교수(國際法)는 "領土분쟁문제를 國際司法裁判所(ICJ)에서 해결한 사례가 있기는 하지만, 그러기 위해서는 兩쪽 政府 次元에서 公式으로 문제를 제기하고 이에 응답해야 한다."며 "현재 間島문제는 言論과 學界 등 民間次元에서만 제기하고 있는 상태여서 公式的인 분쟁지역으로조차 인정받지 못하고 있다"는 한계를 지적하고 앞으로 우리 政府가 이 문제에 대해 적극적인 문제 제기를 하는 등 政府次元의 역할이 무엇보다도 절실하다는 예의 當爲論的 논리에서 앞으로 한 발짝도 나아가지 못하고 있다.

3. ICJ로 간 間島 領有權 無效 소송

間島領有權에 대해서 利害 當事者인 韓國 정부가 100년이 지나도록 한 번도 公式的으로 中國정부에 문제 제기를 하지 않았다는 것은 객관적으로 볼 때 中國領土로 인정한 것이 아닌가 하는 疑懼心(의구심)을 살 수도 있다는 法外的인 문제이지 결코 時效가 끝났으니 주장할 근거가 상실된다는 것은 물론 아니다. 국제법上 時效는 판례도 없을뿐더러 時效기간도 없다. 실례로 아르헨티나가 英國의 포클렌드제도 점거 100년이 한참 지난 후에 반환을 要求하기도 하였다. 그러나 간도가 大韓民國 領土라면 100년이 지나도록 왜 한 번도 주장하지 않았나 하는 것이 국제재판에서는 不利하게 작용할 수도 있다는 可能性에 대비해서라도 그 돌파구를 미리 마련해 두어야한다는 대응책의 일환으로 陸洛現은 『간도본』의 네트워크를 풀가동하여 在뉴욕美國간도본부(當時 本部長 金泰瑛)와

共同으로 淸日間島協約의 無效化운동에 불길을 지피고 그 當面 작업으로 協約의 本文과 이를 英譯(영역)한 文書를 첨부, '間島 領有權回復에 관한 歎願書(탄원서)'를 당시 李明博 대통령 앞으로 제출하여 그 실천을 촉구한 바 있으며 外交通商部에도 間島가 우리 領土임을 中國정부에 公式的으로 제기할 것을 촉구하는 公文을 전후 2回에 걸쳐 보낸 바 있다.

그 연장선上에서 間島協約 체결 100년을 꼭 3일 앞둔 2009년 9월 1일 民間人들이 주축이 되어 구성한 民族會議 統一準備政府(Korean national council of the united preparatory government) 대표 金永祺(김영기) 등 2명이 헤이그까지 날아가 國際司法裁判所의 엄격한 出入통제선을 뚫고 '間島는 우리땅이니 返還하라'는 요지의 請願訴狀(청원소장)을 제출하는 데 성공했다.

이 같은 소송서류上 主體(주체)의 자격요건이 하나의 國家와 유엔 會員國으로 국한되어있는 점을 감안하여 民族會議統一準備政府(민족회의 통일준비정부)를 통일국가를 지향하는 과도기 정부로서의 國家體(국가체), 즉 state로 命名하고 南北韓이 유엔에 加入되어있는 점을 들어 넓은 의미의 UN會員國 자격을 인정받게 되었다는 것이다. 그리고 헤이그 平和宮 내에 있는 ICJ 앞으로 가는 모든 문서는 外交사절 名義의 우편물에 한해서 들어갈 수 있다는 제한 조항에 대해서는 '民族主權'에 관한 중요하고도 긴급한 事案(사안)임을 들어 慣例(관례)上 극히 異例的(이례적)으로 직접 對面(대면) 전달하여 소송서류를 수령했다는 꾸베르(covueur) 사무처장 비서 스잔나(Susanna)의 확인 싸인까지 받아냈다는 事實이 Newsis통신(2009년9월5일字)에 뉴욕 發 기사로 보도되었다. 이로서 間島가

領土분쟁 지역임을 全 世界에 알리는 계기를 마련하게 되었다.(졸저 歷史의 故鄕으로 떠난 사람들 313쪽),

그러나 위와 같은 소송서류의 접수 지체가 中國의 間島領有權 無效를 이끌어내는 效力을 발휘할 수 있느냐하는 것은 별개의 문제이다. 效力 발생여부에 대해 당시 ICJ 재판관이기도 했던 외국어大 李長熙 교수는 "아무 效力이 없다."고 한마디로 잘라 말했다. 그것은 나라와 나라 사이에서만 效力이 發生하는 소송의 기본원칙을 위배했기 때문이라고 했다. 서류제출 주체인 통일준비정부가 間島協約 당시의 第3國이었던 大韓帝國의 正統性을 잇는 승계국이 될 수 없을 뿐만 아니라 假想(가상)의 統一韓國을 大韓民國과 同一視 할 수는 더더욱 없다는 그의 말에 힘이 실리는 이유이다. 이 문제를 처음부터 기획 추진한 陸洛現도 "소송서류를 제출한 그 자체는 效力이 없으나 앞으로 韓·中 간에 이 문제에 대한 法律的 다툼이 있을 때 참고는 될 것으로 생각한다고 말했다. (陸洛現의 間島는 왜 우리 땅인가? .213쪽).

그러나 그 소송의 效力 여부와는 관계없이 韓國과 美國, 네덜란드를 잇는 全 지구적인 활동을 통해서 間島協定의 不當性을 全 世界에 알리는 계기를 마련했다는 점에서 歷史的인 의의를 찾을 수 있을 것이다.

4. "中國은 間島를 早速히 返還하라"

.ICJ에 提訴(제소)한 間島領有權 반환소송에서는 소위 乙巳보호조약의 체결 經緯(경위)와 그 不當性을 적시하고 그 연장선上에서 間島協約은 無效이며 따라서 中國의 間島 占有는 不法임으로 조속히 반환하라고 中國과 日本에 강력히 촉구하

고 있다. 다음은 金泰瑛(김태영)이 작성, ICJ에 접수시킨 歷史的인 間島返還請求訴訟(간도반환청구소송) 訴狀(소장)의 韓 英 原文 全文이다.

소장(訴狀)

植民帝國主義 日本은 1905년 所謂 乙巳保護條約이라는 朝日條約에 의해 우리의 主權을 빼앗았다. 그러나 大韓帝國의 皇帝 高宗은 乙巳條約을 認准(인준)하지 않았을 뿐만 아니라 大韓帝國의 8名의 大臣들이 日本의 威脅(위협)과 强壓(강압)에 의해 체결한 不法條約이었다. (그래서 우리는 이를 억지로 맺은 條約이라는 의미로 勒約(늑약)이라고 부른다.) 또한 國際法上 乙巳條約이 不法條約임이 判明된 지는 오래 되었다. (넓은 意味의) 間島인 現 中國 遼寧省, 吉林省, 黑龍江省, 즉 東北 3省은 1712년 5월 15일부터 合法的으로, 歷史的으로 우리 大韓民國(當時 朝鮮)의 領土였다.

日本은 1905년 乙巳條約에 근거하여 한국의 외교권을 빼앗은 뒤 淸나라로부터 南滿州 鐵道 敷設權(부설권)과 탄광 개발권 등 각종 利權을 얻기 위하여 大韓民國의 領土인 間島를 1909년 9월 4일 '間島協約'이라는 이름으로 淸(中國)에 不法으로 넘겨주었다. 日本은 1952년 中華人民共和國(現中國)과 日本 兩國이 1941년 12월 9일(日本이 太平洋戰爭을 일으킨 다음날) 이전에 체결한 모든 條約, 協約, 協定은 無效임을 聯合國이 合意 公布하였다.

따라서 1905년 乙巳條約이라는 不法協約에 근거한 '間島協約은 源泉的으로 無效이며 現在 中國(中華人民共和國)이 不法으로 占有하고 있는 大韓民國(당시 大韓帝國)의 領土인 間島 땅을 즉시 無條件 返還할 것을 中國政府와 日本政府에 正式 통보하고, 요구하며, 國際司法裁判所에 그 無效 確認 返還訴訟(무효 확인 반환소송)을 제기한다.

2009年 9月 1日

Petition.

Japan, an imperialistic nation deprived our sovereignty through Eulsanekyaak(乙巳勒約) an agreement between Daehan Empire(hereinafter referred to as Korea) and Japan in 1905. The Emperor Kojong (高宗) of Korea, not only didn't autherntицate and ratify but also eight cabinet members of korea were threatened and forced by Japan to sign 'Eulsanekyaak'in 1905 which was illegal and unjust. Also the 'Eulsannekyaak' has poven, under international laws, to be an unlawful treaty, Gando(間島), covering the areas of present Yonyoung(遼寧), Gillim(吉林), and Heukryongkang(黑龍江),, three northeastern provinces, had been legitimately, historically, practically Korean territory since May 15, 1712. In order to obtain rights to lay down railroads in Southern Manchu, exploit coal mines, secure the other rights and privileges from Cheong(淸) (hereinafter referred to as China), Japan illegally and outrageously transferred, made over, and surrendered 'Gando', Korean territory, to China in 1909 in the name of 'Gando Agreement' on September 4, 1909 on the basi of Eulsanekyaak established in 1905. In 1952, Japan promulgated, proclaimed , and publicized to the world that all treaties, agreement, pact, conventions, and arrangements made and signed between Japan and the People's Republic of China(a/k/a Chung and China) on or before December, 1941 become null and void.

Therefore, Gando Agreement based on unlawful treaty of the 'Eulsanekyaak in 1905., should be rescinded, invalidated, and abroagated, and 'Gando' the Korean teritory presently and illegaliy occupied and possesed by China, be immediately and unconditionally returned to Korea, We, the Korean Government officially and dully inform you, the Chinese and Japanese governments, and demand these here wlth. As a consequence , we the Korean gorvernment file an affirmative nullification of the 'Gando Agreement'suit against yhe Chinese and Japanese government with the Internatuonal court of Justice

September 1. 2009

結論-間島와 그 未來世代

1. 領土는 그 民族의 自存이다

人類의 歷史를 두고 領土 爭奪(쟁탈)의 歷史라고 하는 것은 領土가 지니는 意味가 그만큼 크고 중요하다는 反證(반증)일 것이다. 그것은 그 땅에 터 잡고 사는 그 민족의 自存이며 삶 그 자체이기도 하기 때문이다. 이를 두고 지구上의 모든 生物이 共有하고 있는 境界本能(경계본능)이라고까지 말하는 理由이다. 그러나 領土에는 뺏고 빼앗기는 相對(상대)가 있기 마련이어서 늘 갈등과 분쟁이 그 뒤를 따른다. 그리고 분쟁은 어차피 摩擦(마찰)을 隨伴(수반)하기 마련이어서 이 國家의 핵심 利益을 빼앗거나 지키기 위해서는 전쟁도 不辭(불사)하는 것이 또한 領土가 지니는 屬性(속성)이다. 그래서 領土문제에 관한 한 특히 强大國의 橫暴(횡포)는 21世紀 文明社會에서도 그 野蠻性(야만성)을 버리지 못하고 있는 것이다. 中國이 작동 하고 있는 이른바 東北工程은 바로 그 실증적 事例(사례)라고 할 수 있을 것이다. 自身의 領土 확장 欲求를 充足시키기 위해서 남의 나라 歷史를 축소 왜곡하다 못해 아예 지워버리기(抹削 말삭)까지 하는 反歷史的 反文化的 행위를 밥 먹듯이 하는 게 이른 바 저들 强大國의 민낯이다.

2. 無對應 無對策도 政策이다?

廣開土大王陵碑文을 둘러 싼 中國과 日本의 일방적이고 自

己中心的인 해석이 그렇고 高麗 尹瓘이 개척한 9城의 植民史學者들에 의한 縮小 歪曲이 또한 그렇다. 間島領有權問題 역시 韓·中 간의 문제에 불청객 日本이 중간에 끼어들어 自國에 有利한 利權(이권)만 챙기고 中國에 넘겨주는 바람에 우리는 가만히 앉아서 멀쩡한 내 땅을 잃고 내 땅을 내 땅이라고 부르기조차 못하는 마치 전통사회의 庶子(서자) 취급을 받는 처지로 전락한지 이미 오래 되었다. 그러나 정작 피해 當事者인 우리 政府는 눈에 빤히 보이는 이런 不法 無法에 눈 감고 입 닫고 無對應(무대응) 無對策(무대책)으로 일관하고 있다. 國家 成立의 기본요건인 領土와 人民을 放棄(방기)한 政府의 이 같은 自己 否定的 行爲와는 대조적으로 비록 民間次元에서나마 『간도본』 같은 市民단체와 使命感(사명감)에 불타는 그 구성원들의 헌신적 노력으로 날이 갈수록 稀薄(희박)해져 가고 있는 國民들의 領土意識을 다시 환기시키고 民族的自存을 지키고 있다는 게 그나마 不幸 中 多幸이라고 하지 않을 수 없다.

3. 敎科書에서 빠져버린 間島

그러나 뭐니 뭐니 해도 문제는 다음 世代다. 1995년 金泳三 정부 당시 高校 國史 과목을 必須(필수)에서 選擇(선택)으로 바꾼 以來 수능에조차 反映(반영)이 안 되게 敎育過程(교육과정)을 개편한 이후 敎育현장에서는 그렇잖아도 시험 점수에만 집착하는 학생들이 스스로 알아서 해야 할 자발적인 학습에 흥미를 잃고 방황한 지가 벌써 20년이 넘었다. 이처럼 왜곡된 敎育정책으로 말미암아 가뜩이나 脆弱(취약)한 國史교육의 質(질)을 한 次元 떨어뜨린 데다 國民들의 내 땅 間島에 대한 인식도 그 영향을 받아 동반 하락하는 겹 慘事(참사)가 눈앞의 현실이 되어 나타나고 있다.

間島領有權의 경우 국경문제 조정의 속성上 그 회복에 장기간이 所要(소요)되기 때문에 현실적으로 대응할 수 있는 정책적 카드 또한 마땅치 않은 게 현실적 고민이다. 그래서 대부분의 論者들이 當爲的이고 추상적인 주장으로 접근할 수밖에 없는 한계를 지니고 있다 歷史교육은 바로 이 같은 취약점을 보완하고 다음 世代를 위한 領土의식 기반을 구축하는 기초 작업이라고 할 수 있는데 우리는 앞 절에서 본 바와 같이 그것마저 위정자들의 近視眼的(근시안적)인 접근으로 무너질 위기에 놓여있다. 아니 이미 허물어진 상태가 되어버렸다고 해도 과언이 아니다.

4. 獨島와 攻守 뒤바뀐 間島領有權

間島와는 國際法的으로 攻守의 관계가 뒤바뀌는 경우가 독도다. 新羅 이래의 歷史的 증거, 또는 國際法的인 대응 면에서 間島의 그것과는 정반대되는 위치에 놓여있다는 말이다. 근대화를 우리보다 먼저 이룬 日帝가 독도를 韓半島 침략의 橋頭堡(교두보)로 삼아 이 땅에 침입해온 것은 이미 다 알려져 있는 사실이다.

조선조 말에 해당하는 에도(江戶)幕府(막부)시대까지만 해도 日本이 스스로 알아서 自國 漁民의 鬱陵島(울릉도) 근해 出漁(출어)를 금지시켰을 뿐만 아니라 그 부속 島嶼(도서)로서의 독도를 朝鮮領으로 表記한, 政府 次元의 公式 地圖에 이르기까지 무수한 1次 자료가 전해오고 있다. 저들이 독도에 눈독을 들이기 시작한 것은 러 日전쟁 당시 러시아 함대를 격파한 곳이 바로 독도 근해였다는 그 戰略的(전략적) 가치를 높이 산데다 최근 들어 밝혀진 독도 근해에 매장되어있는 풍부한 海底資源(해저자원)의 획득이 그 주된 目的이었다. 그래서 日本은 우리가 實效的(실효적)으로 지배하고 있는 獨島를 紛爭地域化(분쟁지역화)하기 위해서 매년 '獨島는 日本의 고유영토'라는 백서 발행을 비롯하여 미래세대 교육을 위해 초중고 교과서에 '독도는 일본 영토'라고 명기하여 洗腦(세뇌)교육을 실시하고 있다. 침묵으로 일관하고 있는 우리의 間島領有權 대응과는 너무도 克明하게 對比되는 用意周到(용의주도)한 전략을 구사하고 있는 것이다.

5. 확대再生産되고 있는 歷史의 文盲, 未來世代

이와 같이 우리나라 학생들이 배우는 교과서上의 間島는 日本의 독도 대응과 같이 적극분쟁화해야 할 입장인데도 불구하고 오히려 逆으로 그 强度가 점차 弱化되어가고 있다는데 문제의 심각성이 있다 이런 여건 속에서 間島문제는 자연히 國民들의 기억에서 멀어질 수밖에 없으며 배우려고 해도 가르치질 않아 배울 수조차 없는 未來世代는 글자 그대로 역사의 文盲(문맹)이 되어가고 있다. 한글전용으로 일찍이 현실화된 漢字(한자)문맹과 함께 文盲 2관왕?의 불명예를 안고 있는 실정이다.

이 같은 우리 歷史교육의 빈틈을 노린 中國은 오히려 公共然하게 國家的 次元의 東北工程이라는 歷史造作劇(역사조작극)을 企劃(기획)하여 단군조선에서 夫餘 고구려 발해에 이르는 우리 上古史 3천년을 송두리째 강탈하고 이를 自國歷史에 편입시키려는 歷史 竊取(절취)행위를 밀어붙이고 있다.

그래도 間島協約 체결 전후해서는 오히려 우리의 2世 敎育이 正常的으로 이루어지고 있었다. 가장 멀리는 1908년 大韓帝國 당시 중학생이 배우던 <大韓帝國地圖>(1980年 高校 近現代史 地理附圖 게재)에는 北間島를 붉은色으로 彩色(채색)하여 間島가 우리나라 領土임을 표시하고 있으며 李範允을 現地管理使(현지관리사)로 파견, 間島지역을 平安道와 咸鏡道로 編入(편입)하여 관리하였다고 기술하고 있을 정도로 당당했다. 이 지도는 韓末의 著名한 歷史地理학자인 玄采의 아들 玄公廉이 그 해 11월에 편찬하여 직접 제작한 것이다.

6. 東北工程 이후 中國 눈치 보기에 급급

그 이후에도 間島 領有權에 대해서는 상당히 자세하게, 그리고 구체적으로 서술하고 있었는데 中國이 東北工程을 본격적으로 작동하기 시작하는 2000年代로 접어들면서 표현의 强度(강도)가 점차 약화하기 시작하더니 2010년 地學社 발행 고등학교 교과서에 이르면 소극적으로 기술하거나 심지어는 間島가 어느 구석에 있는지, 찾기 어렵게 만든 경우도 있다. 이는 東北工程 이후 中國의 눈치 보기가 작용한데다 그 입김의 영향 때문이라는 것을 금방 알 수 있다. 이 같은 현상은 정부당국자의 瘠薄(척박)한 역사인식과 領有權(영유권)에 대한 所信(소신) 없는 대응이 만들어낸 합작품이라고 할 수 있을 것이다.(陸洛現의 間島는 왜 우리땅인가? 248~249쪽).

그럼에도 불구하고 우리가 後孫들에게 바른 歷史를 가르쳐야 하는 理由는 오직 우리의 未來를 담보하기 위한 일종의 自救的 노력의 일환이기 때문이다.

그래서 '역사를 잊은 民族에게 未來가 없다.'는 敎訓(교훈)은

東西古今을 막론하고 예외 없이 통용되고 있는 眞理(진리)이자 警鐘(경종)이라고 하는 것이다.. 그 중에도 실패한 苦難(고난)의 역사를 가르쳐야 하는 理由는 그 같은 悲劇을 다시는 되풀이하지 않기 위한 다짐인 동시에 새로운 출발을 기약하는 試金石(시금석)이기 때문이다

7. 間島의 실질적 주인 朝鮮族의 向背

.수천 년 歷史 속에서 수많은 나라와 民族들이 興亡盛衰(흥망성쇠)를 거듭했듯이 오늘의 국제정세가 來日 어떻게 변할는지 모르는 21世紀 初頭(초두)의 격동기를 살고 있는 현世代는 이렇게 變化無雙(변화무쌍)한 국제관계 속에서 古朝鮮 이래의 宿願(숙원)사업인 故土收復을 반드시 이루어내고야 말겠다는 『간도본』육락현식 召命意識(소명의식)을 다시 소환하여 미래세대에게 물려줄 책무 또한 막중하다 하겠다.

이처럼 巨視的(거시적)인 眼目으로 다시 間島를 들여다보면 실제 間島의 主人이기도 한 조선족의 向背와 그들이 터 잡아 살고 있는 延邊조선족자치주 지역에 대한 관심, 그리고 그 교육은 아무리 강조하여도 지나치지 않을 만큼 중요하고도 緊迫(긴박)한 民族的 과제가 아닐 수 없다.

8. "延邊조선족自治州 자격이 경각에 달렸다

中國은 東北工程을 가동한 本來 목적이기도 한 間島領有權의 固着化를 위한 예비전략으로 間島, 즉 延邊조선족자치주의 자격을 弱化시키기 위해 朝鮮族의 離散(이산)을 유도할 뿐만 아니라 그 자리에 漢族의 집단이주를 장려하는 工作을 公共然하게 추진하고 있다고 한다. 그런데 마침 조선족의 人

口비율이 전체人口의 30%선까지 추락하여(2007년 현재) 自治州 유지 마지노선을 위협하고 있다는 긴박한 사태가 눈앞의 현실이 되어 나타나고 있다. 이것이 벌써 10수년 전 일이니 지금은 또 얼마나 많은 조선족이 고향(연변)을 등지고 떠나갔는지, 漢族이 그 빈자리로 들어왔는지 모를 일이다. 지지난해(2018) 8월 白頭山 관광을 다녀온 한 사업가가 전하는 말에 의하면 관광 안내를 맡은 가이드 하는 말이 延邊自治州 거주 조선족(일명 중국동포)의 숫자가 이미 30% 선 아래로 떨어져 금년 아니면 내년에는 自治州 자격을 상실하게 된다고 했다는 것이다. 문제는 가이드가 한 말의 信憑度(신빙도)인데 이 말을 허투로 흘려버릴 수 없는 것이 지난 85년 8월에 古朝鮮 유적답사회(회장 김석규) 주관으로 역시 白頭山 관광을 다녀온 필자의 경험에 의하면 중국에서 관광가이드는 羨望(선망)의 직업으로 중국동포 중에서도 열성 공산당원을 주로 선발하여 철저한 사전 교육과 훈련을 거친 뒤 현장에 투입된다고 들었다. 그래선지 답사주관단체의 성격上 故土수복을 염원하는 회원들의 날카로운 질문에 대해서 상당히 敏感(민감)하게 反應(반응)하는 것을 볼 수 있었다. 그 때만해도 東北工程을 본격적으로 가동하기 전이었지만 領土문제에 관한 한 가이드는 直答(직답)을 피한 체 냉냉한 표정을 짓거나 흥미가 없다는 套(투)의 시큰둥한 표정을 짓는 것을 곁에서 肉眼(육안)으로 확인할 수 있었다.

9. 自治州 만들 때 그 解除까지도 계획?

뿐만 아니라 소위 中華人民共和國 건국초기까지만 해도 조선족 中高등학교에서 모두 조선역사와 조선지리를 배정하여 가르쳤는데 1953年 이후부터는 中央교육부의 지시라 하여 조선역사과목을 따로 두지 않고 中國역사 가운데서 조선의 역사를 가르침으로서 훗날 東北工程의 多民族統一國家論(다민족통일국가론)의 예비 작업을 이때부터 이미 추진하고 있었다는 것을 알 수 있다. 다시 말해서 이는 조선족의 民族정체성과 祖國觀(조국관)의 변화를 겨냥한 의도적인 세뇌교육이라고 할 수 있는데 놀랍게도 그 시기가 1950年代 초 조선족 自治州를 만들 때부터였다고 하니 처음부터 그 해체까지도 미리 念頭에 두고 만들었다는 말이다. 그 手法이 얼마나 치밀하고 철저한지를 한눈에 알 수 있는 대목이다. (廉仁鎬 中國 延邊 朝鮮族의 民族正體性에 대한 一考察 韓國史硏究 2008. 3. 140쪽).

이처럼 在間島 韓人들이 겪고 있는 民族的 수난을 타개하기 위해서는 여러 가지 代案(대안)을 제시할 수 있겠으나 무엇보다도 중요하고 시급한 것은 韓民族의 正體性을 毁損(훼손)하는 어떠한 기도에도 흔들리지 않고 故國의 역사와 언어를 잊지 않도록 교육시키는 데 있다는 것은 贅言(췌언)을 필요로 하지 않는다. 그러나 안타깝게도 현실은 그렇지 않을 뿐만 아니라 오히려 역행을 하고 있다는 데 문제의 심각성은 더욱 깊어만 가고 있다. 젊은 世代들은 교류수단인 언어가 이미 몸에 배어 체질화되다시피 굳어있는데다 최근 들어서는 최고지도자 시진핑(習近平)이 지난해 9월에 열린 '全國民族團結進步表彰(전국민족단결표창)대회에서 民族교육과 국가通用(통용)언어 文字 교육을 全面 강화해야한다.'고 역설한 이후 中國 교육당국이 民族통합교육을 명분으로 中國標準語(북경 官話를 말하는듯)를 中國내 55개 소수民族의 국어로 사용하는 정책을 표명했다는 것이다. 共産主義국가의 속성上 최고지도자가 한 번 언급한 정책은 어떠한 반대나 障碍(장애)가 있더라도 貫徹(관철)시키는 前例(전예)를 벗어나지 않을 것이라는 전망이다. 그런데 실은 2010年代 들어서면서부터 소수민족을 대상으로 中國語 國語化정책을 본격화하여 2017, 2018 兩年간에 이미 신장(新疆) 위구르自治區와 티베트(西藏)自治區에서 각기 自國語교육을 축소시키고 中國語 강화정책을 강행하고 있다고 한다. 이로 미루어볼 때 조선족의 中國語 國語化는 눈앞의 현실로 다가온 것 같다. (東亞日報 橫說竪說(횡설수설-20. 9. 16日字 安英培)

10. 더 늦기 전에 間島의 未來對策 세워야

앞에서 말한 間島거주 청소년 학생들의 東豆川 領土館 見學을 통한 歷史교육은 가장 바람직한 교육 방법이기는 하나 앞으로 정부의 보조금 지원도 不透明(불투명)한데다 현지 학교와 우리 당국의 中國 눈치 보기, 忌避(기피)현상 등으로 지금은 초청행사 자체가 存廢(존폐)의 岐路(기로)에 서있다 하여도 과언이 아니다. 거기다가 정부의 親中정책 영향으로 정부차원의 시정책 강구나 요구는 생각도 할 수 없는 형편이라 앞으로의 전망은 생각보다 不透明(불투명) 할 수밖에 없다고 보고 있다.

앞에서 지적한 중국의 소수민족 정책들이 古代 以來로 中國이 특히 우리 民族을 상대로 驅使(구사)해온 이른바 漢化(한화)정책. 즉 同化정책의 一環(일환)임은 이미 누구나 다 알고 있는 사실이다. 이처럼 嚴酷(엄혹)한 환경 속에서. 韓人들이 우리의 역사와 言語를 잃는 그 순간, 다시 韓民族으로 되돌아 올 수 있는 復原力(복원력)은 그만큼 더 약화되는 것이고 그래서 저들에게 同化될 확률은 그만큼 더 높아진다는 것을 의미한다. 이것이 수천년래 한민족이 저들과 국경을 맞댄 이웃으로 살아오면서 터득한 생생한 經驗則(경험칙)이다

11. 130年 前 歷史의 現場에 서서

이 글을 마치면서 4반세기 전 間島영유권 분쟁의 현장이자 震央地(진앙지)였던 白頭山 후면 기슭 土門江 강변을 답사하고 淸朝 康熙帝 때 세운 白頭山定界碑上의 東爲土門 국경을 확정하기위해 설치한 歷史遺蹟地에 얽힌 현장기록을 통해서 朝淸堪界(감계)회담 당시의 緊迫(긴박)했던 분위기를 재조명해 보고자 한다. 그 理由는 당시 上國과 제후국(또는 藩國)이라는 엄격한 上下관계에 놓여있던 기울어진 운동장 위에서 君臨(군림)하고자 하는 淸의 傲慢(오만)과 獨善에 맞서 領土守護(영토수호)를 다짐하면서 죽음도 不辭(불사)했던 조선 측 대표 李重夏의 悲壯(비장)한 意志와 결끼를 다시 만나보기 위해서이다. 이때 그가 던진 핏빛 絶叫(절규), 吾頭可斷(내 목은 자를 수 있을지언정) 不可縮疆(우리 疆域 강역은 단 한치도 줄일 수 없다)은 이미 領土수호의 古典으로 자리매김 되어 있거니와 몸을 던져 내 땅을 지키려는 서릿발 같은 그의 意志는 不滅의 忠魂(충혼)으로 남아 길이 후세에 전하게 될 것이다.

그 현장으로 다시 돌아가 白頭山 후면 入口에 해당하는 山門을 거처 老虎背(노호배) 능선 트레킹 코스에 오르기 직전, 土門江 강변 따라 조성되어있는 당시의 遺址(유지)들을 먼저 답사키로 하고 江流가 眩氣症(현기증)을 일으킬 정도로 아스라하게 내려다보이는 절벽 위에서 자연 土砂(토사)가 켜켜이 싸여서 이루어진 土壁(벽)을 浸蝕(침식)作用으로 게먹어 들어

가 형성된 글자 그대로 土門 모양의 門을 현장 확인하고 다시 주변을 둘러보니 朝淸堪界(감계)회담 당시 淸측 대표가 "훗날 조선이 두 나라간 約定(약정)을 어기고 두 말을 할지도 모른다는 可能性(가능성)을 미리 차단하기 위해서"라고 강변 따라 설치한 국경표시 石堆(석퇴 돌무덤)와 土堆, 木堆(當時 山林 형태로 살아있는 立木을 가준으로 설치한)가 백 수십 년 세월에도 흩어지지 않고 그 높이만 약간 내려앉았을 뿐 옛 모습 그대로 고스라니 그 형태를 유지하고 있었다. 自身들이 앞장서서 만든 이런 움직일 수 없는 金石과 다름없는 물적 증거가 엄연히 존재하는데도 불구하고 東爲土門이라고 碑石(비석)에 새긴 기록 자체가 잘못되었다고 손바닥 뒤집듯이 一口二言하는 淸대표의 뻔뻔스러운 두 얼굴이 불현 듯 떠올랐다. 심지어는 제 祖上을 욕보이면서까지 土門江은 圖門江(豆滿江의 中國式 表記)의 誤記(오기)라고 土門江 국경의 근거 자체를 全面(전면) 부인하면서 그 알량한 上國의 威勢(위세)를 앞세워 두 눈을 부라렸을 청국대표의 모습이 겹쳐서 떠올랐다. 이런 어처구니없는 주장으로 土門江 국경이 의미하는 단군조선 以來의 故土, 즉 지금의 동북 3省(성)과 연해주 일원에 걸치는 옛 땅이 모두 조선 영토가 아니라고 대못을 박아버린 그들이다. 이를 다른 말로 표현하면 碑文(비문)상의 영토침략이라고 할 수 있을 것이다.

지난 날 弱小國(약소국)이 겪은 鬱憤(울분)과 悲哀를 가슴으로 되새기면서 능선 길에 올라서니 白頭山의 8월은 벌써 가을 문턱으로 접어들고 있었다. 능선 길 좌우에는 이곳 기후에 적응하여 하얀 만병草와 바위구절草꽃이 노란색 두메양귀

비꽃과 한데 어우러져 天上의 花園(화원)을 彷佛(방불)케 하는 別天地(별천지)를 연출하고 있었다. 지금쯤 여느 平地에서는 아직 한여름인데 해발 2000m가 넘는다는 이곳 기후는 가을로 접어들자마자 이내 겨울로 들어서기 때문에 꽃들도 그것을 미리 알아선지 열매를 맺기 위해 다투어 꽃을 피우고 있는 것이다. 고개가 그 이름과 같이 유난히 험하고 가팔라서 처음에는 오르기 힘들고 까마득하게만 느껴졌었는데 길 左右를 화려하게 수놓은 野生花(야생화)의 꽃 잔치에 醉(취)해선지 그리 힘든 줄 모르고 드디어 天池의 검푸른 물이랑이 발아래 일렁이는 야트막한 臺地(대지)까지 3시간 남짓 만에 예상 보다 시간을 많이 줄여서 走破(주파)할 수 있었다.

미리 날짜를 작정하고 오른 것은 아니었는데 그날은 마침 우리 民族에게는 더 할 수없이 유서 깊은 8. 15 광복절이었다. 그런데 臺地 바로 옆에는 높이 1m가량의 4角 시맨트造(조) 朝(북한) 中 第4號 國境碑가 서있고 天池 쪽 벼랑까지 10수 미터 거리에 감아올린 철조망 위 갸름한 4각 철판에다 빨간 페인트 글씨로 '禁止越界(금지월계)'라고 큼지막하게 써서 메달아 놓아 사뭇 殺伐(살벌)한 분위기를 자아내고 있었다. 처음에는 국경이라는 분위기 탓에 잔뜩 緊張(긴장)하고 있었는데 알고 보니 이날이 中國에서는 老人節(노인절)이라 休日(휴일)을 즐기려는 現地(현지) 나들이객과 外國 관광객까지 한데 어울려 국경비 주변은 온통 북새통을 이루고 있었다. 알고 보니 비를 背景(배경)으로 기념촬영을 하기 위해 사람들이 줄을 서서 차례를 기다리고 있는 중이라는 것이다. 그러나 우연찮게도 필자에게는 白頭山天池에서 마지 하는 제51회 光復節(광복절)의 感懷(감회)가 남달리 뜨겁게 복받쳐 오르는 그런 순간이었다.

平時(평시) 같으면 한 발짝만 밖으로 내딛는 바로 그 순간 국경침범이 되기 때문에 이를 단속하기 위해 中國 군인들이 常駐(상주)하고 있었는데 이날이 마침 노인절 休日이라 모두 철수하고 없다는 것이다.

그 후 한 隔(격)주간지(1996. 11月 1日字 실버타임즈)에 필자가 기고한 紀行文(기행문)의 한 구절에 보면

......8월 15일 오전 11시 정각, 51년 전 바로 그날의 感激(감격)이 分斷(분단)의 아픔으로 되살아나는 순간이었다. 북한 쪽 白頭山 마루 장군봉(2744m)정상에서는 목이 터지도록 외처도 시원치 않을 통일을 향한 피맺힌 誓願(서원)을 저 구름은 아는지 모르는지 白堊宮殿(백악궁전)같은 한 떼의 폭신한 목화구름만이 한가로이 뭉게뭉게 피어오르고 있었다. 그리고 발 아래 검푸른 天池가에서는 무심한 물결만이 새하얀 泡沫(포말)을 일으키면서 쉼 없이 철썩대고 있었다.

韓日漁業協定과 IMF換亂(환란)과의 關係 考察

들어가는 말

1. 歷史는 되풀이된다고 했던가

지난 8월 22일(2019) 한국이 지소미아(GSOMA 韓日軍事情報協定 군사정보협정)의 기간연장 중단을 선언하자 미국은 실망을 넘어 '自滅的(자멸적) 행위'라고 激昂(격앙)된 반응을 보이는

가하면 일각에서는 同盟(동맹)의 한 軸(축)이 오히려 적에게 유리한 利敵(이적)행위를 하는 마당에 더 이상 한국을 방어할 필요가 있겠느냐는 懷疑論(회의론)에 同盟無用論(동맹무용론)까지 주장하기에 이르렀다. 이처럼 韓美日 연합방어전선에 龜裂(균열)이 생기고 있는 틈을 시험이라도 하듯 이번에는 中國과 러시아 전략폭격기가 쌍으로 獨島(독도) 상공을 마치 제집 안방 드나들듯 유유히 비행하는 初有의 사태가 벌어져 때 아닌 긴장을 조성하고 있었다.

이보다 더욱 可觀(가관)인 것은 이런 사태가 발생한 원인을 규명한다고 일본정부는 "다께시마(竹島 독도의 일본식 이름)는 일본영토가 분명한데 한국이 들어서 러시아의 領空침범에 제대로 대응을 하지 못했다고 要領不得(요령부득)의 성명을 발표하였다. 여기서 한국 때문이라고 하는 말의 뜻을 자세히 뜯어보면 독도를 한국이 점유하고 있기 때문에 일본이 영공침범에 대한 방어조치를 취하지 못한 것을 두고 이 같은 성명을 발표한 것이다. 그러나 사실은 독도 영공이 일본의 항공식별구역(JADIZ)바깥이기 때문에 대응하려해도 할 수 없었던 것이다. 그런데도 일본은 독도가 자기네 고유영토라는 말은 언제나처럼 먼저 전제해 놓고 한국이 일본의 독도에 대한 施政(시정), 즉 행정행위를 방해하기 때문에, 다시 말해서 실질적으로는 한국이 領有(영유)하고 있기 때문에 독도 상공에서 일어나는 일에 간여할 수가 없었던 것을 이 같이 迂廻的(우회적)으로 표현한 것이다

흔히 한일관계를 일러 '恩讎(은수)가 교차하는 멀고도 가까운 나라'라고 말한다. 우선 지리적으로 一衣帶水(일의대수)를 隔(격)해 있는 가까운 나라가 일본이다 그래서 일본은 고대 이

래로 한반도를 통해 대륙문물을 수입하여 文明의 싹을 티우게 되었고 인종적으로도 다 같은 알타이語系 종족으로 최근 동북아역사재단이 발간한 新撰姓氏錄(신찬성씨록)에 의하면 고대 일본 주류씨족의 26%를 한국계가 차지할 정도로 親緣性(친연성) 또한 깊은 나라다. (2020.11.18.일자 동아일보 보도).

그러나 일본은 이렇게 대륙문물을 授乳(수유)하여 섭취하고 國力을 강화하게 되면 예외 없이 한반도를 그 힘의 噴出口(분출구)로 삼아 침략의 검은 손길을 뻗치곤 했다.

<삼국사기>에 보면 古代 以來로 日本(당시는 倭 왜)의 우리 東海 연안 노략질은 日常化되다시피 자주 일어나는 사건이었다. 신라 上代 이후 기록된 倭寇(왜구)의 신라 연안 침범만 해도 무려 40여회에 이르고 있는데 오죽이나 극성을 부렸으면 30代 文武王(661~680 在位)은 "내가 죽거든 火葬(화장)하여 東海 바다에 묻어 달라 그리하면 海龍(해룡)이 되어 왜구를 퇴치하리라"는 遺詔(유조)까지 내렸겠는가. 바로 그가 묻힌 곳이 지금의 慶州 感恩寺址 東쪽 바다 가운데 있는 文武大王巖(암)이다. 그 勢(세)가 한창 강성할 때는 내륙 깊숙이까지 침범하여 수도 金城을 포위 공격하기도 했는데 이 때 王이 친히 輕騎兵(경기병)을 이끌고 나가 물리쳤다는 기록이 助賁尼師今(조분이사금) 3년 4월조에 보인다.

東北亞 최대 最古의 金石文인 廣開土大王 陵碑文에도 왜구가 자주 등장(전후 8回)하는데 영락 9년(399)조에서 百濟와 연합한 '倭가 新羅국경으로 몰려들었다(倭人滿其國境)는 구절을 두고 신라와 국경을 맞대고 있다는 것은 '倭의 韓半島 內 영역이 존재했다.'는 증거가 아니겠느냐고 주장하는 그 후예(日인학자)들과의 논쟁은 아직도 끝나지 않은 현재진행형이다.

(졸고 廣開土大王陵碑文과 古漢文과의 關係 考察 2017. 79쪽).

이처럼 일본 학자들은 하나같이 한반도 남부에 그들의 영역이 존재했었다는 데 집착하는 모습을 보이고 있다. 이 모두가 그들이 주장하는 假想(가상)의 논리 任那日本府(임나일본부), 南鮮經營論(남조선경영론)의 연장선上에 있다. 그리고 이는 日本이 植民(식민)지배의 한 수단으로 침략을 정당화하고 再侵(재침)의 기회를 노리는 전략의 일환이기도 하다.

2. 분열은 外勢를 부르는 초대장?

衰退期(쇠퇴기)에 접어든 고려 말 왜구의 跋扈(발호)는 절정을 이루었다. 조선을 창업한 李成桂는 수많은 왜구 討伐戰(토벌전) 중에서도 소년 倭魁(왜괴) 阿只拔都(아지발도)를 사살하고 물리친 南原 荒山大捷(황산대첩)을 통해서 얻은 명성을 토대로 易姓(역성)혁명을 일으켜 마침내 한 나라(조선)를 얻는 계기를 마련하기도 하였다. 조선 중기 들어서는 이른바 戰國(전국)시대를 수습하고 일본을 통일한 도요토미(豊臣秀吉)가 宣祖(선조) 말 당쟁으로 國論(국론)이 분열되고 공허한 理氣(이기)논쟁으로 지새는 文弱(문약)한 조선을 침략 하니 이것이 전후 7년에 걸친 壬辰 丁酉 兩亂(양란)이다. 이 전쟁으로 온 나라가 慘禍(참화)를 입어 그야말로 쑥대밭이 되고 무고한 蒼生(창생)들은 魚肉(어육)이 되었는데 이를 미처 수습할 겨를조차 없이 이 번에는 大陸세력 後金(後의 淸)의 興起(흥기)로 변화하는 東北亞 정세를 바로 읽지 못해 자초한 거나 다름없는 丁卯 丙子 胡亂(호란)을 잇따라 겪게 되면서 가뜩이나 疲弊(피폐)한 國力은 바닥을 치고 이를 미쳐 추스를 겨를조차 없이 그 담 衰落(쇠락)의 길로 서서히 접어들게 되었다. 그리하여 韓末에 이르러서는 바로 그 왜구의 後裔(후예)들에게 나라를 통째로 빼앗기고 저들의 식민지로 전락하여 근 40年동안 노예생활을 한 것은 바로 우리의 앞 世代가 직접 몸으로 겪은 눈앞의 현실이었다. 이 글의 主題(주제)이기도 한 독도 영유권을 두고 벌이고 있는 공방전 역시 바로 그 연장선上에 있는 또 다른 형태의 침략이라고 할 수 있을 것이다.

다시 말해서 독도를 둘러싸고 일어난 이 일련의 사태는 美日로 대표되는 海洋세력과 大陸세력 中國 러시아가 맞부딪치는 相衝(상충)지대 韓半島가 두 세력 간에 벌이는 覇權(패권)경쟁의 試驗場(시험장)化되었음을 말해준다. 그 중에도 一衣帶水를 隔(격)하여 마주 보고 있는 日本은 古代 이래로 우리를 통해 先進대륙의 文物을 도입하여 國力을 강화한 나라인데 그 慓悍(표한)한 침략본능으로 해서 우리가 분열하여 힘의 空白이 생겼을 때는 어김없이 밀고 들어와 살인과 약탈을 자행하는 불편한 宿命的(숙명적) 이웃이었다. 어찌 보면 이처럼 분열로 인해 만들어진 空白지대를 뚫고 제3의 세력이 밀고 들어오는 것은 거스를 수 없는 自然의 법칙이라고도 할 수 있을 것이다. 이 같이 冷酷(냉혹)한 국제관계의 소용돌이 속에서 고대 이래로 착하고 유순하기만 한 우리 민족은 저들의 동물적 야욕 앞에 全面 노출된 상태에서 戰戰兢兢(전전긍긍)하고 있는 것이다.

3. 잦은 外侵으로 실종된 共同體 정신?

.게다가 수백여회에 걸친 잦은 외세 침략을 겪은 영향 때문인지 몰라도 不知不識間(부지부식간)에 우리 몸에 배어든 姑息

的(고식적)이고 近視眼的(근시안적)인 思考體質(사고체질)로 해서 안팎으로 가뜩이나 어려운 나라의 장래가 우려되고 있다 .이른바 各自圖生(각자도생)으로밖에는 설명할 길이 없는 극단적인 利己主義가 판을 치고 있다는 말이다.

이처럼 共同體 정신이 점차 稀薄(희박)해저가고 있는 사회에서 살아남기 위해 國民들은 저마다 '競爭(경쟁)'이라는 이름아래 萬人 대 萬人의 투쟁으로 내몰리고 있는데 이들을 이끌어야 할 지도자 그룹에 속하는 엘리트들 또한 노불리스오브리쥬는 선반위에 올려놓고 우선 달콤한 포퓰리즘이나 눈앞의 이익에만 집착하는 腐敗(부패)의 溫床(온상)으로 化한지 오래다. 이처럼 윗물이 흙탕이니 아랫물은 물어보나 마나다. 구제불능의 末世的 風潮(풍조)가 사회 전반으로 蔓延(만연)되고 있는 가운데 고삐를 잡아줄 지도자는 보이지 않고 나와 내 편만이 존재하는 가운데 권력은 단지 이의 防彈用 조끼로 전락한지 이미 오래 되었다.

4. 徵用(징용)피해자 개인배상 놓고 다시 격돌한 韓 日

이 글 冒頭(모두)에서 제기한 지소미아 종료 문제만 해도 그렇다. 日本은 韓國 대법원의 징용피해자 배상판결을 두고 65년 韓日協定 때 피해배상문제는 일괄적으로 해결하였기 때문에 배상할 수 없다는 입장인데다 前 政權 때 위안부 피해자 배상문제는 日本정부 次元에서 出捐(출연)한 기금으로 일종의 피해 治癒(치유)를 위한 재단을 설립하는데 合意, 시행한 문제를 이 정부 들어 파기해 버리자 국가 간의 信義(신의)를 저버린 처사라고 비난하면서 그 보복으로 한국 대기업의 주력 제품에 들어가는 핵심 소재 부품 장비 등, 이른바 소부장의 수출 규제로 맞대응하고 나왔다. 그러자 우리 政府는 보복에 대한 보복으로 아무리 窮(궁)해도 손을 대서는 안 될 지소미아 협정 更新을 중단하는 自充手(자충수)를 두고 만 것이다. 東西 냉전이 終熄(종식)된 지는 오래되었다고 하나 앞에서도 말한바와 같이 中 러를 주축으로 하는 大陸 勢力과 美 日을 주축으로 하는 海洋세력 間의 대결 構圖(구도)는 엄존하고 있는데 自由진영의 最前線(최전선)을 지키고 있는 韓國이 그 눈이라고 할 수 있는 정보망을 깜깜이로 만든 격이 되어버렸으니 그 충격이 얼마나 컸었을까 는 짐작하고도 남는 일이다. 이를 지켜보고 있는 국민들은 이것 말고는 다른 代案이 없었을까 고 아쉽고 답답한 심정으로 발만 동동 구르고 있다.

獨島의 모든 것, 풀 明細書

1. 흙 한줌 없는 척박한 바위산

도대체 독도가 어떠한 섬이기에 日本이 그토록 침을 흘리고 기회 있을 때마다 그 領有權(영유권)을 주장하면서 분쟁을 일으키고 있는 것일까. 그 실체를 한번 벗겨보기로 하자.

獨島는 東海 중앙에 해당하는 동경 131도 52분 22초, 북위 37도 14분 18초에 위치하는 火山性 暗礁群(암초군)이다. 100m 정도의 물길을 사이에 두고 마주한 두 개의 主島와 이를 둘러싸고 30여개의 작은 암초로 이루어진 총면적 186.121m_2 (1952년 11월 韓國山岳會 調査團 측량), 한 변이 400여m 正方형에 들어 갈 정도의 작은 섬이다. 東西 두 섬 모두 바위산으로 흙은 물론 모래도 거의 없는 말 그대로 瘠薄(척박)하기 이를 데 없는 岩壁(암벽)덩어리이다. 주위는 거의 절벽으로 물가(海濱 해빈)라고 해야 東島 물길 옆의 자갈 밭 뿐이다. 이 부분에 근대 이후 때때로 찾아오는 어민이 지은 작은 움막 같은 집이 보이나, 태풍이 불어오면 거의가, 물이 넘쳐 유실되기 때문에 恒久的(항구적)인 주거는 되지 못한다. 그밖에 일시적으로 사람이 머물 수 있는 장소라고 한다면 섬 주위의 절벽에 몇 개소의 동굴이 있으나, 이것도 파도가 넘치면 뒤집어써서 오히려 강치(海驢 해려, 물개의 일종)의 보금자리라고 해야 할 것 같다. 섬의 上部로는 거의 기어오르기 어려우며 특히 가장 큰 西島는 섬 전체가 거의 60도의 경사면으로 이루어져 있다.

현재 정부당국이 설치한 등대와 경비소 등 건축물은 東島 정상 부분의 약간 平平한 바위에 시멘트를 발라 整地(정지)하여 고정시킨 것인데 이런 항구적인 시설은 개인의 힘으로는 쉽게 건설할 수 없는 것들이다. 근래 실측한 바에 따르면 섬의 標高(표고)는 西島의 최정상부가 174m, 東島는 99.4m이다. 이상의 數値(수치)와 그 내용들은 모두 1950年代 들어 조사한 것들이다.

2. 海産 자원의 경제적 가치

식물학자의 조사에 따르면 사철나무 등 몇 종의 矮生(왜생)木本을 포함하여 독도에서 自生하는 陸生(육생)식물은 모두 67종이 확인되고 있으나 숫적으로 적은데다 육지에서 작물을 가져다가 통상적으로 재배할 수 있는 그런 환경도 아니다. 독도에서 그나마 경제적 가치가 있다고 하는 자원으로는 섬 주변 해역에 기생하는 海産(해산) 동식물, 즉 강치 貝類(패류) 海藻類(해조류) 등을 꼽을 수 있는데 年間 수확 채집 가능한 양은 강치 200두, 전복 20t , 소라 40t, 성게 해삼 약간, 미역(褐藻類 갈조류) 4t, 우뭇가사리 4t 정도이다. 해산물 이외에는 鳥糞(조분)의 퇴적물로 된 燐鑛(인광)이 있는데 이것도 총량 16만t 정도에 지나지 않으며 含有 燐酸(인산)이 9.88%로 품질이 좋지 않아 상품 가치가 그리 높지 않은 것으로 알려지고 있다.

이밖에 섬 주변 해역에 回遊(회유)하는 어류 중에서도 오징어(烏賊魚)가 많아 낚시 배의 출어가 점차 늘어나고 있는 추세이다. 이는 확실히 어느 정도의 경제적 가치를 가지고 있으나 회유성이기 때문에 섬에 접근하지 않으면 漁獲(어획)이 안 되는 그런 성질의 어류도 아니다.

3. 독도는 살아있는 地質學 教科書

제주도 울릉도 독도의 공통점은 모두 火山활동으로 생성된 섬이라는 공통점을 가지고 있는데 이들 가운데 기장 맏형은 누구일까? 가장 작은 독도가 맏형이라고 하면 선 듯 믿어지지 않겠지만 지질학적으로는 가장 오래되었기 때문에 그렇다는 것이다.

독도는 450만~250만 년 전 용암이 솟구쳐 나와 생성된 섬인데 현재 좁은 물길을 사이에 두고 솟아있는 東島와 西島는 250만 년 전에는 2000m 높이의 산봉우리였다는 것이다. 울릉도와 제주도는 기껏해야 1만 년 전에 생성을 마친 섬인데 체구로 봐서는 막내 격인 독도가 무려 250만년이나 더 나이가 들었다는 것이다. 그 이유는 제주도 울릉도와 달리 용암을 분출하는 분화구가 발견되지 않았기 때문이다. 오랜 시간에 걸친 파도와 비바람의 작용으로 본래의 모습이 사라졌다는 말이다.

한국해양연구소 정책조정실 권문상박사는 東島 천정굴 부근에 속으로 움푹 파인 구멍을 보고 분화구로 오해하는 경우가 있는데 이는 바닷물의 侵蝕(침식) 과정에서 형성된 것일 뿐 진짜 분화구는 아직 발견되지 않았다는 것이다. 학자들은 독도 北東쪽 수백m 떨어진 바다 속에 분화구가 있을 것이라고 추정하고 있다.

오래 된 만큼 그 지질학적 가치도 매우 큰 법인데 권박사는 "독도의 경우 바닷물 속에 거대한 山脈이 잘 발달된 사례"라며 "海底山(해저산)의 진화과정을 한 눈에 알아볼 수 있는 世界的인 地質遺跡(지질유적)"이라고 말했다. 2012년 2월 정부는 國家地質公園(국가지질공원 Geopark)제도를 도입, 독도를 올해 안으로 제1호 지질공원으로 지정, 보호만 목적으로 하는 자연공원과는 달리 이용까지도 곁들여 관광과 연계시키는 작업을 추진하고 있다. 火山섬인 독도의 경우, 용암이 냉각되어 형성된 柱狀節理(주상절리)가 특히 유명하다.(朝鮮日報 A12面 2012 .8. 16)

4. 海底에 잠들어있는 노다지 海洋深層(심층)水

자동차 연료인 휘발유 가격이 L當 1200원(2004년 現在)으로 물보다 훨씬 비싼 값에 팔리고 있는데 최근 시중에서 L當 8000원 이상으로 팔리는 高價(곳가)의 물이 바로 海洋심층수다.

바다 속 200m 海底(해저)에 이르면 태양빛이 도달하지 않기 때문에 이곳에는 병원균이 거의 없고 年中 안정된 저온이 유지된다. 또 생물체를 구성하는 탄소화물, 蛋白質(단백질), 지방 같은 유기물이 질소, 燐(인) 등 다양한 영양 염류로 변환돼 축적된다. 이 물이 바로 해양 심층수다.

한국해양연구원 해양심층수 연구센터장 김현주박사는 '우리나라 동해 전체 해수의 90% 정도가 심층수"라며 특히 "독도 부근은 해저 연안의 경사가 急激(급격)해 개발 비용이 적게 들 것으로 예상된다."고 말했다. 심층수를 퍼 올릴 때 이를 섬까지 연결하는 파이프 길이가 짧을 것이기 때문이다. 최근 세계 선진국들은 앞 다퉈 심층수를 개발하고 있다. 현제 美國 하와이 자연에너지연구소(NELHA)는 심층수에서 배양한 미세 藻類(조류)로부터 영양물질을 추출해 의약용 물질을 생산하고 있다. 日本도 生水는 물론 맥주, 두부, 김치 등 식품에 까지 폭넓게 사용하고 있다. 피부 관리에 이용하거나 화장품 제조에도 활용해 해양요법(tarasotheraphy)이라는 신생어가 다 생겨날 정도이다.

5. 固體 天然가스의 무진장한 보고

수심 300m 이하 저온 고압상태가 유지되는 심해환경에 인류의 에너지 문제를 해결해 줄 수 있는 무진장한 노다지가 잠들어 있다. 천연가스의 주성분인 메탄이 얼음과 유사한 형태(가스하이드레이드)로 매장되어있는 것을 두고 하는 말이다. 여기에 포함된 탄소의 양은 석유와 석탄 등 화석 에너지에 포함된 탄소량의 두 배 이상에 달해 이를 채취하기 위해서 세계 각국이 심해저 연구에 매달리고 있는 것이다. 우리나라도 예외가 아니다. 한국지질연구원 책임연구원 유병재박사는 "2000년부터 동해 일대에서 가스 하이드레이트의 존재 여부를 조사한 결과 독도 남부해역을 포함한 울릉분지 여러 곳에서 그 증거가 감지됐다."며 올해는 독도 북부해역을 대상으로 탐사를 수행할 예정"이라고 했다. 그러나 日本은 이미 1970年代 말부터 해저탐사에 열을 올리고 있는데 1996년의 한 보고서에 따르면 日本 근해에서 채취된 가스하이드레이트에 포함된 메탄의 양은 당시 日本이 年間 소비하는 천연가스量(량)의 100배 이상에 이른다고 한다.

한국해양연구원 해저환경자원연구본부 鄭甲植박사는 "日本은 1970年代에 독도 부근 해역에 가스하이드레이트가 賦存(부존)되어 있다는 것을 조사해 보고서를 만들었다"며 "현재 日本이 독도를 자기 내 땅이라고 주장하는 배경에는 바로 이 천연가스를 先取하려는 의도가 숨어 있는 것이 아닌가 보인다."고 말했다.(2004年 1月 14日字 東亞日報 사이언스 난 A 16面).

帝國主義 植民地化 침략의 마수

1. 침략의 디딤돌 된 江華修好條約(강화수호조약)

에도(江戶)막부 말기 아직 鎖國(쇄국)의 빗장을 풀지 않고 있던 日本은 美國의 무력시위에 굴복, 개국을 하게 된다. 이른바 구로부네(黑船)사건이다. 그 뒤 막부정치를 끝내고 明治維新期 들어 근대화를 먼저 달성한 일본은 전날의 구로부네 사건을 그대로 踏襲(답습)하여 함선 3척을 부산항 내로 진입시킨 뒤 함포사격을 감행하였다. 이렇게 朝野(조야)를 驚動(경동)케 하고는 개국을 강요하여 1876년(高宗 13) 2월 朝鮮과 맺은 조약이 江華島條約(정식 명칭은 朝日修好條規)이다. 모두 10

개의 조항으로 이루어진 조약의 핵심은 제5조에서 釜山 이외에 두 항구(元山과 仁川)를 개항하게 함으로서 通商(통상)업무를 빌미로 해서 정치적 군사적 침략의 발판을 마련하고 제7조에서 조선연안의 測量權(측량권)을 얻어냄으로서 군사작전시 상륙지점을 정탐할 수 있는 길을 열게 된 것이다. 그리고 제10조에서는 治外法權(치외법권)을 인정받게 됨으로서 사실상 불평등조약으로 귀결이 되고 말았다. 이 조약에 의해 조선은 개항을 통해 점차 세계무대로 진출하는 계기를 마련하였으나 제1조에서 겉으로만 日本과 평등한 권리를 가진다고 위장함으로서 근본적으로 不平等조약이라는 한계를 극복하지 못하고 日本의 植民地化(식민지화) 침략을 허용하는 시발점이 되었다. 그 연장선상에서 불거진 독도영유권 분쟁은 사실상 日本에 의한 韓國 침략의 첫발이었으며 그들이 지금까지도 독도영유권을 계속 주장하는 속내는 앞으로도 언제든 기회가 닿기만 하면 독도를 先占 확보하여 침략의 교두보로 활용하는 데 그 목적이 있다는 것을 알 수 있다.

2. 獨島를 시마네현(島根縣) 관하로 편입

독도가 韓日 간 분쟁의 대상으로 등장하게 된 발단은 1905년 日本 시마네(島根)현 告示 제40호로부터 비롯된다. 日本 西海 연안의 일개 지방 縣(현)이 낸 이 고시에 따르면 "本 島嶼(도서)를 다께시마(竹島, 獨島의 日本式 명칭)라 부르고 이제부터 本縣(현) 소속 오키사(隱岐司)의 소관으로 정한다."라고 공표하고 독도를 日本의 行政管轄(행정관할)에 편입시킨 것이다. 이 편입조치는 독도가 日本領土의 일부로서 당시까지 다른 행정관할에 소속되어 있던 것을 시마네현 소속으로 변경한 것이 아니라 일본영토의 어느 곳에도 속하지 않았던 지역을 처음으로 추가 편입하는 행위이기 때문에 法的으로는 국가의 새로운 영토 취득 행위에 해당한다.

日本은 이 같은 의도적인 不法행위를 糊塗(호도, 눈가림)하기 위해서 편입 1년 전에 日本 어민 나카이(中井養三郞)를 앞세워 독도에서의 어업허가 명목으로 無主地(무주지) 또는 외국의 섬이라는 뜻을 나타내는 리앙꾸르섬으로 이름을 고쳐서 영토 편입 및 貸下願(대하원)을 日本 정부에 출원하게 함으로서 형식적인 行政행위를 이행한 것처럼 위장한 것이다. 나카이의 신청을 접수한 日本 중앙정부는 "...本 無人島는 타국에 의하여 점령되었다고 인정할 행적이 없다."는 내각 결정을 통해서 국제법상의 영토취득 방식인 無主地에 대한 先占의 法理(법리)와 方式에 따르고 있음을 밝히고 있다.(白忠鉉 집필 獨島. 한국민족문화대백과사전 1989. 제7권 52쪽).

이와 같은 日本의 독도에 대한 영토편입 조치는 국제법상 무주지에 대해서만 가능한 領土 취득방식을 따른 것이지만 당시 이미 역사적으로 또는 국제법적으로 우리나라 영토이었던 독도에 대한 日本의 이 같은 조치는 당연히 무효일 수 밖에 없을 뿐만 아니라 엄연한 한국영토가 하루아침에 일본 영토로 변경될 수도 없다는 것은 法 이전 상식에 속하는 문제이다.

3. 領土취득의 3 요건 중 하나도 충족 못해

이 문제를 좀 더 구체적으로 검토해보면 국제법상 先占에 의한 영토취득의 효과를 발생시키려면 그 객체가 無主의 토지일 것과 영토취득에 대한 대외적인 국가의사 표시가 있을 것, 그 지역에 대한 實效的(실효적) 占有가 있을 것 등 3개 요건을 구비해야 하는데 日本은 이 가운데 어느 하나도 갖추지 못했다. 日本은 독도가 無主의 지역이기 때문에 先占에 의한 영토취득이라고 주장하고 있으나 독도가 無主의 지역이 아니라는 사실은 신라시대부터 울릉도와 함께 韓國에 속한 섬이라는 史料에 의해 증명되고 있으며 또 그동안 한국에 의하여 포기된 사실도 물론 없다. 독도가 사람이 常住(상주)하지 않는 無人島라고 하나 이것은 決코 無主의 지역이라는 이유가 되는 것은 아니다. 無主의 지역이라 함은 아직 어느 국가나 국제기구에도 속하지 않은 지역을 말하는 것이며 무인도라 해도 그 소속이 분명한 경우에는 先占의 대상이 될 수 없는 것이다.

또 日本은 1905년 2월 22일의 閣議(각의)결정과 當日字 島根縣(시마네현) 告示로서 그 의사가 충분히 공표된 것이라고 주장하고 있으나 각의결정과 시마네현 告示가 사실이라 해도 이는 그 국민이나 지방민에게 알리는 대내적 효과는 있을지언정 적어도 국가의 대외적 의사표시로서는 불충분하며 따라서 효과가 없다고 보는 것이 국제법上 通念(통념)으로 자리잡은 지 이미 오래되었다(金根洙 獨島問題 三官記 19쪽 韓國學 第32輯 韓國學硏究所 1985).

4. 시마네현 告示는 對外的(대외적)인 효력 없다

日本은 또 독도를 日本이 취득한 후 한국 측으로 부터 아무런 항의도 없었다는 것을 독도 편입의 합법적 근거로 내세우고 있다. 그러나 日本은 독도를 편입하기 전 해인 1904년 8월 22일 소위 한일조약(乙巳보호조약을 말함)을 강제로 체결,

사실상 한국의 실권을 장악하고 있었으며 당시 한국은 독립을 유지하고 있었으나 그것은 形骸(형해)에 불과하고 실질적으로는 완전히 日本의 지배를 받고 있었기 때문에 당시 울릉도 군수 심흥택의 보고에 의해 日本이 독도를 시마네현에 편입한 사실을 알고 있었지만 日本이 임명한 외교고문인 친일 미국인 스티븐(Steven)이 외교 실권을 장악하고 있었던 관계로 아무런 항의도 제기하지 못했던 것이다. 따라서 日本이 시마네현 告示 제40호를 내세워 독도를 편입한 것은 어떠한 점으로 보아도 부당한 것이며 이는 다만 영토의 강탈을 先占이라는 이름 아래 法的으로 扮飾(분식, 꾸밈)하여 위장한 데 지나지 않는다고 보는 것이다.

5. Scapin 677호가 첫 인정한 '獨島는 한국령

앞에서 말한 바와 같이 日本이 독도를 강점하여 한국침략의 교두보로 활용하였으나 그 이후 식민지배 36년 만에 2次 세계대전에서 패전함으로서 과거 그들이 저질렀던 불법과 탈법을 膺懲(응징)하고 正常을 회복하게 되었다. 2차 대전 종전을 앞두고 연합국의 日本영토 처리과정에서 독도의 지위가 어떻게 결정되었는지 추적해보면 1943년 11월 27일 美·英·中 연합국 정상은 카이로선언을 통해서 "한국인민의 노예상태에 유의하고 적당한 경로를 밟아 '韓國을 自由 獨立으로 할 것을 결의한다.(In the course Korea shall become free and independent.)"라고 하여 '日本으로부터 분리 독립시킬 것을 언약했고 또 이 선언에서는 "1941년의 제2차 세계대전 개시 이후에 日本國이 탈취 점령한 태평양 상의 諸島(제도)를 日本國으로부터 박탈하는 것과 만주, 대만, 膨湖諸島(팽호제도) 등 日

本이 청국으로부터 탈취한 모든 지역을 中華民國에 반환하고 폭력과 强慾(강욕)으로 掠取(약취)한 기타 모든 지역으로부터 驅逐(구축)된다."고 명백히 밝혀놓았다. 카이로 선언이 선포된지 1년 8개월 후인 1945년 7월 정상들은 포츠담선언을 발표하고 그 8항에서 "카이로선언은 이행되어야 하며 또 日本國의 主權은 本州 北海道 九州 四國과 우리들이 결정하는 諸小島(제소도)로 국한한다."고 규정하고 있다.

그런데 이 두 선언은 1945년 8월 14일 日本에 의해 무조건 수락되었고 이어서 9月 2日 항복문서에 서명함으로서 日本에 대해서 구속력을 가지게 된 것이다. 따라서 독도는 당연히 日本으로부터 분리되어 한국영토로 환원된 것으로 보아야 할 것이다. 왜 그러냐하면 日本이 韓國外交를 專斷(전단)할 당시 친일 외교고문을 韓國정부에 배치하여 시마네현(島根縣)이라는 일개 지방 현 告示로서 日本領土로 편입시킨 독도의 취득은 바로 '暴力과 强慾(강욕)으로써 취득'한 것이기 때문이다. 뿐만 아니라 연합국이 日本을 점령 관리할 당시 약간의 주변지역을 政治上 行政上 日本으로부터 분리하는 데 관한 각서, 즉 스케핀(Scapin) 제677호에 독도는 非隣接(비인접) 島嶼(도서)로 분류되어있기 때문에 당연히 日本으로부터의 분리가 인정되었다고 본다는 것이다. (朴觀淑 獨島의 國際法上의 地位 思想界 通卷 第85號, 1960, 145~146쪽)

日本의 주장과 그 虛點(허점)들

1. 美日 講和條約 2조 들어 獨島는 日本領土 주장

日本은 1951년에 체결한 美日平和條約의 해석상 시마네(島根)현 다케시마(竹島), 즉 독도는 日本 땅이라고 주장하고 있다. 이는 센프란시스코 대일강화조약 제2조를 두고 하는 말인데 1905년의 한일조약에 의해 '日本에 강점된 지역은 日本으로부터 분리하여 다시 독립하지만 합병 전부터 日本領으로 看做(간주)되는 지역은 韓國에 환원하는 것을 승인하는 것이 아니라'는 조문 해석에 따른 주장이다. 前述(전술)한바와 같이 日本은 독도를 국제법상 先占의 이론에 의해 합법적으로 취득하였다고 주장하고 있으나 국제법상 先占에 의한 영토취득에 불가결한 3大 요건 중 어느 하나도 충족하지 못한 취득이었고 또 키이로宣言과 포츠담宣言에서 이른바 '暴力과 强慾'으로써 취득한 것이기 때문에 독도는 마땅히 한국이 되돌려 받아야 할 한국의 領土라고 보는 것이다.

2. 獨島는 조선 搜討官(수토관)의 관할구역이었다.

日本은 계속해서 李王朝(이왕조)는 1697년(숙종 23)부터 울릉도에 3년마다 搜討官(수토관 영토순시관리)을 파견하였으나 수토관이 순시를 명한 구역 內에 독도가 포함되어있다는 것을 증명할만한 기록이 없다고 다오카(田岡良一)의 <國際法 國際政治事典> 내용을 들어 주장하고 있다. 그러나 正宗(正祖)실록 권40 18년 甲寅(1794)년 6월 戊午조에 "… 26日 轉向 可支島. 4, 5個 可支魚 驚駭躍出(경해약출) 形若水牛, 砲手齊放, 促得二首 云云"하는 구절이 나오는데 "여기서 可支島란 것은 지금 武陵(즉 울릉) 本島 근동의 竹島 아니면 더 그 東에 있는 지금의 독섬(獨島)이 될 수밖에 없는데, 지금의 죽도에는 비록 1, 2호라도 더러 사람이 居接(거접)할만 하고 순전히 可支(물개)만의 棲息地(서식지)를 말한다면 지금의 독섬(독도)으로서 擬(비길의)함이 매우 타당한듯하다."고 六堂 崔南善은 말했다." (崔南善 鬱陵島와 獨島 699쪽 六堂全集 2 1951, 玄岩社).

그렇다면 전기 正宗 18년 6월 戊午條의 기록이 울릉도 수토관의 보고 상 기록임으로 조선조 숙종 23년 이후의 울릉도 수토관들의 수토구역에 獨島도 포함되어있다는 것을 알 수 있을 것이다.

3. 安龍福이 확인한 獨島 領有, 私人의 행위로 폄하

'安龍福은 私人이며 조선정부의 관리가 아니기 때문에 그의 울릉도 독도의 한국영토 확인사실은 믿을 수 없다.'고 日本은 또 주장한다. 肅宗(숙종) 19년(1693) 그는 울릉도와 독도 근해에서 어로활동을 하던 일본어부들을 축출하고 그들에게 두 섬이 한국영토임을 확인시켜준 뒤 그 길로 일본어부들을 데리고 日本 伯耆州 藩主(번주)에게로 가서 이들의 違法(위법) 사실을 일일이 적시하고 다시는 이 같은 위법행위가 재발하지 않도록 단속해 줄 것을 요구하고 돌아왔다. 그런지 3년 후인 숙종 22년(1696} 5월 조선정부의 항의를 받은 日本의 최고실력자 關白은 前日 白耆州 藩主(번주)의 보고 그대로임을 확인하고 즉각 일본어부들에게 울릉도 근해 出漁禁止令(출어

금지령)을 내렸던 것이다. 말하자면 한 개인이 두 나라 정부를 움직여 울릉 독도 두 섬이 조선영토임을 확인함으로서 民間外交에 凱歌(개가)를 울렸던 것이다. 그 후 이 사건은 왕조실록에도 登載(등재)되었을 뿐만 아니라 그 밖의 주요한 문헌에서도 언급되고 있을 만큼 內外에 큰 反響(반향)을 불러일으켰는데 단지 그의 身分이 관리가 아니라는 이유로 그의 영웅적인 快擧(쾌거)를 貶下(폄하)하려드는 日本의 치졸한 대응태도에 대해서는 狹量(협량)의 島國根性(섬나라근성,日語로 しまくにこんじょ)으로 밖에는 달리 설명할 할 길이 없다.

4. 관리 虛疎(허소)하다고 獨島 포기한 적 없어

日本政府는 1905년 각의를 열어 독도는 無人島로서 타국이 이를 지배하고 있다는 사실이 없기 때문에 日本 소속으로 하고 시마네현의 隱岐島司(오끼도사) 소관으로 한다고 결정, 2월 22일 시마내현 告示로서 이를 公告했다는 주장을 되풀이하고 있다, 그리고 조선정부는 당시 오키도 어부들의 독도 출어와 1903년 海驢(해려, 可支 가지를 뜻함)어획을 전혀 단속하지 않고 방치했으며 日本政府에 항의한 사실이 없었던 것으로 보아 한국이 獨島領有를 주장할 法的(법적)근거가 없기 때문이라고 강변하고 있다.. 따라서 日本에 의한 先占행위는 합법이었다고 다시 前日의 그 주장을 되풀이하고 있다.

그러나 日本의 遠航禁止令(원항금지령)이 내린 이후에도 우리 정부는 전과 다름없이 空島(공도)정책을 계속했고 隔年制(격년제)로 수토관을 파견하여 國土관리를 시행해왔다. 여러가지 점으로 미루어보아 국토관리에 다소 虛疎(허소)한 점이 없지 않았으나 無人島라고 해서 無主島가 아니고 그렇다고 해서 國土의 포기를 의미하는 것이 아니라는 것은 더 이상 贅言(췌언)을 필요로 하지 않는다.

5. 獨島 미군 폭격장 지정은 日本측 로비의 産物

1952년 센프란시스코 對日강화조약 제2조는, 日本은 1910년 한일조약에 의해 日本에 병합된 지역은 日本으로부터 분리하여 다시 독립하는 것을 승인한 것이고 日本이 1905년 先占에 의하여 취득한 독도는 韓國영토에 포함되지 않는다. 그 증거로는 연합국도 이 해석을 취하여 1952년 7월 美日합동위원회가 美軍의 폭격연습장으로서 그 사용을 허여하는 지역을 결정할 때 독도도 이 가운데 포함되어있다는 사실에 의해 증명된다고 독도는 자기네 영토라고 주장하고 있다.

그러나 앞에서도 이 문제에 대해 屢屢(누누)이 설명한 것처럼 그들이 주장하는 先占 이론은 국제법上 그 3大 요건 가운데 단 하나도 갖추지 못했기 때문에 독도는 한국에 還元(환원)되어야 하고 또 52년 7월 美日합동위원회가 미군의 연습지로 日本으로부터 그 사용권을 허여하는 지역을 결정할 때 독도를 이 가운데 포함시킨 것은 일방적이고 희망적인 我田引水格(아전인수격) 해석에 지나지 않는다. 뿐만 아니라 독도의 폭격연습장 지정은 독도영유권을 가져가기 위한 名分 쌓기 용 일방적 주장이었다는 사실이 독도박물관 소장자료(일본의회속기록)에 의해서 밝혀지기도 했다. 1947년부터 1953년까지 미군폭격연습장으로 이용된 獨島에서 어부 48명이 희생된 48년의 폭격사건 이후 1952년 9월 다시 두 번째 사건이 일어났을 때 日本중의원 外務위원회에서 야마모토(山本利壽)의원이 "다께시마(獨島)가 美軍 폭격연습장으로 지정되면 이를 日本

의 영토로 확인받기 쉽다는 발상에서 外務省에서 연습지 지정을 바란다는 얘기가 있는데 사실이냐"고 질의한데 대해 당시 이시하라(石原幹幹太郎) 外務省 政務次官은 "대체로 그런 발상에서 다양하게 추진하고 있다"고 답변함으로써 日本政府가 독도의 폭격장 지정을 위해서 다양하게 로비를 했다는 사실을 시인한 것이다. (東亞日報 2004. 8. 6日字. 獨島 美軍 爆擊場 指定은 日本의 각본. 우리땅 우리魂(혼) 18 獨島史와 日의 끝없는 野慾 야욕)

6. 日本의 은밀한 領土 취득 手法에 희생된 獨島

日本은 獨島를 취득한 후에 어떠한 外國에 의해서도 異議(이의) 제기나 문제된 일이 없었다고 하는 주장에 대해 日本의 한국 침략공작의 일환으로 실시한 顧問(고문)정치에 의해 外交에 관한 발언을 자유롭게 할 수 없는 不可抗力的(불가항력적)인 환경에서 독도强占(강점)에 대해 항의를 제기할 수 있는 입장이 아니었기 때문에 어느 외국도 문제 제기를 하지 않았음은 앞에서도 말한 그대로이다. 그럼에도 日本은 그들의 주장을 정당화하기 위해 크리프톤島 사건과 팔마스 사건을 그 전형적인 국제적 先例(선례)라고 주장하고 있다. 그러나 크리프톤 사건의 경우를 보면 당시의 프랑스정부는 엄연히 하와이정부에 통고했고 또한 하와이에서 발행되던 페르네시안 紙(지)上에 英文으로 크리프톤島에 대한 프랑스國 主權(주권)의 수립을 공고까지 하였다는 것이다. 日本의 은밀한 영토 취득 手法과는 비교가 안 될 정도로 분명하게 對外的으로 公開하고 있었음을 알 수 있다.

또 1928년 팔마스島 사건을 보면 상설국제중재재판소는 外國

에 대한 통고가 당시 和蘭(화란. 지금의 Netherlands)정부가 취한 기타의 公式조치와 함께 팔마스島에 대한 和蘭의 행위를 正當化하는 조건이 됨을 인정하였으며 日本이 말하는 것과 같이 통고는 할 필요가 없다고 하지 않았던 것이다. (朴大錬 國際法上으로 본 獨島의 領有權. 漢陽 第31號. 1964. 9. 1. 50쪽).

7. '아니면 그만'이라고 찔러보기식 도발도

<東國輿地勝覽 동국여지승람>에 "于山 武陵 在縣正東海中,二島相距不遠,風日淸明,則可望見"이라 하고 "一說 于山 武陵, 本一島"라고 한 獨島의 可視(가시)거리에 대한 기사 중에서 일설에 의하면 于山島와 武凌島(울릉도의 일명)는 본래 한 섬이라고 하는 주장에 대해서 一說(일설)이란 한쪽 주장을 말하는 것으로 '疑問的(의문적)인 약한 주장'에 불과한데 이를 독도 領有(영유)의 증거로 삼을 수 있겠느냐고 반문하고 있다. 그러나 이는 아니면 그만이라는 식의 찔러보기로 밖에 볼 수 없는 무책임한 말 작란 이상이 아니라고 할 수 있을 것이다.

8. 옛 地名의 호칭은 다소 流動的(유동적)이다

太宗실록 成宗실록 新增(신증)동국여지승람 註(주). 동국여지승남 卷頭(권두)地圖, 文獻撮要(문헌촬요) 등에 나온 于山島와 三峯島는 獨島가 아니고 鬱陵島(울릉도)를 호칭하는 것이라고 하는 주장도 있다.

그러나 전술한 바와 같이 于山島는 獨島를 가리키는 경우가 많은 반면 더러는 울릉도를 가리키는 경우도 있다, 三峰島(삼봉도)는 울릉도를 가리키는 경우가 없지 않으나 독도를 가리키는 경우도 있기 때문에 딱 집어서 이거다 할 정도로 고정되어있는 것은 아니다. 따라서 옛 地名의 호칭은 이처럼 다소 流動的(유동적)인 面이 있다는 것을 염두에 두고 呼稱(호칭)할 필요가 있다는 것이다.

9. 可支島, 즉 독도가 韓 日간에 문제 될 일이 없었다

이 문제에 대해 六堂의 주장을 다시 빌어서 말한다면 "저들의 소위 竹島, 우리 古來의 可支島가 오래 전에는 海上 孤縣(고현)의 一巖嶼(암서)로서 문제가 되려고 해도 문제 될 만한 일이 없었다. 그것이 문제가 되기 시작한 것은 日本人이 海驢 捕獵地(해려포렵지)로 이용하다가 한걸음 더 나가 저희 國土로 편입한데서 비롯된 것이다. 이리 되기 이전에 문제된 일의 有無는 이 문제를 논거 하는 데 하등의 憑據(빙거)가 될 이유가 없다. 문제는 明治政府가 그 38년(1905)에 취한 '기타의 公式 조치'와 함께 독도를 저희 版圖(판도)에 편입시킨 데서 비롯된 것이다."

10. SCAP, 독도에 정치행정上 권력행사 中止지령도

종전 후 연합군총사령부가 竹島(독도)에 대한 政治上 行政上의 권력을 행사하거나 행사하도록 기도하는 일을 중지하도록 명령하였지만 결코 이 섬을 日本의 영역으로부터 제외하는 것이 아니라는 주장을 하기도 한다.

그러나 이는 我田引水式 해석이고 지나치게 희망적이요 일방적인 견해에 따른 주장이 아닐 수 없다. 설사 독도가 美日합동위원회에서 1952년 7월 26일의 협정에 따라 미군의 폭격연습기지로 재선정되었다가 이듬해 5월 18日字로 제외 결정되었다는 사실이 日本外務省의 견해와 같이 독도가 日本영토

의 일부라는 사실에 기초를 둔 것이라 하더라도 국제법上으로나 사실上으로 한국의 영토인 독도의 지위가 변동되는 유력한 원인이 될 수는 없는 것이다. (金根洙 獨島問題 三官記 韓國學 第32輯 韓國學硏究所 1985 여름호 20~23쪽).

日本學者들도 獨島는 韓國領 주장

1. 나카이, 처음엔 조선정부에 貸下願(대하원) 내려했다

日本의 저명한 국제법학자(韓國倂合史의 저자)인 야마베(山邊健太郞 1905~1977)는 독도의 日本 영토 편입 단서를 제공한 伯耆 출신 어민 나카이(中井養三郞)가 明治 36년(1903) 이 섬(리앙꼬岩)주변 해역에서 漁獵(어렵)을 시작하였는데 이듬해부터 각 방면으로부터 몰려든 어선들이 경쟁적으로 濫獲(남획)하는 바람에 여러 가지 弊害(폐해)가 연이어서 일어나게 되었다는 것이다.. 당초 나카이는 이 섬이 朝鮮領(조선령)일 것으로 생각하고 '조선정부에 貸下(대하) 청원을 하려고 하였는데 그 대상을 갑자기 日本정부로 바꾸어 外, 農, 商 각 省(성)에 貸下의 청원을 제출하게 되었다는 것이다. 이 때 日本 해군 水路部(수로부)도 역시 리앙꼬岩의 소속을 확인한 끝에 日本領 편입의 자료로 활용하기 위해 日韓 양국으로부터의 거리 측정과 때를 같이하여 나카이는 리앙꼬島의 領土편입과 그 대하원을 제출하게 된 것이라고 한다. 이때 中井는 처음 대하원에서 '朝鮮領으로 생각하고"를 지우고 '本島의 領土 소속이 정해져 있지 않아서'로 改書(개서)하여 제출하였다는 것이다. 이는 官民이 야합하여 독도의 竊取(절취)음모를 꾸미고 실행한 확실한 증거이다. 이에 전기 일본정부 3개省은 島根縣廳(현청)의 의견을 들어서 각의에 회부하여, 리앙꼬島의 領土편입을 결의하고 그 명칭을 竹島로 命名, 隱岐島司(오끼도사)의 소관으로 결정하였다는 것이다.. 이에 야마나베는 독도의 日本 영토 편입 당시(1904) 이미 大韓帝國으로부터 外交權을 빼앗은 뒤의 독도 편입은 국제법上 正當性이 결여되어있다고 그의 논문 <竹島 問題의 歷史的 考察>(1965. 코리어評論)에서 주장하고 있다.

2. 日本의 독도문제 첫 단추부터 잘못 끼워

가나가와(神奈川)大 가지무라(梶村秀樹)는 그의 <竹島=獨島問題와 日本國家>(獨島領有權問題의 日本側 主張 反駁論文集) 결론부분에서 "누차에 걸쳐 말한바와 같이 竹島+獨島문제에 관한 한 韓國과 朝鮮(북한을 지칭)의 주장에는 상당한 이유와 근거가 있다. 이 認識(인식)을 전제로 하지 않으면 竹島+獨島문제의 해결은 있을 수 없다. 만약에 '韓國이 얼토당토않은 웅석받이 같은 경향이 있어서 그런 자그마한 섬쯤이야 줘버리자'고 하는 의미를 합쳐 日本이 獨島 放棄(방기)를 결정한다 하더라도 이는 이 領土문제의 진정한 해결책이 될 수 없다. 逆으로 前記한 전제로부터 출발하는 자세를 굳게 지킨다면, 사실 竹島=獨島문제에 관한 한 어업 등 현장의 실제적 문제의 해결은 어쩌면 그리 어려운 문제가 아닐 수도 있다.

戰後(전후)의 日本정부는 竹島=獨島문제에 있어 첫 출발부터 잘못되었다. 日本이 100% 정당하고 韓國과 조선이 100% 오류라는 논리를 손끝으로 구축하여 말랑말랑하게 보이는 상대방에게 떠넘기려 하였으나 잘 되지 않았을 뿐만 아니라 國

民의 인식을 誤導(오도)하여 그 자신도 그 논리에 빠져 運身(운신)도 할 수 없는 위험한 昏迷(혼미)속에 깊이 빠져 들어가고 있다고 日本정부를 강력하게 비판하고 있다.

가지무라는 위와 같은 요지의 자기 글을 마치면서 "이상과 같이 생각하는 것이 (진정으로) 일본 國民을 위하는 길이라고 생각한다며 그것이 排外的(배외적) 국가의식의 束縛(속박)으로부터 탈출하는 빠른 길이기도 하다"고 말하고 있다.

3. 日本의 獨島 强占은 朝鮮 침략의 前奏曲(전주곡)?

京都大교수 호리(堀和生)는 1987년 <1905年 日本의 獨島領土 編入>이란 논문을 통해서 日本이 독도 영유권을 주장하는 근거는 타당성이 없으며 獨島 강점은 조선 침략의 전주곡이라고 지난날의 전례를 상고하면서 깊이 있는 분석을 하고 있다.

그는 "조선 문헌에 독도가 등장하는 것이 日本 측보다 200년 정도 앞서 있으며 그 문헌이 조선의 正史地理志라는 것 자체가 독도에 대한 국가 領有意識(영유의식)을 반영한 것"이라고 말하고 있다.

특히 1696년 朝日양국정부의 교섭에 따라 江戶幕府(에도막부)가 鬱陵島(울릉도)가 朝鮮領(조선령)임을 正式으로 인정했으며, 1877년 당시 日本 明治政府의 최고 국가기관인 太政官이 '울릉도와 독도는 日本과 관계없는 섬'이라는 것을 인정하는 公文書까지 발견되어 韓國측의 독도 관련 연구에 일조하였다. 또 1894년과 1899년 판 日本 해군의 <朝鮮水路誌 조선수로지> 등 日本측 자료를 보더라도 독도의 日本 領土說(영토설)은 아무 근거가 없다고 論駁(논박)하고 있다.

그러면서 "1905年 독도의 日本領 편입은 당시 황금어장 獨占(독점)을 노린 시마네 어민들과 전략적 요충지를 확보하려는 日本정부의 利害관계가 맞아떨어져 조선 점령에 앞선 전주곡의 형태로 이뤄졌다"는 게 그의 결론이다.

이밖에 掘교수의 후배이기도 한 이케우치(池內敏 名古屋大)는 "江戶時代 역사를 통해서 독도의 日本 固有領土說'을 뒤집는 연구를 진행하고 있으며 국제관계학을 전공한 津田筑(쓰다지쿠)大교수 다카기(高岐宗司)는 "아예 독도를 韓國에 넘기는 게 바람직하다."는 주장을 하고 있다. (2008년 7월 19日字 東亞日報 A8面).

4. "國益에 反한다고 歷史的 사실을 바꿀 수 있나?"

학자적 良心에 따라 독도가 日本 땅이 아니라고 주장하는 日本人 학자 나이토(內藤正中)가 최근 펴낸 <竹島=獨島問題入門>.(新幹社)은 일본 外務省이 지난 2월 발간한 자료집 <다케시마(竹島)문제를 이해하기 위한 10가지 포인트>를 조목조목 논박한 小책자다. 그는 日本이 獨島문제를 국제사법재판소에 넘기자고 하는데 韓國이 거부한다.'는 주장에 대해 "韓國은 당초부터 영유권을 갖고 있기 때문에 굳이 국제사법재판소에 확인을 구할 이유가 없다고 그를 찾아간 한국기자에게 말했다.

日本人으로서 그 같은 주장을 하는 것은 國益에 反한다고 생각하지 않느냐는 기자의 질문에 "...있었지만 國益과 부딪힌다 해도 眞實(진실)은 명백히 하지 않으면 안 된다는 학자의 使命感(사명감)이 더 컸다."고 스스럼없이 대답했다. 그리고 日本 내부의 반발에 대해서는 "우익의 공격을 각오했지요. 그러나 다행이 竹島 문제가 커진 2005년(島根縣이 竹島의 날을 제정한 해), 이곳으로 이사했어요. 주소와 전화번호는 그대로 시마네현에 둔 체로 이었는데 학교 측에 명예교수 직을 剝脫(박탈)하라는 위협만 하고 있다고 합니다."

그러면서 독도 懸案(현안)과 관련해서 日本이 가장 잘못하고 있는 부분에 대해서는 "眞實(진실)에 기초하지 않은 주장을 하는 데서 시작된 것입니다. 이것이 치명적인 결함이지요. 외무성 관료들은 전혀 공부를 안 하니까 알지 못하고..."

5. 歷史를 존중하는 것이 國益이다

그리고 독도 현안에 대해서 韓國은 歷史문제로 보는 반면 日本은 領土문제로 보려고 하는 이유에 대해서는 "국제법上 영토문제를 이야기 할 때는 歷史문제를 전제로 하지 않으면 안 됩니다. 日本의 국제법학자들의 경우 歷史에 대한 인식이 없습니다. 그래서 竹島 문제도 국제법상上 절차만 따지는 것이지요." 다시 그는 反國益論에 대해 "國益에 反한다고 歷史的 사실을 바꿀 수 있느냐"며 "오히려 歷史를 존중하는 것이 國益이 된다. 나는 日本의 명예를 존중하기 위해 이 책을 정리했다."고 담담하게 소신을 피력하면서 韓國학자가 日本이 꼼짝 못할 史料를 발굴해 주길 바란다면서 獨島문제로 목소리를 높여 홍분하기보다는 史料를 발굴하여 결정적 증거를 들이대 달라는 주문까지 했다.

6. 林子平의 三國接壤(접양)之圖 上 獨島는 "朝鮮の持ち"

영유권 주장의 1次 증거자료인 地圖(日本側)에도 獨島를 韓國 땅으로 표기한 것이 적지 않다. 그 중에도 日本의 대표적인 地理학자 하야시시헤이(林子平)가 1785년에 제작한 <三國接壤(접양)之圖>는 獨島를 朝鮮 本土와 같은 黃色으로 표시하고 그 밑에 '朝鮮の持ち', 즉 '朝鮮의 所有'라고 명기하고 있다. 林는 朝鮮 후기 古山子 金正浩와 여러모로 닮은 데가 있는 지리학자인데 그 身分的 한계로 인하여 겪는 고초 또한 類似(유사) 한 面이 있어 인간적인 친근감을 느끼게 하는 학자이다.

1882년에 제작한 '銅版(동판) 朝鮮國全圖'는 對馬島(대마도)와 日本 九州 本州 일부를 赤色, 조선을 白色으로 구별하고 있는데 독도와 울릉도를 白色으로 칠하여 조선 영토로 표시하고 있다. 1832년 독일에서 발간된 '三國總圖(삼국총도)'에서는 靑色인 日本과 조선을 黃色으로 구별하고 있는데 독도를 조선과 같은 黃色으로 그려 넣고 있다.

7. 壬辰倭亂 당년 제작한 地圖도 獨島는 朝鮮領

壬辰왜란을 일으켜 조선을 침략한 그해(1592) 도요도미(豊臣秀吉)가 정찰용으로 제작한 것으로 보이는 朝鮮國 地理圖 중 八道總圖(1872年 再모사)에도 于山島와 울릉도를 안팎으로 각각 바꾸어 그렸으나 朝鮮의 영토로 표기하고 있다.

이상은 모두 獨島가 日本領土로 편입되기 전에 제작된 地圖들인데 1905년 島根縣 편입 告示 후에 만들어진 <朝鮮全圖>(1910年 10月 博愛館 제작)에도 獨島를 여전히 조선영토에 포함시켜 주목되는 자료이다. 1910년이면 韓日합방을 한 해로 엄격히 말하면 日本 측에서 보면 조선영토라는 개념 자체가 없었을 때인데 그 속뜻을 알 길이 없다. 그리고 이 지도에 間島 일부도 朝鮮領土로 표시한 것 역시 알 수 없는 대목이다. 지도가 나오기 1년 전인 1909년 간도협약 체결로 일본이 간도를 淸國에 넘겨준 뒤인데 조선영토로 표시했다는 것은 이해할 수가 없다는 말이다.

8. '獨島=韓國땅' 日 근대 교과서와 지도 발견

2010년 8월 28일 독립기념관은 獨島가 日本의 고유영토라고 하는 주장을 반박할 수 있는 증거자료로 近代 日本 地理 교과서와 지도 등 7점을 공개했다. 이날 공개한 자료는 日本 文部省이 직접 만든 小學地理用新地圖(1905), 文部省이 검정한 日本史要(1886), 小學地理 1. 2권(1900), 오카무라 마쓰다로(岡村松太郎)가 편찬한 新撰地誌(신찬지지 1887), 오오츠키 슈지(大槻シュチ)가 저술한 日本地誌要(일본지지요 1878) 등 교과서 5권과 아오키 쓰네사부로(青木常三郎)가 저술한 分邦詳密日本地圖略(분방상밀일본지도략 1888), 東京 開成館이 제작한 標準(표준)日本地圖(1925) 등 지도첩 2권이다

그동안 日本이 독도를 고유영토라고 주장하는 가장 큰 근거는 1904년 島根縣 告示 이전에도 독도를 인지하고 實效的(실효적)으로 지배해 왔다는 것이었다. 하지만 이 날 공개된 자료에 의하여 1904년 이전에도 독도를 日本영토로 인식하지 않았음이 日本政府가 발행한 公式 圖書(도서)를 통해 확인된 것이다. (大田日報 印相俊 기자).

新 舊 韓日漁業協定과 獨島

1. MacArthur line에 이어 平和線 선포

1945년 8월 15일 日本이 무조건항복선언을 하고 9월 2일 연합국과 降伏(항복)문서에 서명한 직후 太平洋地區 美軍司令官 맥아더(Douglas MacArthur)는 占領軍司令官으로서 日本의 漁撈(어로)활동을 日本 本州 및 北海道 주변의 일정 水域에 한정하는 어업한계선, 이른바 MacArthur Llne을 선포한다는 포고령을 내렸다. 이 때 독도는 물론 이 線(선)에서 제외되었다. 이 조치는 日本의 植民支配(식민지배)가 終熄(종식)된 이후 獨島領有權(독도영유권)을 확인하는 첫 조치라고 할 수 있다.

韓國은 이 조치의 시행주체도 규제대상도 아니었지만 그 反射的(반사적) 효과를 십분 활용하여 맥아더 라인의 西쪽 경계선을 넘어와 조업하는 모든 日本 어선에 대한 漁業規制(어업규제)와 拿捕(나포)를 강행하였다 그 후 센프란시스코 對日강화조약이 성립되어 연합군총사령부의 限時的(한시적) 조치였던 맥아더라인은 1952년 4월 28日字로 폐기되었다. 이에 韓國은 트루만 미국대통령의 大陸棚(대륙붕)선언과 南美제국의 잇따른 沿岸海(연안해) 管轄(관할)선언의 先例(선례)에 따라서 周邊(주변 隣接 인접) 水域에 대한 主權的 管轄權(관할권)을 선언하였다. 이른바 平和線宣言(일명 이승만라인)이다. 1952년 1월 18일 한국이 선포 시행한 이 대한민국 隣接海洋(인접해양)의 주권선언은 형식상 반드시 日本만을 대상으로 한 조치는 아니었지만 실질적으로는 센프란시스코 강화조약의 發效(발효)로 인하여 폐기된 맥아더라인 대신에 日本어선을 규제하겠다는 의도가 있었기 때문에 日本은 이에 강력히 반발하였다. 더욱이 평화선 안쪽 水域에는 독도가 있었기 때문에 독도 영유권에 관한 한국과 日本 간의 公式的인 분쟁을 觸發(촉발)하는 始發點(시발점)이 되었다.

2. 韓日漁業協定의 볼모가 된 平和線?

韓國과 日本은 1952년 2월부터 兩國 간의 관계를 정상화하고 懸案(현안)문제들을 해결하기 위한 韓日會談을 계속하여왔으나 接點(접점)을 찾지 못하다가 1960년 이후 朴正熙政權 들어 合意 타결을 위한 韓國 측의 획기적인 노력과 대폭적인 양보로 1965년 6월 22일 韓日회담이 시작된 지 14년 만에 비로소 韓日基本關係協約(한일기본관계조약)과 함께 韓日漁業協定(한일어업협정)을 체결하게 되었다. 日本은 韓日어업협정의 타결로 平和線宣言(평화선선언 일명 이승만라인)을 실질적으로 배제할 수 있게 되었다. 이는 日本 어선들이 과거의 平和線을 넘어 韓國沿海(연해)에서도 조업을 할 수 있게 되었다는 것을 의미한다. 즉 한국과 日本은 각국 연안 12海里를 漁業專管水域(어업전관수역)으로 하고 이 水域 안에서는 그 沿岸國이 專屬的(전속적)으로 어로활동을 하는 것으로 하되 그 밖의 水域에서는 사실상 '公海自由의 原則'에 입각한 자유로운 어로를 보장받게 된 것이다.

결과적으로 보면 평화선 밖에서 漁業專管水域(어업전관수역)을 뺀 나머지 바다의 막대한 漁業資源(어업자원)을 팔아넘겼다는 비난을 듣는 이유이기도 하다. 그리하여 賣國條約(매국

조약)이라고 규탄하는 격렬한 시위가 일어나 한 때 政局은 昏迷(혼미)상태에 빠졌었다. 이른바 6. 3 사태다. 실제로도 이 때 日本은 쉽게 말해서 우리가 바다를 양보한 代價(댓가)로 無償資金(무상자금) 3억불과 정부차관 2억불, 상업차관 3억불을 供與(공여)함으로서 그 代金을 목돈으로 받아낸 것이다.

3. 日本의 獨島문제 提起를 源泉的으로 封鎖(봉쇄)

당시 朴正熙정권은 全國的으로 새마을 운동을 전개하여 일단 絶糧期(절량기)의 대명사인 보리고개를 해결했으나 다음 단계로 계획하고 있는 경제개발에 필요한 産業化(산업화)자금이 없는 상태에서 平和線을 擔保(담보)?로 하여 그 자금의 일부를 조달하게 된 것이다. 이에 자발적으로 감수한 것과 다름없는 명백한 불평등 조약인 韓日어업협정을 체결, 그 댓가로 얻어낸 자금을 種子(종자)돈으로 産業化의 기반을 구축하게 되었던 것이다. 오늘날의 경제적인 번영을 일구어내는 데 그 나름의 역사적인 역할을 수행했다고 대내외적으로 평가받고 있는 이유이다.

그리고 여기서 또 하나 짚고 넘어가야할 것은 65년 조인된 어업협정의 諸(제)文書 어디에도 독도문제에 대한 직접적인 언급은 단 한 마디도 들어가지 않았다는 사실이다. 이는 1957년 회담 재개 이후 65년 조인하기까지 사이에 독도문제가 議事錄(의사록)에 남을 정도의 公式 議題(의제)로 제기된 적이 단 한 번도 없었다는 말이기도 하다. 日本측은 당초 이 문제를 明記(명기)할 것을 고려하여 그것을 위한 日本案(안)을 만들어 제기하려고 하였으나 한국 측은 어느 面으로 보나 검토할 필요조차 없는 한국의 固有領土이기 때문에 議題(의제)

에 포함시킬 수 없다고 거부하였던 것이다. 당시 日本 언론은 협정조인 당일(65. 6. 22.) 시이나(椎名悅三郞)·李東元 두 외상의 密室(밀실)회담에서 독도문제의 처리방식도 合意를 보게 될 것이라는 추측기사를 내보내고 있었다. 합의의 내용은 제 문서 가운데 '분쟁의 평화적 처리에 관한 교환公文', 즉 '양국은 別段(별단)의 합의 없이 분쟁은 양국이 합의하는 절차에 따라서 해결을 圖謀(도모)함'의 적용대상에 독도문제를 포함시켰다고 보도한 것이다. 그러나 그 직후 李東元 외무장관은 국회에 출석하여 "독도문제는 분쟁의 대상이 아니므로 交換公文(교환공문)의 적용 대상이 아니다"라고 언명함으로서 회담에서 독도문제에 관한 어떠한 합의나 언급도 없었다는 것을 확인시켜주었다.

4. 韓半島 주변 漁業環境(환경) 변화로 協定 改正論 대두

이 協定 妥結(타결) 이후에 한국어선의 裝備(장비)와 技術(기술)이 전반적으로 향상되었으며 정부의 지원을 받아 急伸張(급신장)한 遠洋(원양)어업은 대형 트롤어선단을 구성하여 北태평양을 중심으로 출어, 1976년도에는 명태 대구 가자미 등 무려 46만 2천t의 어획고를 기록하였다. 그러나 北태평양에 진출했던 한국의 원양어선단은 1977년 3월 소련과 미국의 200海里 漁業保存水域(어업보존수역) 선포와 그 시행에 따라 이 수역에서 축출 당하게 되었다. 그 후 이들 트롤어선단이 北海道 주변수역 어장으로 대거 몰려들게 되면서 이번에는 日本 어민들의 강력한 반발에 부딪혀 韓日 양국 간에 어업분규로 飛火(비화)하게 되었다. 그것은 당시 한국 어선들이 日本이 설정한 트롤어선 操業禁止線(조업금지선)안으로까지 진입

하여 조업한 데서 발단이 되었다. 韓日漁業協定上 日本측 수역에는 共同規制水域(공동규제수역)의 범위를 특별히 정한 바가 없었음으로 당시 日本정부가 北海道 주변수역에 설정해놓은 트롤어선 조업금지선은 한국 어선에게는 公海自由의 원칙이 적용되는 公海水域일 뿐이었다. '한일어업협정 합의의사록' 제8항에는 체약국 간 국내 어업금지수역 등을 상호 존중토록 하는 합의가 있었기 때문에 韓國과 日本 측의 각 국내금지조치의 내용들이 명시되어 있었으나 여기에 이 北海道 트롤어선 조업금지선은 포함되어 있지 않았다. 말하자면 韓國 트롤 어선단의 北海道 주변수역에서의 조업은 한일어업협정上으로 보면 適法(적법)한 것이었다. (大韓民國과 日本國間의 漁業에 關한 協定에 對한 合意議事錄 第8項 水産廳漁業振興官室. 漁業協力協定集 1989 1. 24쪽).

5. 操業自律規制조치로 우선 協定 補完(보완)

그러나 79년 日本 어민들의 극심한 반발이 끝내는 폭력화하여 돌과 화염병으로 한국 어선의 조업을 저지하는 무로랑 사건이 발생하였다. 처음에는 이 문제를 民間차원의 협의로 조정하려고 시도했으나 결국은 정부 간 교섭으로 넘어가게 되었다.

1978년 10월부터 1979년 12월까지 진행된 양국 간의 협의 결과로 한국은 이른바 '操業自律規制案(조업자율규제안)'을 日本에 제시하였으며 이 안을 기초로 1980년 10월에는 양국 간의 합의가 이루어졌다 이 협의의 내용을 보면 한국 측은 北海道 주변수역 어장에서 한국어선의 조업을 위한 수역범위, 조업시기 및 어선척수 등에 관한 자율적 규제를 실시하고,

日本측은 日本어선의 제주도 주변수역에서의 조업에 대해서 이에 상응하는 자율적 규제를 실시한다는 것이었다. (北海道周邊水域에서의 操業 自律規制에 關한 往復書翰(왕복서한) 및 濟州道周邊水域 操業 自律規制에 關한 往復書翰 1980년 11월 1일~1983년 10월 31일).

이 상호 자율규제조치는 그 이후 北海道에서 한국어선의 조업금지구역을 추가하고 제주도에서 日本어선의 규제수역 범위를 확대하는 등 약간의 내용을 수정 보완하여 3년 마다 연장해왔다. 말하자면 한일어업협정 규정上의 조업자율규제 조치란 변화된 어업환경에 따른 협약내용의 일부 보완조치라고 할 수 있다.

6. 協定 改正의 목소리 점차 높여

韓國과 日本의 어업협력 관계에 있어서 한일어업협정은 당초 한국에 일방적으로 불리한 불평등조약으로 출발하였으나 변화하는 어업환경에 부응하지 못했으며 어업협력을 위한 법적체제로서는 불완전하고 불합리하다는 것을 뻔히 알면서도 하나의 現狀維持的(현상유지적) 상황을 지배하는 기본적인 조약으로서 그 효력이 유지되어 왔던 것이다.

200해리 排他的(배타적) 경제수역이라는 새로운 관할 水域 제도가 점차 國際慣習法(국제관습법) 上 확립된 제도로 받아들여지고 종래에 公海로 관리되던 수역에 대하여 연안국의 책임과 권리를 점차 확대해가는 세계적인 추세가 顯著(현저)해진 1970年代 후반 이후에 한국과 日本 간에는 현재의 한일어업협정 대신에 東海의 어족 자원을 보존 개발 관리하기 위한 새로운 체제를 도입해야 한다는 當爲的(당위적)인 명제가 중요한 정책과제로 擡頭(대두)되기에 이르렀다. 이 협약에 가입 批准(비준)하여 200海里해리 배타적 경제수역제도를 국내입법으로 실시해야 되는 시기에 이르게 되자 양국 간의 다른 예민한 문제들을 회피시켜주기 위해서 불완전하고 불합리한대로 한일어업협정을 존속시켜야 한다는 默示的(묵시적) 양해는 그 입지가 점차 좁아들게 되었다. 그리하여 1985년 한일어업협정을 개정해야한다는 當爲性(당위성)을 韓日 양국은 모두 공감하고 이를 고려의 卓上(탁상)에 올려놓지 않을 수 없게 되었던 것이다.

본래 한일어업협정은 한국에 대한 日本의 일방적 요구로 타결된 불평등조약이었다는 점을 앞에서도 지적한바 있거니와 어업환경의 변화에 따라 韓日 간의 입장이 이처럼 顚倒(전도)된 것은 누구도 미처 예상치 못했던 역사적인 아이러니가 아닐 수 없다.

7. 日本, 韓日어업협정 改正을 公式 요구

1994년 2월 日本은 한일어업협정의 改正을 한국 측에 公式的으로 요구하였다. 이에 대해 한국은 65년 체제의 틀과 정신은 계속 유지되어야 한다는 상당히 留保的(유보적)인 입장을 堅持(견지)하면서 1996년 5월부터 한일어업협정 개정을 위한 첫 실무자 협상을 시작한 이래 1997년 말까지 모두 10차례의 회의를 열어 현안들을 논의하였다. 협상 劈頭(벽두)부터 양측은 양국 본토 연안에 일정한 어업專管(전관)수역을 두는 문제를 논의하였는데 200해리시대의 沿岸國主義(연안국주의)를 바라는 日本측에서는 80해리를, 가급적 기존 어업체제의 유지를 원하는 한국 측은 接續水域(접속수역)개념을 도입,

24해리를 각각 주장하였다. 양측은 이와 같은 두 나라간 주장의 차를 좁혀나가는 문제와 排他的漁業水域(배타적어업수역)의 경계선이 있으면 어업협정 체결이 보다 容易(용이)해질 것이라는 전제下에서 실무자 회의와 병행하여 1996년 8월부터 1997년 11월 말까지 별도의 회담을 열어 배타적 경제수역의 경계획정을 위한 실무협의를 계속 진행하였다.

8. 日, 잠정적 共同管理(공동관리)水域 설치 제안

한국 측이 독도를 무시하고 울릉도와 日本의 隱岐島(오끼노시마)와의 사이의 중간선으로 잠정적 배타적 경제수역의 경계선을 일단 劃定(획정)하고 어업문제를 논의하자는 데 대하여 日本 측은 그렇게 되면 독도가 한국의 배타적 경제수역 안에 들어가게 됨으로 반대했다. 이는 당시 실무자 회의 수석대표인 尹炳世 심의관의 증언으로 밝혀진 이야기다. 日本측은 그 대신 한국의 北方한계선인 북위 38도 37분 以南과 東經(동경) 134도 以西에 독도 주변水域을 포함하는 暫定的(잠정적) 共同管理(공동관리)水域을 설치하자고 제안하였다. 日本은 日 中간 분쟁 島嶼(도서)인 尖閣(센가쿠)列島/釣魚臺(조어대)의 처리방식과 같이 東海와 濟州道 南쪽 水域에 잠정적 合意水域을 설치하자고 韓國측을 적극적으로 설득했다고 한다..

9. 署名단계에서 돌연 舊(구) 協定 破棄(파기)宣言

이 문제(잠정적 合意水域)를 두고 熟議(숙의)를 거듭하던 한국측은 1997년 10월 東京에서 열린 실무자회의에서 日本측이 주장하는 잠정적 合意水域안을 원칙적으로 받아들이면서 협상은 결정적인 전기를 맞게 되었고 독도는 울릉도와 日本의 오키島와 함께 중간수역에 들어가게 되었다. 이후 협상은 급속도로 진전되어 1997년 연말에는 중요한 문제가 모두 해결되어 협정의 서명단계에까지 이르게 되었다.

그런데 日本정부는 自國어민들이 반발한다는 이유로 협정 채택을 미적미적 계속 미루어오다가 1998년 1월 28일 돌연 33년간이나 존속해온 기존의 한일어업협정을 파기하겠다고 한국 측에 통고해왔다. 때마침 한국에서는 정권 인계인수와 국제통화기금(IMF) 換亂(환란)사태로 극도로 어려운 시기에 처해있는 상황에서 이런 突發變數(돌발변수)를 만나게 된 것이다. 우리의 위기 상황을 看破(간파)하고 자신들이 확보한 유리한 高地를 지렛대삼아 적극적인 공세로 전략전환을 하게 된 것이다. 일찍이 "국제관계에는 도덕적 요소가 없다."고 선언한 이른바 明治維新(명치유신)기의 사상가 후꾸자와(福澤諭吉)의 말 그대로 그들에게 國家利益이라는 命題(명제)는 절대적이었고 피도 눈물도 없었다.

10. 한국의 外換危機 이용, 국가이익 극대화 노려

1998년 4월부터 다시 시작된 어업협상은 서울과 東京를 오가며 전 후 7차에 걸친 실무회담 끝에 1998년 9월 25일 양측 실무자간에 (新)韓日基本協定의 골격이 완성되어 그 타결을 보게 되었고 10월 초 金大中 대통령의 訪日기간에 맞춰 최종적인 협정 문안이 채택되었다. 그런데 이 어업협정에는 이전에 알려졌던 것과는 달리 東海에서 양국의 배타적 경제수역의 범위가 현저하게 늘어나는 대신, 中間水域이 대폭 축소되었는데 그 속에 독도가 들어가게 되었다. 1997년 말에 타결단계에서 파기된 어업협정案(안)에서는 東海 中間水域은 원래 本土 연안에서 34해리 내지 35해리의 專管(전관)水域을 설치하여 최소한의 沿岸國主義를 살리고 그 以遠(이원)의 양국간 광대한 東海 中央部에 旗國主義(기국주의)에 기초한 기존의 한일어업협정체제를 유지하려는 타협적인 産物(산물)이었으나 1998년 4월부터 9월까지 재개된 협상에서는 울릉도 35해리 中間水域 接點(접점)에서 北쪽으로 그은 선 以西의 한국 측 水域과 오키島 35해리 中間水域 접점에서 北東쪽으로 그은 선 以南의 日本 측 水域을 中間水域에서 제외하여 각국의 배타적 경제수역으로 삼기로 合意함으로써 그 범위가 전보다 대폭 늘어나게 된 것이다. 이로 말미암아 독도만이 中間水域에 들어가게 되었고 日本이 원하던 연안국주의가 한층 더 반영되게 된 것이다. 日本측은 獨島문제 때문에 경계 획정이 어려워 UN 해양법협약 제74조 3항에 의해서 실제적 성격의 잠정적 조치(provisional arrangement ln a practical nature)를 이루어낸 것으로 이해하여 우리처럼 中間水域이라 부르지 않고 잠정수역이라 부르고 있다. 독도가 분쟁상태에 있다는 것을 드러내 보이려는 의도가 반영된 결과라고 할 수 있을 것이다. 연안에서 35해리 정도의 어업中間水域 以遠(이원)의 海域(해역)에서 가급적 旗國主義(기국주의)에 의한 기존의 어업협정체제를 유지하려는 한국 측 주장과 독도를 中間水域 내지 잠정수역에 넣음으로서 독도 영유권 분쟁을 旣定事實化(기정사실화)하고 좀 더 유리한 입장에 서려는 日本의 주장이 맞서 서로 밀고 당기고 하던 끝에 결국 IMF 환란으로 日本의 經濟協力(경제협력)이 절대적으로 필요한 상황에서 金大中 대통령의 訪日 시점에 맞추어 협상을 서두르는 과정에서 우리가 코너로 밀리면서 이런 결정적으로 불리한 타협의 産物

이 나오게 된 것이다. 65년 협정 때도 그랬지만 이번에도 우리가 피치 못할 경제적 위기에 처해 있을 때 다시 바다를 담보로 위기 국면을 벗어난 셈이 되었는데 이번에는 바다뿐만 아니라 '韓民族의 自尊心'이 걸려 있는 독도영유권까지 毁損(훼손)하는 二重의 피해를 감수하게 된 것이다. (李相冕 新韓日漁業協定上 中間水域 問題 國際法學會論叢 第43卷 第2號 通卷 第84號 145~146쪽).

11. 虛點(허점)과 양보, 論理的 오류로 얼룩진 협정

오랜 진통 끝에 타결된 (新)韓日漁業協定의 내용을 분석해 보면 협정의 타결을 위한 최종단계의 협의에서 西쪽 경계선의 개념이 갑자기 도입된 점과 北쪽 경계선의 개념을 초월해서 大和堆(대화퇴)의 상당부분을 中間水域에 포함시킨 점 등은 日本측 입장에서 보면 상당한 양보라고 할 수도 있을 것이다. 그 중에도 東쪽 경계로, 동경 135도를 완강히 주장하던 日本이 이를 동경 135도 30分으로 합의한 것은 그 쪽에서 보면 파격적인 양보로 볼 수도 있을 것이다. 그러나 이것들은 성질상 지엽적인 範疇(범주)에 속하는 문제들이다. 반면에 협정의 합의로 앞으로 한국이 羈束(기속)받게 될 내용에는 심각한 문제가 내포되어있기 때문에 이 협약의 타결을 비판하고 우려를 표하는 것이다. 다시 말해서 독도 영유권 문제에 관하여 한국정부의 기본정책에는 중요한 오류가 內在되어 있다는 말이다. "독도는 명백한 한국의 領土이며 日本의 어떠한 주장에도 불구하고 領有權 문제는 협상의 대상이 될 수 없다."는 것이 누차에 걸쳐 천명한 한국정부의 일관된 외교정책 基調(기조)이다.

그래서 한국정부는 이러한 정책을 固守(고수)하는 전략적 방편으로서 "獨島는 명백한 歷史 地理的 근거에 의하여 한국의 영토임이 분명하고 현재도 한국이 平和的이고 지속적으로 이 섬에 대하여 領土主權을 행사하고 있는 만큼 獨島에 관한 한 영유권 분쟁과 같은 것은 존재하지 않는다."라고 하는 입장을 취하고 있다. 더 나아가서는 어떤 경우라도 독도 문제에 관한 日本과의 영유권 분쟁의 존재를 인정하는 것은 한국의 독도에 관한 法的 地位를 毁損(훼손)하는 것으로까지 看做(간주)하고 있다는 것이다. 그러나 논리적인 오류는 바로 여기서 부터 비롯되고 있다.

12. 領土主權의 客觀性 毁損(훼손)하는 회피적 행위

영유권 분쟁의 존재를 인정한다고 해서 특별히 한국의 독도에 관한 법적 가치가 훼손되는 것도 아니며 객관적으로 독도문제에 관한 日本과의 영유권분쟁은 이미 존재하고 있는 것이다. 이것을 부정하고 있는 것은 한국정부 뿐이다.

객관적인 제3자가 볼 때 한국정부의 독도 영유권 분쟁에 관한 이러한 태도는 대단히 객관성을 결여한 不合理하고 不安定한 것이라고 비판받을 수 있다 만일 이러한 한국정부의 回避的(회피적)인 행위가 축적되는 경우에는 한국의 영유권 주장 자체의 객관성마저도 훼손하게 되는 것이다.

한국정부의 이 같은 논리적 오류에 起因(기인)한 이번 (新)한일어업협정의 회피적인 타결이 독도에 관한 영유권 주장의 穩全性(온전성)과 일관성을 훼손하는 결정적인 상황으로 확정되어가고 있다고 보는 것이다.

객관적으로 독도문제에 관한 한 韓國과 日本 간에는 영유권 분쟁이 존재하고 있다. 東海의 孤島(고도)인 독도에 대해서 영유권 분쟁을 일으키고 있는 측은 日本이며 穩全(온전)한 主權的 權原(legal title of the territorial sovereignty)을 계속적으로 위협받고 있는 쪽은 한국이기 때문에 이러한 日本의 주장을 배척하고 부인하기 위하여 한국은 필요한 모든 노력을 다 할 수 있고 또 다 해야 하는 것이 정당한 主權的 管理者(주권적 관리자)로서의 當爲(당위)라고 할 수 있다.

13. 日本側에서 보면 다께시마 주변 12海里도 된다.?

이번 협정을 지지하는 학자들은 독도 영유권 문제가 이번에 타결된 合意에서는 기술적으로 회피되었으며 따라서 이 협정의 타결로 인하여 한국의 독도 領有權은 조금도 훼손되지 않았고 또 않는다고 설명하고 있다. 이 협정 어디에도 독도는 언급되어 있지 않으며 이 협정의 本文에서 그 적용 대상 水域을 兩 체약국의 排他的(배타적) 經濟水域(경제수역)으로 한다고 明示함으로 써 독도 주변 12해리의 領海(영해)는 논리적으로 中間水域에서 제외되어 있다는 설명까지 곁들인다.

그러나 논리적으로 獨島 주변 水域 12해리는 日本의 見地에서 보면 다께시마(竹島) 주변 12해리가 되기도 하는 것이다. 中間水域 속에, 이러한 위치에 이 섬을 두는 한, 獨島가 韓日간의 '中間水域에 관한 合意' 내용 중에서 제외된 것은 아니다. 즉 領有權 분쟁은 이 合意 내용 속에 양측의 중요한 意志로 남아 있는 것이며 다만 기술적으로 糊塗(호도)되고 있을 뿐이다. 日本은 이제 '(新) 韓日漁業協定'의 條約法的(조약법적) 羈束力(기속력)을 빌미로 하여 원하는 시기에 원하는 方式으로, 한국의 主權的 權原(주권적 권원)을 부인할 수 있게 되었다. 독도에 대한 執拗(집요)한 영유권 주장을 늦추지 않고 있는 日本으로서는 앞으로 中間水域에서의 자원관리 조치 과정에서 필연적으로 이러한 意志가 표출될 것으로 예상되고 있다고 본 것이다..

14. 獨島를 座標도, 이름도 없는 無存在로 만들어

또 한국 측은 獨島의 영유권이 훼손되지 않았다고 스스로 강변하고 있는데 독도를 아무런 명칭이나 위치 표시조차 없이 中間水域에 들어가게 함으로서 그 지위가 더욱 曖昧模糊(애매모호)해졌다는 지적까지 받고 있다. 獨島가 UN 해양법협약 121조 3항에 해당하는 도서라는 이유로 독도 주변의 35해리 잠정적 接續管理水域(접속관리수역)을 포기해 버린 것이다. 그것은 한국정부가 獨島는 無人孤島(무인고도)로서 인간이 거주할 수 없고 독자적인 경제활동을 유지할 수 없는 '암석덩어리'에 불과함으로 그 자체의 EEZ를 갖지 못한다고 보고 있기 때문이라는 것이다.

그러나 전문학자들은 UN해양법협약 121조 3항에 대한 한국정부의 이러한 自己制限的(자기제한적)인 해석은 法的으로 정확하지도 못할뿐더러 정책적인 측면에서는 명백히 어리석고 국가적 意志와 일관성을 훼손하는 위험하기 짝이 없는 발상이라고 비판하고 있다.

15. 65년 協定과는 근본적으로 다른 法的構造(법적구조)

또 정부 측 학자들은 (新)한일어업협정에 있어서 독도문제를 회피한 것은 1965년 韓日어어업협정에서 독도문제를 언급하지 않았던 것과 동일하며 따라서 이 새로운 어업협정으로 새삼스럽게 한국의 독도에 관한 영유권이 훼손되는 일은 없다고 설명하기도 한다. 독도의 영해 외측인 中間水域에서 日本어선이 조업할 수 있게 된 것은 1965년 어업협정에서도 마찬가지라는 주장을 하고 있는 것이다.

그러나 이러한 설명은 명백히 모두 사실과 다르다.

1965년 어업협정에서도 獨島문제는 당연히 중요한 논점으로 다루어졌다 그러나 당시 日本의 당면과제는 한국이 선포한 平和線의 除去 내지 무효화에 있었으며 독도문제에 집중되어 있지는 않았다. 1965년 당시 韓日기본관계조약과 어업협정에 부수해서 타결된 '분쟁의 해결에 관한 交換公文(교환공문)'에 獨島문제가 明文으로 포함되는 것이 저지된 것은 한국 측의 外交的인 성과로 지금까지도 높이 평가되고 있다.

다시 말해서 기본적으로 1965년 어업협정의 法的構造(법적구조)는 '公海自由의 원칙'에 의거한 公海어업의 구조로서

1998년의 (新) 한일어업협정이 排他的經濟水域(EEZ 배타적경제수역) 제도에 의거한 '沿岸國(연안국)의 主權的 관할권'下에 있는 어업제도'와는 근본적으로 다른 것이다.

당시 불평등한 모습으로 규정된 1965년 어업협정의 공동규제수역은 韓半島 주변수역에 대해서만 확정되어 있었고 獨島는 이 공동규제수역 범위에는 포함되어있지 않았었다. 따라서 1965년 한일어업협정에 근거한 독도 12해리 外側(외측)수역의 法的 성격은 명백히 公海였는데 반해서 1998년 (新) 일어업협정 上 獨島 12해리 외측 수역의 法的 성격은 기본적으로는 배타적 경제수역이나(물론 兩國은 主觀的으로 모두 自國의 主權的 管轄관할 下에 있는 EEZ로 주장하거나 또는 그렇게 인식할 것으로 예상되지만) 앞으로 韓日 간에 합의된 中間水域에서의 자

원관리 방식에 따라서 그 구체적인 法的 성격이 결정될 수역이다. (金榮球 海洋大. 새 韓日漁業協定의 問題. 市民과 辯護士 1998年 11月號 48~49쪽).

16. 大陸棚(대륙붕) 上部水域도 포기하는 法的無知

이번 어업협정에서 정부가 우리의 潛在的(잠재적) 권리를 버린 예는 獨島 말고도 하나가 더 있다. 그것은 제주도 南쪽에 있는 韓日 대륙붕공동개발구역 上部水域이다. 배타적 경제수역은 대륙붕과 上部水域을 포함하는 개념이기 때문에 대륙붕공동개발구역에 2分의 1 지분이 있으면 그 上部水域에서도 일정한 권리를 주장해야함에도 불구하고 정부는 上部水域에서는 중간선이라는 거리 개념에 의해서만 경계를 획정하는 것이라는 日本의 주장을 그대로 받아들여 먼 훗날 대륙붕 공동개발구역도 역시 거리개념으로 획정하게 될 위험에 빠져 급기야는 그 대부분을 잃게 되는 法的無知가 부른 失策(실책)을 저지르게 된 것이다.

'권리 위에 잠자는 자는 보호받을 자격이 없다.'는 法諺(법언)도 있거니와 자기나라에 있는 잠재적 권리도 모르고? 내버리는 우리 정부의 이 같은 실책으로 먼 훗날 우리의 후손들이 아무리 변명을 한다 해도 原狀으로 되돌아갈 수 없게 될 것이다. 한 사람의 無知(무지)는 그 사람이 죽는 것으로 끝난다고 할 수 있겠으나 우리 정부가 지금 저지르고 있는 法的 無知(법적 무지)로 인한 실책은 이 나라가 영속하는 한, 우리와 우리 후손들이 그 직접적인 영향을 받게 되는 것이다. 舊(구)韓末 우리의 선조들은 國際法(국제법)을 몰라서 領海(영해) 3해리 이내의 漁業權(어업권)을 日本人들과 共有(공유)케

함으로써 우리 民族의 가슴에 恨(한)을 남겼거니와 지금은 독도를 中間水域 안에다 두고 바로 前日의 그 日本人 후예들과 그 水域을 공동으로 관리하는 행위에다 제주도 南쪽 공동개발구역의 上部水域 대부분을 저버리는 어리석은 행위로 해서 無辜(무고)한 國民들의 가슴에 또다시 恨(한)을 심게 된 것이다.(李相冕 排他的 經濟水域 抛棄하는 行爲. 銳角分析/獨島지켜야한다. 現代海洋 1998. 12).

17. "中間水域의 法的 性格 公海와 같다고 强辯

위에서 (新)韓日漁業協定 체결로 독도 領有權 훼손을 우려하는 두 학자의 비판적 견해를 들었거니와 獨島가 들어있는 中間水域의 法的性格은 公海와 같은 것이어서 그런 우려는 일어나지 않을 것이라고 政府측 입장을 대변하는 慶熙(경희)大 金燦圭(김찬규)교수의 주장을 한 번 들어보기로 하자. 그는 자신의 <새 韓日漁業協定에 대한 槪觀(개관)>(市民과 辯護士. 緊急診斷/韓日 漁業協定)에서 이같이 말하고 그 이유에 대해 海洋生物 자원의 보존조치는 주로 公海에서 필요하다는 사실과 中間水域에서의 보존 조치는 양국이 개별적으로 취하게 되어있다는 사실, 그리고 위반선박의 단속에 대해서는 旗國主義가 채택되고 있다는 사실 등을 勘案(감안)할 때 그렇다는 것이다. 그러면서 독도가 中間水域에 들어감으로 해서 기존의 法的 상태에 어떤 변동이 일어난 것 같지는 않다며 다시 앞서 말한 그 法的 성격 때문이라고 되풀이해서 주장하고 있다. 공동관리수역과 中間水域에 적용되는 공동관리라는 개념이 獨島 및 그 領海에 投射(투사)될는지 모른다며 獨島의 기존의 法的 상태에 변화가 왔다고 보는 視覺(시각)에 대해서는

錯覺(착각)에 불과하다고 한마디로 잘라 말했다. 協定上 中間水域은 共同管理 水域이 아니라 公海로서의 性格을 가지고 있기 때문이라고 했다. 그렇지 않아도 협상과정에서 中間水域의 法的 성격을 두고 공동관리 수역으로 하자는 日本측 제안이 있었으나 그렇게 할 때 共同管理라는 개념이 獨島 및 그 領海에까지 영향을 미처 獨島領有權에 연쇄적인 영향을 줄지 모른다는 점을 우려한 우리 측의 강력한 반대로 日本측 주장은 철회되고 말았다는 것이다. 그리고 이번 기회에 獨島가 우리 領有임을 명백하게 하지 못한 것을 아쉬워하는 견해에 대해서는 易地思之(역지사지)의 지혜가 필요하다며 日本이 만약 그런 시도를 했을 때라면 그것이 과연 관철될 수 있었을까 하는 점이 그것이라고 反語的으로 猶豫(유예)하는 듯한 결론 아닌 결론을 내리고 있다. 게다가 자신들의 입장을 보다 강화하기 위해서 정부 측 협정안을 이끌었던 일부 학자들이 (新)어업협정과는 아무런 法的 관련이 없는 英佛간의 漁業분쟁 엥끼에 엥끄레오 사건을 인용했다는 사실이 밝혀지면서 獨島의 中間水域 포함이 갖는 의미를 다시 보는 계기를 갖게 되었다. 즉 독도본부가 주최한 제3회 독도위기 학술토론회에서 이 문제(엥끼에 엥끄레오)를 주제로 발표한 학자들이 한결같이 이 사건과 (新)한일어업협정과는 아무 관련이 없다고 주장하고 있다. 그 중에도 당시 ICJ 재판관이기도 했던 李章熙교수(外大 國際法)는 "英佛 어업조약에서 (新)한일어업조약과 같은 성격의 水域이 만들어진바 없다."는 주제 발표를 통해서 두 조약은 우선 지리적 여건이 다를 뿐만 아니라 분쟁 당사국의 입장과 역사적 조건도 완전히 다르기 때문에 엥끼에 에끄레오 케이스에서 판시한 일부 구절을 독도 사례에 平面的으로 대입하여 획일적으로 적용하려 한다면 '法理(법리)의 왜곡'을 가져오게 될 것이라고 비판하고 있다.

풀리지 않는 수수께끼 그 안팎

바로 앞 절에서 筆者는 斯界(사계) 전문학자의 말을 빌어 자기나라의 잠재적 권리도 저버린 정부정책에 대해서 法的無知가 낳은 참사라고 辛辣(신랄)하게 비판한 바 있다. 그리고 이런 실책으로 인해 입는 국익의 훼손이 일개 학자의 오판으로 저질러졌다면 그 한 사람의 죽음으로 끝날 수 있겠지만 한 정부의 잘못으로 저지른 실책은 국가가 영속하는 한 當代를 넘어 먼 훗날까지도 無辜(무고)한 후손들의 가슴에 恨을 심게 될 것이라고 말하는 대목에 이르러서는 나도 모르게 울컥 가슴이 메어 지는 것 같은 아픔을 느꼈다.

엄격한 논증을 필요로 하는 논설문을 쓰면서 개인적인 감정 排泄(배설)을 하는 것은 격에 안 어울리는 自己矛盾이라고 할는지 모르겠으나 특히 현실적인 國家利益이 걸린 국제관계에 있어서는 신중에 신중을 기하여 앞서 본 (신)한일어업협정에서처럼 차세대에게 짐을 지워주는 後遺症(후유증)을 남겨서는 안 된다는 점을 강조하기 위해서 조약체결 당시의 상황을 되짚어본 것이다.

다시 본론으로 돌아와 그러고도 여전히 남는 의문은 당시 정부는 도대체 왜 그랬을까 하는 것이다. 앞에서 본바와 같이 당시 정부도 한다하는 유수한 國際法학자들을 협상에 투입한 것으로 알고 있는데 그들이 과연 法을 몰라서 그리 했을까? 아니면 알고도 정치논리에 떠밀려 그리했을까 아무리 생각해보아도 풀리지 않는 수수깨끼 같은 疑問(의문)이 느껴지는 대목이다.

1. 換亂으로 핀치에 몰린 한국의 急所를 찌르다

협상과정을 다시(이원 되돌아보면 "沿岸으로부터 35해리 漁業中間水域 以遠(이원)의 해역에서 가급적 旗國主義(기국주의)에 의한 기존의 어업협력 체제를 유지하려는 한국 측 주장과 獨島를 中間水域 또는 잠정수역 안에 넣음으로써 獨島 영유권 분쟁을 기정사실화하고 좀 더 유리한 고지에 서려는 日本의 주장이 처음에는 팽팽하게 서로 맞서 밀고 당기고 하다가 결국 IMF 환란을 당하여 日本의 경제협력이 절대적으로 필요한 時點에서 金大中 대통령의 訪日에 맞추어 협상을 서두르는 과정에서 결국 우리가 밀리면서(밀릴 수밖에 없는 상황이었지만) 이 같은 일방적인 타협이 이루어진 것으로 보인다."는 것이 객관적인 시각이다. 민감한 국가 간의 利害관계를 문서로 옮기다 보니 그래도 儀禮的(의례적)인 언어를 구사할 수밖에 없었겠지만 좀 더 솔직하게 수식어 때고 직설적으로 말하자면 日本측 입장에서는 "내 돈 주고 獨島 四圍(위)의 바다를 사는 것인데 그 效果를 극대화하려는 것은 오히려 당연하다는 생각이었을 테고 한국 측은 "아무튼 우선 급한 불은 끄고 보자는 乙의 입장이니 이 정도라도 感之德之(감지덕지) 받아들일 수밖에 없다."고 내심으로는 생각하지 안했을까 하는 疑懼心(의구심)마저 들게 한다.

2. 30억弗이냐 30兆엔이냐 차관액 놓고 混線

그 바다를 판돈이 자그마치 30억불이라고 한다. 65年 협정 때의 꼭 10배에 이르는 큰돈이다. 물론 33년 전의 환율과 맞비교할 수는 없겠지만 아무튼 큰돈임에는 틀림없다.

그런데 또 일부에서는 그 돈이 日貨로 30조엔이라고도 한다. 어느 게 맞는 액수인지 지금으로선 확인할 길이 없다. 다만 협정 체결 시 "日本으로부터 30억불의 차관 지원을 받은 것"을 그 可視的 성과로 본다."는 돈額數의 출처를 거슬러 올라가 보면. 해양대 金榮球교수가 그의 연구논문(<新韓日漁業協定과 獨島 領有權 問題에 關한 國際法的 考察>(海大社會科學硏究論叢 6號 1998)에서 밝힌 내용이다. 그런데 後者는 円貨대출피해업체모임(줄여서 엔대모) 김성웅대표(世界越南參戰戰友韓國總聯合會會長 현재의 월남파병참전한국노병. VVK)측이 발표한 액수로 알려져 있다. 30兆円(조엔)을 기준으로 할 때 달라화로는 2,888억불, 韓貨(한화)로는 400兆圓이 된다고 계산해낸 것이다.(1998.11.28.현재) 金大中정부에서 3년 据置(거치) 2년 분할상환조건으로 차입한 IMF 상환자금 550억불(248조 3000억원)을 갚고 차기 盧武鉉(노무현)정부에 나머지 2330억 달러(151조 7천억원)을 넘겨주었는데 다음에 들어선 이명박정부가 이 사건의 진상조사를 위해 수사에 착수하자 노무현이 자살하는 바람에 '公訴權(공소권)없음'으로 종결되었다. 이상은 말하자면 (신)한일어업협정으로 야기된 후속사건의 개요인데 개인이든 국가든 돈에 관한 한 예외 없이 뒤끝이 흐리다는 것을 확인시켜준 상징적인 사건이다. 그중의 하나가 당시 문공부장관(현 국가정보원장) 박지원이 잔금 중에서 30억불(5억불은 무상, 나머지는 차관)을 대북경제협력의 일환(사실은 2000년 4월 8일 남북정상회담 개최 조건) 불법 대북지원을 한 것으로 드러났다. 이 사건에 관해서 국가정보원장 인사청문회 당시 주호영 미래통합당의원이 박지원이 서명한 북의 송호경아태평화위원회 부위원장과 공동 서명한 '경제협력에 관한 합의서'를 들어 보이며 추궁했으나 모두 위조된 가짜 합의서라는 본인의 부인으로 유야무야되고 말았다.

3. 차관 도입기회 이용, 밀수 円(엔)貨 은행 통해 방출

앞에서 나온 엔대모 金회장 측에서는 노무현 정부가 전정부로부터 넘겨받은 잔액을 모두 풀어 중소기업을 대상으로 円貨(엔화) 대출사업을 벌였는데 처음에는 이자가 싸다는 데 眩惑(현혹)되어 너도 나도 다투어 融資(융자)신청을 하였으나 실제로는 돈놀이로 暴利를 취하는 바람에 円高(엔고) 파동이 일어나 円貨를 대출한 5만여 기업이 枯死(고사)상태에 이르게 되었다는 것이다. VVK대표 김성웅씨의 경우도 예외가 아니어서 처음에 S은행으로부터 3.4%이자로 대출을 받았는데 중간에 갑자기 12.63%로 4배나 껑충 대폭 인상하는 바람에 2019년 2월 擔保物件이 公賣절차에 들어가게 되었다고 폭로한바 있다.

이에 피해를 당한 기업주들이 엔대모라는 自救的(자구적)인 단체를 구성하여 여론을 환기시킨 끝에 국회가 진상조사에 착수하여 2009년 2월 3일 국회정무위원회(위원장 김영선)주관으로 청문회를 열게 되었다는 것이다

이날 현장취재 나온 일본통신사(産業 さんぎょう 타임즈)

기자(엄재한)에 따르면 기업대출에 풀린 엔화는 IMF사태로 어려움을 겪고 있는 한국기업을 돕는다는 명분으로 배때기로 밀수입해 들여와 13개 시중은행을 통해서 방출한 것인데 그 현장을 취재하기 위해 나왔다고 취재 목적까지 밝혔다는 것이다.

한편 이날 청문회에서는 금융위원회 부위원장(주재성)의 보고와 답변을 들었는데 청문회위원들은 고사상태에 빠진 5만여 기업의 구제책으로 이들 기업들에게서 받은 살인적인 고액이자의 반환과 그 회수를 입을 모아 요구했다. 그리고 고승덕의원의 發議(발의)에 의해서 살인이자의 반환을 촉구하는 결의안을 제기하여 참석의원 전원의 찬동으로 채택하였다고 한다.

4. 어업협정 破棄(파기)해도 效力은 그대로 남는다.

그리고 3년 후인 2012년 9월 당시 새누리당 鄭夢準(정몽준) 의원이 '한일어업협정 파기와 재협상을 촉구하는 성명을 발표하여 政治圈(권)에서는 유일하게 협정 비판의 목소리가 터져 나왔다. 그의 이 같은 성명이 가능했던 배경에는 당시 정부 측에서 여론 撫摩條(무마조)로 국회의원 全員에게 로비 자금을 돌렸는데 鄭의원 한 사람만 이 돈을 받지 않아 運身의 폭이 상대적으로 여유로웠기 때문이라는 後聞이다. 과연 대한민국 腐敗(부패) 1번지의 명성?에 걸 맞는 정치인들의 민얼굴을 확인하는 순간이기도 했다.

그런데 鄭의원이 주장한 협정의 廢棄(폐기)문제는 말처럼 그리 단순치가 않다는 게 국제법적인 견해라고 한다. 즉 독도 같은 영토분쟁 지역의 경우는 국제법의 원칙에 따라 처리

되는 국가 간의 문제이기 때문에 영토문제에 관한 禁反言(estopppel)의 적용을 받게 된다는 것이다. 다시 말해서 국가가 承認(승인)했거나 默認(묵인)한 사안은 뒤집지를 못하며 설사 뒤집었다 하더라도 일단 승인 묵인한 效力은 소멸되지 않고 그대로 지속된다는 것이다. 우리가 이미 10년 넘게 묵인 또는 지켜온 조약이기 때문에 일방적으로 파기한다하더라도 日本에게 인정했던 권리는 소멸되지 않는다는 뜻이다. 그러니 속된 말로 이제 빼도 박도 못하는 現狀維持的(현상유지적) 양국관계가 지속될 수밖에 없다는 것이다. (獨島本部, 韓日漁業協定 廢棄의 딜레마 2008. 7. 22).

5. 기울어진 운동장 위의 日本과 韓國

무단히 이웃나라를 침략하고 괴롭힌 日本제국주의의 패망으로 끝난 세계 제2차대전의 책임을 묻는 센프란시스코강화조약 당시부터 한국은 조약 서명국에서 배제되었을 뿐만 아니라 그 이후 韓日관계에서 乙의 위치를 벗어날 수가 없게 되었다.

1951년 9월 8일 체결되어 이듬해 4월 28일 발효된 .동 조약은 그래서 패전국에 懲罰(징벌)을 賦課(부과)하는 일반적인 통념과는 달리 급변하는 東北亞 정세의 영향, 즉 中華人民共和國의 수립과 6. 25전쟁이라는 不可抗力的인 變數(변수)로 인하여 東西冷戰(냉전)이 可視化(가시화)되면서 과거의 적이었던 日本을 조속히 主權國家(주권국가)로 復歸(복귀)시켜 反共十字軍(반공십자군) 대열에 참여시키려는 美國에 의해서 '寬大(관대)한' 조약으로 바뀌게 되었다는 것이다. 이 과정에서 植民支配(식민지배) 근 반세기 동안 荊棘(형극)의 세월 속에서 모진

고초를 겪은 韓國民은 그에 대한 응분의 보상은 고사하고 日本에 의해서 침해되거나 무시된 利害관계조차 지금껏 해결되거나 정리되지 못하고 있는 것이다. 어느 의미에서 이는 가해자와 피해자의 위치가 顚倒(전도)되었다는 말이기도 하다. (朴進熙 戰後 韓日關係와 센프란시스코平和條約 韓國史硏究 131輯 2005.12. 4쪽).

이 때부터 시작된 美國의 日本 優先主義(우선주의)는 70여년이 지난 오늘 현재까지도 변함없이 그대로 계속되고 있다 그래서 우리는 美國의 東北亞 정책 순위에서 항상 從屬(종속)變數(변수)의 자리를 벗어나지 못하고 있다는 말이다.

6. 좌파정권이 부른 외교정책의 亂調

平和條約(평화조약) 체결 당시 비록 署名國(서명국)班列(반열)에는 들지는 못했으나 대한민국이 法統(법통)을 계승하고 있는 임시정부를 주축으로 熾烈(치열)하게 전개해온 抗日투쟁의 산 역사가 赫赫(혁혁)하게 빛나고 있는데 그 이후 연합국, 중에서도 미국으로부터 응분의 待遇(대우)를 받지 못하고 있는 데에는 앞에서 말한 바와 같이 주변정세 변화의 영향도 있겠지만 對內的으로는 외교정책의 亂調(난조), 즉 일관성이 없는 데서 오는 不確實性(불확실성)이 그 主因이 되고 있다. 그 중에도 특히 左派정권이 들어설 때마다 하루아침에 親北親中 노선으로 급선회하는 바람에 그 동안 韓美동맹을 기본軸(축)으로 하여 北核(북핵)을 머리에 인체로나마 '불안 속의 平和'를 누려오던 국민들은 자칫 잘못하면 이마저 놓쳐버릴지도 모른다는 위기의식으로 전전긍긍하고 있다.. 그리고 자유진영의 한 축이자 有事時 제2선의 역할을 맡게 될 日本과의 관계를 疎遠(소원)하게 만들어 스스로 고립을 자초하고 있다는 지적을 받고 있기도 하다. 日本이나 中國이나 美國이나 주변 열강들의 生理를 멀리는 歷史的으로, 가까이는 6. 25전쟁을 통해서 이미 알대로 다 알고 있는 우리 처지에서는 어느 한쪽으로 편향된 外交정책을 구사하기란 사실상 어렵다는 것을 너무도 잘 알고 있다. 그래서 일부에서는 그러면 親美를 하자는 거냐고 반론할는지 모르겠지만 美國과의 관계를 외면해서도 안 되지만, 할 수도 없다는 것은 아무리 부인해도 부인할 수 없는 현실 그 자체이다. 기약할 수는 없지만 韓民族의 당면과제인 분단극복을 위해서는 그 제1 당사자로서의 美國을 빼놓을 수 없기 때문이다 물론 제1당사자는 당연히 우리가 되겠지만 미국을 그리 부른 것은 통일을 하되 自由統一(자유통일)이 전제가 되어야 하기 때문이다. 이미 지난 70여 년 간 여러 측면에서 實證(실증)되었지만 自由도 없는데다 굶주리는 共産統一(공산통일)에 동의 할 수는 없지 않겠느냐는 것이다 아무리 絢爛(현란)한 구실을 갖다 붙이고 수식어를 동원한다 해도 이 같은 근본문제의 해결 없이는 한낱 말장난에 지나지 않는다는 것을 이제 평균적인 韓國人이면 누구나 다 알고 있다. 상식적인 문제인데다 너무 쉬어서 오히려 유치하다고 말하는 이른바 浪漫派(낭만파)심파(sympathizer 심리적 同調者), 그들도 속으로는 이미 다 꿰뚫어 보고 있다. 알면서도 우선 권력의 맛에 취하고 당장 눈앞의 이익에 매몰되어 벗어나지 못하고 있을 뿐이다.

7. 6.25의 惡夢 되살린 북한의 軍事카드

바로 어저께(20. 6. 16) 북한이 개성공단 안에 우리가 세운

南北공동연락사무소 건물을 폭파함으로서 친북노선의 虛構性(허구성)이 白日下 드러나고 말았다. 그리고 우리는 平和의 노래를 부르며 휴전선 일대를 개방하다시피 상징적인 군사시설, 예를 들면 전방 GP나 대북방송시설 등을 대부분 파괴하거나 제거해버려 무인지경?으로 만들어버렸는데 北은 바로 그 맞은 편 자리를 要塞化(요새화)하겠다고 군참모부가 직접 나서서 발표까지 하였다. 전쟁의 위협이 말뿐이 아닌 눈앞의 현실로 바싹 다가선 것 같은 느낌이 드는 이유이다. 마침 미국이 대선을 앞두고 있는 뒤숭숭한 시점인데다 그 時點이 공교롭게도 6. 25가 며칠 안남은 달이라 불현 듯 不吉한 예감이 드는 것은 바로 70년 전 그날 그 때의 악몽이 떠올랐기 때문일 것이다

며칠 전 '중국 쪽으로 기우는 한국'을 걱정하는 한 언론인이 과거에도 미국에는 '한국은 100% 중국으로 기울고 일본은 100% 미국으로 붙는다.'고 보는 전문가들이 있었는데 최근 들어 이런 시각이 주류를 이루어가는 듯한 불길한 조짐이 나타나고 있다면서 그 결과 현 정권 4년 내내 중국, 북한에는 도를 넘게 호의를 표시하면서도 일본에는 이와 맞먹는 똑 같은 수준의 敵意(적의)를 드러내고 있다고 그 偏向性(편향성)을 지적하고 있다.

이처럼 逆流하는 한국 내 기류에 대해 미국 조야는 격앙된 반응을 보이고 있는데 그 중에도 우리의 눈길을 끄는 대목은 親北(친북)이 곧 從北(종북)으로 바뀌는 게 아니냐 하는 우려다. 동북아를 담당했던 롤리스 전 국무부 부차관은 (이렇게 가다가는) 한국이 결국 핵을 보유한 북한에 종속될 가능성이 높다 면서 미국은 이에 대비하여 일본에 중거리 핵미사일을 배

치하여 中 北에 대응해야한다고 경고하고 있다. 그리고 전 주한미군사령관(이름은 밝히지 않음)도 "한국은 북한에 복속될 수 있다"고 말하는 등 한국인이 한결같이 우려하고 있는 그 사태를 마치 靈驗스런 영판처럼 꼭 집어내서 말해주고 있다. (조선일보 21. 2. 18일자 양상훈칼럼 지금 놀라운 얘기들이 나돌고 있다 중에서)

8. "IMF 支援을 받는 限이 있어도 獨島는 팔아넘길 수 없다."

한국이 IMF 관리체제로 진입하기 시작한 것은 1997년 말 金泳三정권 말기부터이다. 당시 林昌烈 경제부총리가 긴급자금 지원을 요청하기 위해 日本을 방문했는데 日本정부의 고위관계자는 만나보지도 못한 체 전화로 긴급자금 지원을 요청했더니 독도의 EEZ 배제를 바터(Barter)조건으로 連繫(연계)거론했다는 것이다. 이 사실을 보고 받은 김영삼대통령은 "버르장머리를 고쳐놓겠다."는 막말과 함께 "IMF 자금지원을 받는 한이 있어도 獨島를 팔아넘길 수는 없다."고 日本측 제의를 단호히 거절했다.

그러나 金大中정부들어 전기와 같은 일본 요구를 받아들이는 조건으로 1998년 11월 28일 이른바 (新)韓日漁業協定을 체결하고 日本에서는 조약 서명 며칠 만에 중의원과 참의원에서 그 批准(비준)동의안을 만장일치 속전속결로 통과시켰다. 그러나 우리 국회에서는 1999년 1월 6일 야당의 반대 때문에 여당 단독으로 不法 통과시킴으로서 좋은 대조를 이루고 있다. 國內 피해 어민들의 강력한 반발에는 눈감는다 하더라도 과연 이 협정이 어느 나라에 유리하게 체결되었는지는 미루어 짐작할 수 있을 것이다.(新韓日漁業協定 『合意議事

錄』의 의혹. 鄭濬 정준 憲政會 安保特委 專門委員 2005. 12. 5).

9. 屈辱的이고 저자세 일변도의 『合意議事錄』

(新) 한일어업협정이 1999년 1월 22일 正式으로 발효되었음에도 불구하고 부속 合意議事錄(합의의사록)은 1월 27일에 가서야 官報에 揭載(게재)된 사실이 밝혀져 전문가들의 의구심을 더욱 증폭시킨바 있는데 그들이 지적하는 문제점들을 살펴보면 우리가 진정 主權國家로서의 外交權을 행사하고 있는지 의심이 들 정도로 굴욕적이고 저자세 일변도라는 지적이 나온다.

이 의사록 제2조에서는 제주도 南쪽 大陸棚(대륙붕) 共同開發區域(공동개발구역) 5/2를 잠식한 中日共同管理水域(공동관리수역)을 정식으로 인정하고 있을 뿐만 아니라 한걸음 더 나아가서 "...日本國이 제3국(中國을 의미)과 구축한 어업관련 사업이 피해를 입게 되는 일이 없도록 日本정부에 대하여 협력할 意向(의향)이 있다."고까지 명시하고 있다. 이 구절이 의미하는 바는 "韓日대륙붕공동개발구역 上部水域을 침범한 中日共同管理水域에서 조차 日本의 양해 下에서만 조업을 할 수 있다는 것으로 엄연한 내 수역에서 일본의 양해를 구해야만 하는 일방적인 협력, 다시 말해서 명백한 종속체제를 구축하였다는 뜻이기도 하다.

그리고 합의의사록 제3조에서는 대한민국의 國民 및 어선이 東중국해의 다른 일부 水域에 있어서 日本이 제3국과 구축한 어업관계 下에서 일정 어업활동이 가능하도록 當該(당해) 제3國(中國을 意味) 정부에 대하여 협력을 구할 意向(의향)을 가진다."라고 명시, "우리나라가 中國과 日本이 구축한 어업질서 下에서 日本의 안내를 받아 中國에 선처를 구하는 식으로 규정되어있다는 것이다. 한마디로 남의 바다를 가지고 다른 제3국이 나서서 선심을 쓰는 격이다.

모범적인 의정활동으로 정평이 나 있던 鄭濬(정준)전의원은 문제의 합의의사록 實物(실물)을 확인하기 위해서 직접 국회를 방문하여 조사 한 일이 있었다고 한다. 이 때 국회 농림해양수산위에서 접수하여 영구 보존하고 있는 韓日漁業協定 비준동의 요청서에는 문제의 합의의사록이 포함되어있지 않은 충격적인 사실을 확인하게 되었다고 한다. 한일어업협정 본문과 합의의사록에는 양국 외무장관이 각각 별도로 서명했기 때문에 분리를 시켜도 이 사실을 확인할 수 없도록 되어 있다는 말이다.(鄭濬 專門委員의 合意議事錄의 의혹 중에서).

맺는 말

義理 앞세운 金泳三과 實用으로 일관한 金大中

지금까지 金泳三, 金大中, 盧武鉉, 李明搏 등 4代 정권에 걸친 (新)한일어업협정과 IMF와의 관계를 그 日程(일정)에 따라서 비교적 자세하게 추적해 보았다. 지금부터는 이 논설문의 核心이라고 할 수 있는 金大中 정권의 IMF 극복 幕前(막전) 막후 이야기를 중심으로 글을 마무리하고자 한다.

그런데 한 가지 전제해 둘 것은 당시만 해도 특히 對日관계에서 일반적으로 통용되던 전근대적 密室거래 관행에 의해서 導出(도출)된 協商과정은 철저하게 비밀에 부쳐졌기 때문에 접근할 수가 없었다는 점이다. 對外的으로 공개된 文書가 없거나 말소되어버렸다는 말일 것이다.

앞에서도 말했다시피 金泳三정권 말기 국가부도사태 직전 日本에 긴급지원을 요청했으나 한국의 急所(급소)를 간파한 日本이 독도와의 연계를 교환조건으로 제의하자 김영삼은 마지막 남은 국가의 自尊心(자존심)은 결코 버릴 수 없다는 그 나름의 義氣(의기)로 이를 단호히 거부, 국가구제금융 지원을 받기로 결정하고 차기 金大中에게 정권을 인계하였다.

金大中은 청와대에 입성하자마자 제일 먼저 外換(외환)보유고를 점검한 결과 겨우 39억불로 國家不渡(국가부도) 직전상태임을 확인하고 국민의 경각심을 喚起(환기)시키기 겸해서 제일 먼저 착수한 사업이 '國難(국난) 극복을 위한 金 모으기' 운동이었다.

역사적으로 보면 소위 을사보호조약 다음해 들어선 일제 통감부가 한국의 財政(재정)을 일본에 예속시키고 식민지 지배를 위한 整地(정지)작업의 일환으로 대대적인 借款(차관)공세를 전개하고 나섰다. 그러나 이에 대응할 마땅한 방법을 찾지 못해 수수대만 빨고 있을 때 민간차원에서 발 벗고 나선 것이 國債(국채)보상운동이다. 대구를 시발로 해서 전국적으로 확산되어나간 이 운동에서 그 때도 집안에 秘藏(비장)해두었던 귀금속을 寄託(기탁 또는 義捐 의연이라 표현)하는 등 IMF사태 때의 그것과 쏙 빼닮았다는 말인데 바로 그 전통?을 이어받기라도 한 것처럼 갓난아기 돌 반지서 부터 손에 낀 금가락지 금비녀, 장롱 속에 깊이 묻어두었던 귀금속까지 금 모으기 운동을 전국적으로 전개하여 무려 금 22.7t을 모아 당시 시세로 27.5억불을 확보하게 되었다. 그러나 이것으로 IMF위기를 넘기에는 태부족이었다. 그래서 金大中은 전

정권에서 거절한 독도를 저들이 원하는 中間水域에다 넣는 조건을 받아들임으로서 차관(借款) 30억불을 받기로 하고 (新)한일어업협정을 체결하게 된 것이다. 그러나 이것으로도 IMF 대여금을 상환하는 데는 모자라 金大中은 기업의 구조조정에 칼을 빼어들었다. 이에 앞서 외국인의 국내주식 보유상한제(上限制)부터 먼저 풀어 기업사냥에 혈안이 되어있던 당시 외국기업의 진출을 유도하는 전략을 先制的(선제적)으로 시행하여 잘나가는 국내유수기업들을 팔아넘겼다. 그 중에서도 특기할 것은 대기업 순위 5위인 大宇실업을 분식회계 혐의로 수사한끝에 공중분해하여 해체시켜버렸다. 이렇게 모은 돈까지 모두 합쳐 대여금을 조기상환하고 IMF 체제에서 벗어나게 되었다. 그리고 金大中은 IMF를 극복한 영웅으로 다시 태어나게 되었다.

金泳三의 의리(義理)와 金大中의 실용(實用), 이 논설문에서도 당시의 시각(視覺)에 입각하여 매국적(賣國賊)이나 다름없는 행위라고 울분을 토하고 그 굴욕적 行態(행태)에 치를 떨기도 했지만 다시 돌이켜보면 모두가 다 국가 운영상 불가피한 측면도 있었을 것이라는 次次善의 窮餘之策(궁여지책)이 아니었을까 미루어 짐작하기도 했던 것이다.

그러나 이것이 그들에게 免罪符(면죄부)를 준다는 뜻은 결코 아닐 것이다. 나름 깊은 고뇌 속에서 내렸을 그 決斷(결단)의 순간들이 곧 '산 역사'로 기록 될 것은 물론이거니와 다음 世代에게는 두고두고 갚아야할 빚으로 代물림하게 된다는 不可逆的(불가역적)인 엄숙한 역사의 심판대 앞에서 우리 모두 贖罪(속죄)하는 죄인의 심정으로 깊이깊이 고개를 숙여야 할 것이다.